普通高校经济学类应用型本科系列教材

国际经济学教程

冯德连　邢孝兵　主编

GUOJI　JINGJIXUE　JIAOCHENG

内容简介

本书是普通高校经济学类应用型本科系列教材之一。

本书有五个部分：前三部分是国际贸易理论，包括国际贸易基础、国际贸易政策与措施、要素国际流动；后两部分是国际金融理论，包括汇率决定与国际收支、开放经济下的宏观经济政策。在内容结构上，全书先微观后宏观，理论与实践密切结合，注重应用性，逻辑严谨；每一章都安排了本章小结、关键词、复习思考题、案例讨论题等；具有案例贴近实践、复习思考题启发思维、内容设计便于教与学、结构严谨和系统科学等特点。

本书可以作为普通高校经济学类应用型本科教材，也可以作为在职人员申请经济学硕士学位考试的参考资料和国际贸易学硕士研究生的入学考试用书。

图书在版编目(CIP)数据

国际经济学教程/冯德连，邢孝兵主编. —北京：高等教育出版社，2010.12
ISBN 978-7-04-030681-1

Ⅰ.①国… Ⅱ.①冯… ②邢… Ⅲ.①国际经济学-高等学校-教材 Ⅳ.①F11-0

中国版本图书馆 CIP 数据核字(2010)第 198279 号

策划编辑	权利霞	**责任编辑**	李冬梅	**封面设计**	王 雎
责任绘图	于 博	**版式设计**	张 岚	**责任校对**	王 雨
责任印制	朱学忠				

出版发行	高等教育出版社	购书热线	010-58581118	
社　　址	北京市西城区德外大街4号	咨询电话	400-810-0598	
邮政编码	100120	网　　址	http://www.hep.edu.cn	
			http://www.hep.com.cn	
经　　销	蓝色畅想图书发行有限公司	网上订购	http://www.landraco.com	
印　　刷	煤炭工业出版社印刷厂		http://www.landraco.com.cn	
		畅想教育	http://www.widedu.com	
开　　本	787×960　1/16	版　　次	2010年12月第1版	
印　　张	21.5	印　　次	2010年12月第1次印刷	
字　　数	370 000	定　　价	31.00元	

本书如有缺页、倒页、脱页等质量问题，请到所购图书销售部门联系调换。
版权所有　侵权必究
物料号　30681-00

前　言

国际经济学是研究稀缺资源在世界范围内的最优配置以及在此过程中发生的国际经济关系的科学。近年来，世界经济形势的变化和我国对外开放的深化使得这一学科的重要性与日俱增。世界经济变得更加全球化，各个国家更加相互依赖，国际贸易、直接投资、证券投资正在以快于全球生产的速度发展，信息与数据正通过互联网和其他全球性媒体在整个世界迅速传播，一国的事件和政府政策的变化正在越来越多地对其他国家产生影响。可以说，在当今复杂多变的世界经济全球化环境中，无论国家、企业，还是个人，都不能独善其身。美国次贷危机和希腊主权债务危机对世界各国的影响便是证明。联合国贸易与发展会议《2009年贸易与发展报告》指出："即使是在金融风暴于2008年9月酿成一场全面危机之前，大多数发达国家的国内生产总值增长就已经搁浅。随后到来的放缓转变成为全面的衰退，2009年全球国内生产总值的下降预计超过2.5%。此次危机无论从深度和广度上看都是前所未有的，几乎所有经济体无一幸免。"我国也不例外，尽管采用了一系列促进经济增长的措施，但次贷危机对我国经济仍然产生了一系列影响。

随着我国对外开放的深化，我国已成为贸易保护主义的"重灾区"。2009年，我国出口额占世界贸易额的9.6%，而遭受的反倾销案件占全球的40%左右，反补贴案件占全球的75%左右。如何在国际经济合作中，应用国际经济学基本原理寻求我国对外开放的最优策略，是我们学习和研究国际经济学的重要任务。

学习和研究国际经济学，首先要能够用国际经济学原理解释世界经济现象，其次是根据世界经济形势的变化谋划符合国际经济学理论的应对之策。本书在编排上有以下特点：

一是案例贴近实践。本书每章安排了2个案例，供师生在教学中讨论。这些案例均是当前世界经济和我国对外经济的新变化或新现象，如书中的比较优势陷阱、G20(二十国集团)对金融危机达成的政策协调、各国对外商直接投资监管变化、碳关税、中美经济相互依赖、中美货物贸易统计差异、美国对华商用轮胎特保案、美国政府对中国的贸易保护主义行为、希腊主权债务危机、俄罗斯的荷兰病等世界经济现象，以及我国贸易条件的变化与国民福利、重工业优先发展战略的成败、"热钱"、双顺差、人民币升值、人民币汇率制度改革等我国对外经济形势和政策的变化。许多案例的答案是开放性的,学生可进行充分发挥和创造。

二是复习思考题启发思维。本书每章安排有 4~10 个复习思考题。题目相对较难,大多数思考题在书中没有现成的答案,学生需要经过思考和演算,甚至需要查阅相关资料后才能答出。例如,第 1 章的第 4 道复习思考题"美国经济学家保罗·克鲁格曼曾经获得诺贝尔经济学奖,他的杰出贡献是什么",第 7 章的第 2 道复习思考题"分析规模经济类型与市场结构的关系",在教材中都没有深入的分析。教师可以通过布置作业和课堂提问,启发学生思考问题,激发学生学习兴趣。

三是内容设计方便教与学。本书面向本科生和同等程度的读者,难度适中,便于自学。强调利用图形和表格阐述基本理论、基本原理,省略繁杂的数学推导。每章安排了本章小结和关键词,以便学生在学习中抓住关键知识和关键术语。为了方便教学,我们配备有复习思考题参考答案、案例分析和多媒体课件(PPT),索取信箱:acfengdl@163.com。

四是结构严谨和系统科学。本书有 20 章,除导论外,分为五部分。前三部分是国际贸易理论,包括国际贸易基础、国际贸易政策与措施、要素国际流动;后两部分是国际金融理论,包括汇率决定与国际收支、开放经济下的宏观经济政策。在内容结构上,全书先微观后宏观,理论与实践密切结合,逻辑严谨,环环相扣,浑然一体。

本书是集体成果,由长期从事国际经济学教学与研究的教师编写而成。冯德连、邢孝兵担任主编,负责大纲设计、分工安排、组织编写、总纂、修改与定稿;金泽虎、项桂娥、葛秋颖担任副主编。参加本书编写工作的人员(以章次为序)有:冯德连(第 1、2、3、4、5、7 章)、胡庆龙(第 6 章)、张德化(第 8 章)、项桂娥(第 9 章)、葛秋颖(第 10 章)、董桂才(第 11 章)、金泽虎(第 12 章)、黄玉霞(第 13 章)、刘敏(第 14 章)、韩刚(第 15 章)、潘锦云(第 16 章)、徐洁香(第 17 章)、邢孝兵(第 18、19 章)、万红先(第 20 章)。本书在编写中参考了国内外许多专家学者的教材与论文,书后虽然罗列了参考文献,但并不全面,还得到了许多专家学者与领导的帮助与鼓励,在此一并致谢。

由于编者水平有限,书中会存在错误之处,恳请读者不吝批评指正,以便不断修订完善。

冯德连
2010 年 6 月 6 日

目 录

第1章 导论 ·· 1
  1.1 国际经济学的研究对象与内容 ··· 1
  1.2 国际经济学与其他学科的关系 ··· 3
  1.3 国际经济理论的演变 ·· 4
  本章小结 ·· 7
  关键词 ··· 8
  复习思考题 ··· 8
  案例讨论题 ··· 8

第2章 国际贸易一般均衡与贸易利益 ·· 9
  2.1 封闭与开放条件下的一般均衡 ··· 9
  2.2 国际贸易利益的衡量与分解 ··· 18
  本章小结 ··· 22
  关键词 ·· 23
  复习思考题 ·· 23
  案例讨论题 ·· 24

第3章 李嘉图模型、相互需求与国际贸易 ··· 25
  3.1 李嘉图模型 ·· 25
  3.2 李嘉图模型的验证与评价 ·· 37
  3.3 相互需求方程式 ·· 38
  3.4 提供曲线与国家贸易 ·· 41
  本章小结 ··· 48
  关键词 ·· 49
  复习思考题 ·· 49
  案例讨论题 ·· 50

第4章 要素禀赋与国际贸易 ·· 52
  4.1 要素禀赋理论的标准模型 ·· 52
  4.2 H—O定理 ··· 57
  4.3 要素价格均等化定理 ·· 59

4.4 斯托珀-萨缪尔森定理 ……………………………………………… 63
4.5 要素禀赋理论的实证检验与补充 ………………………………… 64
本章小结 …………………………………………………………………… 68
关键词 ……………………………………………………………………… 69
复习思考题 ………………………………………………………………… 69
案例讨论题 ………………………………………………………………… 69

第5章 要素增长、特定要素与国际贸易 …………………………… 71
5.1 要素增长与国际贸易 ……………………………………………… 71
5.2 特定要素与国际贸易 ……………………………………………… 74
本章小结 …………………………………………………………………… 81
关键词 ……………………………………………………………………… 81
复习思考题 ………………………………………………………………… 81
案例讨论题 ………………………………………………………………… 82

第6章 重叠需求、产品生命周期与国际贸易 ……………………… 83
6.1 重叠需求理论 ……………………………………………………… 83
6.2 产品生命周期理论 ………………………………………………… 87
本章小结 …………………………………………………………………… 92
关键词 ……………………………………………………………………… 93
复习思考题 ………………………………………………………………… 93
案例讨论题 ………………………………………………………………… 93

第7章 规模经济、不完全竞争与国际贸易 ………………………… 95
7.1 规模经济理论 ……………………………………………………… 95
7.2 规模经济与国际贸易 ……………………………………………… 99
7.3 不完全竞争与国际贸易 …………………………………………… 105
本章小结 …………………………………………………………………… 108
关键词 ……………………………………………………………………… 108
复习思考题 ………………………………………………………………… 108
案例讨论题 ………………………………………………………………… 109

第8章 贸易保护政策的理论依据 …………………………………… 111
8.1 最优关税理论 ……………………………………………………… 111
8.2 幼稚产业保护理论 ………………………………………………… 114
8.3 战略性贸易政策理论 ……………………………………………… 118
8.4 贸易保护的政治经济学 …………………………………………… 122
本章小结 …………………………………………………………………… 126

关键词 ··· 126
　　复习思考题 ··· 126
　　案例讨论题 ··· 127

第9章　国际贸易壁垒与出口促进 ··· 129
　　9.1　进口关税的局部均衡分析 ··· 129
　　9.2　进口关税的一般均衡分析 ··· 134
　　9.3　关税结构理论 ··· 137
　　9.4　进口配额 ··· 139
　　9.5　出口补贴 ··· 143
　　9.6　商品倾销 ··· 148
　　本章小结 ··· 150
　　关键词 ··· 150
　　复习思考题 ··· 150
　　案例讨论题 ··· 152

第10章　区域经济一体化与国际卡特尔 ······································· 153
　　10.1　区域经济一体化 ··· 153
　　10.2　国际卡特尔 ··· 158
　　本章小结 ··· 162
　　关键词 ··· 163
　　复习思考题 ··· 163
　　案例讨论题 ··· 163

第11章　要素国际流动 ··· 165
　　11.1　资本流动纯理论 ··· 165
　　11.2　资本国际流动的经济效应 ··· 172
　　11.3　劳动力国际流动 ··· 175
　　11.4　技术国际转移 ··· 178
　　本章小结 ··· 179
　　关键词 ··· 179
　　复习思考题 ··· 180
　　案例讨论题 ··· 180

第12章　国际直接投资与企业国际化 ··· 181
　　12.1　特定优势、内部化与区位因素 ······································· 181
　　12.2　跨国公司的经济效应 ··· 187
　　12.3　企业国际化方式 ··· 191

本章小结 …… 198
关键词 …… 198
复习思考题 …… 198
案例讨论题 …… 198

第13章 外汇市场与汇率制度 …… 200
13.1 外汇与汇率 …… 200
13.2 外汇市场 …… 207
13.3 汇率制度 …… 217
13.4 外汇管制 …… 220
本章小结 …… 225
关键词 …… 225
复习思考题 …… 225
案例讨论题 …… 226

第14章 传统汇率决定理论 …… 227
14.1 铸币平价理论 …… 227
14.2 购买力平价理论 …… 228
14.3 利率平价理论 …… 232
本章小结 …… 234
关键词 …… 235
复习思考题 …… 235
案例讨论题 …… 235

第15章 现代汇率决定理论 …… 237
15.1 弹性价格货币模型 …… 237
15.2 粘性价格货币模型 …… 240
15.3 资产组合平衡模型 …… 243
本章小结 …… 248
关键词 …… 248
复习思考题 …… 248
案例讨论题 …… 249

第16章 国际收支账户与平衡 …… 250
16.1 国际收支账户 …… 250
16.2 国际收支的内容 …… 253
16.3 国际收支平衡与失衡 …… 258

本章小结 …… 264
关键词 …… 264
复习思考题 …… 264
案例讨论题 …… 265

第17章 国际收支调整 …… 266
17.1 国际收支的弹性分析 …… 266
17.2 国际收支的吸收分析 …… 270
17.3 国际收支调整的乘数分析 …… 274
17.4 国际收支调整的货币分析 …… 277
本章小结 …… 280
关键词 …… 280
复习思考题 …… 280
案例讨论题 …… 281

第18章 固定汇率下的宏观经济政策 …… 282
18.1 $IS-LM-BP$ 模型 …… 282
18.2 内外均衡 …… 288
18.3 固定汇率与蒙代尔-弗莱明模型 …… 291
本章小结 …… 293
关键词 …… 293
复习思考题 …… 293
案例讨论题 …… 294

第19章 浮动汇率下的宏观经济政策 …… 296
19.1 浮动汇率制度与政策目标 …… 296
19.2 浮动汇率与蒙代尔-弗莱明模型 …… 297
19.3 固定汇率与浮动汇率的比较 …… 298
本章小结 …… 303
关键词 …… 303
复习思考题 …… 303
案例讨论题 …… 304

第20章 国际经济政策协调 …… 306
20.1 国际经济政策协调概述 …… 306
20.2 国际经济政策协调的内容与方式 …… 310
20.3 国际经济政策协调的实践 …… 313

20.4 国际货币体系 ·· 322
本章小结 ·· 330
关键词 ·· 330
复习思考题 ·· 330
案例讨论题 ·· 330

参考文献 ·· 332

第 1 章 导 论

第二次世界大战以后,特别是 20 世纪 70 年代以来,国际经济学是经济学领域发展最快、影响最广的分支学科之一。其原因包括多方面:经济全球化和区域经济一体化的迅速发展,把各个国家或地区的国内市场整合成庞大的国际市场;国际贸易、国际资本流动的迅速发展,进一步加强了各国经济的相互依赖;跨国公司的迅速发展,进一步深化了国际分工;信息技术革命缩短了世界各国人民之间的时空"距离";许多国家,特别是发展中国家的对外开放程度不断扩大等。本章将讨论国际经济学的研究对象与内容、国际经济学与其他学科的关系以及国际经济理论的演变。

1.1 国际经济学的研究对象与内容

1.1.1 国际经济学的研究对象

一些学者阐述了国际经济学的研究对象。保罗·克鲁格曼、茅瑞斯·奥伯斯法尔德认为:"主权国家之间的经济交往所引发的种种问题构成了国际经济学研究的主体。"[①] 萨尔瓦多认为:"国际经济学研究国家之间的相互依存性。它也分析一国与世界其他国家间商品、劳务和资金的流向,分析直接约束这个流向的政策,以及这些政策对国家的福利所产生的效应。这种国家间的经济依存关系受国家间政治、社会、文化及军事的影响,又反过来影响这些因素。"[②] 丹尼斯·R. 阿普尔亚德、小艾尔佛雷德·J. 菲尔德指出:"像所有其他经济学的分支一样,国际经济学的研究涉及如何决定利用稀缺资源来实现意愿的经济目标。它研究国际交易如何影响一国的社会福利、收入分配、就业、

---

① 保罗·克鲁格曼,茅瑞斯·奥伯斯法尔德. 国际经济学[M]. 北京:中国人民大学出版社,1998:3.

② Dominick Salvatore. 国际经济学[M]. 中译本. 北京:清华大学出版社,1998:4.

经济增长;并探讨政府的公共政策影响一国产出的可能方式。"①

可以看出,国际经济学的研究对象离不开两个基本问题:一是稀缺资源在世界范围内的最优配置;二是国际商品和生产要素的流动。我们认为,国际经济学是研究稀缺资源在世界范围内的最优配置以及在此过程中发生的国际经济关系的科学。简言之,国际经济学的研究对象是国际经济关系。

1.1.2 国际经济学的主要内容

国际经济学有微观和宏观之分,可以分别称为国际贸易理论与国际金融理论。按照英国经济学家马歇尔的标准,国际贸易理论在研究方法上主要以微观经济学分析为主要工具,属于实物面(real side)的研究。国际金融理论在研究方法上主要以宏观经济分析为主要工具,属于货币面(monetary)的研究。有的学者称国际金融理论为开放经济的宏观经济学(open economy macroeconomics)或国际货币经济学(international monetary economics)。

国际贸易理论主要研究贸易纯理论、贸易政策、贸易与经济增长、要素国际流动等,说明国际贸易的起因与利益以及国际贸易政策的影响及依据。国际金融理论主要研究外汇理论与政策,国际收支调整理论与政策,国际货币制度等,国际经济活动在各国国民收入决定中的作用,以及各种国内经济活动、经济全球化的发展对国际经济关系的影响等问题。

1.1.3 国际经济学的特征

国际经济学是经济学的一个独立分支,有其特殊性。

(一)国际经济学研究独立经济实体之间的国际经济关系

这里的独立经济实体可以指国家,也可以指特别关税区。"每个国家都是拥有自己疆界的不同政治实体,仅此一点就带来了一系列在一般经济学中并不存在的问题,比如关税、其他形式的贸易壁垒以及相对价格(汇率)可能随时间变化的各个国家的货币,等等。"②"只要还存在拥有主权的国家,国际经济就必然是一个单独的研究领域……国家拥有主权,拥有独立的政策和自我利益,这一事实意味着没有人在为整个世界的经济而负责。世界经济不存在一个中央政府,不管是仁慈的还是不仁慈的,如果这一经济运行良好,这便

---

① 丹尼斯·R.阿普尔亚德,小艾尔佛雷德·J.菲尔德.国际经济学[M].北京:机械工业出版社,2001:2.

② G.甘道尔夫.国际经济学[M].北京:中国经济出版社,1999:3.

是一个值得研究的奇迹;如果它运行的不好,缺乏一个对各国政策加以控制的中央政府的危险性,也是值得研究的。"①

处于国际经济背景下的国家,其经济运行的目的则是多重的,但最终是围绕福利展开的。国家追求的是本国福利最大化,而非全球福利最大化。从总体上考察,国际经济中还存在着个别经济体或国家经济集团的利益与世界经济总体利益之间的差异以及效率与公平之间的区别,围绕着利益的矛盾与斗争持续不断。

(二)国际交易不同于国内交易

在国际交易中,普遍存在对货物贸易、服务贸易和要素流动的自然的、人为的障碍,如各国对生产要素国际流动设置的壁垒,关税制度,配额、许可证等非关税制度,汇率、利率等货币制度的差异,国际收支平衡的影响等。

(三)国内经济与国际经济的运行机制不同

1. 经济在国内与国际运行的条件不同

不同国家具有不同的法律、经济体制、规则、惯例、习俗、宗教和文化背景,使得经济在国内与国际运行的条件具有极大的差异,人们不得不去适应这些经济运行条件,以便于完成国际经济的目标。

2. 经济调节手段在国内和国际发挥作用的程度与范围不同

一般而言,在一国国内,经济调节手段能够贯彻得比较彻底,但是在国际经济运行中,经济协调的结果大多是妥协的产物。

3. 市场机制在国内和国际经济中发挥作用的程度不同

相对国内经济而言,在国际经济中市场机制更容易得到贯彻,市场的竞争性体现得更为完全。

1.2 国际经济学与其他学科的关系

1.2.1 国际经济学与世界经济学的关系

国际经济学与世界经济学的联系表现在:第一,两者同属理论经济学。它们都是从西方经济学中发展起来的分支学科。第二,具有共同的历史前提。国际分工、世界市场以及国际贸易的形成与发展是国际经济学与世界经济学两门学科产生和发展的共同的历史前提。

国际经济学与世界经济学的区别表现在:在研究对象上,国际经济学的研

---

① 托马斯·A.普格尔,彼得·林德特.国际经济学[M].北京:经济科学出版社,2001:7-8.

究对象是国际经济关系,而世界经济学的研究对象是国际生产关系。在研究内容上,国际经济学研究的内容主要涉及国际贸易理论与国际金融理论两大部分;而世界经济学除了上述内容外,还涉及了更宏观的问题,如世界市场、国别地区经济、金融一体化、世界能源的利用、世界生态资源保护等问题。在研究方法上,世界经济学的研究采用的宏观经济的抽象分析程度要比国际经济学更高。比如,国际经济学所揭示的是较为具体的国际经济关系的传导机制及其发展变化规律,而世界经济学所揭示的则是整个世界范围内的广义的国际生产关系及其运动规律。

1.2.2 国际经济学与国际贸易学、国际金融学的关系

国际经济学是国际贸易学、国际金融学的理论基础和先修课程。区别在于:

(一)学科性质的差异

国际经济学是西方经济学的一个独立的分支,属于理论经济学。而国际贸易学、国际金融学属于应用经济学。

(二)学科内容的区别

国际经济学更为强调理论教学,而国际贸易学更为强调国际经济学在国际贸易、国际金融领域中的应用,重点研究国际贸易、国际金融领域的新变化和具体业务的实际运作。

1.3 国际经济理论的演变

国际经济理论的发展包括国际贸易理论的发展和国际金融理论的发展两个方面,国际贸易理论发展的线索十分清晰,而国际金融理论在近30年来才十分活跃。

1.3.1 国际贸易理论的发展

1776年,亚当·斯密在《国民财富的性质和原因的研究》一书中提出了绝对优势原理,主张国际分工与自由贸易。

1817年,大卫·李嘉图出版了《政治经济学及赋税原理》一书,在斯密理论的基础上提出了比较优势原理,认为比较优势是国际贸易的基础,比较优势的决定因素是劳动生产率差异或技术差异。李嘉图的研究确立了国际贸易纯理论的发展方向。

李嘉图之后,穆勒提出了相互需求论,马歇尔提出了一般均衡理论,埃奇

沃思采用埃奇沃思盒式图分析了国际贸易理论。他们的研究对国际贸易理论的发展做出了一定的贡献,但并没有超出李嘉图的思想。

1933年,国际贸易理论出现的重大发展是赫克歇尔和俄林提出了要素禀赋论,认为要素禀赋差异是国际贸易的决定因素。

20世纪30年代到70年代,以新古典模型为表达形式的要素禀赋论发展迅速,并占据统治地位。虽然,这一时期,林德的需求偏好相似论、波斯纳的技术差距理论、弗农的产品生命周期理论提出了新的国际贸易的基础,但是要素禀赋理论并未受到真正的挑战。

一般均衡分析新古典模型是国际贸易理论的标准模型。由哈伯勒、勒纳、里昂惕夫和米德等人提出,可以将技术、要素禀赋、需求偏好集于一体进行分析,是新古典学派一般均衡理论在国际贸易研究中的应用。模型采用 $2 \times 2 \times 2$ 模型(两个国家、两种产品、两种要素)阐述。根据这一模型,比较优势的决定因素可以用表1-1所示。

表1-1 新古典模型中国际贸易的决定因素

条件	比较优势的决定因素
两国要素禀赋和偏好相同	技术差异:两国在劳动生产率高的商品生产上具有比较优势
两国技术和偏好相同	要素禀赋差异:两国在本国相对丰富要素的商品生产上具有比较优势
两国技术和要素禀赋相同	需求偏好:两国在其消费者不大喜爱的商品上享有比较优势

20世纪70年代末80年代初,国际贸易理论出现了一次重大的突破。以美国经济学家克鲁格曼为代表的国际经济学家提出了新贸易理论。新贸易理论认为,规模经济是国际贸易的独立决定因素。新贸易理论取消了比较优势理论规模收益不变和完全竞争这两条基本假设,使得研究的重心由国家间的差异转向市场结构和厂商行为方面。可以把以新古典学派一般均衡分析为基础的比较优势理论称为"国际贸易的完全竞争理论模型",而把新贸易理论称为"国际贸易的不完全竞争理论模型"。

新贸易理论的出现并不意味着它替代了传统的比较优势理论。两种流派不仅不是互相替代的关系,实际上具有互补性,两者共同丰富和完善了国际贸易理论。它们之间的区别如表1-2。

表1-2 新贸易理论与传统比较优势理论的区别

区别	新贸易理论	传统的比较优势理论
解释对象	发达国家之间的产业内贸易	发达国家与发展中国家之间的产业间贸易
假定条件	不完全竞争和存在规模经济	完全竞争和规模收益不变
理论基础	不完全竞争理论	完全竞争理论

20世纪90年代以来,梅利茨(Melitz)、詹森(Jensen)、伯纳德(Bernard)等学者提出了生产率异质性理论,也称为新新贸易理论。他们的研究视角从新贸易理论中代表性企业假定(所有企业都出口)转向企业异质性假定(企业之间存在着生产率方面的差异,一些企业出口而另一些企业只服务于国内市场),将沉没成本与生产率异质性结合起来用以解释国际贸易现象。伯纳德和詹森(1995)发现,出口商在开始出口之前就拥有生产率优势,这表现为市场优胜劣汰的自选择机制:出口商具有更高的生产效率,这并不是出口的结果,而是因为只有最具生产效率的企业才能够克服进入出口市场产生的固定成本障碍。梅利茨(2003)构建了一个分析异质性企业与生产率增长关系的动态产业理论框架,认为贸易自由化增加了一国的进口并因此损害了国内的销售和利润,但那些在生产率分布中处于更高端的企业扩大的出口销售总额远远超出了其收缩的国内销量。

从国际贸易理论的演变中可以看出,国际贸易基础的决定因素主要有技术差异、要素禀赋、需求偏好、规模经济、企业异质性等。

1.3.2 国际金融理论的演变

20世纪70年代以来,国际金融理论已成为经济学中十分活跃的领域之一。国际金融理论涉及的问题多和领域广,不像国际贸易理论的演变那样线索清晰。

国际金融理论的发展一直是围绕着"外部平衡"(国际收支平衡)这一十分重要的问题而展开的。

早在李嘉图提出比较成本学说之前,历史上就已经产生了外部调节的古典范例。休谟(Hume)于1752年提出了金本位制度下的"价格-铸币流动机制",认为货币或贵金属的流出流入可以自动调节贸易收支。基本原理是:贸易收支逆差→黄金流出→货币供应量减少→本国商品价格下降→本国产品在国际市场上竞争力提高→出口增加、进口减少→贸易收支改善→黄金流入→货币供应量增加→本国商品价格上升→产品的价格竞争力下降→出口减少、进口增加→贸易收支逆差。休谟的理论在一个相当长的时期内,一直主导着国际金融领域内的探索。

1936年,凯恩斯在《就业、利息和货币通论》中提出了宏观经济理论。经济学家麦克勒普、哈伯勒、S.亚历山大把凯恩斯的乘数分析、支出分析应用到国际收支调节中,提出了马歇尔-勒纳条件、国际收支的吸收分析等理论。他们认为,通过货币贬值改善国际收支是有条件的。

20世纪60年代初期,蒙代尔在其一系列文章中更新了国际收支调整的传统观点。他认为总需求政策无法同时解决国内均衡与国外均衡问题,他与弗莱明共同提出了蒙代尔-弗莱明模型,认为假定资本完全流动、世界通行的利率水平一定,国际收支曲线是一条水平线。在固定汇率下,货币政策是无效的,而财政政策是有效的。

20世纪70年代货币主义的兴起,出现了一些有价值的开放经济动态模型。国际收支的货币分析模型认为,国际收支失衡是与货币市场失衡联系在一起的。资产组合模型认为,在充分就业和价格有弹性的前提下,每一种国际资产存量结构决定一个短期均衡,而这个短期均衡则由资产市场和商品市场的均衡条件所确定。国际财富流动机制终将恢复国际收支经常项目的平衡。如果上面的古典假设的前提被放弃,假设商品市场具有凯恩斯主义的价格粘性,那么调整过程会变得复杂化。

20世纪80年代,借助于储蓄和投资理论中所使用的跨时(intertemporary)分析方法对开放经济动态变化过程进行分析的做法日益普遍。

本章小结

国际经济学是研究稀缺资源在世界范围内的最优配置以及在此过程中发生的国际经济关系的科学。国际经济学有微观和宏观之分,可以分别称为国际贸易理论与国际金融理论。国际经济学是经济学的一个独立分支,有其特殊性。国际交易不同于国内交易,国内经济与国际经济的运行机制也不同。国际经济学研究的是独立经济实体之间国际经济关系,它与世界经济学、国际贸易学、国际金融学等既有联系,又有区别。从国际贸易理论的演变中可以看出,国际贸易基础的决定因素主要有技术差异、要素禀赋、需求偏好、规模经济等,新贸易理论与传统的比较优势理论具有互补性,两者共同丰富和完善了国际贸易理论。国际金融理论的发展一直是围绕着"外部平衡"(国际收支平衡)这一十分重要的问题而展开的,近30年来十分活跃。

关键词

国际经济学 世界经济学 2×2×2模型 新贸易理论

复习思考题

1. 20世纪70年代以来,国际经济学是经济学领域发展最快、影响最广的分支学科之一。请说出最重要的一种原因,并进行分析。
2. 什么是新古典经济学?
3. 新贸易理论是对传统比较优势理论的否定吗?为什么?
4. 美国经济学家保罗·克鲁格曼曾经获得诺贝尔经济学奖,他的杰出贡献是什么?

案例讨论题

1. 中美经济相互依赖问题

美国《华盛顿邮报》2009年11月16日刊载题为《中美都在担忧经济互相依赖问题》的文章。文章认为,美中两国作为世界头号经济体以及世界发展最迅速的经济体,两国经济越来越交织一起,相互依赖,目前几乎不可分开。中国商品出口严重依赖美国市场,而美国巨大预算赤字要依靠其国债最大持有者之一中国来解决。这种相互依赖成为冷战"相互确保摧毁"(mutual assured destruction)战略在现代经济中的新版本:任何一方让对方混乱,自己肯定也要受损失。目前的经济僵局可以使双方受益。我国有的专家担心,持有大量美国债券等于把中国变成了美元的人质。

请谈谈你的看法。

2. 希腊主权债务危机

希腊政府2009年10月份宣布,2009年希腊财政赤字占国内生产总值的比例将超过12%,远高于欧盟允许的3%的上限,这引发了市场震荡,并被认为有可能危及欧元区整体经济稳定。对此,全球三大信用评级机构惠誉、标准普尔和穆迪相继调低该国的主权信用评级,由此正式拉开希腊政府债务危机的序幕。数据显示,希腊2009年财政赤字高达国内生产总值的12.7%,远远超过欧盟允许的3%上限。欧元区成员国财政部长在2010年2月15日召开的月度例会上提出,希腊如果无法实现削减财政赤字的预期目标,下月就将被要求采取进一步措施。欧元集团主席、卢森堡首相容克在会后举行的新闻发布会上说,希腊已同意于3月16日向欧盟委员会提交一份报告,介绍其削减赤字的进展情况,如果经过评估,希腊被认为努力不够,那么欧元区财长们将和欧盟委员会一道要求希腊采取进一步措施。显然,希腊的国内经济政策受制于欧元区各国。

请回答:什么是主权债务?欧元国为什么对希腊的财政政策施压?

第 2 章
国际贸易一般均衡与贸易利益

国际贸易理论是国际经济学的微观理论部分，它以西方微观经济学为基础，解释国际贸易的起因。在分析方法上，国际贸易理论假定交易采用物物交换形式，是实物面的分析。国际贸易理论多采用一般均衡分析的方法，对生产可能性曲线和社会无差异曲线的使用较为频繁。本章主要介绍一般均衡分析、贸易利益的衡量等内容。

2.1 封闭与开放条件下的一般均衡

2.1.1 基于生产可能性曲线和社会无差异曲线的分析

生产可能性曲线（production possibility curve），又称为生产可能性边界（production possibility frontier），是分析供给的工具之一，表示在一定的技术条件下，一国的全部资源所能生产的各种物品或服务的最大产量的组合。

社会无差异曲线（community indifference curves；social indifference curves），又称为国家无差异曲线（country indifference curves），表示在单个消费者偏好一致的条件下，一个社会（国家或地区）获得满足程度相等的两种商品组合点的轨迹。无差异曲线斜率为负、凸向原点且互不相交。

采用生产可能性曲线和社会无差异曲线，可以分析封闭与开放条件下的一般均衡。

（一）封闭条件下的一般均衡

经济学中，封闭经济是指一个与其外部世界没有任何的经济往来关系的经济；开放经济则意味着一个与其外部世界存在着经济往来关系的经济，如对外贸易、资金流动、劳动力流动等。在封闭条件下，决定一国经济一般均衡的条件有三个：生产的均衡、消费的均衡和市场出清。用公式表示为：

$$MRT = \frac{P_X}{P_Y} \qquad (2.1)$$

$$MRS = \frac{P_X}{P_Y} \tag{2.2}$$

$$X_C = X_P ; Y_C = Y_P \tag{2.3}$$

式中,MRT 表示边际转换率,MRS 表示边际替代率,X_C 表示 X 商品的消费,X_P 表示 X 商品的产出,Y_C 表示 Y 商品的消费,Y_P 表示 Y 商品的产出。

图 2-1 中,TT' 表示生产可能性曲线,U 表示社会无差异曲线,P 为相对价格线。封闭条件下,两国均没有对外贸易,各个国家的产品分别自给自足(autarky)。均衡时,相对价格线与生产可能性曲线、社会无差异曲线相切,两条曲线共同决定了均衡状态下的相对价格水平、生产及消费。均衡时,生产中两种商品的边际转换率等于商品价格比,生产达到均衡;消费中两种商品的边际替代率等于商品价格比,消费达到均衡;市场出清,生产点与消费点重合,生产等于消费。

如图 2-1 所示,A 国封闭条件下,E_A 为均衡点,均衡价格为 P_A,X 的生产与消费均为 X_A,Y 的生产与消费均为 Y_A。B 国封闭条件下,E_B 为均衡点,均衡价格为 P_B,X 的生产与消费均为 X_B,Y 的生产与消费均为 Y_B。在无贸易的条件下,$P_A < P_B$,因此,A 国在商品 X 上、B 国在商品 Y 上有比较优势。

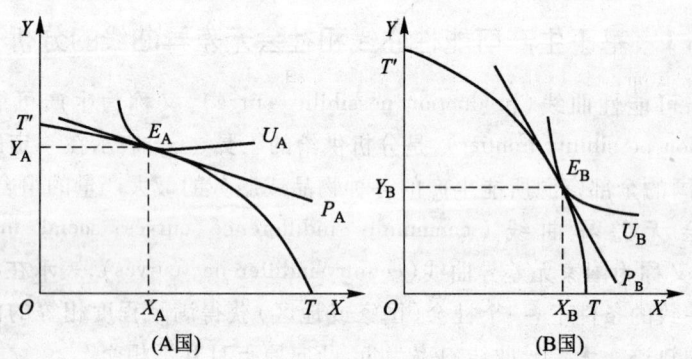

图 2-1 两个国家封闭条件下的均衡

(二)开放条件下的一般均衡

1. 开放条件下的一般均衡条件

开放条件下的一般均衡有三个方面。

(1) 生产达到均衡。生产中两种商品的边际转换率等于新的相对价格。

$$MRT = \frac{P_X^W}{P_Y^W} \tag{2.4}$$

(2) 消费达到均衡。消费中两种商品的边际替代率等于新的相对价格。

$$MRS = \frac{P_X^W}{P_Y^W} \tag{2.5}$$

(3) 贸易达到平衡。一个国家的进口支出等于出口收入。

$$P_X^W(X_P - X_C) = P_Y^W(Y_C - Y_P) \tag{2.6}$$

式中：$X_P - X_C$ 表示 X 商品的过剩供给。如果 $X_P - X_C > 0$，存在过剩供给，X 商品的生产大于消费，该国出口 X；如果 $X_P - X_C < 0$，不存在过剩供给（存在过剩需求），X 商品的消费大于生产，该国进口 X。$Y_C - Y_P$ 表示 Y 商品的过剩需求。如果 $Y_C - Y_P > 0$，存在过剩需求，Y 商品的消费大于生产，该国进口 Y；如果 $Y_C - Y_P < 0$，不存在过剩需求（存在过剩供给），Y 商品的生产大于消费，该国出口 Y。

上式可以变换为：

$$P_X^W X_P + P_Y^W Y_P = P_X^W X_C + P_Y^W Y_C \tag{2.7}$$

式中，左边表示该国的国民生产总值或国民收入，右边表示该国的总支出。

2. 在机会成本递增条件下的均衡

两国之间同一商品相对价格的差异是两国具有不同比较优势的表现，也构成了互利贸易的基础。一国与另一国相比较，在一种商品上相对价格较低，在另一种商品上相对价格较高，该国家在相对价格较低的商品上具有比较优势，在相对价格较高的商品上具有比较劣势。每一个国家都应专门生产本国具有比较优势的商品（即生产比国内需求数量更多的商品），并将其部分出口以用来交换自己生产有比较劣势的产品。

机会成本，又称为社会成本，是指为生产一单位的某一产品必须放弃的其他产品的产出量。两个国家在专门生产本国具有比较优势商品的同时，生产的机会成本也在不断递增，所以，到两国同一商品的相对价格相同，这种分工就会停止。这时，贸易就在这一价格水平上达到均衡。通过互利贸易，两国的最终消费水平均会大于不存在贸易时的消费水平。

如图 2-2 所示，假如由于某种原因两国开始贸易（比如政府取消贸易壁垒或运输成本大幅度下降），A 国就会分工生产 X 并将其一部分出口至 B 国，以换取 Y，B 国就会分工生产 Y 并将其一部分出口至 A 国，以换取 X。

从封闭条件下的均衡点 E_A 开始，随着 A 国分工生产 X 的深入，生产组合点沿着生产可能性曲线下降，生产 X 的机会成本也在递增。这体现为生产可能性曲线的斜率递增。同样，从封闭条件下的均衡点 E_B 开始，随着 B 国专门生产 Y 而沿着其生产可能性曲线上升，它也要经历生产 Y 的机会成本递增的过程。这体现为生产可能性曲线的斜率递减（生产 X 的机会成本下降，意味

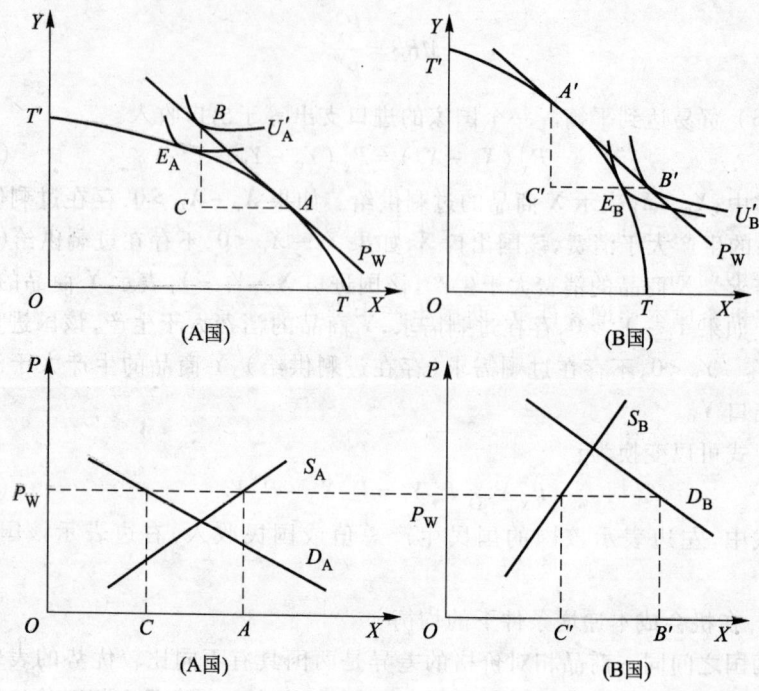

图2-2 机会成本递增条件下的均衡

着生产 Y 的机会成本上升)。这种生产中的分工过程一直持续到相对商品价格(生产可能性曲线的斜率)在两国相等时才停止。在有贸易条件下,共同的相对价格(斜率)将会是贸易前相对价格 P_A 和 P_B 之间的某一点。

通过贸易达到均衡时,A 国或 B 国的均衡价格由封闭条件下的国内相对价格 P_A 或 P_B 变为贸易状态下商品的相对均衡价格(equilibrium relative commodity price with trade),即贸易平衡时贸易双方共同的相对价格。在图2-2的上半部分,这个相对价格就是两国相等的 P_W。A 国生产从 E_A 点移到了 A 点,消费从 E_A 点移到了 B 点,生产点与消费点分离。B 国生产从 E_B 点移到了 A' 点,消费从 E_B 点移到了 B' 点,生产点与消费点也发生分离。A 国用 CA 的 X 与 B 国交换了 CB 的 Y,B 国用 $C'A'$ 的 Y 与 A 国交换了 $C'B'$ 的 X。一般均衡条件下,$CB = C'A'$,$CA = C'B'$。

从图2-2的上半部分可以看出,通过分工生产与贸易,每一国家都可消费生产可能性曲线以外的商品组合,两个国家的社会无差异曲线均比封闭条件下高一些。在没有贸易的条件下,生产可能性曲线就是消费的界限。

图2-2的下半部分描述的是两个国家 X 商品供给与需求的情况。S_A、D_A 表示的是 A 国的供给曲线与需求曲线,S_B、D_B 表示的是 B 国的供给曲线与

需求曲线。在国际均衡价格下,A 国出口 CA 的 X 商品,B 国进口 $C'B'$ 的 X 商品。

当然,如果两国贸易前相对价格就是相同的(这一般是不会发生的),对任何一个国家,都谈不上什么比较优势或劣势,也不会发生生产分工和贸易。

机会成本递增条件下的模型和机会成本不变条件下的模型之间有一个基本的差异。在机会成本不变条件下,每个国家都完全分工生产其具有比较优势的商品。

在机会成本递增条件下,两国生产中存在着不完全分工(incomplete specialization)。在贸易中,A 国生产更多 X(其具有比较优势的商品)的同时,仍继续生产一部分 Y。同样的,B 国在贸易中仍继续生产一部分 X。这种不完全分工发生的原因是:当一国专门生产 X 时,它生产 X 的机会成本不断提高。同样的,随着 B 国生产 Y 的产量的增加,它生产 Y 的机会成本也不断提高(这意味着生产 X 的机会成本不断下降)。这样,随着每一个国家专门生产该国具有比较优势的商品的同时,两国的相对商品价格就会相互接近,直到该价格在两个国家中相等。在该均衡点上,任何一个国家都不会继续扩大其具有比较优势的商品的生产,这通常发生在任何一个国家在生产上达到完全分工之前。在图 2-2 中,均衡点就发生在 A 国和 B 国实现完全分工之前。

2.1.2 基于国民供给曲线与国民需求曲线的分析

采用生产可能性曲线和社会无差异曲线可以说明一国均衡价格、生产与消费的决定。在此基础上可以引入国民供给曲线(national supply curve)和国民需求曲线(national demand curve)来说明一国生产、消费与均衡价格的决定。

(一)国民供给曲线与国民需求曲线的含义

1. 国民供给曲线

国民供给曲线是指一国对某一商品在各种相对价格下愿意并且能够提供的供给量。国民供给曲线的斜率为正,表明随着商品相对价格的提高,其供给水平也随之提高。

X 商品的国民供给曲线 NS_X 的推导如图 2-3。任意选择 X 商品的三种不同的相对价格线 P_1、P_2、P_3 分别为 $\frac{1}{2}$、1、2,三条相对价格线与生产可能性曲线的切点分别决定了三个生产均衡点 A、B、C,对应于这三点的 X 商品的产出分别为 X_1、X_2、X_3。将各个相对价格所对应的供给量在坐标轴上绘制成一条平滑的曲线,就得到国民供给曲线 NS_X。

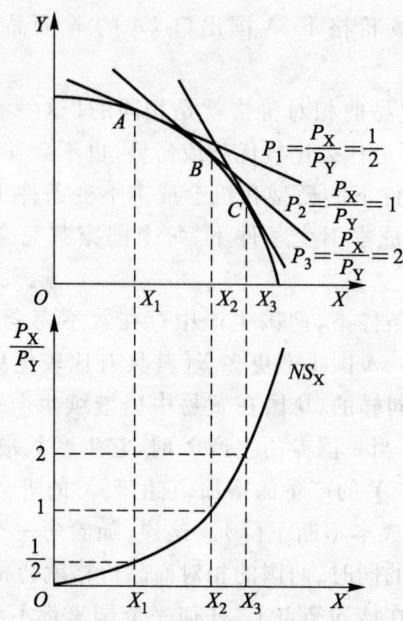

图 2-3　X 商品的国民供给曲线的推导

2. 国民需求曲线

国民需求曲线是指一国对某一商品在各种相对价格下愿意并且能够购买的需求量。国民需求曲线的斜率为负,表明随着商品相对价格的提高,其消费水平也随之减少。

X 商品的国民需求曲线 ND_X 的推导如图 2-4。通过 A、B、C 的三条相对价格线同时代表着该国在三种不同价格水平下的国民收入预算线。为了达到效用最大化的目的,消费者最愿意选择的消费点是国民收入预算线与社会无差异曲线的切点。任意选择 X 商品的三种不同的相对价格线 P_1、P_2、P_3 分别为 $\frac{1}{2}$、1、2,三条相对价格线与无差异曲线的切点分别决定了三个消费均衡点 F、B、E,对应于这三点的 X 商品的产出分别为 X_3、X_2、X_1。当然,在封闭条件下,E、F 消费点是无法达到的。将各个相对价格所对应的需求量在坐标轴上绘制成一条平滑的曲线,就得到国民需求曲线 ND_X。

国民供给曲线与国民需求曲线反映的是一国供给与需求的各种潜在可能,实际发生的供给与需求只是众多潜在可能中的一种。图 2-5 中,国民供给曲线与国民需求曲线的交点决定了封闭条件下的均衡生产、消费水平及相对价格,均衡时 A 国 X 的相对价格为 1,B 国 X 的相对价格为 2。

2.1 封闭与开放条件下的一般均衡

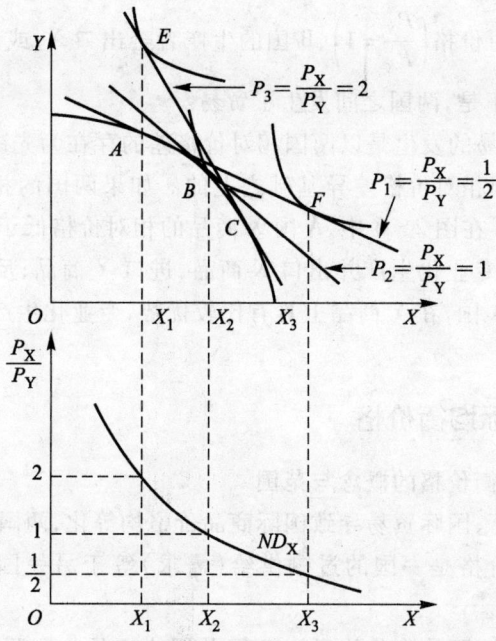

图 2-4 X 商品的国民需求曲线的推导

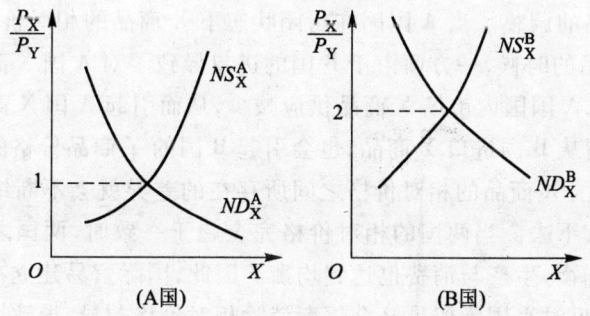

图 2-5 封闭条件下的相对价格差

（二）封闭条件下的相对价格差与国际贸易的发生

图 2-5 中，均衡时，B 国 X 商品的相对价格为 2，大于 A 国 X 商品的相对价格 1。如果允许商品在两国之间自由流动，一开始 A 国 X 的相对价格要低于 B 国，所以 B 国的消费者会发现，从 A 国生产者那里购买 X 商品，要比从本国生产者手里购买 X 便宜，因此，B 国会从 A 国进口 X，或者说 A 国会出口 X 到 B 国；反过来，在 B 国，由于 Y 的相对价格 $\frac{P_Y}{P_X}$ 等于 $1/\left(\frac{P_X}{P_Y}\right)$，等于 $\frac{1}{2}$，要低于

A 国 Y 商品的相对价格 $\left(\frac{P_Y}{P_X}=1\right)$，B 国的生产者会出口 Y，或者说 A 国会从 B 国进口 Y 商品。于是，两国之间发生了贸易。

因此，国际贸易的发生是以两国相对价格差的存在为先决条件的，即国际贸易是建立在两国相对价格差异基础之上的。如果两国的相对价格相同，便不会有国际贸易。在图 2-5 中，A 国 X 商品的相对价格低于 B 国，在 X 商品上具有比较优势，专业化生产并出口 X 商品，进口 Y 商品；反之，B 国 Y 商品的相对价格低于 A 国，在 Y 商品上具有比较优势，专业化生产并出口 Y 商品，进口 X 商品。

2.1.3 国际均衡价格

（一）国际均衡价格的概念与范围

在开放条件下，国际贸易导致国际商品价格均等化，两国面对共同的价格水平。国际均衡价格是一国的过剩供给（需求）等于另一国的过剩需求（供给）时的价格水平。

开放经济下，国际均衡价格是由两国共同决定的。国际均衡价格处于两国贸易前的相对价格水平之间。我们简要地描述一下在由封闭走向开放的过程中两国价格的调整。当 A 国因在封闭状态下 X 商品的相对价格较低，而开始出口 X 商品的时候，一方面由于 B 国的进口导致了对 A 国 X 商品的需求增加，另一方面，A 国国内市场 X 商品供应减少，从而引起 A 国 X 商品价格的上涨；同样，A 国从 B 国进口 Y 商品，也会引起 B 国的 Y 商品价格的上升。这样一来，原来两国 X 商品的相对价格之间所存在的差异就会不断缩小。这一趋势会一直持续下去。当两国的相对价格完全趋于一致时，两国之间的交易就达到了新的均衡，生产与消费也达到均衡。因此，国际贸易建立在相对价格差的基础上，但反过来国际贸易又会逐渐消除相对价格差异，导致国际商品价格的均等化。也就是说，在新的均衡状态下，两国面对相同的价格水平，此时的价格称为国际均衡价格。

当两国重新达到均衡时，一国某一商品的进口（或出口）必等于另一国家该商品的出口（或进口），而一国的进口（或出口）等于该国的过剩需求（或过剩供给）。因此，当一国的过剩需求（或过剩供给）等于另一国的过剩供给（或过剩需求）时，对应的相对价格就是国际均衡价格。

（二）国际均衡价格的图示说明

图 2-6 与图 2-7 分别显示了如何根据一国的国民供给曲线与国民需求曲线，确定其过剩供给曲线和过剩需求曲线。

2.1 封闭与开放条件下的一般均衡

过剩供给曲线是指一国对某一商品在各种相对价格下的过剩供给量。过剩供给曲线的斜率为正,表明随着商品相对价格的提高,其过剩供给水平也随之提高。

过剩供给曲线的方程式为:

$$S = NS - ND = S(P) \tag{2.8}$$

图 2-6(b)中横轴表示 A 国 X 商品的过剩供给,纵轴表示 X 商品的相对价格。A 国过剩供给曲线的形状说明其过剩供给与相对价格成正比。当相对价格大于 1 时,过剩供给大于零,即国内生产大于国内消费,多出的部分靠出口他国解决;当相对价格等于 1 时,过剩供给等于零,即国内生产恰好等于国内消费,整个经济处于自给自足状态;当相对价格小于 1 时,过剩供给小于零,即国内生产小于国内消费,不足的部分靠进口弥补。

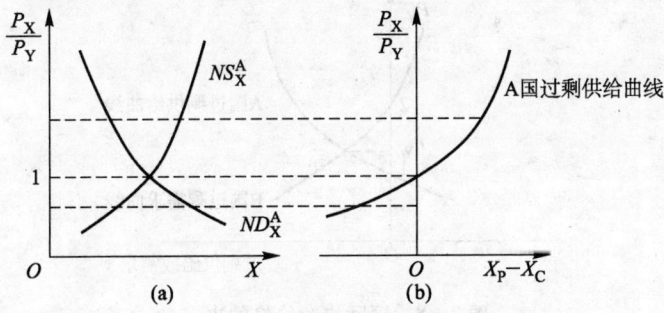

图 2-6 A 国过剩供给曲线的推导

过剩需求曲线是指一国对某一商品在各种相对价格下的过剩需求量。过剩需求曲线的斜率为负,表明随着商品相对价格的提高,其过剩需求水平也随之下降。

过剩需求曲线的方程式为:

$$D = ND - NS = D(P) \tag{2.9}$$

图 2-7(b)中横轴表示 B 国 X 商品的过剩需求,纵轴表示 X 商品的相对价格。B 国过剩需求曲线的形状说明其过剩需求与相对价格成反比。当相对价格小于 2 时,过剩需求大于零,即国内消费大于国内生产,不足的部分靠进口解决;当相对价格等于 2 时,过剩需求等于零,即国内生产恰好等于国内消费,整个经济处于自给自足状态;当相对价格大于 2 时,过剩需求小于零,即国内消费小于国内生产,多出的部分出口他国。

若把 A 国的过剩供给曲线与 B 国的过剩需求曲线放在同一坐标系中,则可说明国际均衡价格的决定。在图 2-8 中,两条曲线交点对应的相对价格

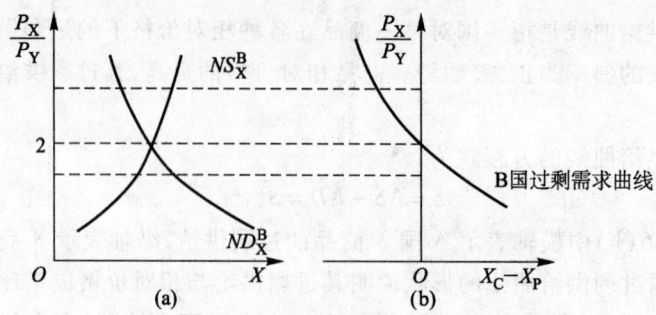

图 2-7　B国过剩需求曲线的推导

P_W，即国际均衡价格。

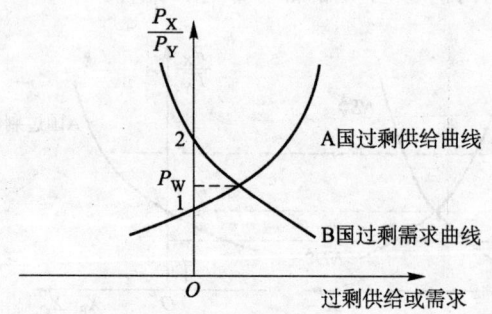

图 2-8　国际均衡价格的决定

从图 2-8 中可以发现，国际均衡价格一定处于两国贸易前的相对价格水平之间，即：$1 \leqslant P_W \leqslant 2$。

2.2　国际贸易利益的衡量与分解

开放经济条件下，一国实行自由贸易政策，不限制进口，也不鼓励出口，政府不干预对外贸易。消费者为了实现消费效用最大化，将根据国际市场上新的相对价格调整消费数量，生产者也相应地调整自己的供给数量，从而导致生产要素在不同部门之间的重新分配。假设国际市场是完全竞争的，在开放经济下实行的是自由贸易。因此，国内商品的相对价格等于国际市场的相对价格。国际贸易利益，又称为贸易利益（gains from trade），是指同封闭经济相比，开放经济在既定的生产资源和技术条件下新增加的利益，表现为整个社会福利水平的提高。

2.2.1 贸易条件、消费利益与生产利益

开放经济下的消费者和生产者都会对消费和生产进行相应的调整,使得国内商品的相对价格等于国际市场的相对价格。下面从社会无差异曲线角度分析贸易利益及其分解。

(一) 贸易利益与贸易条件

在图 2-9 中,假定一个国家生产两种商品 X、Y,其中,TT' 是该国的生产可能性曲线,E 为封闭经济下的生产和消费的均衡点,U_1 为封闭经济下的社会无差异曲线,P_D 为国内市场的相对价格线,P_W 为国际市场的相对价格线,E' 为开放经济下的生产均衡点,U_2 为开放经济下的社会无差异曲线,C 为开放经济下的消费均衡点。

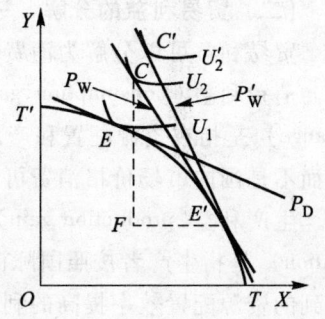

图 2-9 开放经济下的贸易利益

在封闭经济下,E 点为均衡点,此时国内的相对价格为 P_D。假设 P_W 比 P_D 相对陡峭,意味着 X 商品的国际市场价格高于国内市场价格,Y 商品则相反。因此,该国应生产并出口 X 商品,进口 Y 商品。

在开放经济下,国内市场的相对价格要等于国际市场的相对价格,生产者和消费者都要进行调整,接受新的相对价格 P_W。此时,P_W 与 TT' 相切,形成新的生产均衡点 E'。P_W 与 U_2 相切,形成新的消费均衡点 C。新的相对价格 P_W 就是贸易线(trade line),该国出口 FE' 的 X 商品,进口 FC 的 Y 商品。FCE' 就是贸易三角(trade triangle),三角形的底边代表该国的出口,垂直边代表该国的进口,斜边代表贸易线,其斜率的绝对值代表世界价格水平或开放经济下的贸易条件。

新的无差异曲线 U_2 在 U_1 的上方,表明开放经济带来社会福利水平的提高。一国的无差异曲线从封闭条件下 U_1 上升到开放经济下的 U_2,说明国际贸易改善了贸易福利,即该国从国际贸易中获得了利益。

从图 2-9 中可以看出,贸易后的国际均衡价格与贸易前的相对价格差距越大,贸易后的社会无差异曲线的位置就越偏上,因此贸易利益也就越大。如果 P_W 变为 P_W',则开放后的消费点就变为 C',社会无差异曲线就会变为 U_2',高于 U_2。对于图 2-9 中的国家,相对价格就是该国的贸易条件,相对价格的上升意味着贸易条件改善,而贸易条件改善意味着该国从国际贸易中可获得

更多的利益。对于另一国家来说,以上的结论同样成立。因此,国际贸易是一种互利的行为,参与贸易的各国都能从中获益,至于一国从国际贸易中所获利益的多寡则取决于该国的贸易条件。

贸易虽然能改善一国总体福利,但并不意味着国内每个国民都能从中受益。因为,社会无差异曲线的上移并不代表每个人的福利水平都提高。因此,具体到个人,并不是每个人都认为贸易是一件好事。这也是为什么现实中总存在反对自由贸易的势力的重要原因之一。

(二) 贸易利益的分解

贸易利益可以分解为消费利益和生产利益。

消费利益(consumption gain),又称为得自交换的利益(gains from exchange),是指在资源配置和产出组合不变的条件下,消费者按照国际市场价格而不是国内市场价格消费可能产生的利益。

生产利益(production gain),又称为得自专业化的利益(gains from specialization),是指生产者按照国际市场价格进行产业结构调整和专业化生产可能得到的资源配置效率提高的利益。

假定一国从封闭到开放分两步走。第一步,当开放之后面对新的国际价格时,消费者可以立即做出调整,而生产者的生产不能立刻进行调整,所以生产点不变。这时,消费者面对新的国际价格,发现原来在封闭条件下价格比较昂贵的商品,现在变的不那么昂贵,而原来比较廉价的商品,现在则变得比较昂贵了。于是,他们不会仍停留在原来消费点,而会增加对变得廉价的商品的消费,减少对变得昂贵的商品的消费。在图 2-10 中,消费点由 E 点转移到对应于更高满意程度的 F 点,F 点是通过生产点 E 的国际相对价格线 P_W 与社会无差异曲线 U_2 的切点。在这一阶段,社会福利水平的提高来自于在生产不变的情况下从国际交换中获得的利益,即贸易利益。第二步,生产者对价格变化做出反应,进行生产调整,他们会增加相对价格上升产品的生产,减少相对价格下降产品的生产。于是,生产点由 E 点向右下方转移,当到达 E' 点时,机会成本与新的相对价格水平重新达成一致,于是 E' 点成为

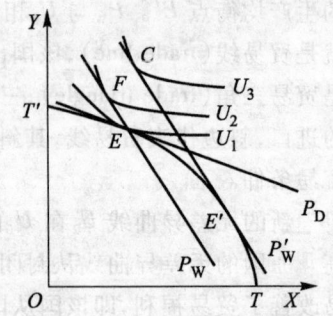

图 2-10 贸易利益的分解

新的生产均衡点。生产的这一变动提高了资源的配置效率,使国民收入由原来通过 E 和 F 点的国际相对价格线所代表的水平提高到现在通过 E' 点的国际相对价格线所代表的水平。收入水平的提高跟着又提高消费水平,从而达

到更高的满意程度。消费点在第二步过程中由原来的 F 点转移到对应于更高福利水平的 C 点。社会无差异曲线由 F 点到 C 点的移动,表示在相对价格不变的情况下由于生产的专业化而获得的额外利益,即生产利益。两种利益之和便构成了贸易总利益(total gains from trade)。

总的说来,对于消费者来讲,消费点由 E 点移到 C 点获得的贸易利益就是贸易总利益。它可以分解为两部分:一是消费点由 E 点移到 F 点获得的消费利益,二是消费点由 F 点移到 C 点获得的生产利益。

2.2.2 生产者剩余和消费者剩余

国际贸易可以给参加贸易的国家带来福利。这些利益是否会平均地分配给每一个人呢?我们从不同的角度,可以将利益集团划分为两个,即生产者和消费者。由于他们在国际贸易中的地位不同,他们的利弊得失也就不同。

在经济学中,常常用"剩余"或"盈余"来概括一种额外利益或福利。当某种剩余被生产者获得时,被称为生产者剩余;当某种剩余被消费者获得时,被称为消费者剩余。所谓生产者剩余,是指生产者愿意接受的价格和实际接受的价格之间的差额。所谓消费者剩余,是指消费者愿意支付的价格和实际支付的价格之间的差额。

在图 2-11 中,横轴表示本国某种商品的供应数量,纵轴表示该种商品的价格,S 表示供应曲线,D 表示需求曲线。如果没有国际贸易,P_0 表示供求均衡的价格,此时,国内需求量等于国内供给量。消费者剩余是需求曲线以下和价格线以上的三角形区域,即"b"区域。生产者剩余是供给曲线以上和价格曲线以下的三角形区域,即"a"区域。该生产者剩余的来源,是增加生产每单位产品的边际成本与价格水平差异的总和。

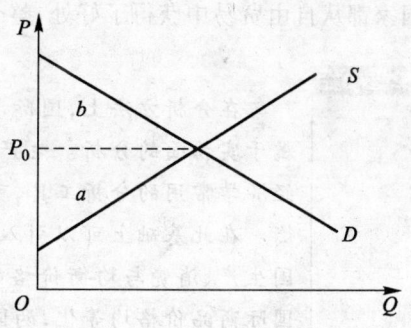

图 2-11 生产者剩余与消费者剩余

生产者剩余和消费者剩余之所以作为"剩余"的基本原因在于,这是它们分别得到的额外所得。对消费者来说,这是一种心理满足。生产者剩余则是成本与接受价格之间的差额。

假设有两个经济体,A 国与 B 国。封闭条件下,A 国市场的国内市场均衡价格 P_A 高于 B 国市场的国内均衡价格 P_B。开放以后,两国按照国际市场价

格 P_W 进行自由贸易。自由贸易的福利影响见如图 2-12。

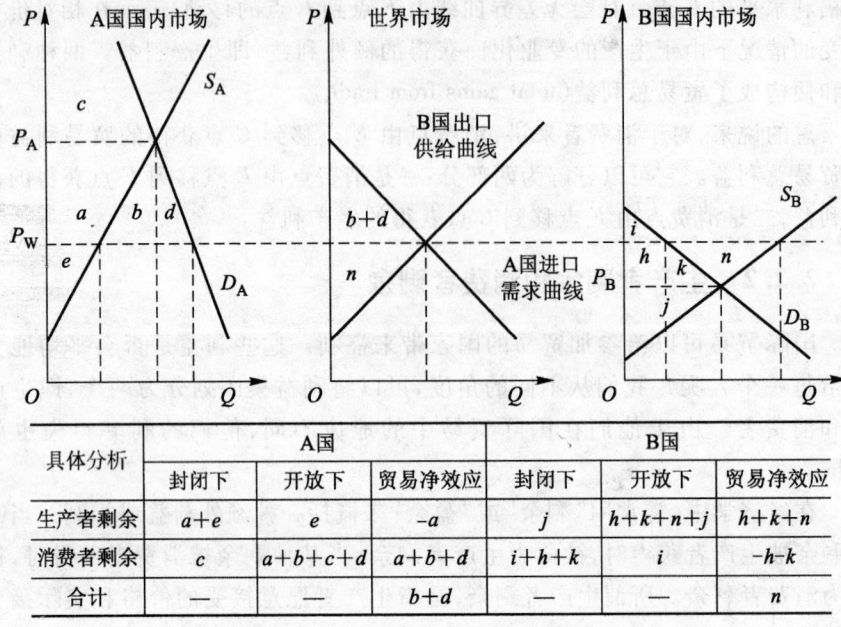

具体分析	A国			B国		
	封闭下	开放下	贸易净效应	封闭下	开放下	贸易净效应
生产者剩余	a+e	e	-a	j	h+k+n+j	h+k+n
消费者剩余	c	a+b+c+d	a+b+d	i+h+k	i	-h-k
合计	—		b+d	—		n

图 2-12 贸易对生产者、消费者和整个国家的福利影响

开放条件下,A 国的贸易净效应为 $(b+d)$,B 国的贸易净效应为 n,两个国家都从自由贸易中获得了好处,整个世界的贸易净效应为 $(b+d+n)$。

本章小结

在分析方法上,国际贸易理论假定交易采用物物交换形式,属于实物面的分析。生产可能性曲线和社会无差异曲线是国际经济学常用的分析工具,可用于分析封闭与开放条件下的一般均衡。在此基础上可以引入国民供给曲线和国民需求曲线说明一国生产、消费与均衡价格的决定。在开放条件下,国际贸易导致国际商品价格均等化,两国面对的共同的价格水平是一国的过剩供给(需求)等于另一国的过剩需求(供给)时的价格水平。贸易利益是指同封闭经济相比,开放经济在既定的生产资源和技术条件下新增加的利益,表现为整个社会福利水平的提高。从社会无差异曲线角度可将贸易利益分解为消费利益和生产利益。通过供求关系图,引入生产者剩余和消费者剩余可以分析两国及世界的净贸易利益。

关键词

生产可能性曲线　　埃奇沃思盒式图　　机会成本　　边际转换率　　社会无差异曲线
不完全分工　　　　贸易利益　　　　　消费利益　　生产利益　　　贸易线
贸易三角　　　　　生产者剩余　　　　消费者剩余

复习思考题

1．假设两国的生产可能性曲线相同,在不同偏好和机会成本不变的条件下,两国是否存在贸易的基础？为什么？

2．规模报酬递增与生产可能性曲线形状的关系是什么？

3．为什么在决定生产和消费时,相对价格比绝对价格更为重要？

4．如果国际贸易发生在一个大国和一个小国之间,那么贸易后,国际相对价格更接近于哪一个国家在封闭下的相对价格水平？哪个国家在国际贸易中福利改善程度更为明显些？

5．一个没有贸易的假想世界有哪些条件？

6．在20世纪90年代中期,A国每年进口约30亿桶石油。如果不进口这些石油就会免去数十亿美元的对外支付,这也许对A国更为有利。毕竟,A国能够生产本国所需要的石油(或者其他可替代石油的能源产品)。如果A国突然间停止一切石油的进口,就会造成很大的干扰。但如果通过有序的调整逐渐限制并最终停止石油进口,A国或许可以受益。如果我们给A国的石油生产者和消费者以充分的时间进行调整,调整的幅度便可以是很大的。下面是两个关于A国国内需求和供给条件的方程。

需求方程：$P = 42 - 4Q_D$

供给方程：$P = 0.6 + 6Q_S$

其中,数量Q是指每年桶数(单位为10亿),P是每桶的美元价格。

(1) 自由贸易条件下国际价格是每桶18美元,此时A国国内生产多少石油？A国国内消费多少石油？在一张图上画出需求和供给曲线并标出相关的点。在图上指出A国进口的石油数量。

(2) 如果A国停止一切石油进口(以足够长的时间,按照方程进行有序调整),A国将要生产多少石油？消费多少石油？无石油进口条件下,A国石油价格是多少？请在图上标明。

(3) 如果A国禁止一切石油进口,哪个(哪些)集团获益？哪个(哪些)集团受损？相应的,请在图上说明答案。

7．A国纸的需求曲线方程为：$Q_D = 350 - 0.5P$。

供给曲线方程为：$Q_S = -200 + 5P$

(1) 若没有国际贸易,均衡价格和均衡产量是多少？

(2) 如果A能以120的价格与世界其他国家自由进行贸易,其均衡产量是多少？

(3) 从无贸易变为自由贸易对A国消费者剩余有何影响？对生产者剩余又有何影响？A国的国民福利净收益或净损失是多少？

案例讨论题

1. 我国汽车关税改革

1994年,中国正式进入WTO谈判,同年4月1日,中国对进口汽车关税第一次进行了调减,排量3.0升以下的汽油轿车关税降为110%,排量3.0升及以上关税降为150%,各自下降了70个百分点,迈出了与国际接轨的第一步。1997年10月1日,排量3.0升上下的汽油轿车,税率分别降至100%和80%。2002年1月1日起,排量在3.0升以下的轿车,关税降到43.8%,排量3.0升以上的降到50.7%。2003年1月1日,排量3.0升以下的进口汽车关税降到38.2%,排量3.0升以上降到43%。2004年1月1日,排量3.0升以下的进口汽车关税降到34.2%,排量3.0升以上降到37.6%。2005年1月1日,进口汽车关税降到30%,汽车零部件关税也下降到13%。2006年1月1日,进口汽车关税从30%下调至28%。2006年7月1日,进口汽车关税最终将下降到25%,零部件平均关税降到10%。

试分析我国汽车进口关税下降对我国汽车生产商、消费者和政府税收的影响以及我国汽车进口关税调整趋势。

2. 比较优势陷阱

如果发展中国家完全按照比较优势生产并出口初级产品和劳动密集型产品,则在与技术和资本密集型产品出口为主的经济发达国家的国际贸易中,虽然能获得利益,但总是处于不利地位。比较优势陷阱有两种类型:第一种是初级产品比较优势陷阱。发展中国家完全按照机会成本的大小来确定本国在国际分工中的位置,运用劳动力资源和自然资源优势参与国际分工,从而只能获得相对较低的附加值。第二种类型是制成品比较优势陷阱。发展中国家开始以制成品来替代初级产品的出口,利用技术进步来促进产业升级。但由于自身基础薄弱,主要通过大量引进技术作为手段来改善在国际分工中的地位,并有可能进入高附加值环节。但由于过度的依赖技术引进,使自主创新能力长期得不到提高,无法发挥后发优势,只能依赖发达国家的技术进步。

谈谈比较优势陷阱的原因和发展中国家比较优势战略的不足。

第3章
李嘉图模型、相互需求与国际贸易

以亚当·斯密和大卫·李嘉图为代表的古典贸易理论是西方主流贸易理论发展的基础,也是自由贸易论者极为推崇的贸易理论之一。在实践上,这一理论推动了第一次产业革命时期英国经济的发展,也促进了第二次世界大战以后西方发达国家对外贸易的扩大。虽然,这一理论面临着新贸易理论的挑战,但至今仍没有公认的可以替代的理论。本章利用新古典经济学的分析工具,如生产可能性曲线、社会无差异曲线对古典贸易理论进行一般均衡分析,同时也辅以局部均衡分析,探讨李嘉图模型所揭示的国际贸易的动因。比较成本论说明了国际贸易能够为两国带来利益,但是,带来的利益范围有多大?在这个范围内,双方各得多少?比较成本论没有回答。相互需求论回答了这个问题。

3.1 李嘉图模型

李嘉图模型从技术差异角度解释国际贸易的起因,这是古典贸易理论的重要组成部分。

3.1.1 李嘉图模型的基本结构

李嘉图的比较优势模型是以古典学派劳动价值论为基础,有八条假设。
(1) 生产要素只有劳动一种。
(2) 劳动在一国之内是完全同质的。
(3) 劳动在一国之内可自由流动,但在国际不能流动,而且一国的劳动总量一定。这一假设意味着不同部门的生产要素的价格是相等的。
(4) 规模收益不变。无论产量如何变化,生产单位产量的劳动时间不变。
(5) 商品和劳动市场都是完全竞争的。任何一个生产者或消费者都没有足够的力量影响市场,因此,任何人都是价格接受者。所有的参与者都掌握进入市场的足够信息,可以自由进入或退出一个行业,价格等于产品边际成本。

政府对经济活动不加任何干预。

（6）不考虑运输成本和其他交易费用,国外与国内的运输成本均为零。

（7）两国的消费者偏好相同,具有平行或相同的社会无差异曲线。

（8）两国的生产函数不相同,具有不同的生产可能性曲线。

为了简化对李嘉图模型的描述,我们仍然以两个国家、两种产品、一种要素为考察对象,为了方便起见,我们称这一模型为 $2\times2\times1$ 模型。假设两个国家:A 与 B;两种产品:X 与 Y;一种要素:劳动 L。

（1）、（2）两条假设意味着生产成本只取决于劳动投入量,劳动投入量越多,生产成本就越高。而根据（1）和（4）两条假设,A 和 B 两国的 X 和 Y 两种产品的生产函数形式可分别写成如下的线性形式:

$$X = a_X L_X^A; Y = a_Y L_Y^A \tag{3.1}$$

$$X = b_X L_X^B; Y = b_Y L_Y^B \tag{3.2}$$

$$L_X^A + L_Y^A = \bar{L}_A; L_X^B + L_Y^B = \bar{L}_B \tag{3.3}$$

式中,a_X、a_Y、b_X、b_Y 为正的常数,a_X 表示 A 国生产 X 产品的劳动生产率,a_Y 表示 A 国生产 Y 产品的劳动生产率,b_X 表示 B 国生产 X 产品的劳动生产率,b_Y 表示 B 国生产 Y 产品的劳动生产率。

李嘉图模型认为,两国的生产技术的差异就是两国劳动生产率的差异,劳动生产率差异是国际贸易的起因。这是国际贸易技术差异决定论的一个特例。

3.1.2 绝对优势与比较优势

（一）绝对优势

假设为 $2\times2\times1$ 模型,见公式（3.1）、（3.2）。如果 $a_X > b_X$ 且 $a_Y < b_Y$,则 A 国在 X 商品的生产上有绝对优势,在 Y 商品的生产上有绝对劣势;B 国在 X 商品的生产上有绝对劣势,在 Y 商品的生产上有绝对优势。

相反,如果 $a_X < b_X$ 且 $a_Y > b_Y$,则 A 国在 X 商品的生产上有绝对劣势,在 Y 商品的生产上有绝对优势;B 国在 X 商品的生产上有绝对优势,在 Y 商品的生产上有绝对劣势。

表 3-1(a)给出了两国生产技术绝对差异的实例。

在表 3-1(a)中,A 国生产 1 单位 X 产品需要 3 单位的劳动,生产 1 单位 Y 产品需要 6 单位劳动;B 国生产 1 单位 X 产品需要 12 单位劳动,生产 1 单位 Y 产品需要 2 单位劳动。两国的两种产品的劳动生产率(单位劳动的产出)见表 3-1(b)所示。

3.1 李嘉图模型

表 3-1(a)　两国的单位产品的产出所需的劳动投入量

国家 劳动投入量	A 国	B 国
X 产品的劳动投入量	3	12
Y 产品的劳动投入量	6	2

表 3-1(b)　两国的劳动生产率

国家 劳动生产率	A 国	B 国
X 产品的劳动生产率	$a_X = 1/3$	$b_X = 1/12$
Y 产品的劳动生产率	$a_Y = 1/6$	$b_Y = 1/2$

从表 3-1(b) 中可以清楚地看出：$1/3 > 1/12$，即 $a_X > b_X$，同时，$1/6 < 1/2$，即 $a_Y < b_Y$，则 A 国在 X 商品的生产上有绝对优势，在 Y 商品的生产上有绝对劣势；B 国在 X 商品的生产上有绝对劣势，在 Y 商品的生产上有绝对优势。

如果两国按照绝对优势的原则进行国际分工与国际贸易，A 国专门生产并出口 X 商品，B 国专门生产并出口 Y 商品，则两国的资源配置均要调整。对于 A 国来讲，劳动就会从 Y 部门转移到 X 部门，而 B 国 X 部门的劳动就会转移到 Y 部门，如表 3-1(c) 所示。

表 3-1(c)　按照绝对优势原则两国的劳动投入量

国家 劳动投入量	A 国	B 国
X 产品的劳动投入量	9	0
Y 产品的劳动投入量	0	14

A 国将全部 9 单位劳动用于 X 产品生产，共生产 3 单位的 X 产品，但 Y 产品因只有 0 单位的劳动，故只有 0 单位 Y 产品。B 国专业生产 Y 产品（用全部 14 单位劳动），共生产 7 单位 Y 产品，但因只有 0 单位劳动用于生产 X 产品，故 X 产品生产为 0 单位。很清楚，在全部劳动耗费不变的情况下，与分工前相比较，世界的总产量发生了变化，如表 3-1(d) 所示。

表 3-1(d)　国际分工前后两国生产的比较

分工	产品	A 国	B 国	世界
分工前	X	1	1	2
	Y	1	1	2
分工后	X	3	0	3
	Y	0	7	7
分工后的净福利	X	+2	-1	+1
	Y	-1	+6	+5

从表 3-1(d)可以看出,与分工前相比,在世界劳动总量没有增加的情况下,世界总产量增加了,X 的生产增加了 1 单位,Y 的生产增加了 5 单位。A 国用放弃生产 1 单位 Y 的劳动多生产了 2 单位的 X,而 B 国用放弃生产 1 单位 X 的劳动多生产了 6 单位的 Y。

假如两国两种产品以 1∶1 的国际比价进行贸易,如果 A 国的消费在保持 1 单位 X 产品、B 国保持在 1 单位 Y 产品时(A 国维持分工前的 X 产品消费,而 B 国维持分工前的 Y 产品消费),然后进行 X 和 Y 产品的交换,则 A、B 两国的消费总量均有所增加。在整个世界劳动耗费不变的情况下,A、B 两国消费水平得到了提高。A、B 两国组成的世界总消费在 A、B 两国消费均得到增加的情况下也得到了提高。

(二) 比较优势

假设为 $2 \times 2 \times 1$ 模型,见公式(3.1)、(3.2)。如果 $\frac{a_X}{a_Y} > \frac{b_X}{b_Y}$,则 A 国在 X 商品的生产上有比较优势,B 国在 X 商品的生产上有比较劣势。同时表明,A 国在 Y 商品的生产上有比较劣势,B 国在 Y 商品的生产上有比较优势。

相反,如果 $\frac{a_X}{a_Y} < \frac{b_X}{b_Y}$,则 A 国在 X 商品的生产上有比较劣势,B 国在 X 商品的生产上有比较优势。同时表明,A 国在 Y 商品的生产上有比较优势,B 国在 Y 商品的生产上有比较劣势。

在表 3-1(b)的实例中,$\frac{a_X}{a_Y} = \frac{\frac{1}{3}}{\frac{1}{6}} = 2 > \frac{b_X}{b_Y} = \frac{\frac{1}{12}}{\frac{1}{2}} = \frac{1}{6}$。因此,A 国在 X 产品的生产上具有比较优势,而 B 国在 Y 商品的生产上具有比较优势。

如果一国在两种产品的生产上均具有绝对优势,而另一国均具有绝对劣势,那么,按照绝对优势理论,则不会发生国际分工与国际贸易,但按照比较优势理论,则会发生国际分工与国际贸易。表3-2(a)给出了两国生产技术相对差异的实例。

表3-2(a) 两国的单位产品的产出所需的劳动投入量

劳动投入量 \ 国家	A国	B国
X产品的劳动投入量	3	12
Y产品的劳动投入量	6	10

在表3-2(a)中,A国生产1单位X产品需要3单位的劳动,生产1单位Y产品需要6单位劳动;B国生产1单位X产品需要12单位劳动,生产1单位Y产品需要10单位劳动。两国的两种产品的劳动生产率(单位劳动的产出)见表3-2(b)所示。

表3-2(b) 两国的劳动生产率

劳动生产率 \ 国家	A国	B国
X产品的劳动生产率	$a_X = \frac{1}{3}$	$b_X = \frac{1}{12}$
Y产品的劳动生产率	$a_Y = \frac{1}{6}$	$b_Y = \frac{1}{10}$

从表3-2(b)中可以清楚地看出:$\frac{1}{3} > \frac{1}{12}$,即$a_X > b_X$,同时,$\frac{1}{6} > \frac{1}{10}$,即$a_Y > b_Y$,则A国在两种产品的生产上均具有绝对优势,而B国在两种产品的生产上均具有绝对劣势。如果按照绝对优势的原则,两国不会发生国际分工与国际贸易。

但是,由于$\frac{a_X}{a_Y} = \frac{\frac{1}{3}}{\frac{1}{6}} = 2 > \frac{b_X}{b_Y} = \frac{\frac{1}{12}}{\frac{1}{10}} = \frac{5}{6}$,根据比较优势原则,则A国在X商品的生产上有比较优势,B国在X商品的生产上有比较劣势。同时,A国在Y商品的生产上有比较劣势,B国在Y商品的生产上有比较优势。因此,A国专门生产并出口X,B国专门生产并出口Y,则两国的资源配置均要调整。对于A国来讲,劳动就会从Y部门转移到X部门,而B国X部门的劳动就会转移到Y部门,见表3-2(c)所示。

表 3-2(c)　按照比较优势原则两国的劳动投入量

劳动投入量＼国家	A 国	B 国
X 产品的劳动投入量	9	0
Y 产品的劳动投入量	0	22

A 国将全部 9 单位劳动用于 X 产品生产,共生产 3 单位的 X 产品,但 Y 产品因只有 0 单位的劳动,故只有 0 单位 Y 产品。B 国用全部 22 单位劳动专业生产 Y 产品,共生产 2.2 单位 Y 产品,但因只有 0 单位劳动用于生产 X 产品,故 X 产品生产为 0 单位。与分工前相比较,世界的总产量发生了变化,如表 3-2(d)所示。

表 3-2(d)　国际分工前后两国生产的比较

分工	产品	A 国	B 国	世界
分工前	X	1	1	2
	Y	1	1	2
分工后	X	3	0	3
	Y	0	2.2	2.2
分工后的净福利	X	+2	-1	+1
	Y	-1	+1.2	+0.2

从表 3-1(d)可以看出,与分工前相比,世界总产量增加了,X 的生产增加了 1 单位,Y 的生产增加了 0.2 单位。A 国用放弃生产 1 单位 Y 的劳动多生产了 2 单位的 X,而 B 国用放弃生产 1 单位 X 的劳动多生产了 1.2 单位的 Y。

假如两国两种产品以 1∶1 的国际比价进行贸易,A、B 两国的消费总量均会有所增加。A、B 两国及世界的消费水平得到了提高。

可见,李嘉图的比较优势学说比斯密的绝对优势学说更具有普遍的意义。只要两国存在技术差异,即使一国完全处于劣势状态,国际分工与国际贸易仍会发生,而且国际贸易能够使得两国及整个世界获利。

3.1.3　李嘉图比较优势理论的图示

(一) 生产可能性曲线的函数表示

对于 A 国而言,生产可能性边界可以由下列三个公式确定:

$$X = a_X L_X^A \tag{3.4}$$

$$Y = a_Y L_Y^A \tag{3.5}$$

$$\overline{L}_A = L_X^A + L_Y^A \tag{3.6}$$

根据这三个方程式,可以得出 A 国的生产可能性曲线。

$$\frac{X}{a_X} + \frac{Y}{a_Y} = \overline{L}_A \tag{3.7}$$

从方程式(3.7)可以看出,A 国的生产可能性曲线 AA' 是一条直线,线上各点的斜率相同,斜率为 $-\frac{a_Y}{a_X}$。同样,B 国的生产可能性曲线 BB' 也是一条直线,直线的斜率为 $-\frac{b_Y}{b_X}$。具体如图 3-1 所示。

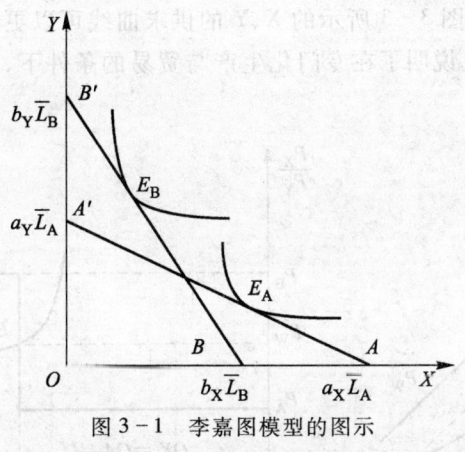

图 3-1 李嘉图模型的图示

在图 3-1 中,$\frac{a_X}{a_Y} > \frac{b_X}{b_Y}$,这说明,A 国在 X 的生产上有比较优势,在 Y 的生产上有比较劣势;而 B 国在 X 的生产上有比较劣势,在 Y 的生产上有比较优势。

(二)封闭条件下的相对价格

在封闭条件下,两国的相对价格由各自的生产可能性边界与社会无差异曲线相切决定。在图 3-1 中,A 国的均衡点为 E_A,B 国的均衡点为 E_B,通过 E_A 与 AA' 相切的社会无差异曲线与通过 E_B 与 BB' 相切的社会无差异曲线形状相同,但位置不同。

对 A 国而言,其相对价格线 P_A 与其生产可能性边界重合。在均衡状态下,A 国的国内相对价格记为:$P_A = \frac{P_X^A}{P_Y^A} = \frac{a_Y}{a_X}$。同样,对 B 国而言,其相对价格线 P_B 与其生产可能性边界重合。在均衡状态下,B 国的国内相对价格记为:$P_B = \frac{P_X^B}{P_Y^B} = \frac{b_Y}{b_X}$。可见,国内相对价格与相对劳动生产率成反比。

如果 $P_A < P_B$，则 $\dfrac{a_X}{a_Y} > \dfrac{b_X}{b_Y}$，那么，A 国在 X 的生产上有比较优势，而 B 国在 Y 的生产上有比较优势。反之，如果 $P_A > P_B$，则 $\dfrac{a_X}{a_Y} < \dfrac{b_X}{b_Y}$，那么，A 国在 Y 的生产上有比较优势，而 B 国在 X 的生产上有比较优势。

在图 3-1 中，由于 $P_A < P_B$，因此，A 国在 X 的生产上有比较优势，而 B 国在 Y 的生产上有比较优势。

（三）国际均衡价格

1. 通过总供求曲线的分析

通过图 3-2、图 3-3 所示的 X、Y 的供求曲线可以更深刻地理解李嘉图模型。图示同时也说明了在专门化生产与贸易的条件下，商品均衡相对价格是如何决定的。

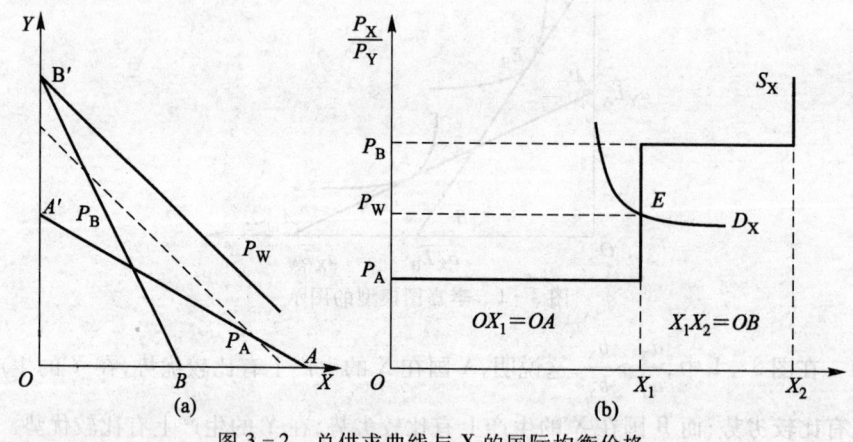

图 3-2　总供求曲线与 X 的国际均衡价格

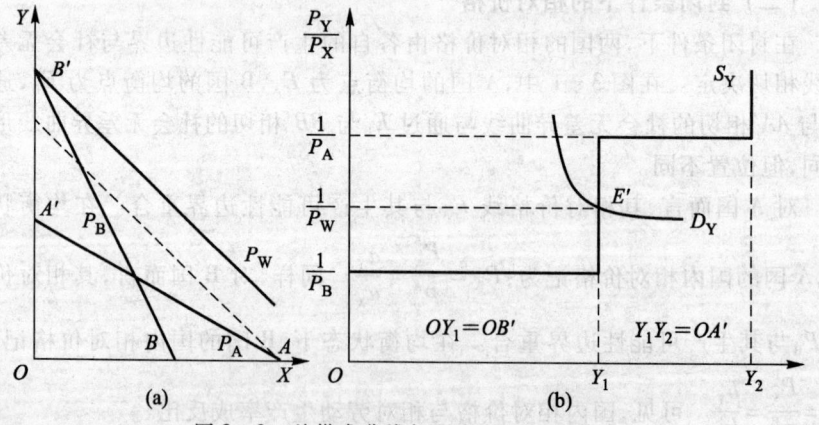

图 3-3　总供求曲线与 Y 的国际均衡价格

在图 3-2 中，S_X 是当 A 国与 B 国均用其所有资源生产 X 时的 X 总供给曲线。$OA = OX_1$ 代表 A 国 X 的最大产量，此时机会成本为 P_A。$OB = X_1X_2$ 为 B 国在 P_B 时所能生产的 X 最大产量。因此，如果 A 国与 B 国均使用其所有资源生产 X，两国最多可生产 OX_2 单位 X。因此 S_X 在 OX_2 时为垂直线。

假设有贸易，A、B 两国的总需求曲线为 D_X。D_X 和 S_X 在点 E 相交，决定了均衡时的产量为 OX_1，均衡相对价格为 P_W。通过贸易，X 产品只在 A 国生产。

对 Y 而言也是这样。在图 3-3 中，S_Y 是 A、B 两国如果只生产 Y 时所能生产 Y 的总供给曲线。B 国在 $\frac{1}{P_B}$ 时，最多能生产 $OY_1 = OB'$，A 国在 $\frac{1}{P_A}$ 时可最多生产 $Y_1Y_2 = OA'$。

假如有贸易，A、B 两国总需求曲线是 D_Y。D_Y、S_Y 交于 E'，决定均衡产量的相对价格为 $\frac{1}{P_W}$。通过贸易，Y 只在 B 国生产。

当两国完全专业化生产（complete specialization）时，每一种商品的均衡相对价格就处在每个国家贸易前的相对商品价格之间。

2. 过剩供求曲线分析

图 3-4 描述的是开放条件下 A 国 X 商品的过剩供给曲线的推导。

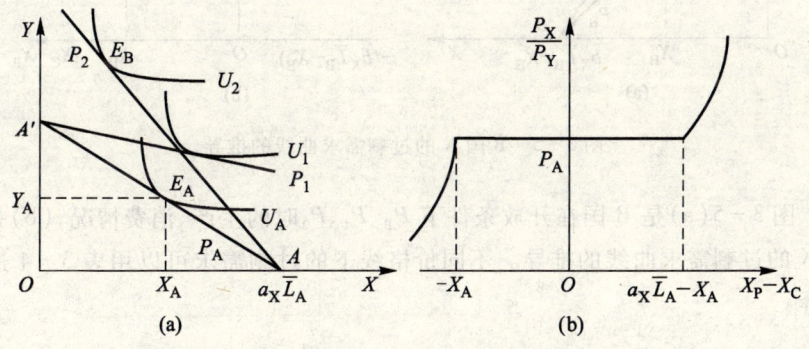

图 3-4 A 国 X 的过剩供给曲线的推导

图 3-4(a) 是 A 国在开放条件下 P_A、P_1、P_2 时的生产、消费情况，(b) 是 A 国 X 的过剩供给曲线的推导。不同价格线下的过剩供给可以用表 3-3 进行解释。

基于以上的分析方法，我们同样可得到 B 国 X 商品的过剩需求曲线，如图 3-4 所示。图 3-5 描述的是开放条件下 B 国 X 商品的过剩需求曲线的推导。

表 3-3 开放条件下的相对价格与过剩供给的关系

$\dfrac{P_X}{P_Y}$	$X_P - X_C$
P_A	A 国生产点在 AA' 线段上,而消费点只能是无差异曲线与相对价格线的切点 E_A。$0 \leq X_P \leq a_X \bar{L}_A, X_C = X_A$。因此,$-X_A \leq X_P - X_C \leq a_X \bar{L}_A - X_A$
$P < P_A$,如 P_1	A 国专门化生产 Y,不生产 X。X 的过剩供给为负。由于 X 的相对价格 P_1 低于 P_A,因此,A 国在 P_1 时对 X 的消费大于在 P_A 时对 X 的消费。$X_P = 0, X_C > X_A$。这时,$X_P - X_C < -X_A$
$P > P_A$,如 P_2	A 国专门化生产 X,不生产 Y。X 的过剩供给为正。由于 X 的相对价格 P_2 大于 P_A,因此,A 国在 P_2 时对 X 的消费小于在 P_A 时对 X 的消费。$X_P = a_X \bar{L}_A, X_C < X_A$。这时,$X_P - X_C > a_X \bar{L}_A - X_A$

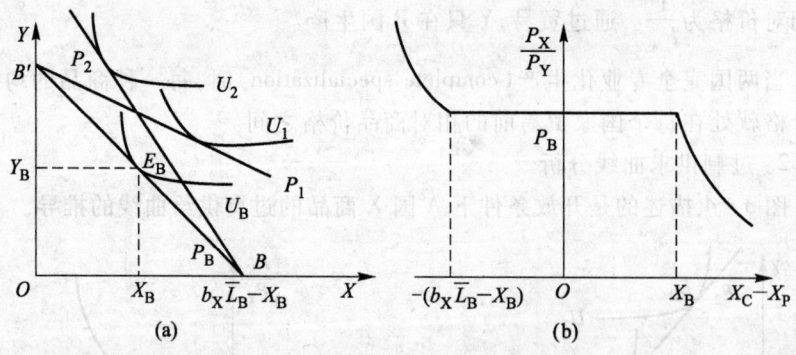

图 3-5 B 国 X 的过剩需求曲线的推导

图 3-5(a)是 B 国在开放条件下 P_B、P_1、P_2 时的生产、消费情况,(b)是 B 国 X 的过剩需求曲线的推导。不同价格线下的过剩需求可以用表 3-4 进行解释。

表 3-4 开放条件下的相对价格与过剩需求的关系

$\dfrac{P_X}{P_Y}$	$X_C - X_P$
P_B	B 国生产点在 BB' 线段上。而消费点是无差异曲线与相对价格线的切点 E_B。 $0 \leq X_P \leq b_X \bar{L}_B, X_C = X_B$。这时,$-(b_X \bar{L}_B - X_B) \leq X_C - X_P \leq X_B$

3.1 李嘉图模型

续表

$\dfrac{P_X}{P_Y}$	$X_C - X_P$
$P < P_B$,如 P_1	B国专门化生产Y,不生产X。X的过剩需求为正。由于X的相对价格 P_1 低于 P_B,因此,B国在 P_1 时对X的消费在大于 P_B 时对X的消费。$X_P = 0, X_C > X_B$。这时,$X_C - X_P > X_B$
$P > P_B$,如 P_2	B国专门化生产X,不生产Y。X的过剩需求为负。由于X的相对价格 P_2 大于 P_B,因此,B国在 P_2 时对X的消费小于在 P_B 时对X的消费。$X_P = a_X \bar{L}_B, X_C < X_B$。这时,$X_C - X_P < -(b_X \bar{L}_B - X_B)$

3. 国际均衡价格的决定

将图3-4(b)和图3-5(b)合并在一起,可说明国际均衡价格的确定。在图3-6中,A国过剩供给曲线与B国过剩需求曲线的交点决定了国际均衡价格,国际均衡相对价格为 P_W,由图可知,P_W 位于 P_A 与 P_B 之间。

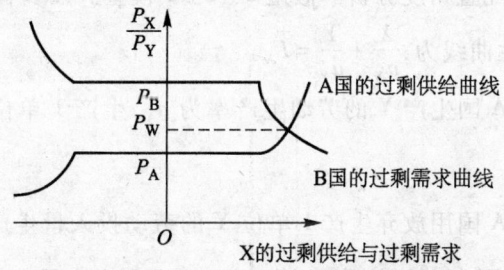

图3-6 过剩供求曲线与国际均衡价格的决定

(四)开放条件下的一般均衡

在国际均衡价格 P_W 下,开放条件下A、B两国的一般均衡如图3-7所示。在图3-7(a)中,由于国际均衡价格 $P_W > P_A$,所以开放后,A国的生产均衡点在 T_A 点,即A国完全专业化生产X,而消费均衡点则在社会无差异曲线与国际均衡价格线相切的地方,即 E'_A 点。比较贸易后的生产点和消费点,我们得知A国出口X,进口Y,图(a)中 $\triangle T_A A E'_A$ 为贸易三角形,三角形的底边 AT_A 表示X的出口量,另一边 AE'_A 表示Y的进口量。B国贸易后的均衡如图3-7(b)所示。由图(b)可知,B国完全专业化生产Y,出口Y,进口X,图(b)中 $\triangle T'_B B E'_B$ 为贸易三角形,三角形的底边 BE'_B 表示X的进口量,另一边 $T'_B T$ 表示Y的出口量。

与封闭条件下的均衡相比,开放条件下两国的贸易利益均有提高。可以

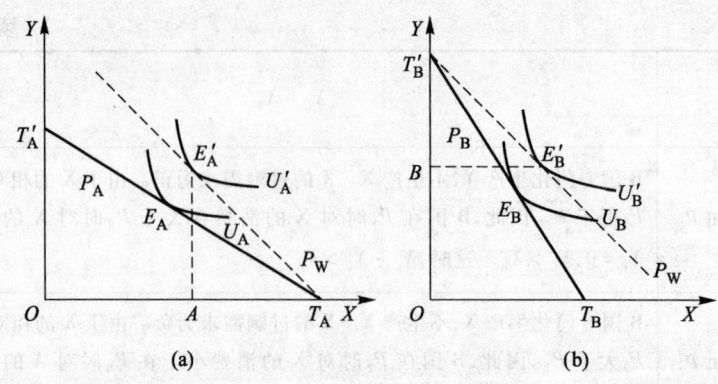

图 3-7 开放条件下的一般均衡

从两个方面加以衡量:

第一,根据贸易前后社会无差异曲线的移动来判定。无论 A 国还是 B 国,贸易后社会无差异曲线均向上移动至 U'_A、U'_B,因此,贸易改善了两国福利水平。

第二,从资源配置角度分析。假定 $2 \times 2 \times 1$ 模型。以 A 国为例。

设生产可能性曲线为:$\dfrac{X}{a_X} + \dfrac{Y}{a_Y} = \bar{L}_A$。

封闭条件下,A 国生产 Y 的劳动生产率为 a_Y,生产 1 单位 Y 的劳动投入量为 $\dfrac{1}{a_Y}$。

开放条件下,A 国用放弃生产 1 单位 Y 的劳动投入量生产 X。由于 X 的劳动生产率为 a_X,则生产 X 的数量为 $\left(\dfrac{1}{a_Y}\right) a_X$。A 国生产 X 的目的是用来交换 Y,所得到的 Y 商品是 $\left(\dfrac{a_X}{a_Y}\right) P_W$。

只要证明:$\left(\dfrac{a_X}{a_Y}\right) P_W \geqslant 1$,即可以得出,国际贸易可以改善资源配置效率,从而提高各国福利水平。

由于:

$$P_W \geqslant P_A$$

$$P_A = \dfrac{a_Y}{a_X}$$

因此:

$$\dfrac{a_X}{a_Y} \cdot P_W \geqslant \dfrac{a_X}{a_Y} \cdot P_A = 1$$

这意味着用放弃生产 1 单位 Y 的劳动去生产 X,再与他国交换 Y,可获得多于 1 单位的 Y。这表明参与国际分工与国际贸易要比自己两种产品都生产更合算。

3.2 李嘉图模型的验证与评价

3.2.1 李嘉图模型的验证

1951—1952 年,麦克杜格尔(MacDougall)对李嘉图的贸易模型进行了第一次经验检验,使用了 1937 年英、美两国 25 个产业的生产率和出口数据。

由于美国工资率是英国的两倍,麦克杜格尔认为,生产效率在一些美国产业中如果能达到英国的两倍以上,则美国这些产业的生产成本将低于英国。美国的这些产业相对英国将有比较优势,在第三市场(即世界其他地方),美国将以比英国更低廉的价格出售这些产业的商品。另一方面,在一些英国产业的生产率达到并超过美国生产率的 $\frac{1}{2}$ 时,英国将具有比较优势,这些产业商品的销售价格也将低于美国的价格。

在麦克杜格尔的检验中,排除了美、英两国的贸易,因为两国不同产业间的关税差别很大,抵消了两国生产率的差别。同时,两国在第三市场中一般会面对同一关税,因此,将美、英两国间的贸易排除在外并不会对检验有不利影响,因为两国互相出口额还不到其总出口额的 5%。

检验结果表明,劳动生产率和出口间具有正相关关系。也就是说,美国生产率比英国高的产业伴随着更高的出口比率。在麦克杜格尔研究的 25 个产业中有 20 个产业与此相吻合。

后来的一些学者按照麦克杜格尔的研究思路,又进行了一些检验分析。如斯特恩(Robert Stern)比较了 1950 年和 1959 年两个年份美、英两国的劳动生产率与出口绩效之间的关系。根据他的实证分析,在 1950 年,所观察的 39 个部门中有 33 个部门支持假设检验,但到了 1959 年,这一关系有所削弱。

巴拉萨(Balassa)用 1950 年的数据也证实了这种劳动生产率和出口间的正相关关系。

格鲁贝尔(Grubel)用 1990 年的数据分析后发现,在食品行业中,日本的劳动生产率大约比美国低 60%,但汽车行业却大约高于美国 20%,在钢铁行业高 70%。事实上,美国在食品行业中与日本存在着贸易顺差,在汽车、钢铁行业中与日本却存在着贸易逆差。在其他国家的各个行业间进行类似的比较,我们发现相对生产率、单位劳动成本以及双边贸易方式的确显得与古典理论相一致。这样,1990年的数据就证实了李嘉图及麦克杜格尔的结论。

3.2.2 李嘉图模型的评价

虽然种种发现说明了古典模型从总体上看与我们所观察到的贸易方式相一致,但这并不意味着这一模型就足以用于解释贸易的基础。

这些经验研究看来完全支持李嘉图的比较优势原理。即实际的贸易模式基于两国间不同产业的劳动生产率不同。劳动力成本外的其他因素,如生产成本、需求因素、政治关系和国际贸易的种种障碍并不能破坏相对劳动生产率与出口比例的这种联系。

但是,在当今复杂的贸易世界中,古典模型的一些严格的限制条件制约了它的有效性,其中最具有局限性的是劳动价值论以及成本不变的假设前提。随着一国的增长与发展,有关资源的禀赋包括劳动力资源也在随之变化。所以,为了更好地把握国际贸易背后的根源,我们需要进行更为深入的探讨。

3.3 相互需求方程式

3.3.1 国际交换比例与两国获利

约翰·穆勒(John Stuart Mill)是大卫·李嘉图的学生,1848年他出版了《政治经济学原理》,发展了李嘉图的思想。他用两国交换比例的上下限解释双方获利的范围,用贸易条件说明在贸易利益的分配中双方各占多少,用相互需求强度解释国际交换比例的变动。

假定投入等量的劳动,A国和B国分别生产X和Y的数量见表3-5。

表3-5 分工前两国等量劳动生产两种产品的数量

国家	X产品	Y产品
A	1	1.5
B	1	2

分工前,在A国国内,由于投入了同样的劳动1单位X交换1.5单位Y;同理,在B国国内,1单位X交换2单位Y。

分工后,按照比较成本论,A国应分工生产X,B国应分工生产Y,然后进行国际贸易。

如果两国的交换比例是1单位X交换1.5单位Y,即按A国国内的交换比例交换。那么,对A国来说,同自己生产相比,不比分工前多得产品,没有获得贸易利益。但对B国来说,这个交换比例是有利的,因为在B国国内,2

单位 Y 只能交换 1 单位 X,和 1.5 单位 Y 交换 1 单位 X 相比,B 国可以节省 0.5 单位 Y,A 国没有得到贸易利益,B 国占有全部贸易利益。在这个交换比例下,A 国会退出贸易,贸易不可能发生。显然,如果两国交换比例是 1 单位 X 交换 1.5 单位以下的 Y,如 1 单位 X 交换 1.4 单位 Y,这个比例对 B 国更加有利,但对 A 国来说,它不会用 1 单位 X 交换 B 国的 1.4 单位 Y。因此,两国的交换比例是 1 单位 X 交换 1.5 单位以上的 Y。如果 1 单位 X 交换 1.5 单位或 1.5 单位以下的 Y,A 国是不接受的。

同样,如果两国的交换比例是 1 单位 X 交换 2 单位 Y,即按 B 国国内的交换比例交换。那么,A 国独占了贸易利益,B 国没有获利。如果两国交换比例是 1 单位 X 交换 2 单位以上的 Y,A 国当然愿意,但 B 国会退出贸易。

显然,A 国和 B 国 X 与 Y 的交换比例只能是 1:1.5~1:2。也就是说,两国两种产品的国内交换比例决定国际交换比例的上下限。

国际交换比例不同,A 国和 B 国的获利也不同,如表 3-6 所示。

表 3-6 国际交换比例与两国获利

X:Y	A 国获利	B 国获利
1:1.5	0	0.5 单位 Y
1:1.6	0.1 单位 Y	0.4 单位 Y
1:1.7	0.2 单位 Y	0.3 单位 Y
1:1.8	0.3 单位 Y	0.2 单位 Y
1:1.9	0.4 单位 Y	0.1 单位 Y
1:2.0	0.5 单位 Y	0

可见,国际交换比例越接近本国的国内交换比例,本国所得的利益越少;反之,越接近对方国家的国内交换比例,本国所得的利益越多(如图 3-8 所示)。

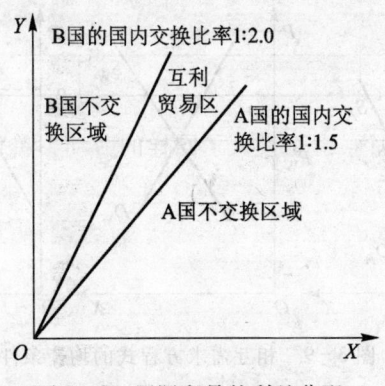

图 3-8 国际贸易的利益分配

3.3.2 相互需求方程式的均衡贸易条件

假定在物物交换的情况下,两国进行专业化分工,然后交换两种产品,这两种产品的交换比例,等于相互需求对方产品总量的比,这样,两国贸易才能达到均衡。这一等式就是国际需求方程式(equation of international demand),又称为相互需求方程式。

均衡贸易条件,是由两国对于交易对手的相对需求强度决定的,理论上这个价格应该处于双方正好能够吸收完对方的出口,即 B 方的出口恰恰是 A 方的进口,而 A 方的出口恰恰又是 B 方的进口需要的那个比率上。相互需求理论表明:现实的国际贸易条件是使得双方出口的总收入恰好应该能够支付双方的总进口时形成的价格。当 A 方对于 B 方商品的需求强度提高,在价格不变的情况下希望进口更多的商品,这时 A 方对于 B 方商品的需求强度便增大,B 方的贸易条件得到改善,A 方的贸易条件与过去相比就会恶化,如果需求强度的变化方向相反,则 A 方的贸易条件会得到改善,获得更多的贸易利益。双方的相互需求强度,基本取决于双方对于商品的偏好,以及双方各自的收入的实际情况。

图 3-9 显示了相互需求方程式的均衡贸易条件。P_A 和 P_B 决定了均衡贸易条件的上下限。P_W 是均衡的世界市场价格,此时,A 国 X 产品的出口量 ab 等于 B 国 X 产品的进口量 cd。A 国出口 X 产品,B 国进口 X 产品。当 X 产品的相对价格高于均衡价格时,A 国 X 产品的出口量就会大于 B 国对 X 产品的需求量,X 产品供给大于需求,X 产品价格将降到均衡价格水平。反之,B 国 X 产品的进口量超过 A 国 X 产品的出口量,价格将会回升到均衡价格水平。相互需求论从供求角度说明了价格的变化和均衡价格条件。

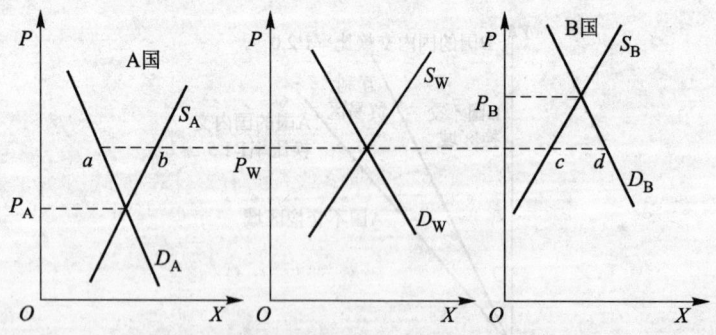

图 3-9 相互需求方程式的均衡条件

3.4 提供曲线与国家贸易

3.4.1 提供曲线的起源与推导

(一) 提供曲线的起源与含义

提供曲线(offer curves),有时也称为相互需求曲线(reciprocal demand curves),是由20世纪初的两名英国经济学家马歇尔和埃奇沃思共同提出的。从那时起,提供曲线在国际经济学的教学中得到了广泛的应用。

提供曲线反映的是一国在不同的相对价格水平下为了进口其需要的某一数量的商品而愿意出口的商品数量。它包含了供给与需求两方面的因素。从另一个角度看,我们也可以认为提供曲线反映了一个国家在不同的相对价格水平下所愿意进口和出口的商品数量。

一国的提供曲线可以从它的生产可能性曲线、无差异曲线图和可能发生贸易的假设的相对商品价格中轻易地推导出。但这种推导是不很严格的。也可以通过贸易无差异曲线推导出提供曲线,这是米德(Meade)的严格推导。

(二) 由贸易三角形推导提供曲线

1. A国提供曲线的推导与形状

在图3-10(a)中,A国最初处于非贸易(自给自足)状态,生产点与消费点为 E_0,国内价格线为 P_0。当国际价格线为 P_1 时,$P_1 > P_0$,A国的生产将移至 E_1,消费点为 C_1,贸易三角形为 $C_1 D_1 E_1$,出口 $D_1 E_1$ 的X,进口 $D_1 C_1$ 的Y。当价格线为 P_2 时,$P_2 > P_1$,A国的生产将移至 E_2,消费点为 C_2,贸易三角形为 $C_2 D_2 E_2$,出口 $D_2 E_2$ 的X,进口 $D_2 C_2$ 的Y。

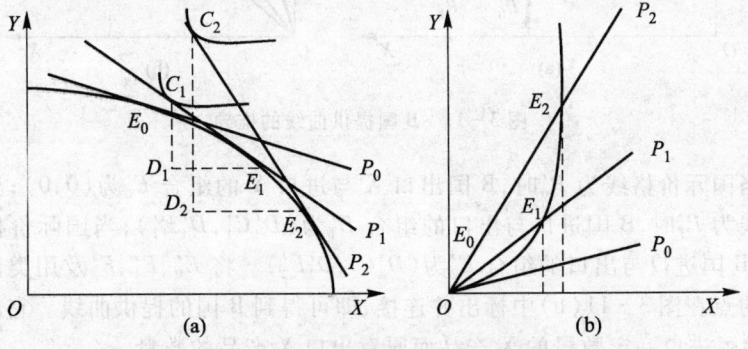

图 3-10　A国提供曲线的推导

当国际价格线为 P_0 时,A 国出口 X 与进口 Y 的组合 E_0 为 $(0,0)$;当国际价格线为 P_1 时,A 国出口与进口的组合 E_1 为 (D_1E_1,D_1C_1);当国际价格线为 P_2 时,A 国出口与进口的组合 E_2 为 (D_2E_2,D_2C_2)。将 E_0、E_1、E_2 及用类似方法得到的点在图 3-10(b)中标出并连接,即可得到 A 国的提供曲线。它反映了 A 国为了进口一定数量的 Y 而愿意出口 X 的数量。

A 国的提供曲线位于封闭条件下国内价格线以上,并向 Y 轴弯曲,说明 X 所代表的商品是 A 国具有比较优势的商品,应该出口。为了出口更多的 X,A 国必须提高相对价格,这意味着相对价格线 (P_X/P_Y) 上升。A 国的提供曲线向 Y 轴弯曲意味着,随着 X 出口量的增加,同样多的 X 会换取更多的 Y;或者说,交换同样多的 Y 所用的 X 越来越少,贸易条件对 A 国越来越有利。其原因在于:A 国在生产更多用于出口的 X 时会面临机会成本递增的问题;同时,A 国消费 Y 越多,X 越少,Y 的边际效用就会低于 X 的边际效用。

2. B 国提供曲线的推导与形状

在图 3-11(a)图中,B 国最初处于非贸易(自给自足)状态,生产点与消费点为 E'_0,国内价格线为 P'_0。当国际价格线为 P'_1 时,$P'_1 < P'_0$,B 国的生产将移至 E'_1,消费点为 C'_1,贸易三角形为 $C'_1D'_1E'_1$,出口 $D'_1E'_1$ 的 Y,进口 $D'_1C'_1$ 的 X。当价格线为 P'_2 时,$P'_2 < P'_1$,B 国的生产将移至 E'_2,消费点为 C'_2,贸易三角形为 $C'_2D'_2E'_2$,出口 $D'_2E'_2$ 的 Y,进口 $D'_2C'_2$ 的 X。

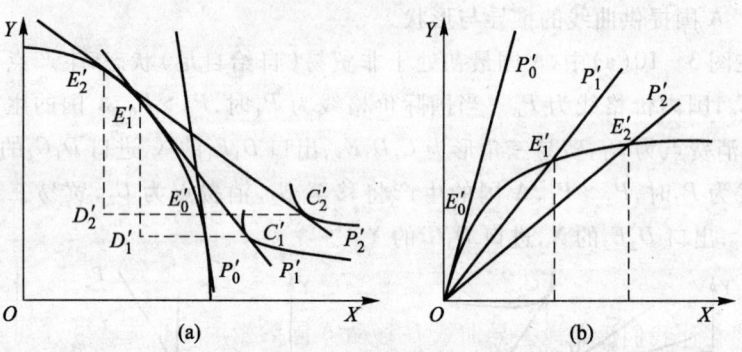

图 3-11 B 国提供曲线的推导

当国际价格线为 P'_0 时,B 国出口 X 与进口 Y 的组合 E'_0 为 $(0,0)$;当国际价格线为 P'_1 时,B 国进口与出口的组合 E'_1 为 $(D'_1C'_1,D'_1E'_1)$;当国际价格线为 P'_2 时,B 国进口与出口的组合 E'_2 为 $(D'_2C'_2,D'_2E'_2)$。将 E'_0、E'_1、E'_2 及用类似方法得到的点在图 3-11(b)中标出并连接,即可得到 B 国的提供曲线。它反映了 B 国为了进口一定数量的 X 产品而愿意出口 Y 产品的数量。

B 国的提供曲线位于封闭条件下国内价格线以下,并向 X 轴弯曲,说明 Y

轴所代表的商品是 B 国具有比较优势的商品,应该出口。为了出口更多的 Y,B 国必须提高 Y 商品的相对价格,这意味着,相对价格线 $\left(\dfrac{P_X}{P_Y}\right)$ 下降。B 国的提供曲线向 X 轴弯曲,意味着随着 Y 出口量的增加,同样多的 Y 会换取更多的 X,或者说,交换同样多的 Y 所用的 X 越来越少,贸易条件对 B 国越来越有利。其原因在于:B 国在生产更多用于出口的 Y 时会面临机会成本递增的问题;B 国消费 X 越多,Y 越少,X 的边际效用就会低于 Y 的边际效用。

(三) 由贸易无差异曲线推导提供曲线

我们使用詹姆斯·米德改进了的方法严格导出提供曲线。首先推导出 A 国的贸易无差异曲线,然后推导出 A 国贸易的无差异图,再从 A 国的贸易无差异图和促使贸易发生的不同相对商品价格推导出其提供曲线。

1. A 国的贸易无差异曲线的推导

图 3-12 第二象限(左上部)中是 A 国的生产可能性曲线和社会无差异曲线。这两条曲线都位于第二象限,横坐标为从右到左。在无贸易条件下,A 国在 A 点达到均衡,生产点和消费点相同,生产 OX_1 的 X 和 OY_1 的 Y。

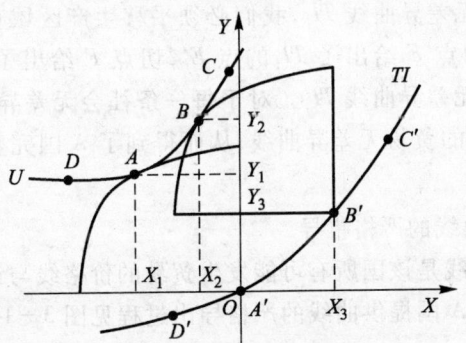

图 3-12 A 国贸易无差异曲线的推导

现在让我们沿着无差异曲线 U 移动 A 国的生产可能性区域,同时要保持这两条曲线始终相切,而且生产区域的两条商品轴分别与坐标系列的横、纵轴平行。当进行上述操作时,生产区域原点的轨迹即为曲线 TI。A' 点是由切点 A 得到的,B' 点是由切点 B 得到的,C' 点是由切点 C 得到的(图中未示出,以使图面简化),D' 点是从 D 点得到的。

曲线 TI 是 A 国与该国无差异曲线 U 相对应的贸易无差异曲线。曲线 TI 表示的是能使 A 国保持贸易前社会福利不变的不同贸易状况。A 国在 A 点和 B 点的社会福利是相同的,因为 A 和 B 处在同一条无差异曲线 U 上。在 A

点,A 国在无贸易条件下生产 OX_1 的 X 和 OY_1 的 Y。在 B 点,A 国将生产 (OX_2+OX_3) 的 X 和 (OY_2-OY_3) 的 Y(以 B' 为原点),然后通过出口 OX_3 的 X 换回 OY_3 的 Y,从而消费 OX_2 的 X 和 OY_3 的 Y(以 A' 为原点)。

根据同样的道理,我们可以推导出 B 国的贸易无差异曲线。

因此,贸易无差异曲线(trade indifference curve)反映的是使一国保持相同社会福利水平的不同贸易状况。贸易无差异曲线所表示的贸易水平是由推导出这条曲线的社会无差异曲线给出的。贸易无差异曲线上每一点的斜率与得出这条曲线的社会无差异曲线上的相应的点的斜率是相同的。

2. A 国贸易无差异曲线图的推导

对应于每条同一的社会无差异曲线,都会有一条贸易无差异曲线。较高的同一社会无差异曲线(表示较大的社会福利)对应于较高的贸易无差异曲线。这样一国的贸易无差异曲线图可以由该国的同一的无差异曲线图得到。

图 3-13 表示了从社会无差异曲线 U 推导贸易无差异曲线 TI(与图 3-12 相同)和从社会无差异曲线 U_1 推导贸易无差异曲线 TI_1 的过程。为了得到图 3-13 中的贸易无差异曲线 TI_1,我们必须平移生产区域直至它与社会无差异曲线 U 相切。切点 E 给出了 TI_1 的点 E',切点 F 给出了 TI_1 上的点 F',等等,最终得出贸易无差异曲线 TI_1。对于每一条社会无差异曲线,我们都可以得到一条与之对应的贸易无差异曲线,从而得到了 A 国完整的贸易无差异曲线图。

3. A 国提供曲线的严格推导

A 国的提供曲线是该国所有可能发生贸易的价格线与该国贸易无差异曲线的切点的集合。A 国提供曲线的严格导出过程见图 3-14。

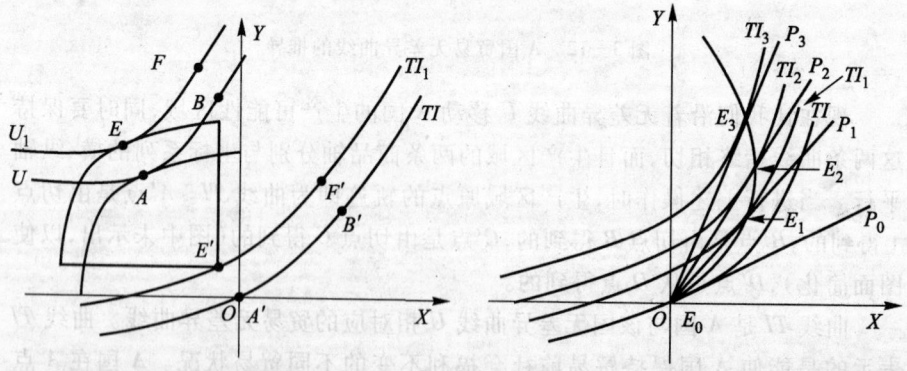

图 3-13 A 国贸易无差异曲线的推导　　图 3-14 A 国提供曲线的严格推导

3.4 提供曲线与国家贸易

在图 3-14 中，TI 和 TI_1 按照图 3-13 所示的过程，从 A 国生产区域和同一的社会无差异曲线图所推出的贸易无差异曲线。从原点出发的射线 P_0、P_1、P_2、P_3 是开展贸易时商品 X 的相对价格线。

连接原点和各切点 E_0、E_1、E_2、E_3，我们就得到了 A 国的提供曲线。这与通过贸易三角形得到的提供曲线是一样的。A 国的提供曲线反映的是 A 国为进口一定数量的 Y 商品而愿意出口的 X 商品的数量。我们发现 A 国的贸易条件值越大，A 国的贸易无差异曲线就越高，A 国的福利也就越大。

A 国提供曲线的形状可以用机会成本递增与边际效用递减来解释，也可以用 A 国国内对 X 的替代效应（substitution effect）和收入效应（income effect）来解释。当 $\frac{P_X}{P_Y}$ 上升时，A 国倾向于生产更多的 X，但对 X 的需求下降，结果导致 A 国生产大量 X 用于出口。与此同时，随着 $\frac{P_X}{P_Y}$ 的上升，A 国的收入也逐渐上升（因为其出口商品 X），而随着收入的上升，对每一种正常品（包括 X）的需求都会上升。这样下去，收入效应有减少 A 国对 X 的出口供给的倾向，而替代效应有增加 A 国对 X 的出口供给的倾向。这两种效果同时发生作用。当 X 的相对价格升至 E_1 以前时，替代效应超过了相反的收入效应，A 国对 X 的出口供给不断扩大。E_2 点之后，收入效应超过了相反的替代效应，A 国对 X 的出口供给逐渐下降（即 A 国的提供曲线开始向 Y 轴弯曲）。注意 A 国的提供曲线也反映了其对商品 Y 的进口需求，但并不是以进口价格衡量的，它是用该国出口商品 X 的总支出来衡量的。当 A 国的贸易条件值增加时，它就需要更多的 Y，其用商品 X 衡量的总支出将上升至点 E_2，在点 E_2 达到最大值，在点 E_2 之上，总支出回落。这样该国的提供曲线在 E_2 点以下是富有弹性的，在 E_2 点是单一弹性的，E_2 点以上是缺乏弹性的。

同样道理，我们可以严格推导出 B 国的提供曲线。

3.4.2 提供曲线与国际贸易的一般均衡

（一）贸易均衡的相对商品价格

两个国家提供曲线的交点确定了两国在开展贸易时的贸易均衡的相对商品价格。只有在均衡贸易价格水平上两国贸易才能达到平衡。在此外的任一价格水平上，对两种商品的进口与出口意愿都不会相等。这就给相对商品价格一个向均衡水平移动的压力，如图 3-15 所示。

在图 3-15 中，A 国和 B 国的提供曲线相交于点 E，E 点同时落在 A 国和 B 国的提供曲线上，均衡相对商品价格为 P_E。在 P_E 价格下，A 国用 X_E 的 X 交换

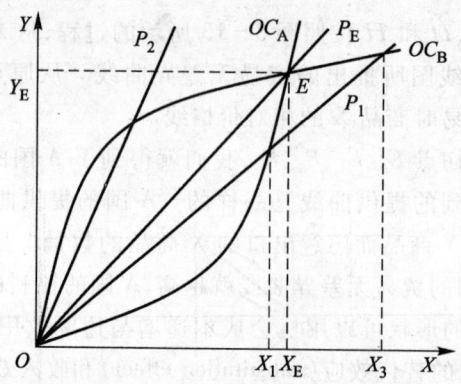

图 3-15 贸易均衡的相对商品价格

Y_E 的 Y,而 B 国恰好要用 Y_E 的 Y 交换 X_E 的 X。这样,贸易在 P_E 点达到均衡。

其他任何相对价格都不能使贸易达到均衡。例如,在 P_1 时,A 国愿意出口的 X_1 低于 B 国在这个相对低价下愿意进口的数量 X_3。

在 P_2 时,A 国将会增加对 X 的出口供给(即 A 国对 X 的出口供给沿其提供曲线向上移动);B 国也会减少对 X 的进口需求(即 B 国对 X 的进口需求沿其提供曲线向下移动)。这种移动将会持续至供给与需求在 P_E 达到平衡。国际均衡价格是由不同国家的提供曲线的交点决定的。这时 A 国出口的 OX_E 的 X 商品正是 B 国需要进口的,而 B 国为了进口 X 商品,必须出口 OY_E 的 Y 商品,而这又是 A 国需要进口的。

从图 3-15 中,我们可以非常清楚地看出提供曲线的性质,或者说是相互需求的原则。提供曲线既是供给曲线,又是需求曲线,但是又与一般的供给、需求曲线有较大的区别。在确定国际价格的过程中,交易双方的商品供给与需求必须是平衡的,即 A 国的出口商品必须恰恰是 B 国所需求的,而 B 国的需求又恰恰是 A 国所提供出口满足的,反过来,B 国的出口商品应该是 A 国所需求的,而 A 国的需求又恰恰能够为 B 国的出口所满足,在供求方面不存在过剩与短缺;交易双方的国际收支必须是平衡的,即交易双方都是恰好使用自己的出口收入支付自己的进口支出,不存在贸易的盈余或赤字,在图形中也就是两个国家提供曲线的交汇点;在供给方面,交易双方的生产应该是在现有的资源条件下的最大产出状况,在图形中表现为生产点必须在生产可能性曲线上。只有双方的生产与消费(供求)以及交易具备上述的条件,均衡价格才可以顺利产生。

(二) 米德的一般均衡贸易模型

图 3-16 汇总了均衡时关于两国生产、消费和贸易的所有信息。A 国和 B 国的生产区域在 E 点结合,在这一点上,两国的提供曲线相交。

3.4 提供曲线与国家贸易

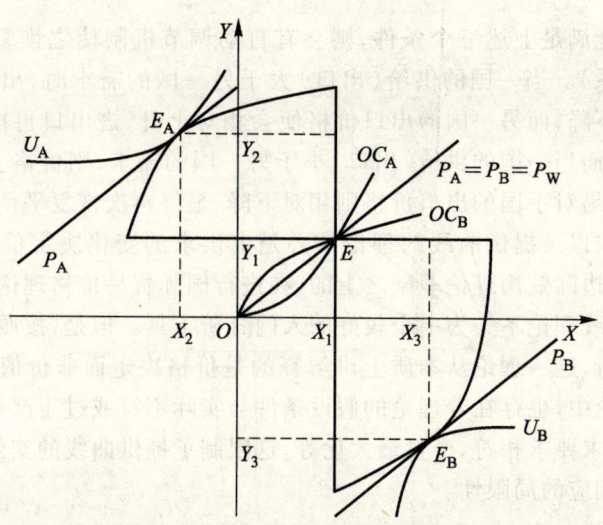

图 3-16 米德的一般均衡贸易模型

在贸易中，A 国生产 (OX_1+OX_2) 的 X 和 (OY_2-OY_1) 的 Y（相对于 E 点的点 E_A），通过出口 OX_1 的 X 与 B 国交换 OY_1 的 Y，从而消费为 OX_2 的 X 商品和 OY_2 的 Y（相对于原点 O 的点 E_A）。B 国生产 OX_3 的 X 和 (OY_1+OY_3) 的 Y（相对于点 E 的点 E_B），并用 OY_1 的 Y 与 A 国交换 OX_1 的 X，从而消费 (OX_3-OX_1) 的 X 和 OY_3 的 Y（相对于原点 O 的点 E_B）。

在 $P_A=P_B=P_W$ 时，通过用 OX_1 的 X 交换 OY_1 的 Y，国际贸易达到了平衡。图中提供曲线 OC_A 和 OC_B 的交点 E 表示了这一情况。P_W 同时也是两国各自国内的均衡相对价格。这样，各国的生产者、消费者和贸易商人所面对的都是同样的均衡相对商品价格。

社会无差异曲线 U_A 上的点 E_A 所表示的消费是相对原点而言的，而 A 国生产可能性曲线上的同一点 E_A 所表示的生产是相对点 E 而言的。

图 3-16 是新古典贸易模型所达到的顶点。掌握它将对我们将来的深入研究起很大的帮助。

（三）对提供曲线的评价

国际贸易价格总是在提供曲线的交点上，而该点需要满足国际收支平衡，即参与贸易国家的进出口价值相等。同时要求各国商品需求平衡，即一国生产的商品恰恰是另一国需要的，相互需求的数量应该正好相等。另外生产必须在生产可能性曲线上（即最大生产量）和实现最大的福利水平。这样的三个条件表明，国际贸易价格的确定在提供曲线的理论范围内仍然贯彻的是均衡论，即供求决定价格是该理论的核心内容。

如果不能满足上述三个条件,则会有自动调节机制使之恢复均衡(价格与供求的关系)。当一国的供给(出口)大于另一国的需求时,出口国的出口商品价格会下降,而另一国的出口价格便会相对上升,进出口再次平衡,最终会恢复均衡;而当一国的供给(出口)小于另一国的需求,则价格上升,使得出口增加,而贸易对手国的出口价格则相对下降,最终再次恢复平衡。

相互需求以及提供曲线的理论核心是由供求的变化决定价格和价格变化,是建立在边际效用理论基础之上的,在进行国际贸易价格理论的一般性解释时,提供曲线理论不失为一个较好的入门分析工具。但是,按照马克思主义经济学的分析,这一理论从本质上讲解释的是价格决定而非价值决定。在提供曲线的理论中,也存在着理论的假设条件与实际不符或过于严格的情况,如充分就业、供求要求相符、产量最大化等,这限制了提供曲线的实际应用,使得该理论具有相应的局限性。

本章小结

李嘉图模型是从技术差异或劳动生产率差异角度解释国际贸易的起因。著名的古典贸易理论包括亚当·斯密的绝对优势论与大卫·李嘉图的比较优势论。李嘉图的比较优势学说比斯密的绝对优势学说更具有普遍的意义。生产可能性曲线、总供求曲线、过剩供求曲线为我们研究古典贸易理论提供了分析工具。李嘉图模型诞生以来,麦克杜格尔、斯特恩、巴拉萨、格鲁贝尔等学者的实证检验在很大程度上证明了该理论的科学性。但是,李嘉图模型的假设前提限制了该理论应用的普遍性。

假定在物物交换的情况下,两国进行专业化分工,然后交换两种产品,这两种产品的交换比例,等于相互需求对方产品总量的比,这样,两国贸易才能达到均衡。这一等式就是约翰·穆勒提出的国际需求方程式,又称为相互需求方程式。两国两种产品的国内交换比例决定国际交换比例的上下限。提供曲线反映的是一国在不同的相对价格水平下为了进口其需要的某一数量的商品而愿意出口的商品数量。一国的提供曲线可以从它的生产可能性曲线、社会无差异曲线图和可能发生贸易的相对商品价格中轻易地推导出。也可以通过贸易无差异曲线推导出提供曲线。从米德的一般均衡贸易模型可以看出,两个国家提供曲线的交点确定了两国在开展贸易时的贸易均衡的相对商品价格。

关 键 词

古典贸易理论　　　　绝对优势　　　　　比较优势　　　　　比较成本
技术差异　　　　　　相互需求方程式　　提供曲线　　　　　贸易无差异曲线
米德的一般均衡贸易模型　　　　　　　　提供曲线的弹性

复习思考题

1. 假设某一国家拥有20 000万单位的劳动，X产品、Y产品的单位产出所要求的劳动投入分别为5单位和4单位，试确定生产可能性曲线。再加上以下几个条件：X的国际相对价格为2；进口为2 000单位，试确定该国的出口量，并在图中画出贸易三角形。

2. 试推导古典学派的生产函数。

3. 表3-7表明了不同情况下A、B两国每人每小时可生产小麦与布匹的数量。

（1）指出表3-7中每个国家有比较优势与比较劣势的商品。

（2）假设在表3-7中的第二种情况下，A国用4单位小麦与B国的4单位布交换，那么，A国获利多少？B国获利多少？互惠贸易的范围有多大？如果改用4单位小麦与6单位布交换，两国分别获利多少？

表3-7　A、B两国劳动生产率的四种情况

不同情况 国家 劳动生产率	第一种情况		第二种情况		第三种情况		第四种情况	
	A	B	A	B	A	B	A	B
小麦（蒲式耳/人工小时）	4	1	4	1	4	1	4	2
布（码/人工小时）	1	2	3	2	2	2	2	1

4. 用标准的李嘉图假设，分析如下的另一个李嘉图模型，如表3-8所示：

表3-8　李嘉图模型的数据

劳动量 国家	生产每瓶葡萄酒所需的工时	生产每公斤奶酪所需的工时
A	15	10
B	10	4

A国每年共拥有3 000万工时的劳动量；B国每年共有2 000万工时的劳动量。

（1）哪个国家在葡萄酒的生产上具有绝对优势？哪个国家在奶酪的生产上具有绝对优势？

（2）哪个国家在葡萄酒的生产上具有比较优势？哪个国家在奶酪的生产上具有比较优势？

(3) 画出每个国家的生产可能性曲线。利用社会无差异曲线,表示出每个国家无贸易情况下的均衡(假定在无贸易情况下,A 国消费 150 万公斤奶酪,B 国消费 300 万公斤奶酪)。

(4) 在开放贸易后,两个国家各出口何种商品?如果均衡国际价格比率为每公斤奶酪:1/2 瓶葡萄酒,各国的生产会发生什么变化?

(5) 在自由贸易均衡的情况下,贸易为 200 万公斤奶酪与 100 万瓶葡萄酒相交换。此时各个国家的消费点在哪儿?用社会无差异曲线表示这些消费点。

(6) 每个国家是否都从贸易中获益?适当时用图形进行解释。

5. 在李嘉图模型中,国际贸易对两国工资水平的影响如何?

6. 以两种商品、两个国家的简单国际贸易模型为基础,将李嘉图国际贸易理论推广到两种商品和 n 个国家的情形。

7. 作 A 国和 B 国的提供曲线,而且 B 国是一个小国,在 A 国的贸易前相对价格水平上进行交易。贸易所得在两国之间是如何分配的?为什么?

8. 试分析提供曲线上的进口需求弹性。

9. 不同贸易条件下 A 国的进口需求量如表 3-9 所示。

表 3-9　不同贸易条件下 A 国的进口需求量

贸易条件(假定)	Y 的进口需求量(假定)
1X:1Y	10 单位
1X:2Y	44 单位
1X:3Y	81 单位
1X:4Y	120 单位

(1) 不同贸易条件下 A 国 X 的出口供给量是多少?

(2) 不同贸易条件下 A 国 X 产品的相对价格是多少?

(3) 画出 A 国的供给曲线。

10. A 国出口 X,进口 Y。假定,A 国消费者偏好改变,需要进口更多的 Y。这时,A 国的提供曲线会发生什么变化?

案例讨论题

1. 美国对华商用轮胎特保案

2009 年 4 月 20 日,美国钢铁工人联合会宣布,依据美国 1974 年贸易法第 421 条款,向美国国际贸易委员会提出对中国输美商用轮胎的特殊保障措施案申请,要求美政府对中国出口的用于客车、轻型卡车、迷你面包车和运动型汽车的 2 100 万个轮胎实施进口配额限制。美国钢铁工人联合会国际业务主席利奥·杰勒德称,按照该会的统计,在 2004 年到 2008 年期间,共有 5 家美国轮胎厂门倒闭,5 100 名美国工人失业,2009 年又有 3 000 名美国工人下岗。4 月 29 日,美国国际贸易委员会正式启动特保案调查。美国政府 11 日不顾中国方面和美国业者的强烈反对,决定对从中国进口的所有小轿车和轻型卡车轮胎

案例讨论题

实施惩罚性关税。根据这一决定,从2009年9月26日起,美国对中国输美的小轿车和轻型卡车轮胎征收为期3年的惩罚性关税,税率第一年为35%,第二年为30%,第三年为25%。最终的关税加征幅度虽低于美国国际贸易委员会此前的建议,却不能改变这一举措的贸易保护主义实质。9月12日,我国商务部新闻发言人表示,中方强烈反对美方这一严重的贸易保护主义行为,此举不但违反世界贸易组织规则,也违背了美国政府在G20金融峰会上的有关承诺。

请你根据李嘉图模型分析美国对华商用特保案对美国、中国和世界的影响。

2. 中国贸易条件的变化与国民福利

一项研究表明(张昱、赵莹芳,2009),我国整体贸易条件的变化可以分成两个阶段,1995年到2002年期间变化幅度比较小,保持平稳态势,因为进出口价格指数几乎保持着同步缓慢下降的趋势。2002年之后,由于进、出口价格指数都呈现上升趋势,但是后者上升幅度为35%(2002年为95,2006年为128)并没有前者攀升了71%的幅度大(2002年为98,2006年为168),因此贸易条件呈现明显的下降趋势,从2002年的97滑落至2006年的76,下降了22%。2002—2006年我国商品贸易条件的变化见表3-10。

表3-10 2002—2006年我国商品贸易条件

年度	1995	1996	1997	1998	1999	2000	2001	2002	2003	2004	2005	2006
贸易条件	110	112	111	110	110	97	100	97	91	82	74	76

试用提供曲线分析2002—2006年我国贸易条件的变化对我国国民福利的影响。

第 4 章
要素禀赋与国际贸易

在新古典经济学家看来,仅用劳动生产率的差异去解释比较优势从而说明国际贸易产生的原因是片面的,他们试图用机会成本的差异去说明决定比较优势和国际贸易的基础。虽然机会成本有助于更全面地分析国际贸易,但并没有解决问题的实质,即机会成本又是如何产生的呢? 瑞典经济学家赫克歇尔及其学生俄林对这一问题进行了进一步的修正和拓展。要素禀赋理论从两个方面扩展了比较优势模型。第一,将比较优势的差异及这种差异的成因有效地归结为各国生产要素禀赋的差异,从而从新的角度解释了国际贸易的基础。第二,分析了国际贸易对贸易双方要素投入及收入分配的影响。

4.1 要素禀赋理论的标准模型

赫克歇尔、俄林最早提出的要素禀赋理论是以固定生产要素比例为例,阐述要素禀赋差异与国际贸易基础之间的关系。由于这种方法对生产函数的限制过于苛刻,并且与现实不太符合,因此,现在的要素禀赋理论标准模型均以新古典生产函数为基础,即假设生产要素之间是可替代的。在讨论要素禀赋理论的标准模型之前,我们先搞清楚两个基本概念。

4.1.1 要素禀赋与要素密集度

(一) 要素禀赋

1. 要素禀赋的定义

要素禀赋,也称为要素丰裕度(factor abundance),是针对国家而言的,是指一国所拥有的两种生产要素的相对比例。这是一个相对的概念,与其所拥有的生产要素绝对数量无关。它有两种定义方法:

(1) 用实物单位定义。假设 A 国拥有的资本、劳动总量为 $\bar{K}_A$、$\bar{L}_A$,B 国拥有的资本、劳动总量为 $\bar{K}_B$、$\bar{L}_B$,$\dfrac{\bar{K}_A}{\bar{L}_A}$ 或 $\dfrac{\bar{K}_B}{\bar{L}_B}$ 就称为要素禀赋。如果 $\dfrac{\bar{K}_A}{\bar{L}_A} > \dfrac{\bar{K}_B}{\bar{L}_B}$,则称 A

国为资本丰富的国家,B 国为劳动丰富的国家;反之,如果 $\frac{\overline{K}_A}{\overline{L}_A} < \frac{\overline{K}_B}{\overline{L}_B}$,则称 B 国为资本丰富的国家,A 国为劳动丰富的国家。

要素禀赋可以用图 4-1 中的 ρ_A、ρ_B 表示。E_A、E_B 分别表示 A、B 两国的要素总量组合。E_A 点表示 A 国拥有的资本和劳动总量为 $\overline{K}_A$、$\overline{L}_A$;E_B 点表示 B 国拥有的资本和劳动总量为 $\overline{K}_B$、$\overline{L}_B$。图 4-1 中,E_A、E_B 两点与原点的连线的斜率 ρ_A、ρ_B 分别表示 A、B 两国的要素禀赋状况。由图可知,$\rho_A > \rho_B$,故 A 国为资本丰富的国家,B 国则为劳动丰富的国家。

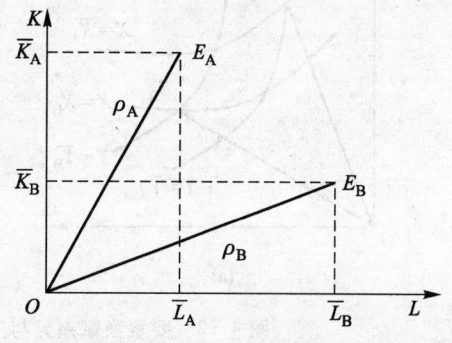

图 4-1 要素禀赋的图形表示

(2) 用要素相对价格(relative factor-price)定义。假如 A 国的资本价格(r)和劳动价格(w)的比率小于 B 国的这一比率,我们就说 A 国是资本丰富的国家,B 国是劳动丰富的国家。

必须指出,要素禀赋差异指的是相对要素禀赋差异。一国究竟属于资本丰富还是劳动丰富的国家,取决于与哪个国家相比。例如,美国的人均资本存量低于瑞士,因此相对于瑞士而言,美国则属于劳动丰富的国家。而美国的人均资本存量高于墨西哥的水平,因此美国与墨西哥相比,属于资本丰富的国家。

2. 要素禀赋差异与生产可能性曲线的关系

在两国生产技术条件相同的条件下,国家之间要素禀赋的差异,最终会影响到两国 X 和 Y 两种商品的生产能力,从而引起供给能力的差别。

在图 4-2(a)中,$E_A(\overline{X}_A, \overline{Y}_A)$ 表示 A 国的要素禀赋点。对 A 国而言,当所有生产要素全部用于 X 部门时,所生产出的 X 的数量等于通过 E_A 点的 X 等产量曲线所代表的产出水平 $\overline{X}_A$;当所有生产要素全部用于 Y 部门时,所生产的 Y 的数量等于通过 E_A 点的 Y 等产量曲线所代表的产出水平 $\overline{Y}_A$。我们可以得出 A 国生产可能性曲线的两个端点,并用一条向外凸的曲线连接起来,便得到了 A 国生产可能性曲线的大致轮廓,如图 4-2(b)中的 $\overline{X}_A \overline{Y}_A$ 曲线所示。

同理,$E_B(\overline{X}_B, \overline{Y}_B)$ 表示 B 国的要素禀赋点。对 B 国而言,当所有生产要素全部用于 X 部门时,所生产出的 X 的数量等于通过 E_B 点的 X 等产量曲线所代表的产出水平 $\overline{X}_B$;当所有生产要素全部用于 Y 部门时,所生产的 Y 的数量等于通过 E_B 点的 Y 等产量曲线所代表的产出水平 $\overline{Y}_B$。我们可以得出 B 国生产可能性曲线的两个端点,并用一条向外凸的曲线连接起来,便得到了 B 国生产可能性曲线的大致轮廓,如图 4-2(b)中的 $\overline{X}_B\overline{Y}_B$ 曲线所示。

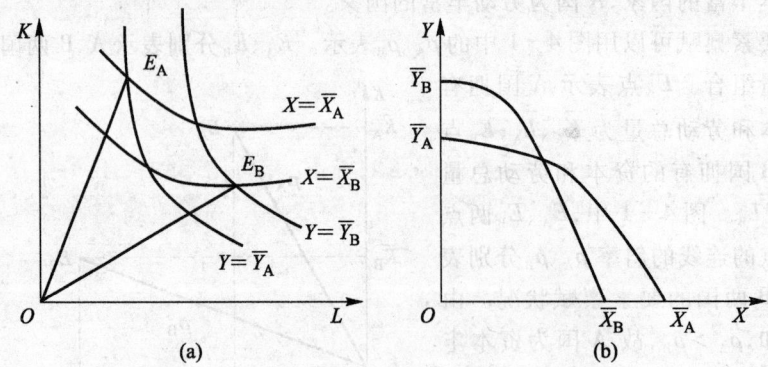

图 4-2 要素禀赋差异与生产可能性曲线的关系

在图 4-2 中,通过 E_A 点的 X 等产量曲线位于通过 E_B 点的 X 等产量曲线之上,故 $\overline{X}_A > \overline{X}_B$,而通过 E_B 点的 Y 等产量曲线位于通过 E_A 点的 Y 等产量曲线之上,故 $\overline{Y}_B > \overline{Y}_A$。这一结果反映了 B 国的生产可能性曲线在横轴上的端点 $\overline{X}_B$ 在 A 国的生产可能性曲线端点 $\overline{X}_A$ 的左边;而 A 国的生产可能性边界线在纵坐标上的端点 $\overline{Y}_A$ 则位于 B 国生产可能性曲线的端点 $\overline{Y}_B$ 之下,也就是说 A 国的生产可能性曲线比 B 国更偏向于 X 坐标轴。

在生产技术相同的条件下,A、B 两国生产可能性曲线的差异完全是由两国要素禀赋差异造成的。A 国生产可能性曲线相对偏向于 X 商品,意味着在相同的商品相对价格下,资本丰富的 A 国在资本密集型 X 商品上相对供给能力高于劳动丰富的 B 国,而劳动丰富的 B 国则在劳动密集型商品 Y 上相对供给能力高于资本丰富的 A 国。

（二）要素密集度

要素密集度(factor intensity)是针对产品而言的,是指生产某种产品所投入两种生产要素的相对比例。这也是一个相对的概念,与生产要素的绝对投入量无关。

在 2×2×2 模型中,假设生产单位产品 X、Y 所需的资本量和劳动量依次为 $K_X、L_X$ 与 $K_Y、L_Y$。$k_X = K_X/L_X$,$k_Y = K_Y/L_Y$ 称为要素密集度(资本/劳动比)。如果 $k_X > k_Y$,则称 X 为资本密集型产品(capital-intensive),Y 为劳动密集型产品(labor-intensive)。

在生产要素可以替代的情况下,比较两个部门的要素密集度的标准是共同的要素价格。

4.1 要素禀赋理论的标准模型

对于绝大多数产品来说,生产中的资本/劳动比率是可变的,即资本与劳动之间可互相替代使用。当生产要素市场上资本价格上升,所有厂商大都倾向于减少资本的使用量,而用较廉价的劳动代替原来使用的一部分资本。因此,所有部门生产的资本/劳动比率都可能因资本价格上涨而下降;同样,当劳动价格相对上升时,各部门的资本/劳动比率将提高。比较两个部门的要素密集度必须在一个共同的标准下进行,这个标准就是共同的要素价格。如果在任何相同的要素价格下,X 生产所使用的资本/劳动比率均大于 Y 生产所使用的资本/劳动比率,则称 X 是资本密集型的产品,Y 是劳动密集型的产品。

要素密集度可借助于等产量曲线来说明。在图 4-3 中,XX' 曲线表示 X 的等产量曲线,YY' 曲线表示 Y 的等产量曲线。其中,X 的等产量曲线更偏向于 K 坐标轴;Y 的等产量曲线更偏向于 L 坐标轴。

在资本、劳动价格既定的情况下,两个部门的厂商所选择的最佳要素组合由等成本曲线与等产量曲线相切来决定。当任意给定一组要素价格,如 w、r 时,两条斜率为 $-w/r$ 的平行线分别与 X、Y 的等产量线相切

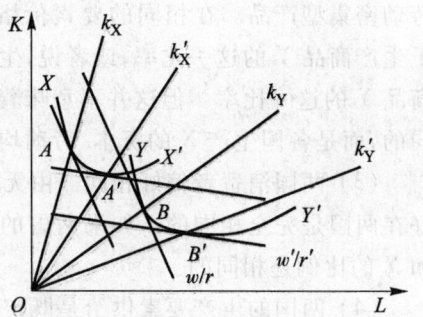

图 4-3 要素密集度的等产量曲线表示

于 A、B 两点,这时 X、Y 的资本/劳动比率间的关系为:$k_X > k_Y$。同样,当任选另外一组要素价格,如 w'、r' 时,X、Y 的资本/劳动比率间的关系为:$k'_X > k'_Y$。由图 4-3 可知,无论在哪种情况下,X 所使用的资本/劳动比率均大于 Y 的资本/劳动比率。因此,X 是资本密集型的产品,Y 则是劳动密集型的产品。

4.1.2 要素禀赋理论标准模型的基本假设

(一) 2×2×2 模型、完全竞争与规模经济不变

(1) 两个国家(A 国和 B 国)、两种商品(X 和 Y 商品)、两种生产要素(资本和劳动)假设,即 2×2×2 模型。

(2) 商品市场、要素市场都是完全竞争的。在两个国家中,两种商品与两种要素市场都是完全竞争的,即所有的买主和卖主都是价格的接受者。同时还表明,商品价格与生产成本相等,生产者不会获得任何超额利润。竞争者对各种市场价格具有完全的信息。

(3) 规模经济不变。增加生产某一商品的资本和劳动投入会带来该商品的产量同一比例的增加。即如果在生产商品 X 时增加 10% 的资本和劳动投

入,X 的产量也会增加 10%。如果资本和劳动投入增加 1 倍,X 的产量也会增加 1 倍。

(二) 其他 10 条假设

(1) 两国相同部门的生产函数相同。两国在生产同一商品时,使用相同的方法和技术,具有同样的生产函数,产量只是要素投入量的因变量。如果要素价格在两国是相同的,两国在生产同一种商品时就会使用相同数量的资本和劳动。由于要素价格通常是不同的,因此各国的生产者都将使用更多的低价格要素以降低生产成本。

(2) X、Y 的生产技术不同,其中把 X 假设为资本密集型产品,Y 假设为劳动密集型产品。在相同的要素价格下,生产商品 X 的劳动/资本比率要高于生产商品 Y 的这一比率,或者说,生产商品 X 的资本/劳动比率要低于生产商品 Y 的这一比率。但这并不意味着两国生产商品 X 的资本/劳动比率是相同的,而是各国生产 X 的资本/劳动均低于该国生产 Y 的资本/劳动比率。

(3) 两国消费者偏好相同。由无差异曲线的位置和形状所反映的需求偏好在两国是完全相同的。如果两国的相对商品价格是相同的,则两国消费 X 和 Y 的比例是相同的。

(4) 两国的生产要素供给是既定不变的。

(5) 两国的资源禀赋不同。A 国为资本丰富的国家,B 国为劳动丰富的国家。

(6) 生产要素在一国之内可自由流动,在国际不能流动。资本和劳动可以自由地从低收入的地区和产业流向高收入的地区和产业,直到该国各个地区和产业、同类资本和劳动的收益相等为止。同时,国际要素流动为零(即国与国之间没有要素流动),因而在不存在国际贸易的情况下,国际要素收入差异永久存在。

(7) 两国在生产中均为不完全分工。即使在自由贸易的条件下,两国也要继续生产两种商品。这一假设也表明两国都不是"很小"的国家。

(8) 不存在运输成本或其他贸易障碍。在国际贸易存在的条件下,当两国的相对(或绝对)商品价格完全相等时,两国的生产分工才会停止。如果存在运输成本和关税,则当两国的相对(和绝对)价格差不大于每单位贸易商品关税和运输成本时,两国的生产分工就会停止。

(9) 两国的生产要素均得到了充分利用。

(10) 两国的贸易是平衡的,进口和出口总是相等。

由以上假设可知,A、B 两国除要素禀赋不同外,其他一切条件都是完全相同的。

4.2 H-O定理

4.2.1 H-O定理的文字表述

H-O定理可以表述为：一国出口相对丰富和便宜的要素密集型商品，进口该国相对稀缺和昂贵的要素密集型商品。国际贸易产生的根本原因在于各国的要素禀赋不同，即各要素存量比率不同。H-O定理的基本内在逻辑关系是：不同国家之间的相对价格差异是国际贸易的基础，产品相对价格差异是由要素价格差异决定的。要素价格差异由要素供求决定的。如果收入分配、消费偏好、生产技术水平相同，则要素价格差异主要取决于要素供给，而要素供给则是由要素禀赋决定的。因此，要素禀赋不同造成了国际贸易的产生。

4.2.2 H-O定理的图形说明

在图4-4中，A、B两国在封闭条件下的相对价格由社会无差异曲线与生产可能性曲线相切决定。从生产可能性曲线的形状可以看出，A国是X丰富的国家，B国是Y丰富的国家。封闭条件下，A国的均衡点E_A，相对价格线P_A；B国的均衡点E_B，相对价格线P_B。由于$P_A<P_B$，因此，A国在X生产上有比较优势，B国在Y生产上有比较优势。

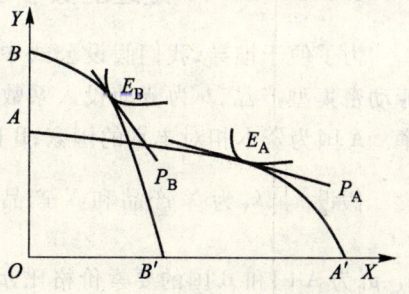

图4-4 封闭条件下的相对价格

开放以后，A国将出口X商品到B国，因为在B国市场X的相对价格高于A国市场的价格。同理，商品Y将由B国出口到A国。也就是说A国将出口X，进口Y；B国则相反。X商品由A国出口到B国的后果是A国X的相对价格将上升，B国X的相对价格将下降，最终两国X的价格趋于一致，即两国面对相同的国际均衡价格。国际均衡价格P_W处于A、B两国封闭条件下的相对价格之间，即大于$P_A<P_W<P_B$。

A国面对比原来更高的相对价格，即国际均衡价格P_W，生产均衡点将由原来的E_A点（如图4-4所示）向下转移到Q_A点（如图4-5所示）。Q_A点与E_A点相比，X的生产增加，Y的生产减少了，通过Q_A点的国际均衡价格线P_W与社会无差异曲线的切点C_A为开放后的消费均衡点。对应于新的均衡点，A国的贸易三角形为$Q_A O_A C_A$。其中，线段$O_A Q_A$表示X的出口量，$O_A C_A$表示Y

的进口量。

对 B 国来说，开放后，X 的相对价格由原来的 P_B 下降为 P_W，因此，其生产均衡点由原来的 E_B 点（如图 4-4 所示）向上转移至 Q_B 点（如图 4-5 所示）。Q_B 点与 E_B 点相比，X 的生产减少了，Y 的生产增加了。而消费均衡点为图 4-5 中的切点 C_B。这时，B 国的贸易三角形为 $Q_B O_B C_B$，其中 Y 商品的出口量为 $O_B Q_B$，X 商品的进口量为 $O_B C_B$。

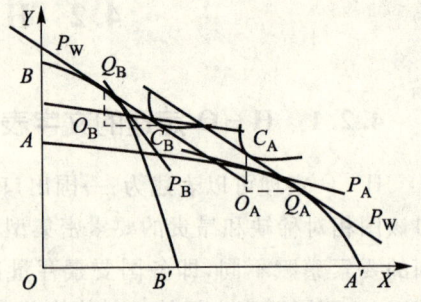

图 4-5 两国开放下的贸易三角

可见，A、B 两国在贸易前由于要素禀赋的不同，导致了供给能力的差异，进而引起商品相对价格的不同，两国均出口密集使用本国丰富要素的产品，进口密集使用本国稀缺生产要素的商品。

4.2.3 H-O 定理的数学证明

为了便于推导，我们假设公式中的 X 产品为资本密集型产品，Y 产品为劳动密集型产品，L 为劳动投入系数，K 为资本投入系数，w 为工资率，r 为利率。A 国为资本相对丰富的国家，B 国为劳动相对丰富的国家。

假设 k_X、k_Y 为 X 产品和 Y 产品的资本/劳动比，$k_X = \dfrac{K_X}{L_X}$，$k_Y = \dfrac{K_Y}{L_Y}$。假设 p_A、p_B 为 A 国和 B 国的要素价格比，$p_A = \dfrac{w_A}{r_A}$，$p_B = \dfrac{w_B}{r_B}$。那么，A 国 X 产品、Y 产品的单位价格（成本）P_{AX}、P_{AY}，和 B 国 X 产品、Y 产品的单位价格（成本）P_{BX}、P_{BY} 分别为：

$$P_{AX} = L_X \cdot w_A + K_X \cdot r_A$$

$$P_{AY} = L_Y \cdot w_A + K_Y \cdot r_A$$

$$P_{BX} = L_X \cdot w_B + K_X \cdot r_B$$

$$P_{BY} = L_Y \cdot w_B + K_Y \cdot r_B$$

以 P_{AX} 为例，从公式中提取 $L_X \cdot w_A$，可以得到：

$$P_{AX} = L_X \cdot w_A \left(1 + \dfrac{K_X \cdot r_A}{L_X \cdot w_A}\right)$$

将 $k_X = \dfrac{K_X}{L_X}$ 和 $p_A = \dfrac{w_A}{r_A}$ 代入可得：

$$P_{AX} = L_X \cdot w_A \left(1 + \frac{k_X}{p_A}\right)$$

同理,对 P_{AY}、P_{BX}、P_{BY} 进行相应变换,可得:

$$P_{AY} = L_Y \cdot w_A \left(1 + \frac{k_Y}{p_A}\right)$$

$$P_{BX} = L_X \cdot w_B \left(1 + \frac{k_X}{p_B}\right)$$

$$P_{BY} = L_Y \cdot w_B \left(1 + \frac{k_Y}{p_B}\right)$$

如果国际贸易产生的原因在于价格差,应该有:

$$\frac{P_{AX}}{P_{AY}} - \frac{P_{BX}}{P_{BY}} \neq 0$$

公式可以变换为:

$$\frac{L_X \cdot w_A \left(1 + \frac{k_X}{p_A}\right)}{L_Y \cdot w_A \left(1 + \frac{k_Y}{p_A}\right)} - \frac{L_X \cdot w_B \left(1 + \frac{k_X}{p_B}\right)}{L_Y \cdot w_B \left(1 + \frac{k_Y}{p_B}\right)} \neq 0$$

经整理后得:

$$\frac{P_{AX}}{P_{AY}} - \frac{P_{BX}}{P_{BY}} = \frac{L_X \cdot (p_A - p_B)(k_Y - k_X)}{L_Y \cdot (p_A + k_Y)(p_B + k_Y)} \neq 0 \qquad (4.1)$$

假如 A 国资本相对丰富,故工资率 w_A 较高,r_A 相对较低;B 国则相反,w_B 相对较低,而 r_B 相对较高。故有 $\frac{w_A}{r_A} > \frac{w_B}{r_B}$,即 $p_A > p_B$,$p_A - p_B > 0$。又假如 X 为资本密集型产品,Y 为劳动密集型产品,有 $\frac{K_X}{L_X} > \frac{K_Y}{L_Y}$,即 $k_X > k_Y$,有 $k_Y - k_X < 0$,代入(4.1)公式可以看出,公式成立。这就意味着两国间存在着价格差,国际贸易会由此而产生。

4.3 要素价格均等化定理

4.3.1 要素价格均等化定理的概念

要素价格均等化定理(factor-price equalization theorem)可以表述为:即使生产要素不具备国际流动的条件,只要商品自由贸易得到充分的发展,那么各国同种生产要素的相对价格会趋于相等。同时,绝对价格也会趋于相等。也就是说,国际贸易会使各国的工资相等,也会使各国的利率相同。由于这一定理是萨缪尔森从 H-O 模型中发展起来的,因此,也称为赫克歇尔-俄林-萨缪尔森定理(H-O-S 定理)。

我们知道,A 国是资本丰富的国家,B 国是劳动丰富的国家,在没有贸易的情况下,A 国资本的相对价格要低于 B 国,相应的,A 国资本密集型产品 X 的相对价格也要低于 B 国。在各国根据比较优势的原则进行专业化分工的条件下,即当 A 国分工生产资本密集型产品 X,并减少生产劳动密集型产品 Y 时,A 国对资本的相对需求就会上升,对劳动的相对需求就会减少,从而引起 A 国利率上升,工资率下降;而在 B 国所发生的一切刚好与 A 国相反,即 B 国分工生产 Y 并降低 X 的产量时,B 国对劳动的相对需求会上升,对资本的需求会下降,从而 B 国的工资率上升,而利率下降。由此可见,在专业化分工基础上的国际贸易会使资本丰富的 A 国(相对高工资国家)的工资下降,使劳动丰富的 B 国(相对低工资国家)的工资上升,这样国际贸易使两国的工资率与贸易前相比差距缩小了。同样的,国际贸易提高了 A 国(相对低利率国家)的利率,降低了 B 国(相对高利率国家)的利率,从而也使两国的利率与贸易前相比差距缩小了。这表明,国际贸易倾向于缩小两国间工资与利率的差距,最终使两国间生产要素的相对价格会趋于一致。

4.3.2 利用要素相对价格线对定理的证明

在图 4-6 中,横轴表示劳动的相对价格 $\dfrac{w}{r}$,纵轴表示劳动密集型产品 Y 的相对价格 $\dfrac{P_Y}{P_X}$。由于各国都处于完全竞争条件下,且使用相同的生产技术(即具有相同的生产函数和等产量曲线),在劳动密集型商品的 $\dfrac{w}{r}$ 和 $\dfrac{P_Y}{P_X}$ 之间存在着正相关关系,即劳动的相对价格 $\dfrac{w}{r}$ 越高,则劳动密集型商品 Y 的相对价格也越高,反之则相反。

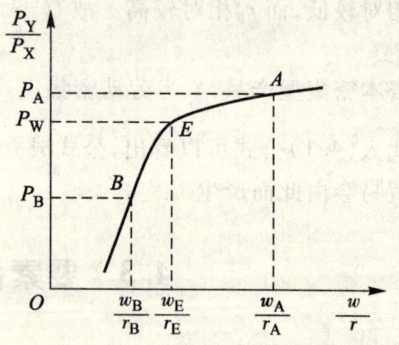

图 4-6 相对要素价格均衡

在贸易前,A 国位于点 A,其劳动力的相对价格 $\dfrac{w_A}{r_A}$,商品 Y 的相对价格 P_A;B 国位于点 B,其劳动力的相对价格

$\dfrac{w_B}{r_B}$,商品 Y 的相对价格 P_B。在无贸易的条件下,$\dfrac{w_B}{r_B} < \dfrac{w_A}{r_A}$,$P_A > P_B$,所以 B 国在商品 Y 上具有比较优势。

当 A 国(资本丰富国家)分工生产商品 X(资本密集型商品)并同时减少商品 Y(劳动密集型商品)的产量时,A 国对劳动力的需求相对于对资本的需求将下降,从而使得 A 国的 $\dfrac{w}{r}$ 上升,相应的,A 国的 $\dfrac{P_Y}{P_X}$ 也将下降,这表现为点 A 会向左下方移动。另一方面,当 B 国(劳动丰富的国家)分工生产商品 Y(劳动密集型商品)同时减少 X(资本密集型商品)的产量时,其对劳动的相对需求将上升,从而使得 B 国的 $\dfrac{w}{r}$ 上升,相应的,B 国的 $\dfrac{P_Y}{P_X}$ 也将上升,这表现为 B 点将向右上方移动。这个过程将持续到点 E 为止,这时 A、B 两国劳动力的相对价格 $\dfrac{w}{r}$ 刚好相等,均为 $\dfrac{w_E}{r_E}$,两国商品 Y 的相对价格 $\dfrac{P_Y}{P_X}$ 也相等,均为 P_W。可见,图 4-6 直观地显示了国际贸易使 A、B 两国要素价格均等化的过程。

4.3.3 利用埃奇沃思盒式图对定理的证明

下面我们利用埃奇沃思盒式图给出对于要素价格均等定理的严格证明,也称为要素价格均等化原理的正规证明。将 A、B 两国的埃奇沃思盒式图置于同一个坐标系中(如图 4-7 所示),这样我们便可证明 H-O-S 定理。

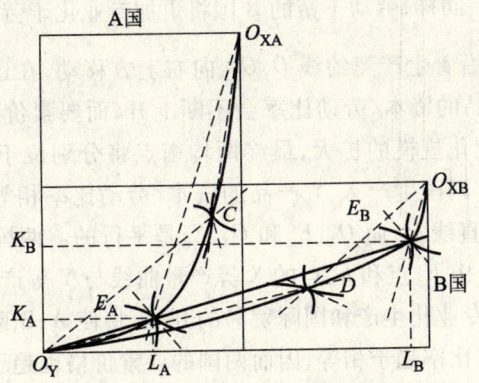

图 4-7 要素价格均等化原理的正规证明

各国生产契约线上的每一点都对应于该国生产可能性曲线上的每一点。X 等产量曲线与 Y 等产量曲线的公切线,其斜率的绝对值代表要素价格比率,即$\frac{w}{r}$。从坐标原点O_Y引向生产契约线上任何一点的射线,其斜率表示生产既定产量X的资本与劳动投入比率,即$\frac{K_X}{L_X}$,而从坐标原点O_{XA}或O_{XB}引向生产契约线上任何一点的射线,其斜率表示生产既定产量Y的资本与劳动投入比率,即$\frac{K_Y}{L_Y}$。

在没有国际贸易的情况下,A国均衡点为C点,B国均衡点为D点,此时A国生产商品X所需的资本/劳动比率大于B国,这表现为从原点O_Y出发通过C点的射线的斜率大于从O_Y出发通过D点的射线的斜率。同样的,A国生产商品Y的资本/劳动比率也大于B国,这在图中表现为从原点O_{XA}出发通过C点射线的斜率大于从原点O_{XB}出发通过D点的射线的斜率。

由于A国资本相对丰富,而B国劳动相对丰富,因此$\frac{w_A}{r_A}>\frac{w_B}{r_B}$,这在图中表现为在$C$点X等产量曲线与Y等产量曲线公切线的斜率绝对值要大于在D点X等产量曲线与Y等产量曲线公切线斜率的绝对值。

在国际贸易发生后,A国将更加专业化于资本密集型产品X的生产,其均衡点将沿着生产契约线$O_Y O_{XA}$向左下方移动,在这个过程中,A国生产X和Y两种产品的资本/劳动比率$\left(\frac{K}{L}\right)$会不断下降,与此同时,其要素价格比率$\left(\frac{w}{r}\right)$也不断下降。同样,劳动丰富的B国将更加专业化于劳动密集型产品Y的生产,其均衡点将沿着生产契约线$O_Y O_{XB}$向右上方移动,在这个过程中,B国生产X和Y两种产品的资本/劳动比率会不断上升,而要素价格比率也会不断上升。随着两国专业化规模的扩大,最终两均衡点将分别位于E_A点和E_B点。在E_A点和E_B点,A、B两国生产X、Y产品的资本/劳动比率相等,在图4-7中$O_Y E_A$和$O_Y E_B$在一条直线上,而$O_{XA} E_A$和$O_{XB} E_B$是平行的。两国的工资/利率比率也相等,在图4-7中E_A点和E_B点的X等产量曲线与Y等产量曲线公切线是平行的。因此,随着专业化生产和国际贸易的开展,将使A、B两国在X和Y商品生产中使用的要素比率趋于相等,因而两国的要素价格也趋于相等。

要素价格均等化原理是在一系列的假设条件推导出来的。观察一下现实世界,我们就会发现满足这些条件是非常困难的,甚至是不可能的。例如,各国并非使用同样的生产技术,各国间的运输成本和贸易壁垒也阻碍各国商品相对价格相等。此外,许多企业处于不完全竞争市场上,其运作也不是规模报酬不变的。因此,国际贸易没有使各国的工资和利率均等化,这并不值得奇怪。

4.4 斯托珀-萨缪尔森定理

4.4.1 斯托珀-萨缪尔森定理的含义

斯托珀-萨缪尔森定理(the Stolper-Samuelson theorem)可以表述为:某一商品相对价格的上升(如国际贸易后出口商品价格上升或征收进口关税后进口商品价格上升),将导致该商品密集使用的生产要素的实际价格或报酬提高,而另一种生产要素的实际价格或报酬则下降。

4.4.2 斯托珀-萨缪尔森定理的证明

在市场均衡状态下,劳动和资本的价格可以表示为:
$$w = P_X \cdot MP_{LX} = P_Y \cdot MP_{LY}; r = P_X \cdot MP_{KX} = P_Y \cdot MP_{KY}$$

式中:w、r 为资本的价格(或报酬),MP_{LX}、MP_{LY} 为劳动在两个部门的边际产出,MP_{KX}、MP_{KY} 为资本在两个部门的边际产出。

可以看出,在均衡状态下,要素的实际价格等于要素的边际生产力。

$$\frac{w}{P_X} = MP_{LX}; \frac{w}{P_Y} = MP_{LY}; \frac{r}{P_X} = MP_{KX}; \frac{r}{P_Y} = MP_{KY}$$

生产要素的边际生产力取决于两种要素的使用比例,与两种要素使用的绝对量没有关系。因此,商品相对价格的变化对要素实际收入的影响只取决于两种商品所使用的要素比例的变化。

X 的相对价格的上升使得 X、Y 两个部门所使用的资本/劳动比率下降。因为,资本密集型产品 X 的相对价格上升导致 X 部门生产扩张。由于 X 部门是资本密集型的,所以 X 部门生产扩张需要相对较多的资本与较少的劳动相配合。但 Y 部门是劳动密集型的,Y 部门只能释放出相对较少的资本和较多的劳动。于是在生产要素重新配置过程中,对资本新增加的需求(X 部门生产增加所需的资本)超过了资本新出现的供给(Y 部门所释放的资本),而劳动新出现的供给则超过了对劳动新增的需求,从而在要素市场上,资本价格将会上涨,而劳动价格将下跌。随着生产要素价格的重新调整,每个部门中的厂商在生产中所使用的资本/劳动比例将发生变化。由于资本变得相对越来越昂贵,劳动变得相对越来越便宜,所以每个部门的厂商都会调整其要素使用比例,尽量多使用变得便宜了的劳动,来替代一部分变得昂贵了的资本。最后,每个部门所使用的资本——劳动比例都要低于 X 相对价格变化之前的要素使用比例。

当资本/劳动比率下降时,由于资本相对于劳动的投入减少,所以资本的边际生产力上升,相反,劳动的边际生产力下降。因此,$\frac{r}{P_X}$、$\frac{r}{P_Y}$均上升,而$\frac{w}{P_X}$、$\frac{w}{P_Y}$均下降,即 X 相对价格上升后,资本的实际价格或报酬上升,劳动的实际价格或报酬下降。

国际贸易会提高该国丰富要素所有者的实际收入,降低稀缺要素所有者的实际收入。理由是:贸易后一国出口商品的相对价格上升,根据 H-O 定理,一国出口商品所密集使用的生产要素是其丰富要素,故出口商品价格的上升将导致该国丰富要素的实际报酬上升,另一种生产要素,即稀缺要素的实际报酬则下降。这一结果的重要含义是国际贸易虽改善了一国整体的福利水平,但并不是对每一个人都是有利的,因为国际贸易会对一国要素收入分配格局产生实质性的影响。

4.5 要素禀赋理论的实证检验与补充

自20世纪50年代初起,经济学家对要素禀赋理论的实证检验工作不断深入。在众多的实证研究中,美国经济学家瓦西里·里昂惕夫(Wassily Leontief)对要素禀赋理论适用性进行的检验,既是第一次,也是最具代表性的一次。他的研究工作对要素禀赋理论的后续发展产生了重大影响。

4.5.1 里昂惕夫之谜及其解释

(一)里昂惕夫之谜

对赫-俄模型的第一次经验检验是在1951年,由里昂惕夫利用美国1947年数据进行的。由于美国是世界上资本最丰富的国家,里昂惕夫预期得出美国出口资本密集型商品,进口劳动密集型商品的结论。这种预期可以用里昂惕夫统计(Leontief statistic)的概念来评价它的有效性,统计量被定义为$\frac{(K/L)_M}{(K/L)_X}$。这里,$(K/L)_M$指一国用于生产进口竞争商品的资本/劳动比率,而$(K/L)_X$是指用于生产出口品的资本/劳动比率。根据 H-O 理论,资本相对富裕国家的里昂惕夫统计值应小于 1.0,而劳动力相对富裕的国家的里昂惕夫统计值要大于 1.0。

里昂惕夫的验证结果令人惊讶。他发现,1947年美国$(K/L)_M$为 18 180 美元/年劳动时间,而$(K/L)_X$为 14 010 美元/年劳动时间。美国的里昂惕夫统计值为1.3,与一个资本相对富裕国家的预期结果完全不同。这一检验的结果表明,资本丰富的美国出口的是劳动密集型产品,进口的是资本密集型产品,即要素禀赋差异不能有效地决定贸易方式。这种由里昂惕夫发现的H-O定理与贸易实践的巨大背离现象,被人们称为里昂惕夫之谜(Leontief paradox)。

里昂惕夫用来进行检验的1947年距离第二次世界大战太近。为此,里昂惕夫在1956年重做了这一检验,但这次用的是1947年美国经济的投入产出表和1951年的贸易数据。这次分析表明,美国出口商品比其进口替代品的劳动密集程度高出6%,谜仍然存在。

(二) 里昂惕夫之谜的解释

1. 自然资源

里昂惕夫使用的是两要素(劳动、资本)模型,忽略了其他要素,如自然资源(土壤、矿藏、森林等)的影响。一种商品如果是自然资源密集型的,在两要素模型中将其划分为资本或劳动密集型,显然是不正确的。美国对许多自然资源的进口依赖性很强,这有助于解释美国进口产业的较高的资本密集度。里昂惕夫在统计时除去自然资源行业后,里昂惕夫统计值为0.88,谜不存在了。1981年,哈惕根(James Hartigan)对美国1947年和1951年的检验也得出了类似的结论。

2. 美国关税政策

进口关税可以减少进口,刺激国内进口替代品的生产。克拉维斯(Kravis)在1954年的研究中发现,美国受贸易保护影响最严重的产业就是劳动密集型产业。这就影响了美国的贸易模式,降低了美国进口替代品的劳动密集程度。1971年,鲍得温(Baldwin)指出,如果考虑关税的影响,美国进口品的资本/劳动比率会降低5%,谜仍然存在。

3. 劳动力不同质

里昂惕夫认为在1947年,美国工人的劳动生产率是外国工人的3倍,如果我们把美国劳动数量乘以3,再和国内可用资本比较,就会发现美国其实是一个劳动丰富的国家。但这只在美国出口商品比美国进口替代品的劳动密集程度更高时才正确。这一解释并没有被广泛接受,里昂惕夫自己后来也否定了它。

4. 人力资本

里昂惕夫所定义的资本仅仅包含实物资本(如机器、设备、厂房等),而完全忽视了人力资本。美国劳动比外国劳动含有更多的人力资本,把人力资本这一部分加到实物资本上,就会使美国的出口高于其进口替代品的资本密集程度。

1956年,克拉维斯指出,1947年和1951年美国出口产业的工资水平要比美国进口竞争产业的工资水平高15%。美国出口行业的高工资反映了美国出口行业比美国进口替代行业有较高的劳动生产率和较多的人力资本。

1966年,基辛(Keesing)指出,1957年美国出口产品的技能密集程度比其他9个工业国家出口产品的技能密集程度要高。这表明美国拥有最训练有素的劳动,与其他国家相比,包括了更多的人力资本。

1965年,肯恩(Kenen)实际估计了美国出口和进口竞争商品中人力资本的含量,并把其加在实物资本需求之上,然后重新计算美国出口和进口替代品的资本/劳动比率,消除了里昂惕夫之谜。

鲍得温在1971年的研究中,使用的是美国1958年的投入产出表和1962年的贸易数据。鲍得温得出,里昂惕夫统计值为1.27,除去自然资源产业的里昂惕夫统计值为1.04,谜不能完全消除,但再把人力资本包括进去之后,里昂惕夫统计值为0.92,才能彻底消除悖论。

4.5.2 需求逆转与要素密集度逆转

(一) 需求逆转

在要素禀赋理论中,两国消费者偏好假设是完全相同的,所以国际贸易形态只取决于要素禀赋差异,与需求因素无关。但在现实中,决定国际贸易的因素既可能来自供给方面,也可能来自需求方面。影响国际贸易的需求因素可能有很多表现,这里仅列举一种可能的影响形式:当某一国对于某一商品享有生产上的比较优势,但因其国民在消费上又特别地偏好该商品时,将会使得原来依据 H - O 定理所决定的进口方向发生改变,即发生了需求逆转(demand reversal)。

图4-8描述了需求逆转对国际贸易所可能产生的影响。在生产上,A 国由于资本相对丰富,所以在资本密集型产品 X 上具有比较优势,B 国则在劳动密集型产品 Y 上具有比较优势;而在消费上,假设 A 国特别偏好 X 商品,B 国特别偏好 Y 商品。若仅依据 H - O 定理,A 国将出口 X,B 国将出口 Y。但事实上因需求逆转,A 国在封闭条件下的 X 商品的相对价格 P_A 反而高于 B 国的水平 P_B。所以,开放后,A 国反而进口 X 商品,B 国反而出口 X 商品。在这种情况下,我们看到比较优势与比较成本优势不再是一致的,

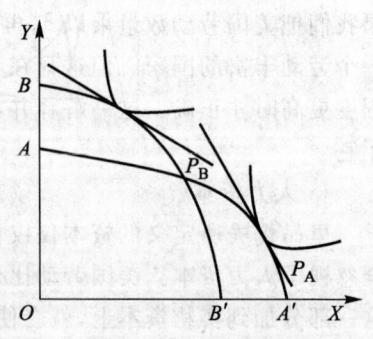

图4-8 需求逆转

需求方面的影响超过了生产(成本)方面的影响。

基于需求逆转,里昂惕夫之谜可以这样解释:虽然美国的资本比较充裕,但如果美国消费者的消费结构中,资本密集型商品(以制成品为主)占据绝大部分比重,那么,美国则有可能出口劳动密集型产品,进口资本密集型产品。

(二) 要素密度的逆转

在要素禀赋理论的基本模型里,我们假设,对任何一组要素价格,X 是资本密集型的,Y 是劳动密集型的。但是,如果在某些要素价格下,X 是资本密集型的,Y 是劳动密集型的,但在另外一些要素价格下,X 变成劳动密集型产品,Y 变为资本密集型产品,那么这种现象我们称之为要素密度逆转(factor intensity reversal)。

生产要素替代弹性(elasticity substitution)表示的是一种要素价格下降时,这种要素可用来替代另一种要素的程度。假设在生产商品 X 时劳动对资本的替代弹性大于生产商品 Y 时劳动对资本的替代弹性,就意味着生产商品 X 时用劳动替代资本要比在生产商品 Y 时用劳动替代资本更容易些。等产量曲线曲率越小,替代弹性越大。

在图 4-9 中,由于 X 的生产要素替代弹性较之 Y 的要素替代弹性小,即 X 等产量曲线的弯曲程度小于 Y 等产量曲线的弯曲程度,因此 X、Y 的等产量曲线有两个交点。

当要素相对价格如图 4-9 中 p_1 线所示时,$k_X > k_Y$,即 X 的要素密集度大于 Y;但当要素相对价格 p_2 线所示时,$k_X' < k_Y'$,即 X 的要素密集度小于 Y。所以,当要素相对价格由 p_1 变为 p_2 时,两个产品的要素密度发生了逆转。

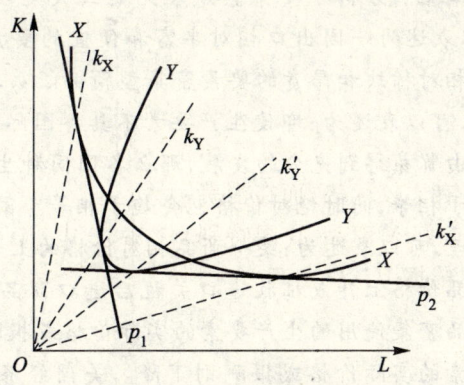

图 4-9 要素密度逆转

要素密集度的逆转要想发生,替代弹性差异必须足够大,使得两种商品的等产量曲线在两国的要素相对价格线之间两次相交。

要素密集度逆转一旦发生，则 H－O 定理不再成立。例如，封闭条件下 X 在 A 国是资本密集型的，但在 B 国却可能是劳动密集型的。这样一来有可能发生这样一种情形：资本丰富的国家可以比较廉价地生产某种资本密集型商品，而在劳动丰富的国家，也可以比较廉价地生产同样一种产品，因为该产品在劳动丰富的国家是劳动密集型的而不是资本密集型。在这种情形下，两个国家就无法进行国际分工与贸易了。在图 4-9 中，在要素相对价格为 p_1 情况下，资本丰富的 A 国分工生产商品 X，但是，在要素相对价格为 p_2 情况下，劳动丰富的 B 国也分工生产商品 X。这样，两国都无法向对方出口 X 产品。

里昂惕夫是根据美国的技术条件来测算进口商品在他国生产时的要素密度，但在要素密度逆转存在的情况下，这可能不准确。例如，美国的农业生产机械化程度很高，属于典型的资本密集型，但在其他一些落后国家，农业生产则是一种典型的劳动密集型生产。因此，以美国自身的情形来衡量其进口产品在生产中的要素密度，将不能真实地反映国际贸易中蕴含在商品中的要素比例。

要素密集度的逆转在现实世界确实是存在的。1962 年，明哈斯（Minhas）发现，要素密集度的逆转是非常普遍的，大约占其研究情况总数的 1/3。1964 年，里昂惕夫改正了明哈斯研究中导致偏差的一个重要因素，发现要素密集度的逆转在其所研究例子中只占 8%，而且如果除去生产中大量需要自然资源的两个产业，要素密集度逆转发生的概率就会降至 1%。1966 年，鲍尔（Ball）证实了里昂惕夫的要素密集度逆转在现实世界中很少发生。

本章小结

本章重点分析了要素禀赋理论的三大定理：第一，H－O 定理，可以表述为一国出口相对丰富和便宜的要素密集型商品，进口该国相对稀缺和昂贵的要素密集型商品。第二，要素价格均等化定理，可以表述为：即使生产要素不具备国际流动的条件，只要商品自由贸易得到充分的发展，那么各国同种生产要素的相对价格会趋于相等，同时绝对价格也会趋于相等。第三，斯托珀-萨缪尔森定理，可以表述为：某一商品相对价格的上升（如国际贸易后出口商品价格上升或征收进口关税后进口商品价格上升），将导致该商品密集使用的生产要素的实际价格或报酬提高，而另一种生产要素的实际价格或报酬则下降。美国经济学家瓦西里·里昂惕夫通过实证分析提出了里昂惕夫之谜，一些经济学家对里昂惕夫之谜的解释发展了要素禀赋理论。需求逆转与要素密集度逆转可能使 H－O 定理失效。

关键词

要素禀赋理论标准模型　　要素价格均等化定理　　斯托珀-萨缪尔森定理
需求逆转　　　　　　　　要素密集度逆转　　　　里昂惕夫之谜

复习思考题

1. 假设只有美国和墨西哥两个国家生产武器和黄油（butter）两种商品，每个国家都以规模报酬不变的技术进行生产。如果美国有1亿工人和2亿资本，墨西哥具有3 000万工人和6 000万资本，美国和墨西哥应分别生产和出口哪种产品？如果1 000万墨西哥工人移居美国，而且黄油是劳动密集型产品，美国和墨西哥又应分别生产和出口哪种产品？

2. 美国国会2000年就是否给予中国永久性正常贸易地位一案进行投票表决。此案在美国国内引起了很大的争议，各方都在游说。反对该提案的主要是各个工会组织，而支持者大多是大公司。为什么？

3. 根据表4-1的信息，回答下列问题：

表4-1　南非和尼日利亚要素禀赋情况

要素禀赋＼国家	南非	尼日利亚
资本	100单位	25单位
劳动	200单位	100单位

（1）南非的资本/劳动比率是多少？
（2）尼日利亚的资本/劳动比率是多少？
（3）哪个国家资本丰富？
（4）哪个国家劳动丰富？
（5）假设服装生产需要较小的资本/劳动比，采矿需要较大的资本/劳动比。南非将在哪个产品生产上具有比较优势？
（6）在尼日利亚同南非贸易后，哪一种生产要素的收入将会提高？

4. 试采用数学公式证明要素价格均等化原理。

5. 试证明：生产要素的边际生产力取决于两种要素的使用比例，与两种要素使用的绝对量没有关系。

案例讨论题

1. 我国制造业的要素密集度

一项基于1992—2006年数据的研究（高敬峰，2009）表明，我国制造业各行业的比较优势与资本要素负相关、与劳动要素正相关、与外资正相关。这说明我国制造业各行业的比较优势仍然表现在劳动要素的优势上，劳动要素优势仍是我国制造业当前参与国际分工的基础,劳动密集型行业仍是我国制造业中的比较优势行业。外资进入对我国制造业各行业的比较优势具有提升作用。我国制造业中的强比较优势行业,如纺织服装、鞋、帽制造业,文教体育用品制造业,纺织业,皮革、毛皮、羽毛(绒)及其制品业等,都是典型的劳动密集型行业。

请根据要素禀赋理论分析我国制造业对外贸易政策。

2. 重工业优先发展战略的成败

林毅夫(1999)认为19世纪后期德国依靠"铁与血"的政策,实现了国家现代化的经验,常常被作为政府以产业政策促进经济发展的成功典型。这种政策所以成功正在于,当时德国的人均国内生产总值已经为英国的60%,比法国还略高,所以,它所要发展的产业是符合其要素禀赋的比较优势的。20世纪50年代,日本成功地推行了重工业优先发展战略,也在于其人均国民生产总值已达美国的1/4,而且日本当时发展的重工业是劳动力相对密集的造船、炼钢等产业。在第二次世界大战后,中国、印度和其他发展中国家推行重工业优先发展战略失败,原因在于当时这些国家的人均国内生产总值仅及发达国家的数十分之一,所要发展的产业不符合其比较优势。

试根据要素禀赋理论分析改革开放前我国重工业优先增长战略没有达到理想目标的原因。

第 5 章
要素增长、特定要素与国际贸易

要素增长是经济增长的主要来源。经济增长表现为生产可能性曲线向外扩张。要素增长具有多种形式,某单一要素增长对两部门的生产具有不同的影响,罗伯津斯基定理可以解释这一现象。开放条件下,要素增长与贸易利益的关系因小国、大国不同有明显差异。特定要素模型主要用于解释短期内国际贸易对收入分配的影响。通过对建立在生产要素禀赋基础上的国际贸易在短期内对国民收入分配格局的影响以及对不同利益集团的经济福利的影响的分析,将有助于理解拥护贸易保护主义政策的利益集团的深刻经济原因。

5.1 要素增长与国际贸易

5.1.1 要素增长生产可能性曲线的外移

一个国家的要素增长主要有两类:要素均衡增长和要素非均衡增长。资本单一增长(资本增加、劳动不变)和劳动单一增长(劳动增加、资本不变)可视为要素非均衡增长的两个极端。

要素均衡增长是指资本和劳动两种要素同比例增长。在其他条件不变的情况下,生产可能性曲线平行向外移动,形状不变,X、Y 的产出同比例增长。在图 5-1 中,TT 和 $T'T'$ 是要素均衡增长前后的生产可能性曲线。

要素非均衡增长是指资本和劳动两种要素以不同比例增长。在其他条件不变的情况下,生产可能性曲线向外移动,形状变化,X、Y 的产出以不同比例增长。在图 5-2 中,TT 要素非均衡增长前的生产可能性曲线,T_1T_1 为资本单一

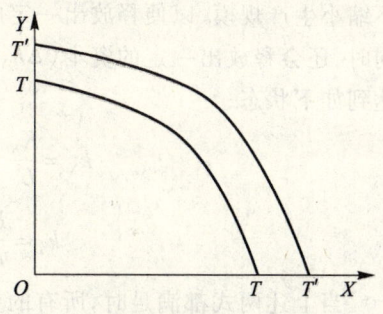

图 5-1 要素均衡增长与生产
可能性曲线的外移

增长后的生产可能性曲线，T_2T_2为劳动单一增长后的生产可能性曲线。

这里以资本单一增长为例。在图 5-2 中，对应于一个不变的相对价格 P，资本增加前，相对价格线 P 与生产可能性曲线 TT 相切于 Q 点；资本增加后，相对价格线 P' 与新的生产可能性曲线 T_1T_1 相切于 Q' 点。由于相对价格 P 可任意取值，因而，对应于任意一相同的商品相对价格，资本增加后，资本密集型产品（X）的相对产出增加，而劳动密集型产品（Y）的产出相对产出减少。这意味着生产可能性曲线的外移相对偏

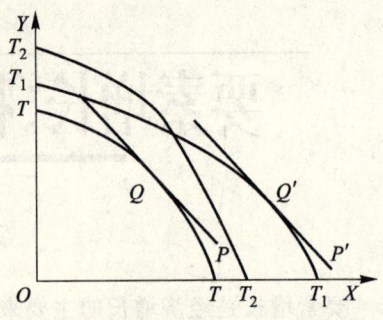

图 5-2　要素非均衡增长与
生产可能性曲线的外移

向于 X 坐标轴，图 5-2 中横坐标轴上 X 产出增加的比例要大于纵坐标轴上 Y 产出增加的比例。

5.1.2　罗伯津斯基定理

罗伯津斯基定理（Rybczynski theorem）可以表述为：在商品相对价格不变的前提下，某一要素的增加会导致密集使用该要素部门的生产增加，而另一部门的生产则下降。

假设某一生产要素总量增加，如资本供给增加了 ΔK。在商品相对价格保持不变的前提下，要素数量变化后，要素相对价格仍会保持不变，从而两个部门的要素使用比例也保持不变。为了使新增加的资本（ΔK）能够被全部利用，以保证充分就业，则需资本密集型部门 X 来吸收新增的资本。但要保证 X 部门将新增的资本全部吸收，还需要一定的劳动来与其搭配。所以 Y 部门不得不缩小生产规模，以便释放出一定的劳动（ΔL_Y）。但 Y 部门在释放出劳动的同时，还会释放出一定的资本（ΔK_Y），这部分资本也需由 X 部门来吸收，最后达到如下状态：

$$k_X = \frac{K_X}{L_X} = \frac{K_X + \Delta K + \Delta K_Y}{L_X + \Delta L_Y}$$

$$k_Y = \frac{K_Y}{L_Y} = \frac{K_Y - \Delta K_Y}{L_X - \Delta L_Y}$$

当上述两式都满足时，所有的要素都得到了充分利用，并且两个部门的要素密集度保持不变，结果 X 部门的生产扩大，而 Y 部门的生产则下降。如果是劳动总量增加，资本总量不变，则同样的道理，Y 部门的生产将扩大，X 部门

的生产将缩小。

可以用图形来解释罗伯津斯基定理,如图5-3所示。

在图5-3中,E点表示一国要素变化前的要素禀赋点,直线OX、OY的斜率分别表示均衡时X、Y两个部门的要素使用比例。由于X是资本密集型产品,所以直线OX在直线OY之上。坐标图中X、Y点所对应的劳动、资本量分别表示两个部门的要素投入量。根据要素充分利用这一假设条件,$OXEY$是一

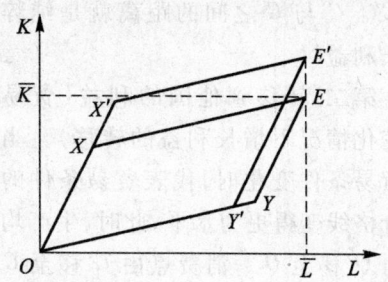

图5-3 罗伯津斯基定理的图示解释

平行四边形。由于规模收益不变,X、Y的产出分别与线段OX、OY的长度成等比例关系,所以,可以用线段OX、OY分别表示两个部门的产出水平。

假定资本增加,劳动保持不变,则图5-3中资本增加后要素禀赋点由E变为E'。在商品相对价格不变的条件下,要素禀赋点变动之后,X、Y两个部门的要素使用比例仍保持原来水平不变。这时,由于要保证所有要素充分利用,新的平行四边形为$OX'E'Y'$。相应的,X、Y两个部门的产出水平分别为OX'和OY'。由图5-3可知,X部门产出增加了,而Y部门的产出则减少了。

20世纪70年代以前,荷兰是一个以制造业为主的工业化国家。后来,荷兰在北海开发出了新的天然气资源。20世纪70年代发生了两次石油冲击导致油价上升,都给荷兰带来了意外的收入。但情况似乎对荷兰不利,因为荷兰越是增加天然气的生产,其生产出口产品制造业就越是萧条。这就是所谓的"荷兰病"。由于天然气生产的迅速发展,工资和利润大幅攀升,挤压了传统制造业的劳动和资本,使得传统制造业的成本上升,传统制造业的比较优势就逐渐丧失了。这种现象可以用罗伯津斯基定理解释,即自然资源的增加会导致密集使用自然资源的石油产业的生产增加,而传统制造业的生产则下降。

5.1.3 开放条件下要素增加与贸易利益

在罗伯津斯基定理中,假定商品的相对价格不变,也就是说在开放条件下本国是一个小国,要素增加不会影响世界市场价格。经济增长意味着国民收入水平的提高,国民福利的改善。但是,如果本国是一个大国,开放条件下要素增加导致经济增长偏向出口部门,那么经济增长对增长国的福利会产生两种截然相反的效果。

第一,纯粹的增长利益(贸易条件不变下的增长利益)。如图5-4所示,

在贸易条件不变的条件下,经济增长前,生产和消费均衡点分别为 Q 和 C;增长后,新的生产和消费均衡点分别为 Q' 和 C'。C' 与 C 之间的距离就是纯粹的增长利益。

第二,转移到他国的利益(贸易条件变化情况下增长利益的转移)。当考虑贸易条件变化时,代表贸易条件的相对价格线变得更为水平,此时,生产均衡点由 Q' 移至 Q^*,消费点由 C' 移至 C^*。通过 C^* 的社会无差异曲线位于通过 C' 的社会无差异曲线之下,所以贸易条件恶化,抵消了部分经济增长利益。这部分利益以"转移支付"的形式为他国所享有。

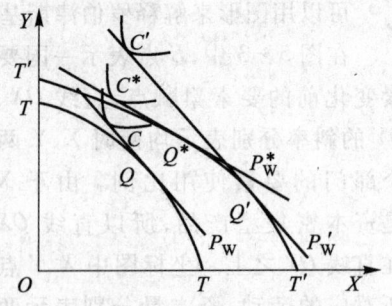

图 5-4 偏向出口的增长与国民福利

如果转移至他国的利益部分小于纯粹的增长利益,那么,要素增加的净福利效应为正。

如果转移至他国的利益部分超出了纯粹的增长利益,那么该国的福利水平将低于增长前,这种情形就称为"贫困化增长"(immiserising growth)。此时,由于贸易条件急剧恶化,将导致增长后新的消费点 C^* 位于原消费点 C 之下,通过 C^* 点的社会无差异曲线所代表的福利水平低于增长前的福利水平。

5.2 特定要素与国际贸易

根据生产要素的流动性,在微观经济学中,将供给分析分为短期分析和长期分析。从这个角度来研究,要素禀赋理论和生产要素价格均等定理实际上是一种长期分析。其认为有足够长的时间,各种生产要素都可以自由流动。从微观经济学供给面的短期角度分析,会进一步丰富生产要素与国际贸易间的关系,会大大丰富生产要素禀赋理论,使对生产要素的分析更贴近经济现实。

5.2.1 特定要素模型

(一)特定要素的概念

在国际贸易理论中,特定要素模型是由保罗·萨缪尔森和罗纳德·琼斯(R. W. Jones)创建并发展的,特定要素模型主要用于解释短期内国际贸易对收入分配的影响。长期内国际贸易对收入分配格局的影响是基于商品要素密

5.2 特定要素与国际贸易

集度的差异,而短期内国际贸易对收入分配格局的影响则是因为要素的特定性或不流动性。

在短期内,假设生产要素只有资本和劳动两种,并且有一个生产要素是固定不变的,即不能加以调整,而另一个生产要素则可自由变动。特定要素(specific factor)是指短期内在不同部门间不能自由流动的要素。

资本在短期内是属于一种"特定要素"。由于资本的特定性,它在不同部门之间的流动性很小,甚至为零。短期内,工厂的规模往往是固定不变的,而劳动虽然也存在着这样那样的差别,但它的特定性远远小于资本的特定性,所以可认为在短期内劳动可自由流动。

资本的特定性只是一种暂时现象,不会长久存在,当时间充分长时,所有部门的资本都可以调整。比如,纺织行业的资本可经加速折旧转化为货币资本,然后转向汽车行业再进行固定资产投资。这意味着,在长期内,所有生产要素都可自由流动。因此,在现实中,特定要素和流动要素之间没有明显的界限。这只是一个调整速度的问题,即越特定的要素,在行业间重新配置它们所需要的时间越长。

以上关于生产要素性质的长短期分析,也同样适用于三种生产要素的情形。但每种生产只使用其中的两种要素,例如小麦生产使用土地和劳动两种要素,而服装生产使用资本和劳动。在这个例子中,土地和资本都属于特定要素。

(二) 模型基本假设与生产可能性曲线

1. 模型的基本假设

特定要素模型的基本结构与要素禀赋理论相比,除了要素流动的假设不同外,其他方面基本相同。由于我们主要是解释短期内国际贸易对一国收入分配的影响,所以这里仅以一国为例,不涉及其他国家。

特定要素模型的基本假设有:

(1) $2 \times 2 \times 1$ 模型,两种商品、两种要素、1个国家,X 和 Y 两种产品的生产都使用资本(K)和劳动(L)。

(2) 规模收益不变。

(3) 劳动是同质的,可在两个部门间自由流动;劳动总量固定,并充分就业。

(4) 资本是特定生产要素,即两个部门的资本不能自由流动,每个部门的资本投入都是固定不变的。

(5) 所有商品市场和要素市场都是完全竞争的。

与 H-O 模型的假定不同,特定要素模型只涉及一个国家,资本是特定要素。

根据上述假设,X 和 Y 的生产函数可以表示为:
$$X = F_X(\bar{K}_X, L_X); Y = F_Y(\bar{K}_Y, L_Y)$$

这里 $\bar{K}_X$ 和 $\bar{K}_Y$ 均为常数,分别表示 X 和 Y 部门专门使用的两类特定资本。

劳动总量为 $\bar{L}$,在充分就业时,则存在以下条件:
$$\bar{L} = L_X + L_Y$$

2. 特定要素模型中的生产可能性曲线(如图 5-5 所示)

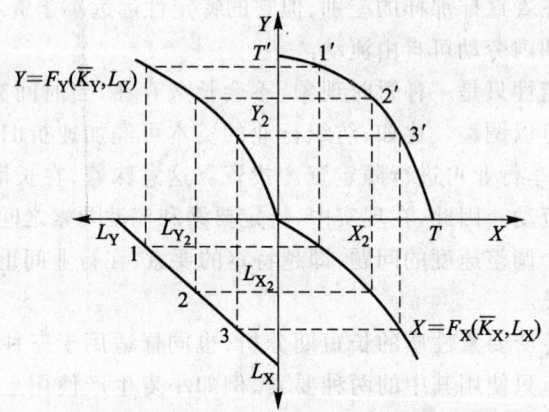

图 5-5 特定要素模型中的生产可能性边界

X 和 Y 的生产取决于劳动在两部门之间的分配。图 5-5 中,第三象限中的直线(45°线)$L_X L_Y$ 表明总量为 L 的劳动在 X 和 Y 部门之间分配的所有可能情况。直线 $L_X L_Y$ 上的任何一点,如点 2,都对应于一个 X 部门的劳动投入量和一个 Y 部门的劳动投入量。第二和第四象限中的曲线分别是 X 和 Y 的生产函数曲线,分别决定了在一定劳动投入水平下 X 和 Y 的产出。第一象限中的曲线 TT' 表示当劳动从 Y 部门向 X 部门转移时 X 和 Y 产出组合的变化情况。点 $1'、2'、3'$ 分别对应劳动分配曲线 $L_X L_Y$ 上的点 1、2、3。

第三象限表示一国的劳动配置情况。劳动投入的衡量与平常的方向相反。沿纵轴向下表示在 X 部门中投入的劳动增加,沿横轴向左表示在 Y 部门投入的劳动增加。一个部门的劳动投入增加意味着另一部门的劳动投入减少。因此,劳动配置的可能情况可以用一条向下倾斜的曲线来表示。如果所有的劳动都用于生产 Y,L_Y 就等于 L,L_X 等于 0。如果将劳动逐渐地向 X 部门转移,每转移 1 单位的劳动将使 L_X 增加 1 单位,同时使 L_Y 减少 1 单位。任何一种特定的劳动配置情况,都可以用直线 $L_X L_Y$ 上的一点来表示,如点 2。

假定第三象限的点 2 表示劳动的配置情况,即有 L_{X_2} 单位的劳动用于 X

生产,L_{Y_2}单位的劳动用于 Y 生产。然后我们采用各部门的生产函数曲线来确定产出:X 的产出为 X_2,Y 的产出为 Y_2,于是就确定了第一象限的点 2′,表明了 X 和 Y 的最后产出情况。只需在不同劳动配置情况下重复上述过程。我们可以从在 Y 生产中投入劳动最多的那一点开始,即第三象限的点 1,然后逐渐增加在 X 生产中投入的劳动,直到用于生产 Y 的劳动变得非常少,如点 3 所示。第一象限据此得出相应的点,从点 1′到点 3′,就勾画出了一个国家的生产可能性曲线。

在绘制生产可能性曲线时,我们假定劳动从 Y 部门转向 X 部门。如果将 1 单位的劳动从 Y 部门转向 X 部门,这一额外投入会使 X 的产出增加,增加的量就是 X 的劳动边际产量 MP_{LX}。因此,要使 X 的产出增加 1 单位,就必须多投入 $\frac{1}{MP_{LX}}$ 单位的劳动。同时,从 Y 生产中每转移出 1 单位的劳动,将使 Y 的产出减少,减少的量等于 Y 部门的劳动边际产量 MP_{LY}。因此,要增加 1 单位 X 的产出,就必须减少 $\frac{MP_{LY}}{MP_{LX}}$ 单位的 Y 产出。所以曲线 TT' 的斜率也是用 Y 衡量的 X 的机会成本,也就是为增加 1 单位 X 的产出所必须牺牲的 Y 产量。生产可能性曲线斜率为 $-\frac{MP_{LY}}{MP_{LX}}$。可见,当 L_X 增加时,X 部门的边际劳动产出减小。相应的,当 L_Y 减少时,Y 部门的边际劳动产出增大。

3. 特定要素模型的均衡解

特定要素模型描述的是短期内一国供给面的情况,不涉及需求面因素。由于只有劳动是可变要素,所以在商品价格已知的条件下,只要知道劳动在两个部门间如何分配,便可确定要素市场的均衡和要素价格。

在完全竞争条件下,两个部门的要素价格分别为:

$$w_X = P_X \cdot MP_{LX} ; r_X = P_X \cdot MP_{KX}$$

$$w_Y = P_Y \cdot MP_{LY} ; r_Y = P_Y \cdot MP_{KY}$$

由于资本是特定不变的,所以 X 部门和 Y 部门的边际劳动生产力只取决于劳动投入量。劳动投入越多,边际劳动生产力就越小。所以,在商品价格给定不变的前提下,劳动价格与劳动投入量之间成反比。

图 5-6 是一个上端开口的埃奇沃思方框。方框底边的长度表示劳动总量 $\bar{L}$,其他两边分别表示 X、Y 部门中的劳动价格。劳动边际生产价值 VMP_{LX} 所代表的曲线反映了 X 部门对劳动的需求与劳动价格之间的关系,即劳动需求曲线,而 VMP_{LY} 则表示 Y 部门的劳动需求曲线。两条劳动需求曲线的形状取决于生产函数的性质,位置则取决于商品价格。

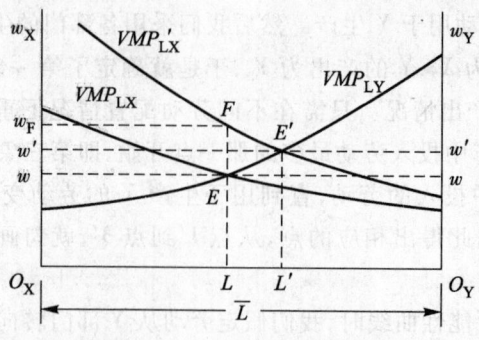

图 5-6 特定要素模型

当两个部门的劳动报酬相同时,劳动在两个部门间的分配便达到均衡。

图 5-6 中,当两个部门的劳动需求曲线相交时,两个部门面对相同的劳动价格,均为 w。此时,X 部门的劳动投入量为 $O_X L$,Y 部门的劳动投入量则为 $O_Y L$。劳动的分配一旦确定,两个部门的生产也随之确定。均衡时:$w_X = w_Y = w$,即:

$$P_X MP_{LX} = P_Y MP_{LY}$$

或改写为:

$$-\frac{MP_{LY}}{MP_{LX}} = -\frac{P_X}{P_Y}$$

等式的左边是生产可能性曲线在某一特定生产点的斜率,右边是负的 X 部门的相对价格。在生产点上,生产可能性曲线与负的相对价格线相切。图 5-7 表明,如果 X 部门的相对价格为 $\frac{P_X}{P_Y}$,则该国就在点 E 处生产,两个部门的均衡产量分别为 OE_X、OE_Y。

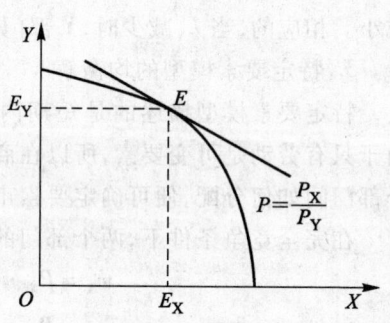

图 5-7 特定要素模型中的生产

5.2.2 相对价格与特定要素模型

(一)相对价格的变化与均衡解

假设 X 商品的相对价格上升 10%。为了简化分析,这里不妨假设 P_Y 不变,只有 P_X 上升 10%。X 商品价格 P_X 上升至 P'_X。这时,X 部门的劳动需求曲线向上方移动,在图 5-6 中,曲线 VMP_{LX} 上移至 VMP'_{LX} 处。

由于 P_X 上升,所以 X 部门的劳动报酬超过了 Y 部门($w_F > w$)。这必然引起劳动由 Y 部门向 X 部门转移。其结果是 X 部门的劳动投入增加,Y 部门的劳动投入减少。根据边际收益递减规律,X 部门的边际劳动生产力将下降,而 Y 部门的边际劳动生产力则上升。于是 X 部门的劳动报酬开始回落,Y 部门的劳动报酬开始回升。随着劳动在两个部门间的流动,两个部门的劳动报酬又重新趋于一致,最后达到新的均衡,如图 5-6 中 E' 点所示。

当达到新的均衡时,与封闭条件下的均衡相比,该国的劳动价格与特定要素价格都发生了变化。

通过观察生产可能性边界直接看到 X 相对价格上升所带来的影响。图 5-8 表示 X 的价格从 P_X 上升到 P'_X 所产生的影响。由于社会生产点总是位于曲线 TT' 上斜率等于负的 X 相对价格的一点上。当 P_X 上升到 P'_X 时,X 的相对价格由 P 上升到 P',社会生产点即从点 E 移动到点 E'。从图 5-8 上可看出,X 相对价格上升的结果是 Y 产出由 E_Y 减少 E_Y',而 X 产出增加由 E_X 增加到 E_X'。

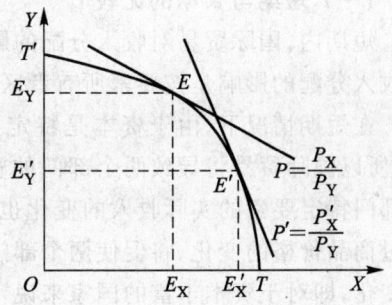

图 5-8 相对价格变化引起的产出变化

(二) 相对价格与要素报酬的变化

1. 劳动实际报酬的变化

重新达到均衡时实际工资可写成下列形式:

$$\frac{w}{P_X} = MP_{LX}; \frac{w}{P_Y} = MP_{LY}$$

由于两个部门的资本是固定不变的,当 P_X 上升导致 X 部门的劳动投入量增加时,X 部门的边际劳动生产力将下降;而 Y 部门由于劳动投入量减少,边际劳动生产力则上升。

根据上面的公式可以看出:$\frac{w}{P_X}$ 下降,$\frac{w}{P_Y}$ 上升。

对于 X 部门,国际贸易后 X 部门的名义工资水平将提高,但提高的幅度小于 X 商品价格的上涨幅度,大约为 5%。因此,实际工资水平下降。所以,对于劳动者来说,若其全部收入均来自于工资,则其实际生活水平在贸易后是否提高取决于其消费结构。如果劳动者的消费偏重于 X 商品,则其实际生活水平可能会下降;如果劳动者的消费偏重于 Y 商品,则其实际生活水平可能上升。对于 Y 部门,国际贸易后 Y 部门的名义工资水平将提高,实际工资水平也提高。

2. 资本实际报酬的变化

对于 X 部门,当 X 部门由于商品价格上升导致劳动流入时,其特定要素——资本的边际生产力将上升。而对于 Y 部门,当 Y 部门因 X 商品价格上涨而流出部分劳动之后,其特定要素——资本的边际生产力将下降。

5.2.3 特定要素模型中的国际贸易

(一) 短期与长期的比较

短期内,国际贸易对收入分配的影响是按部门划分的,而长期内国际贸易对收入分配的影响是按要素所有者区分的。

在短期情况下,由于资本是特定要素,两个部门的资本使用量都无法调整,所以国际贸易将导致两个部门的资本/劳动比率朝相反方向变化,于是两个部门特定要素的实际收入的变化也是相反的。而在长期情况下,国际贸易通过商品价格的变化,将促使两个部门所使用的资本/劳动比率朝着相同的方向变化,即对于资本丰富的国家来说,国际贸易会同时降低出口部门与进口相竞争部门的资本/劳动比率,于是两个部门的相同要素的实际报酬也会按相同方向变化。

(二) 特定要素模型中的国际贸易与收入分配

假设 A 国是资本丰富的国家,B 国是劳动丰富的国家,X 是资本密集型产品,而 Y 是劳动密集型产品。根据 H-O 定理,国际贸易前,A 国 X 商品的相对价格要低于 B 国。

开展国际贸易后,A 国 X 商品的相对价格上升。如前文所述,A 国 X 商品的相对价格上升的结果是 X 部门资本所有者受益,Y 部门的资本所有者利益受损,工人的情况不确定。

在 B 国,国际贸易对价格的影响和 A 国正好相反:X 的相对价格下跌,X 部门的资本所有者受损,Y 部门的资本所有者受益,而工人的损益情况也不确定。

显然,国际贸易会提高贸易国出口部门特定要素的实际收入,降低与进口相竞争部门特定要素的实际收入,而对可自由流动要素的实际收入的影响则不确定。可自由流动要素的实际收入是否提高取决于要素所有者的消费结构。

虽然在国际贸易中,有人受益,有人受损,但是,贸易对每一个人来说都是一种潜在的获益资源。但是,每一个人都可能从贸易中获利,并不表明每一个人都确实从贸易中获取了利益。在现实世界中,受损者和受益者同时存在。

假设资本归业主或股东所有,自由贸易将会使出口部门的资本家(或厂商主)受益,进口部门的资本家受损。因此,两个部门的资本家对自由贸易将持相反的态度。对于两个部门的劳动者来说,他们对自由贸易的态度不一。因此,在制定贸易政策时,常会有来自不同部门的势力干扰。来自出口部门的利益集团会鼓动政府采取更为自由的贸易政策,而来自于进口替代部门的利益集团则会极力鼓动政府采取严厉的贸易限制措施。所以说,利益集团的存在会左右贸易政策的制定。

本章小结

一个国家的要素增长可以分为要素均衡增长和要素非均衡增长。在商品相对价格不变的前提下,某一要素的增加会导致密集使用该要素部门的生产增加,而另一部门的生产则下降,就是罗伯津斯基定理。开放条件下,本国是一个小国,要素增长不会影响世界市场价格,国民福利会得到改善。但是,如果是大国,要素增长又导致经济增长偏向出口部门,那么经济增长对增长国的福利具有不确定性,可能导致"贫困化增长"。特定要素模型主要用于解释短期内国际贸易对收入分配的影响。国际贸易会提高贸易国出口部门特定要素的实际收入,降低与进口相竞争部门特定要素的实际收入,而对可自由流动要素的实际收入的影响则不确定。可自由流动要素的实际收入是否提高取决于要素所有者的消费结构。

关键词

单一要素增长　　罗伯津斯基定理　　贫困化增长　　特定要素
特定要素模型

复习思考题

1. 试用图形解释"贫困化增长"。
2. "贫困化增长"发生的前提条件有哪些?
3. 如果一国的资本与劳动同时增加,那么在下列情况下,两种产品的生产以及该国的贸易条件如何变化?
   (1) 资本、劳动同比例增加;
   (2) 资本增加的比例大于劳动增加的比例;
   (3) 资本增加的比例小于劳动增加的比例。
4. 大国与小国相比,经济增长后福利如何变化?

第5章 要素增长、特定要素与国际贸易

5. 根据本章所建立的特定要素模型,试析劳动增加对要素实际收入和两个部门的生产会产生什么影响?

6. 如果是某一特定要素增加,那么要素实际收入和两个部门的生产又将如何变化?

7. 如果短期内资本和劳动都不能自由流动,那么国际贸易对要素实际收入会产生什么影响?

8. 在特定要素模型中,试证明:钢铁价格上升(比如说10%),钢铁行业的特定要素(资本)的名义收益率和实际收益率的增加;大米行业特定要素(土地)的名义收益率和实际收益率的下降。

9. 试比较H-O模型与特定要素模型。

10. 请根据特定要素模型分析P_X和P_Y均上涨10%对实际工资率和实际产出的影响。

案例讨论题

1. 经济增长与贸易利益

A国(小国)与B国(大国)的自由贸易价格为P。A国是资本丰富的国家,B国是劳动丰富的国家;钢铁为资本密集型产品,而小麦为劳动密集型产品。

(1) 假设A国发现了一种冶炼钢铁的新方法,那么,你认为两国间的贸易量将发生何种变化?作为本国经济增长的结果,A国的经济福利水平将发生何种变化?

(2) 假设一场意外事故B国劳动力数量减少了20%,那么,两国间的贸易量将发生何种变化?B国的经济福利水平将发生何种变化?

2. 俄罗斯与荷兰病

俄罗斯坐拥世界天然气储量第一的丰富自然资源。2007年,世界油价80美元/桶左右时,俄罗斯的GDP总值达到1万亿美元,其中雇员总数还不足100万人的石油天然气行业所创造的价值就达到了5000亿美元。2003年1月以后,石油价格的上升对应着卢布的持续升值,而2008年7月之后石油价格的急剧下跌对应着卢布的贬值。2001年至2007年(2005年与2007年除外)制造业部门的产出增长率都低于燃料部门的产出增长率。2005年,制造业部门的产出增长率高于燃料部门的原因恰恰是油价下跌。从2000年之后,所有部门的实际工资都出现了快速增长(增长率为正)。最初燃料部门工资增长最为迅速,随后其他部门的工资水平也迅速上涨。

(1) 试分析"荷兰病"的特征。

(2) 俄罗斯患有"荷兰病"吗?

第 6 章
重叠需求、产品生命周期与国际贸易

古典贸易理论和要素禀赋理论,主要从要素差异性的角度来探讨国际贸易发生的原因,而关于需求方面因素对国际贸易的决定作用则很少涉及。第二次世界大战以后,世界各国的工业生产能力层出不穷,而且发达国家之间的贸易量不断增加,远大于发达国家与发展中国家的贸易总量,这些现象传统贸易理论难以解释。为了解释这些贸易现象便出现了重叠需求理论与产品生命周期理论。重叠需求理论是从需求方面解释国际贸易的起因的,而产品周期理论从技术变化的角度,探讨了在产品的发展过程中比较优势的动态演变。

6.1 重叠需求理论

1961 年,瑞典经济学家林德(S. B. Linder)在《论贸易与转换》一书中,另辟蹊径,从需求方面探讨了国际贸易产生的原因,提出了重叠需求理论(theory of overlapping demand)。

6.1.1 基本假设和基本概念

(一) 基本假设

新古典经济学认为,消费者在一定时间内对商品消费的偏好不变,为了说明需求差异在国际贸易中的影响因素,重叠需求理论首先放松了这种假设。该理论认为,一方面消费者的偏好水平与他们的收入水平有一定的关系,一国居民由于其收入水平的差异性必然导致消费水平的差异性;另一方面,不同国家相同收入水平的消费者具有相同的偏好水平。于是,便有两个基本假设:

假设1:同一国家对于收入水平不同的居民(或者家庭),收入水平越高,则越偏好于奢侈品或者高端商品;收入水平越低,则越偏好于生活必需品或者低端商品。

假设2:不同国家对于收入水平相近的消费者(或者家庭),他们具有近似的消费水平和消费结构。

假设1揭示了需求的差异性可能会导致生产的国内或者国际分工,假设2揭示了不同国家相近的消费者收入水平可能会导致国际贸易的发生。

(二) 重叠需求和代表性需求

总体来说,一国的需求水平取决于该国的人均收入水平。一般而言,收入水平越高,则需求水平越高。但是,一国的个体收入实际上是围绕人均收入而服从某种分布的,我们假设一国的个体收入水平有三种类型:高于人均收入、低于人均收入和接近于人均收入。假设有 A、B 两个国家,A 国的人均收入水平为 Y_2,该国的收入分布区间为 $[Y_1,Y_3]$;B 国的人均收入水平为 Y_3,并且假设 $Y_2 < Y_3$,$Y_3 < Y_4$,$[Y_2,Y_4]$ 表示该国的收入分布。很显然,$[Y_2,Y_3]$ 反映了两国的相同需求水平,我们称为重叠需求;Y_2 和 Y_3 分别反映了两国的一般需求水平,我们把这种需求称为代表性需求。

按照前面的基本假设,以家庭汽车为例。一般情况下,平均实际收入水平越高的国家,对家庭汽车的需求量越大,且档次也越高。但是,任何一国的收入水平都不是绝对平均的。因此,每个国家的居民对产品的需求也分出不同的档次,个人的平均收入水平越高,其对家庭汽车需求的档次也相对较高;反之,个人的平均收入水平越低,其对家庭汽车的需求档次也越低。这种收入水平的差异反映在需求水平上,就表现为一国或一个经济体对同一类产品的需求档次呈现多样性。

无论一国居民对同一类产品的需求多样性如何,该国生产者或厂商总是随着其代表性需求的演变而发展。因为代表性需求代表的是该国对各类产品需求中规模最大的那部分需求量,厂商为实现生产的规模经济效果,总是瞄准本国代表性需求的产品档次,增加产品的产量,以实现企业的规模经济效果。由于厂商的这种经营战略,一国的产业结构总是随着代表性需求而调整。该国的规模经济优势也会随着其产业结构的调整而变化。然而一国居民对同一产品的需求是多档次、多品种的,所以厂商对代表性需求的追求是难以满足消费者对不同档次产品的需求的。

国际制成品贸易的发生,往往是先在国内市场形成生产的规模经济和国际竞争力,而后再向国外市场拓展。林德是从一国潜在贸易(potential trade)的概念出发进行其理论推论的。他把潜在贸易分为潜在出口(potential exports)和潜在进口(potential imports),并指出,潜在出口是由国内需求决定的,更准确地说,使一种产品成为潜在出口产品的必要条件(但非充分条件)是该产品必须是国内消费品或投资品(资本品),即产品存在国内需求,这种国内需求通常被企业家称为国内市场支持(the support of the domestic market)。同样,潜在进口也是由国内需求决定的,正是对某种商品存在国内需求,才使得

6.1 重叠需求理论

该种商品的进口成为可能。因而,当一国的潜在出口商品(或其中的一部分)与另一国的潜在进口商品(或其中的一部分)在范围上一致时,两国之间就会发生贸易。

6.1.2 重叠需求理论的基本思想

由于厂商追求代表性需求,以实现规模经济效果,就难以顾及不同档次产品消费者的需求。那么对一国而言,那些非代表性需求的消费者对产品的消费又是由谁来满足的呢? 当然国内的生产者也可能专门为了那些特殊的消费者而生产商品,但是它是以消费者付出较高价格为回报的。实际上,当每个国家的厂商都追求本国的代表性需求时,该国的非代表性需求就难以在一国范围内都得到满足,因而都需要借助国际贸易加以实现。更重要的是,通过国际贸易,本国生产的以满足代表性需求的产品生产规模也会随之扩大,从而规模经济效果更加明显。当然,这种国际贸易或相互贸易不是无条件的,这种贸易只有在收入相近的国家之间才可能存在,因为它们有相近的或重叠的需求部分。

林德认为,要素禀赋理论只能解释初级产品之间的贸易,通常这些产品是自然资源密集型的(intensive in natural resources),因而不能解释制成品之间的贸易。两个国家的需求结构的相似性越大,两国之间存在的潜在贸易就越大,这就是林德的重叠需求理论的基本结论。由于该理论强调需求结构的相似性对贸易的影响,因而有时也称为需求相似理论(theory of preference similarity)。由于人均收入(per capital income)与商品需求之间存在很强的相关关系(需求的收入弹性),因而,需求的相似性也可以用人均收入水平的相似性来代替。这样,林德的重叠需求理论也可以表述为:两国人均收入水平越相似,则其需求结构的相似性越大,从而两国发生贸易的可能性也就越大。

如果两个国家人均收入水平完全相同,从而两国的需求结构完全相同,两国潜在出口产品和潜在进口产品也完全相同,那么,什么力量引起两国发生实际贸易(actual trade)呢? 答案是简单明白的。当企业家将其商品市场向国际市场扩展时,由于产品差异性(product differentiation)的存在,他们发现,他们能完全进入对方的市场。正像林德所评论的那样,几乎无限范围的产品差异性(实际的或广告的产品差异)的存在,与看起来毫无限制的购买者特质(风格)相结合,使得本质上相同的商品的国际贸易得以繁荣起来。

假设有两个国家,分别为 A 与 B,A 国的人均收入水平要高于 B 国。因此,根据以上的分析,A 国的需求结构肯定要位于 B 国之上,这样我们就可以得到图 6-1。

图 6-1 的横轴为各国的人均收入 (Y)，纵轴为各国要求的某种产品的品质等级 (Q)。商品越高档，则其品质等级就越高。人均收入水平越高，则消费者所需商品的品质等级也就越高，二者的关系由图 6-1 中的 OP 线表示。假定这两个国家的国民收入分配的结果相同，即都形成了 5 个不同收入水平的社会阶层，但由于它们的人均收入水平是不同的，故而这两个国家对于产品的需求范围也就有所不同。

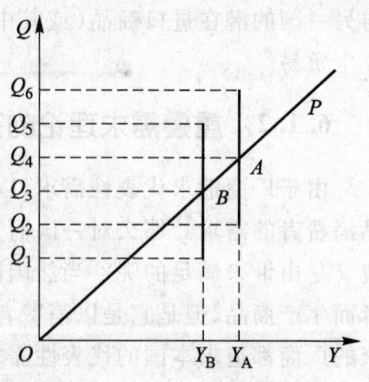

图 6-1 重叠需求理论的图示

图 6-1 中，A 国的品质等级处于 $Q_2 \sim Q_6$ 之间，B 国的品质等级为 $Q_1 \sim Q_5$ 之间。在 $Q_2 \sim Q_5$ 之间的商品，在两国都有需求，即存在所谓的重叠需求。这种重叠需求是两国开展贸易的基础，品质处于这一范围内的商品，A、B 两国均可输出或输入。

各国首先寻找本国需求量最大的产品。在市场经济条件下，一般说来中产阶级的人数总是最多的，特别富有与特别贫困的总是少数。因此，可以推定，在 A 国中由人数最多的中产阶级的需求状况所决定的该国需求量最大的代表性需求为 Q_4，而在 B 国中则为 Q_3。然后，两国可以此为根据进行专业化生产，即 A 国专业化生产 Q_4，B 国专业化生产 Q_3。最后，两国再通过贸易来完成 Q_4 与 Q_3 的交换。这样做的结果是，A 国将从专业化生产 Q_4 中获得规模经济，而 B 国则将从专业化生产 Q_3 中获得规模经济。之所以会出现这样的结果，是因为两国实行专业化生产以后，其专业化生产的那种产品的市场规模都要比过去扩大了。

至于 Q_4 与 Q_3 以外的产品，或者可以通过放松只有两个国家的假设，引进第三与第四或更多的国家来加以解决；或者分别由 A、B 两国作为其具有规模经济产品的附带产品来满足市场的需求。

6.1.3 重叠需求理论的评价

重叠需求贸易理论对于解释第二次世界大战以来迅速发展的、发达国家之间的相互贸易具有特别的意义。重叠需求贸易理论从需求的角度对产业内贸易加以概括和解释。该理论研究最初是由瑞典经济学家林德于 1961 年提出的。他认为，瑞典这样的国家应专门生产高质量产品，并专门向世界各国少部分高收入阶层出口产品,以满足他们的需求。这一理论尽管是针对差异产品贸易而言的,但是其核心内容是收入水平相近国家,需求水平相似或重叠。因此,应该说这是对国际贸易理论的一个重要贡献。关于重叠理论的适用性,林德曾指出其理论主要针对工业产品或制成品,而初级产品的贸易是由自然资源禀赋不同而引起的,与产品的需求和收入水平无关,适合于 H-O 理论的解释。

6.2 产品生命周期理论

产品生命周期理论是第二次世界大战后比较有影响的理论之一,该理论借用营销学中的概念,将产品看成是有生命的物品,因此在生产中就有其诞生、成长、成熟和衰落的过程,在销售中也存在着试销、旺销、饱和以及衰落的阶段。它侧重从技术创新、技术进步和技术传播的角度来分析国际贸易产生的基础,将国际贸易中的比较利益动态化,研究产品出口优势在不同国家间的传导。产品生命周期理论经历了技术差距决定论及其不断的完善,最后形成现在的理论。

6.2.1 产品生命周期理论的基本思想

弗农(Vernon)在 1966 年提出了产品生命周期模型(product cycle model),这是对技术差距模型的总结与扩展。该模型仅适用于工业制成品,并假定:信息在国内和国际的传播都有成本;各国的消费结构是收入水平的函数;生产函数随时间而变化;存在贸易壁垒、运费及保险费。

产品生命周期理论关注的是典型"新产品"的生命周期及其对国际贸易所产生的影响。弗农把重点放在工业制成品,从美国开发出一项新产品开始着手构建自己的理论。新产品具备两个主要特征:第一,它要迎合高收入者的需求,因为美国是个高收入的国家。第二,在生产过程中,它要求具有节约劳动、使用资本的特性。之所以要把生产过程节约劳动的特性包括在内,是因为美国是一个劳动力稀缺的国家。因此,技术进步将侧重于那些能潜在地节约这种稀缺生产要素的生产过程。

模型的基本思想是:新产品首先在最先进的国家被开发和生产出来,随后,需求向国外扩展,并且首先在来自美国的出口中得到满足。然而,由于国外需求增长,生产过程变得逐步标准化,在国外进行生产逐渐变得比较有吸引力了。随后,产品进入它的自然周期,从研究与开发、熟练劳动力密集型转入资本和(或)非熟练劳动力密集型,结果,它的主要产地转移到不太发达的国家,贸易方向逆转。

6.2.2 产品生命周期的阶段划分

产品生命周期理论把新产品的生命周期划分为三个阶段。

(一) 新产品阶段(new product stage)

在这一阶段,产品的技术还未成型,研究与开发的费用在成本结构中占据最大的比重。该产品仅在美国生产和消费。厂商之所以在美国生产是因为那里存在着需求,并且这些厂商希望能够贴近市场以便观察消费者对该产品的反应。在这一阶段,当厂商们力求让自己熟悉产品和市场时,产品特征与生产过程都处于不断变动之中。

(二) 产品成熟阶段(maturing product stage)

在这一阶段,对该产品及其特征方面的一般标准开始出现,且开始使用大批量生产的技术。随着生产过程的越来越标准化,规模经济得以实现。在这一阶段,资本成为最主要的构成成本。这一特征与 H-O 模型以及李嘉图的理论形成了强烈对比,后者假定规模报酬不变。与此同时,外国对该产品的需求开始出现,但主要是指其他发达国家,因为该商品迎合高收入者的需求。国外需求的扩大(得益于规模经济)导致了这样一种贸易方式,即美国向其他高收入国家(主要是西欧国家)出口该产品。

在产品成熟阶段,还会出现其他一些变化。一旦美国厂商要向欧洲销售产品,他们可能就会开始评估除了在美国生产之外,在国外能否进行生产的可能性。如果国外生产成本小于国内的生产成本与运输费用之和,那么,美国厂商就会倾向于在其他发达国家投资设厂。如果他们这样做的话,就出现了对美国生产的产品的出口替代品。

例如,一旦在法国建立了工厂,不仅法国,而且其他的欧洲国家都可能从法国的工厂得到产品供应,而不再向美国的工厂购买。这样,在美国最初的出口激增之后便是美国出口的减少,继而很可能是该产品在美国的生产也萎缩。

弗农还认为,在产品成熟阶段,产品有可能开始从西欧流向美国,这是因为资本比劳动力在国际具有更大的可移动性,各国间资本的价格差异就不会像劳动力的价格差异那么大。这样,商品的相对价格在很大程度上就受劳动成本的影响,而欧洲的劳动成本要低于美国,因此,欧洲有可能向美国低价出售该种产品。

(三) 产品标准化阶段(standardized product stage)

产品本身的特点以及生产过程的特征都已经广为人知,消费者熟悉该产品而生产者也熟悉其生产过程。弗农认为生产有可能向发展中国家迁移。在此,劳动成本再一次起着重要的作用。原材料和劳动工资是最重要的成本。因此,贸易方式有可能是,美国和其他发达国家从发展中国家进口该产品。

根据产品的生命周期理论,伴随着产品的诞生、成熟到产品被替代,这个国家也经历了从获得这种产品生产的比较优势,到逐渐失去这种优势的动态过程,产品的生命周期延长的过程就是产品的生产优势在不同国家转移的过程。例如,电视机生产技术首先在美国发明,美国首先拥有彩色电视机生产的比较优势,历史上美国曾经是彩色电视机生产和出口的大国,随着电视机生产技术的成熟,电视机生产逐渐转移到了日本,然后逐渐转移到韩国,现在电视机的生产优势逐渐转移到中国,目前中国成为电视机的主要生产国。但是在生产优势转移的背后却伴随着要素组合比例即要素密集度的变化。因为美国的电视机生产是技术创新的产物,需要大量的研究和开发的投入,因此在美国电视机可以理解为技术密集型产品;当电视机的生产技术转移到日本、韩国尤其到了中国之后,各种技术已经相对成熟,因此引进生产线并维持生产的资金投入成为生产的关键,这时候电视机由技术密集型转变为资金密集型产品。

这一理论隐含着一种产品在产品生命周期的不同阶段,其含有的要素密集度也在发生变化,如在新产品阶段,技术、产品的创新要求大量的研究与开发的投入;在产品成熟阶段,由于生产已经成熟化,生产规模要急剧扩大,则要求大量的资金投入;而在产品标准化阶段,由于生产已经完全标准化,技术障碍已经消除,资本因素的重要性也相应下降,竞争要求大量的低成本劳动力的投入,以进一步降低成本,等等。产品生命周期三个阶段的比较见表6-1。

表6-1 产品生命周期三个阶段的比较

比较内容 \ 阶段	新产品阶段	产品成熟阶段	产品标准化阶段
技术	产品的技术还未成型	大批量技术,规模经济	产品已实现了标准化
投入	研究与开发密集型	资本密集型	劳动密集型
比较优势的国家	创新国(发达国家)	其他发达国家	发展中国家

6.2.3 产品生命周期理论的图示

(一)创新国、其他发达国家与发展中国家的划分

在产品周期的整个过程中,国际贸易的演变可用图6-2来描述。图6-2

中,横轴表示时间,纵轴上端表示净出口,下端表示净进口。在初始时刻(t_0),新产品刚刚由创新国(少数先进国家)研制开发出来。在初始阶段,由于产品的技术尚未成型,生产规模较小,消费仅局限于国内市场。到了t_1时刻,开始有来自国外的需求,于是开始进行出口。由于产品的品质和价格较高,进口国主要是一些收入水平与创新国较接近的其他发达国家。随着时间的推移,进口国逐渐掌握了生产技术,能够在国内进行生产,并逐渐替代一部分进口品,于是进口开始下降。到了某一阶段之后,由于一小部分发展中国家的需求扩大,创新国的产品也开始少量出口到一些发展中国家。到t_2时刻,生产技术已成型,产品达到了标准化,由技术密集型转化为资本密集型。这时,来自发达国家的第二代生产者开始大量生产和出口该产品,原来的创新国随后(t_3时刻)成为净进口国。最后,当产品转变为劳动密集型时(t_4时刻),发展中国家成为净出口国。

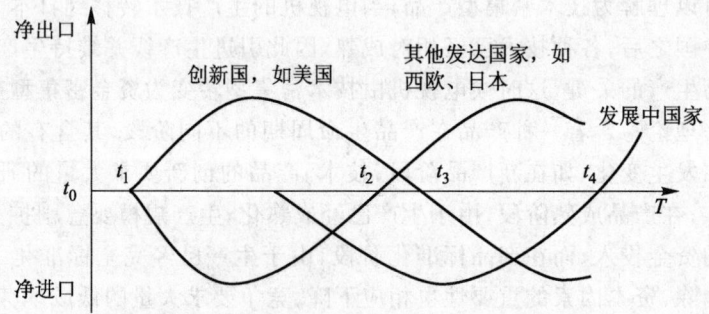

图6-2 产品生命周期理论图示:三分法

(二) 创新国与模仿国的划分

从图6-3中可看出,创新国从t_0时开始生产和消费新产品。从t_1时开始出口该产品,同时模仿国开始进口该产品。创新国在t_2时出口达到最大,同时模仿国的进口也达到最大,因此时模仿国开始生产该产品。创新国从t_2时出口开始下降,同时模仿国进口也同步下降。到t_3时,创新国的出口降为零,同时模仿国的进口也降为零。创新国从t_3时开始转为进口国,同时模仿国转为出口国。对创新国来讲,从t_0到t_2是创新期,从t_2到t_3是成长期,而从t_3以后是成熟期,此时对创新国来说,新产品的生命周期结束。

6.2.4 产品生命周期理论的实证检验与评价

(一) 产品生命周期理论的实证检验

研究者们对产品生命周期理论进行了实证检验。例如,经济学家们假定,

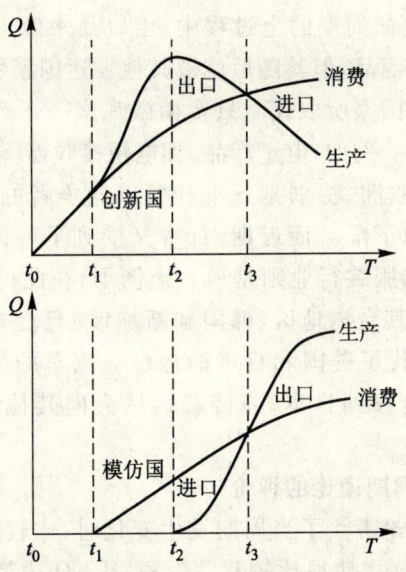

图 6-3 产品生命周期理论图示：两分法

在美国制造业部门中,研发费用与行业成功的出口业绩之间应该存在正相关关系。大量的检验包括基辛(1967)、威廉·格鲁伯(William Gruber)、迪利普·梅达(Dileep Mehta)以及弗农(1967)所作的检验,都表明了这种关系的存在。克拉维斯(Kravis)和李普西(Lipsey)(1992)发现较高的研发密集型投入对应着美国跨国公司的巨大出口份额。

在其他一些实证检验中,如格雷·胡弗鲍尔(1996)的研究,他根据综合资料对贸易进行了研究。胡弗鲍尔(Hufbauer)发现美国和其他发达国家往往出口新产品而发展中国家则出口老产品。格鲁伯、梅达和弗农(1967)也发现美国研究开发强度大的行业具有较大的海外投资倾向。这符合该理论中的产品成熟阶段的特征。1972年,约翰·莫罗尔(John Morrall)发现,那些成功的美国出口行业也往往有相对较高的非工资成本支出,如广告、促销活动等开支。这一发现与产品周期理论也是一致的,因为新产品的生产就包括了这些费用。

此后,弗农(1979)对产品生命周期理论进行了修改。主要的更改集中在商品最初被开发出来时生产地点的布局上。当今跨国公司在全球范围内都有子公司和分厂,且跨国公司对美国外部条件的认识也比弗农先前(1966年)更加全面。因此,新产品可能一开始就不在美国而是在国外进行生产的。此外,目前美国与其他发达国家的人均收入的差异也不像1966年时那么大,因此迎合高收入者的需求不再仅仅意味着只是迎合了美国的需求。

产品生命周期理论假定存在动态比较优势(dynamic comparative advantage)。因为在产品生命周期的全过程中,出口品来源国发生了转变。最初,开发创新国出口该种商品,但其随后就被其他发达国家所代替——同样的,它们最终也将被发展中国家所取代。只要稍微观察一下产品历史,就能从总体上看出这种贸易模式。例如,电子产品,如电视接收器多年以来一直是美国主要出口品,但是由于欧洲、特别是日本开始以竞争者的姿态出现,从而导致美国的市场份额迅速下降。而近期,日本又受到了韩国和其他亚洲国家生产者的威胁。纺织和服装行业则是另一个例子,在此行业中,发展中国家或地区(特别是中国及其台湾地区、韩国和新加坡)已经成为国际市场上的主要供应商,尤其是取代了美国和日本的地位。汽车的生产和出口布局也相对地从美国和欧洲转移到日本,并接着仍然会向其他国家(如韩国和马来西亚)转移。

(二)产品生命周期理论的评价

产品生命周期理论考察了当周期发生变化时,比较利益怎样从一个国家转移到另一个国家,这样使得比较利益学说、H-O模型动态化,对于相对落后国家在国际分工中确定自己的地位和参与格局,并且在发展过程中如何进行产品结构的升级、改造具有指导性意义。

产品生命周期理论使得比较利益、H-O模型从静态发展为动态,把管理、科技、外部经济因素等引入贸易模型,比传统理论进了一步。但由于经济生活中存在着各种不确定性因素,各国面临的产业发展方向和环境不同,故生命周期的循环并不是国际贸易普遍的、必然的现象。而在这种动态中创新与模仿者的地位却有某种程度的固定(如美国常常被认为是创新者)。

本章小结

重叠需求理论从需求的角度论证:各国经济发展水平越接近,则收入水平越接近,从而需求重叠越多,那么它们之间的贸易规模越有扩大的可能性。这是对比较优势理论的补充,更贴近国际贸易实际。重叠需求理论的内容包括:国内需求是出口贸易的基础;贸易流向与规模取决于两国的需求重叠程度;需求重叠的程度取决于两国的平均收入水平。

产品生命周期理论是一个动态的国际贸易理论,该理论认为多数制成品都将经历一个类似生物的生命周期,可以成功地解释比较优势在不同的国家间转移和直接投资的现象,但是在实际应用中仍然存在一定的局限性。

关键词

代表性需求　　重叠需求理论　　产品生命周期　　新产品阶段
产品成熟阶段　　产品标准化阶段　　动态比较优势

复习思考题

1. 试比较重叠需求理论与要素禀赋理论的异同。
2. 你认为重叠需求理论适合解释发展中国家之间的贸易吗？为什么？
3. 如果考虑收入分配格局这一因素的话，重叠需求理论的结论会受到影响吗？为什么？
4. 结合重叠需求理论和产品周期理论，试解释为什么美国始终是世界汽车生产和出口大国？

案例讨论题

1. 中欧纺织品贸易摩擦与产品生命周期

历史上纺织业是欧盟国家的传统优势产业之一。在20世纪的绝大部分时间里，欧洲无论是在纺织品的生产和贸易上，还是在技术和工艺的创新上都处于世界领先地位。但纺织业又是一个劳动力密集型的产业，贸易自由化和经济全球化的趋势使得欧美的较高劳动力成本和中国的劳动力成本相比，已丧失了其竞争优势。

根据产品生命周期理论，发达国家应该将该产业转移出去以获得比较优势。为什么欧盟的纺织业作为一个"夕阳产业"仍然存在，而且还常常就此和中国展开贸易战？请予以解释。

2. 重叠需求与中国-东盟贸易

一项研究表明(张英等，2007)[①]，中国与一些国家的产业内贸易指数如表6-2所示。

表6-2　中国与一些国家的产业内贸易指数

国家	产业内贸易指数	垂直产业内贸易指数	水平产业内贸易指数
美国	0.525	0.516	0.009
日本	0.399	0.377	0.022
德国	0.277	0.271	0.006
英国	0.493	0.466	0.027
法国	0.309	0.300	0.010

---

① 张英,刘瑜琳.从需求偏好相似理论预测中国-东盟自由贸易区的贸易前景[J].国际经贸探索,2007(9).

续表

国家	产业内贸易指数	垂直产业内贸易指数	水平产业内贸易指数
菲律宾	0.583	0.442	0.141
新加坡	0.509	0.440	0.070
泰国	0.604	0.382	0.222
印度尼西亚	0.492	0.410	0.082
马来西亚	0.560	0.469	0.091

试分析中国与东盟产业内贸易水平的特征,并用重叠需求理论解释。

第 7 章
规模经济、不完全竞争与国际贸易

传统国际贸易理论是在规模经济不变的假定下做出的。随着世界经济的发展和社会生产力水平的提高,规模报酬递增在经济生活中日益成为普遍的现象。20世纪70年代末,国际贸易理论在经历了20多年的沉寂之后,终于出现了一次大的突破,以美国经济学家保罗·克鲁格曼(Paul Krugman)为代表的一批经济学家,提出了所谓的"新贸易理论"(new trade theory),该理论从规模经济的角度说明国际贸易的起因和利益来源,对国际贸易基础做出了一种新的解释。不同类型的规模经济对国际贸易的影响是不同的。内部规模经济与不完全竞争的市场结构相适应,而外部规模经济与完全竞争的市场结构相适应。为更好地理解规模经济在国际贸易中的决定作用,本章首先从外部规模经济入手,然后再引入不完全竞争市场结构。

7.1 规模经济理论

7.1.1 内部规模经济与外部规模经济

规模经济有内部规模经济(internal scale economies)和外部规模经济(external scale economies)之分。

(一) 内部规模经济

内部规模经济是工厂或公司水平的规模经济。其可分为两个层次,即工厂规模经济和公司规模经济。

工厂规模经济是指单个工厂水平上的报酬递增,即单产品的厂商通过自身生产规模扩大,可以提高生产率,降低平均成本,从而获得规模报酬。较大规模的厂商能更好地克服技术设备的不可分性,使生产能力得到更充分的利用;同时某些管理费用并不随生产规模同比例增加。假设 Q 为产量,a 为边际成本,b 为固定成本,厂商成本函数 $C = aQ + b(a, b > 0)$,可得其平均成本 $AC =$

$a+\dfrac{b}{Q}$。可见,产量越大,平均成本越低,厂商面临一条下斜的平均成本曲线。因此,在单位成本的降低依赖于单个厂商规模的情况下,大厂商拥有高于小厂商的成本优势,并导致该行业不完全竞争的市场结构。工厂规模经济主要来源于专业化利益和某些生产要素的不可分性。

范围经济就是通常所说的公司规模经济,即多产品的企业(公司)生产多种产品所产生的规模报酬递增。它是指单个企业联合生产两种产品,其产量超出两个各自生产一种产品的企业所能达到的产量之和。如果企业联合生产的产量低于两个独立企业所能达到的产量之和,就是范围不经济。

范围经济可能产生于固定投入。有些固定投入可能不能完全分割,不易从一种生产转移到另一种生产,因此,商品生产中可能会在某些阶段留下过剩的生产能力。另一种可能是,某些投入可能具有半公共品的特征,当为一个生产过程的使用而购置时,能够至少部分地用于其他商品的生产。范围经济也可能来源于统一管理生产过程的优势,或产品的相互关联性。

(二) 外部规模经济

外部效应可以来自于任何经济活动。因此,一般的外部经济模型会使工厂水平的生产函数以下面的形式出现:

$$Q = f(x, \xi)$$

其中,ξ 是所有可能的"外部"影响的向量。传统的公式假定 ξ 的唯一相关因素是国内产业的产出。例如,日本计算机的生产率有赖于计算机业的大小。然而,更一般的,外部效应向量肯定无需仅限于产业特有或国家特有的变量。日本计算机的生产率多半有赖于美国计算机业的大小——国际的外部效应以及日本半导体业的大小——产业间的效应。可以认为,外部规模经济是外部经济的一种形式。

外部规模经济,又称为行业规模经济,是假定厂商规模报酬不变的情况下,行业所具有的报酬递增性,它来自厂商没有能力完全利用的知识或信息。整个行业的生产规模越扩大,各厂商间信息交流就越多,因此,它们的成本会有更大幅度的下降。或者说,行业规模经济意味着,尽管各个厂商的平均及边际成本可能会由于其产出的扩大而上升,但它们还可以由于同一行业内其他厂商产出的扩大而得到降低。

对厂商来说,它在长期内可以调整固定要素。当长期平均成本的下降是作为行业发展的结果而出现时,可以说有外部规模经济。反之,就说有外部规模不经济。

7.1.2 动态规模经济与静态规模经济

(一) 动态规模经济与知识的积累

一些最主要的动态规模经济源于知识的积累。[①] 当某个厂商通过经验积累而提高其产品质量或生产技术时,其他厂商就有可能对该技术加以模仿并从中受益。随着某一产业整体知识的不断积累,这种知识外溢有助于其中的各个厂商的生产成本下降。"学习"指的是"边干边学"(learning by doing)。[②] 这种现象广泛地出现于计算机工业、国际贸易、技术引进等领域。学习曲线理论为"动态规模经济"作了进一步的说明。

1936年,经济学家怀特在飞机制造和实践中确定了学习曲线。他通过实践证明,积累的产品每翻一番,每架飞机的成本便会有一定程度(如20%)的下降。后来,阿罗提出了"干中学"理论,他认为,普遍存在于制造业的学习效应,使产出扩大的同时,工人的劳动生产率不断提高,导致平均生产成本下降。阿罗特别强调,一个国家的技术(特别是工艺技术)依赖于这个国家过去生产的产品数量总和,拥有最大积累产品数量的国家通过过去不断的学习效应而达到最低成本,因此有更大的出口机会。波士顿咨询公司于1974年发展了这个理论,认为所有的成本,即销售总成本、研究和开发总成本以及其他各类总成本通过经验积累都有学习效应,并将描述学习效应的曲线——学习曲线改称为经验曲线。

动态规模经济效应可以用学习曲线表达出来。学习曲线是描述累积产量与成本关系的。由于通过生产获取的经验对成本的影响,学习曲线向下倾斜,随着时间流逝,累积产量不断增加,成本也因而下降。这种成本随着累积产量而非当前劳动生产率下降的情形就是所谓的动态规模经济的表现。

学习曲线可以用公式表示为:$L = A + BQ^{-\beta}$。公式中的 L 表示单位产出的劳动投入量,Q 表示累计的产出量,A 与 B 为正的常数。通常情况下,$0 < \beta < 1$,β 的大小可以表示动态规模经济效应的大小。如果 $\beta = 0$,这时单位产出的劳动投入量为一常数,Q 的增加不会引起 L 的减少,于是,不存在动态规模经济效应。如果 $\beta = 1$,则 $L = A + \dfrac{B}{Q}$,那么,当 Q 趋于无穷大时,L 趋于常数 A,这

[①] 保罗·克鲁格曼,茅瑞斯·奥伯斯法尔德.国际经济学[M].中译本.北京:中国人民大学出版社,1998:142-143.

[②] 平新乔.微观经济学十八讲[M].北京:北京大学出版社,2001:124-125.

时,动态规模经济效应是充分的。

如果考虑两个时期,$t=1,2$。两时期产量分别为 q_1,q_2。第一期的成本为 $C_1(q_1)$,第二期的成本则为 $C_2(q_2,q_1)$。"学习效应"是指 $\partial C_2/\partial q_1<0$,即第一期的产出量越多,则第二期的生产成本会降下来。

我们也可以用进步比率(progress rate)来阐明动态规模经济效应。某一生产过程的进步比率可以通过计算平均成本随着累积产出增加而下降的程度而得到。我们用累积产出来代替在给定的时间段内的产出,以在学习效应与其他规模效应中进行区分。假设厂商的累积产出为 Q,平均生产成本为 AC_1;进一步假设厂商的累积产出增加到 2 倍为 $2Q$,这时的平均成本为 AC_2。那么,进步比率为 $\dfrac{AC_2}{AC_1}$。如果进步比率小于 1,则动态规模经济效应就发生了。人们已经在数千种产品中估计了进步比率,平均进步比率为 0.80。这意味着,如果公司把它的产出增加一倍,单位成本将下降 20%。但是,估计的进步比率通常代表在一定产出范围内的平均水平,而并不一定表示动态规模经济效应在某一时刻会被充分地利用。

(二)动态规模经济与静态规模经济的区别

源于知识积累的动态规模经济与静态规模经济有一定差异。在具备静态规模经济的行业中,如汽车、石化等,成本依赖于当前产量。它使得当经济活动处于一个比较大的规模时能够以较低的单位成本来进行生产。但在具有动态规模经济的行业中,生产成本则取决于经验积累。

在静态规模经济不变的情况下,动态规模经济效应可能是很大的,如图 7-1 所示。

在图 7-1 中,AC_1 表示在静态规模经济不变的某一企业的长期平均成本曲线。如果存在动态规模经济,长期成本曲线会向下移动,从 AC_1 移动到 AC_2。生产沿着曲线由 A 点移到 B 点反映了静态规模经济不变,而由 AC_1 上的 A 点移到 AC_2 上的 C 点则是由于动态规模经济效应引起的。

但是,静态规模经济和动态规模经济有时会同时发生。也就是说,长期成本的下降可以是静态规模经济效应与动态规模经济效应同时起作用的结果。

在图 7-2 中,AC_1 表示静态规模经济递增的某一企业的长期平均成本曲线。如果存在动态规模经济,长期成本曲线会向下移动,从 AC_1 移动到 AC_2。生产沿着曲线由 A 点移到 B 点反映了静态规模经济递增,而由 AC_1 上的 A 点移到 AC_2 上的 C 点则是由于动态规模经济效应引起的。

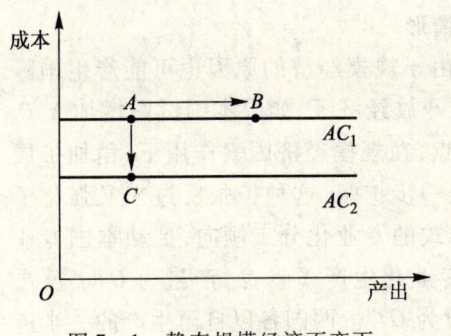
图7-1 静态规模经济不变下的动态规模经济

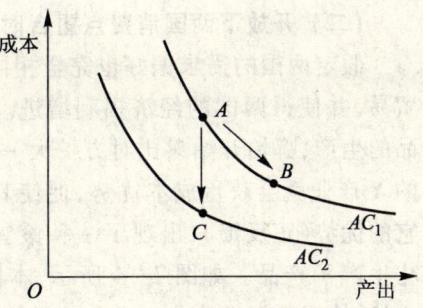
图7-2 静态规模经济递增下的动态规模经济

7.2 规模经济与国际贸易

约翰·威廉姆森(John Williamson)认为,规模经济是推动贸易的额外因素(比较成本差异之外的因素),这个因素使两国都从贸易中获益,甚至当两国的技术和偏好都相同时也是如此。[①]

7.2.1 外部规模经济与国际贸易

下面将引入生产可能性曲线对外部规模经济下的国际贸易进行一般均衡分析。

(一) 封闭下国内市场均衡

假定本国(H)和外国(F)的要素禀赋和技术水平完全相同,经济的绝对规模也相当,两国的生产可能性曲线均以图7-3表示。

图7-3中,TT'是凸向原点的,这说明生产 X 和 Y 产品时产生的规模收益递增效应超过了要素密集度效应。A 点是两国在封闭经济状态下共同的生产点和消费点,A 拥有共同的无差异曲线,经由 A 点的价格比率也是相等的。很明显,这时并不存在比较利益的问题,但却仍然存在着在开放经济下由专业化分工和贸易所能带来的潜在利益。

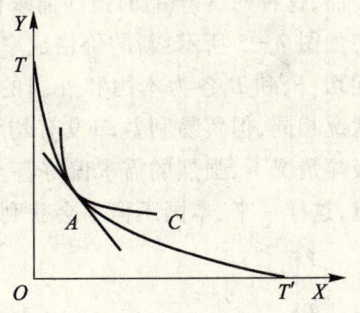
图7-3 封闭下行业规模经济的均衡模型

---

① 约翰·威廉逊.开放经济与世界经济[M].北京:北京大学出版社,1991:66-71.(约翰·威廉逊也译为约翰·威廉姆森。)

(二) 开放下两国消费点重合时的情形

假定两国的需求偏好也完全相同,由于规模经济的原因也可能产生国际贸易,并使得两国的经济福利增进。在开放经济下,如果本国试图增加 Y 产品的生产,哪怕开始只比对方扩大一点点,在规模经济因素作用下,稍加扩展的 Y 产业就会获得成本优势,促使其进一步扩张,这种扩张反过来又强化了它的优势(正反馈),出现了一种滚雪球式的专业化分工倾向,推动本国专业化生产 Y 产品。如图 7-4 所示,本国专业化生产 Y 产品,产量为 OT。反之亦然,外国也会专业化生产 X 产品,产量为 OT'。两国各以自己生产的一半进行贸易,结果是各自的消费点相同,都处于 B 点。不难看出,尽管两国在初始阶段完全相似(图 7-4 中的 A 点),但各国的消费水平通过贸易都有所提高,经济福利也随之得到增进,达到了位置更高的社会无差异曲线 C_1。正是在这个意义上,我们可以判断专业化生产所带来的规模经济效益是客观存在的,它超过了以往人们熟知的比较利益的范畴,另行开掘了一个贸易利益的新源泉。这个简单的模型清楚地告诉人们,在一个具有外部规模经济的世界里,以规模收益递增为基础的贸易会通过提高生产率,使产业达到更大的国际规模而获利。而且,参与国际分工的贸易双方都从分工中获利。

(三) 贸易利益分配不均等时的情形

在图 7-4 的 B 点达成贸易均衡纯属偶然,各国社会无差异曲线一般不会与直线 TT' 切于中点。现假定两国进行专业化生产,但两国均希望多消费 X 产品,这种对 X 产品的强烈需求偏好使其相对价格上升。重新达成的均衡状态如图 7-5 所示:新的价格比率线 P_1 分别与两国的社会无差异曲线 C_h 和 C_f 相切,B_h 和 B_f 各为本国和外国的新消费点。由此可见,尽管两国原先的经济状况相同,但贸易利益却没有均沾,本国成为获利较少的一方($C_h < C_f$)。在极端情况下,强烈的需求偏好甚至有可能使从 T 出发的新价格比率线低于 A 点,这样一来,本国不但不会获利,反而要惨遭损失。

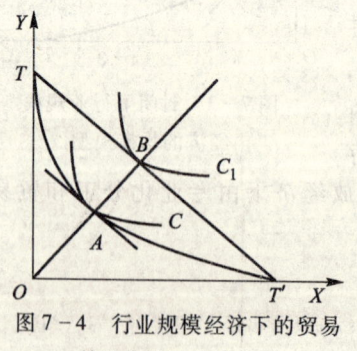

图 7-4 行业规模经济下的贸易利益分配均等的情形

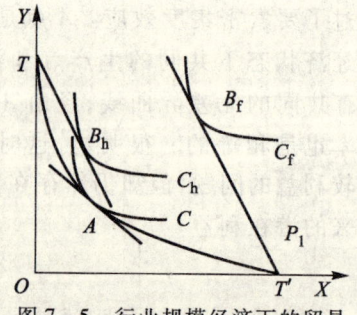

图 7-5 行业规模经济下的贸易利益分配不均等的情形

7.2.2 动态规模经济与国际贸易

内部的静态规模经济效应表明,一国企业若拥有超过其国内竞争者的规模优势,那么,这种规模优势必将转化为更低的边际成本和更高的市场份额。动态规模经济也能产生与静态规模经济相同的效果。动态规模经济通常发生在那些充满着技术创新和技术进步的不完全竞争的高新科技产业。在实践中,规模报酬递增重要的来源就是学习曲线(learning curve)效应和研究开发(R&D)效应。

动态规模经济强调的是随着时间的推移,由于厂商经验的积累,整个产业生产总量不断增加而使平均生产成本下降。或者说,经验积累是学习曲线形成的原因。比如,飞机产业装配100架飞机要耗费1 000个小时,由于工人经验的积累,再装配另外100架飞机时可能只要700个小时了。动态规模经济的效应可以用学习曲线表示。学习曲线反映的是随着产业累计产量的增加,生产平均成本下降的过程,如图7-6所示。

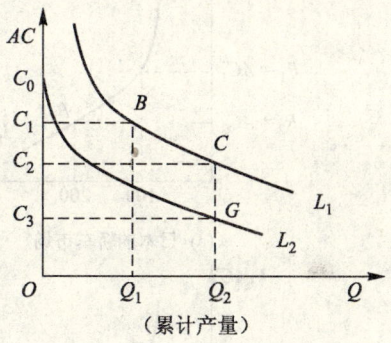

图7-6 动态规模经济与国际贸易

在图7-6中,横轴表示随时间推移该产品的累计产量,纵轴表示平均成本。学习曲线 L_1 表示 A 国的平均成本随着累计产量的增加而下降,当累计产量为 Q_1 时,平均成本为 C_1,而当产出量达到 Q_2 时,平均成本则下降为 C_2。曲线 L_2 表示 B 国的学习曲线,当 B 国的产量为 Q_2 时,其平均成本为 C_3。但与外部规模经济的分析类似,如果此时 B 国还未生产该产品的话,其初始成本将为 C_0,而 C_0 要高于 C_1 或 C_2,这是市场所不能接受的,因而 B 国不可能进入该产业。在动态规模经济的条件下,贸易模式也是不确定的,B 国为了进入该产业,政府往往会提供贸易保护。

7.2.3 规模经济与产业内贸易

大约25%的世界贸易由产业内部的双向贸易构成。在发达国家的制成品贸易中,产业内贸易扮演了更为重要的角色。产业内贸易可能主要是因为规模经济的推动,而不是基于比较优势的行业间的生产专业化。

(一) 产业内贸易的模拟案例

假设日本和美国的要素禀赋相同,都属于资本丰富的国家,两国都专业化生产资本密集型产品,如汽车。但注意汽车是差别产品,虽都叫汽车,但有各种各样的种类。我们设汽车大类里有两种差别产品,一是轿车(car),一是吉普车(jeep)[①]。再假设两国生产技术相同,所以其生产成本曲线也相同。

在图7-7中,两国的轿车和吉普车的长期平均成本曲线 LAC 都是相同的,且 LAC 递减,根据定义我们知道,这意味着汽车的生产是规模经济的。在没有进行贸易之前的自给自足状态时,两国都各自在 A 点生产100万辆轿车和100万辆吉普车,价格为 P_1,平均成本为 AC_1,$P_1 = AC_1$。

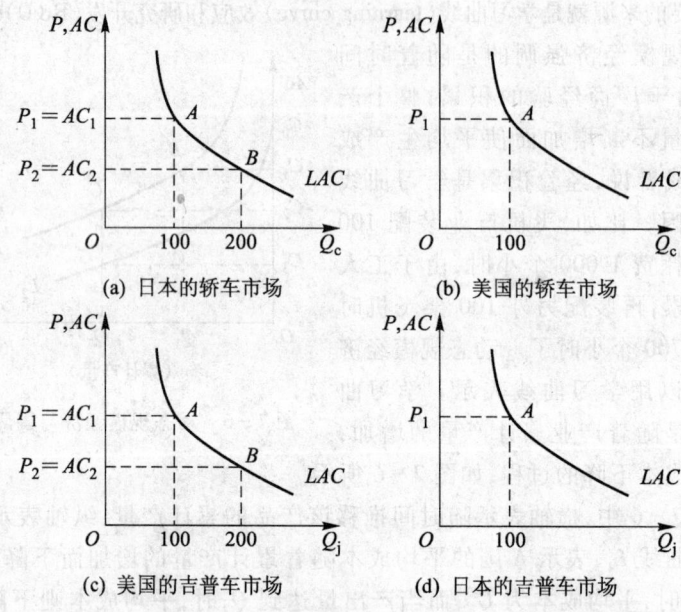

图7-7 美、日两国轿车、吉普车的产业内贸易(单位:万辆)

现在进行贸易活动时,若市场规模扩大则可以产生规模经济效益而使平均成本下降。假设日本的轿车生产商精明地看到了这一点,抢先扩大轿车生产至 B 点,产量扩大到200万辆。由于规模经济使产品价格和平均成本随之下降至 P_2 和 AC_2,$P_2 = AC_2$。现在日本生产商就能以比 P_1 低的价格 P_2 向美国市场出口轿车,并凭借低廉的价格和成本优势占领美国市场。而对于美国汽车生产商来说,尽管让日本人在轿车上占了先机,但"天无绝人之路",还有吉普车市场。所以美国人把资源转移到吉普车生产上来,专业化生产吉普车,使生产点也由 A 点移到 B 点,以比 P_1 低的价格 P_2 和低的平均成本 AC_2 生产200万辆吉普车并向日本出口,从而占领日本的吉普车市场。

---

① 假设,轿车是同质性产品,吉普车也是同质性产品。实际情况并非如此,即两国都生产轿车,又相互出口轿车,因为轿车与吉普车都是功能、型号等方面有差异的商品。

再来看贸易前后的福利变化。贸易前，两国都以 P_1 的价格和 AC_1 的平均成本生产和消费各 100 万辆轿车和吉普车。贸易后，日本以 P_2 的价格和 AC_2 的平均成本专业化生产全部 200 万辆轿车并向美国出口 100 万辆，美国也以同样的价格和成本专业化生产全部 200 万辆吉普车并向日本出口 100 万辆，生产和消费的数量和贸易前一样，但总成本现在变为 $P_2 \times 400$，比贸易前净减少 $(P_1 - P_2) \times 400$，代表了贸易利益。

如果按照 H-O 理论，在要素禀赋和需求偏好都相同的情况下，日、美之间是不会有任何贸易发生的。而通过以上的分析，我们可以看到，在同样资本密集型的工业制成品部门（汽车行业）之内，由于产品差异性和规模经济的存在，仍有可能在该行业内发生贸易，这就是产业内贸易（intra-industry trade）。

（二）规模经济、要素禀赋与国际贸易

规模经济模型与要素禀赋学说的最大区别在于：前者的背景是一个包括众多的生产差别性产品企业的垄断竞争行业，而后者则假设一个完全竞争的行业生产一种完全同质的产品。由于规模经济和差异性产品的存在，使任何一个国家试图自给自足生产全部范围的工业制成品在经济上不如专业化生产其中的几种再与别国交换其余几种来得划算。

下面考虑一个"2×2×2"模型：有两个国家，一个是资本丰富型的"本国"，一个是劳动力丰富型的"外国"；两种产品，一种是资本密集型的工业制成品（manufactures），一种是劳动力密集型的食品（food）；两种生产要素，即资本（K）和劳动力（L）。按 H-O 理论，贸易格局应如图 7-8 所示，即本国应专业化生产并出口具有比较优势的工业制成品，而外国应专业化生产并出口劳动密集型的食品，出口等于进口，贸易平衡。

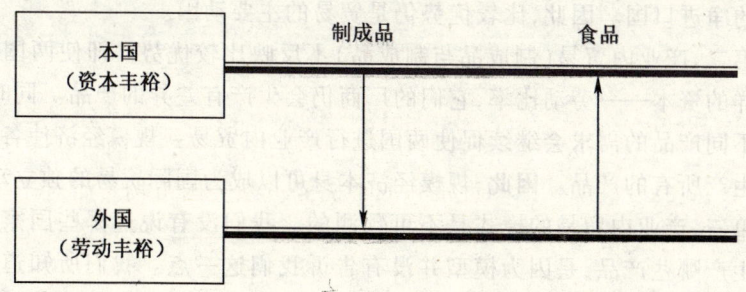

图 7-8　不存在报酬递增时的产业间贸易

但是，如果现在假设工业制成品是一个具有规模经济的垄断竞争部门，行业内有众多生产差别性产品且相互竞争的企业，那么，现在的贸易格局将变为如图 7-9 所示。

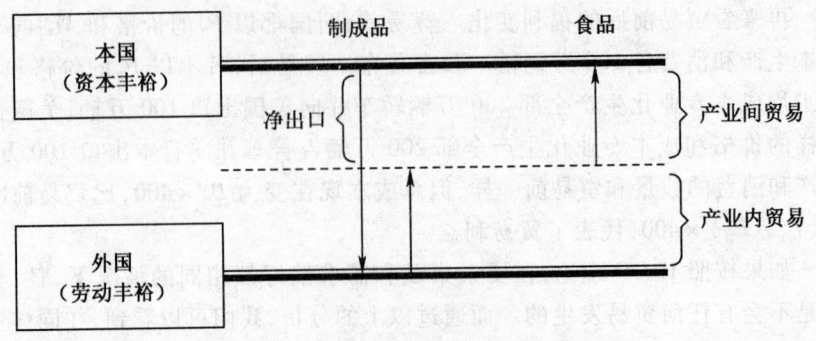

图 7-9 规模经济、要素禀赋与国际贸易

本国不可能专业化生产全部范围的工业制成品,而只能专业化生产并出口其中的某几种制成品,外国会专业化生产并向本国出口其他几种异质的工业制成品,所以,在制成品行业内部,本国既向外国出口,也从外国进口制成品,形成了"产业内贸易"。

但由于禀赋差异,本国是资本丰富型国家,在制成品生产上有比较优势,故其出口数量比外国的出口数量要多,换言之,本国仍是制成品的净出口者,同样由于外国劳动力丰富,故它在食品生产上拥有比较优势,将向本国出口食品,这一基于禀赋差异的工业制成品和食品之间的交换就称之为"产业间贸易"(inter-industry trade)。

关于这种贸易模式请注意如下四点:

第一,产业间贸易(制成品与食品)反映出比较优势。产业间贸易的模式就是,资本充裕的本国成为资本密集的制成品的净出口国家和劳动密集型的食品的净进口国。因此,比较优势仍是贸易的主要动因。

第二,产业内贸易(制成品与制成品)不反映比较优势。即使两国具有完全一样的资本——劳动比率,它们的厂商仍会生产有差异的产品。同时,消费者对不同产品的需求会继续促使两国进行产业内贸易。规模经济使各国不再独自生产所有的产品。因此,规模经济本身可以成为国际贸易的独立动因。

第三,产业内贸易的模式是不可预测的。我们没有说过哪些国家的制造业会生产哪些产品,是因为模型并没有告诉我们这一点。我们所知道的无非就是各国将生产不同的产品。由于历史因素或偶然事件决定了贸易模式的细节,因此在一个规模经济起重要作用的世界里,贸易模式中具有的不可预测的成分是其不可避免的特征。但是,我们也应注意到,贸易模式并不是全部不可预测的。虽然制造业产业内贸易的确切模式是随意的,但制成品与食品之间的贸易模式却是由国家之间的内在差别所决定的。

第四,产业内贸易与产业间贸易的相对重要性取决于国家之间的相似性。若本国和外国的资本/劳动比率非常相似,那么产业间贸易会很少,而基于规模经济的产业内贸易则会占据统治地位。相反,若两国的资本/劳动比率截然不同,譬如说,外国完全从事食品的专业化生产,则不会有基于规模经济的产业内贸易。所有的贸易都会建立在比较优势的基础上。

(三) 产业内贸易的实证分析

表7-1列举了反映1993年美国部分制造业产业内贸易重要性的产业内贸易指数,[1]该指数是产业内贸易额与总贸易额之比。其数值从美国进出口几乎相等的无机化工行业的0.99变化到美国大量进口而几乎不出口的制鞋行业的0.20。

表7-1 1993年美国工业的产业内贸易指数

无机化工产品	能源设备	电气产品	有机化工产品	药品及医疗设备	办公设备	通信器材	运输机械	钢铁	服装	制鞋
0.99	0.97	0.96	0.91	0.86	0.81	0.69	0.65	0.43	0.27	0.20

资料来源:Krugman, Obstfeld. 国际经济学[M]. 海闻,等,译. 北京:中国人民大学出版社,1998:129-130.

表7-1说明在许多行业中,大部分贸易额来自产业内贸易,而非产业间贸易。那些产业内贸易额高的制成品一般比较精密复杂,如化工产品、电气产品、药品、办公设备。这些产品主要由发达国家出口,而且在生产上具有很强的规模经济特性。相反,产业内贸易额低的多为典型的规模经济性弱的劳动密集型产品,如鞋类和服装。

7.3　不完全竞争与国际贸易

7.3.1　市场规模扩大的影响

在垄断竞争市场上,公司数目与价格由两方面关系决定:第一,公司数愈多,竞争愈激烈,工业品的价格愈低。这由图7-10中的 PP 线表示。第二,

---

[1] 在各种经验研究中,格鲁贝尔和劳埃德(Grubel, Lloyd, 1975)指数最初常被用来测定产业贸易的形式。克鲁格曼(1982)在理论上证明了该指数的正确性,即产业 i 贸易形式指数 $I_i = 1 - |X_i - M_i|/(X_i + M_i)$,其中 X, M 为进口与出口额。当 I_i 趋近于0时,产业 i 越表现为产业间贸易;反之,当 I_i 趋近于1时,产业 i 越表现为产业内贸易。

公司数目愈多,每个公司卖的工业品相对愈少,平均成本愈高,由图7-10中的 CC 线表示。

如果价格超过成本,该工业获利,有更多公司进入该工业。如果价格低于成本,该工业亏损,有些公司就退出该工业。当价格等于平均成本,即 PP 与 CC 交于 E 点,价格与公司数达到均衡,如图7-10所示。

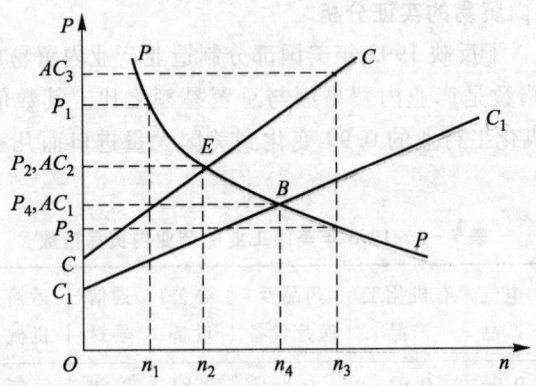

图 7-10　厂商数量与平均成本之间的关系

如果公司数少于均衡点 n_2 为 n_1,价格为 P_1,平均成本为 AC_1,公司赚取大量垄断利润。此种情况下,许多公司进入该产业。如果公司数大于 n_2 为 n_3,价格为 P_3,而平均成本为 AC_3,有些公司亏损,退出该产业。所以,只有在 E 点,公司数为 n_2,价格为 P_2,平均成本为 AC_2,达到均衡。

通过出口扩大市场后,平均成本下降,公司数增加,品种增加,价格下跌。由此形成一体化市场对消费者有利,品种多,价格低。在垄断竞争产业中,公司数与价格受市场规模制约。图 7-10 也表明市场规模扩大对长期均衡的影响。最初均衡点在 E,价格为 P_2,公司数为 n_2,当市场扩大后,公司销售增多,平均成本下降,即由 CC 降为 C_1C_1,新均衡点为 B,公司数由 n_2 增为 n_4,价格由 P_2 降为 P_4,公司数增多,产品品种会增加,消费者将以较低价格选择更多种类的产品。

7.3.2　开放条件下垄断竞争市场的均衡

图 7-11 的曲线 RC 描述了均衡时厂商数目与厂商产量之间所有可能组合的轨迹,表示市场规模。RC 曲线向上倾斜,曲线上离原点越远的点表示市场规模越大,因而对应的厂商数目与厂商产量就越大。

图 7-11 中 AA'、BB' 和 WW' 表示在一定市场规模下厂商数量与规模之间的关系,A、B、W 为市场均衡点。

7.3 不完全竞争与国际贸易

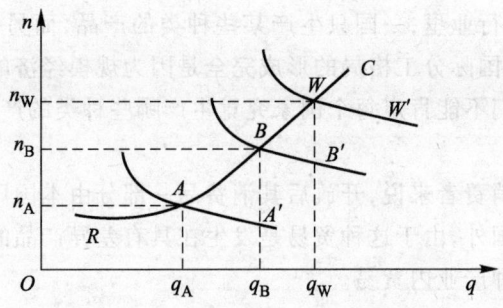

图 7-11 厂商数量与市场规模的关系

下面我们讨论开放条件下垄断竞争市场的均衡。

假设世界上只有两个国家——A 国与 B 国，两个国家除了市场规模存在差异外，在生产技术条件、要素禀赋、消费者偏好等方面都完全相同。不妨假设 A 国是小国，B 国是大国。根据这些假设，A、B 两国的 RC 曲线完全相同，从而可以图 7-11 为例说明两国的情况。由于 A 国国内市场相对较小，在封闭条件下，A、B 两国的市场均衡分别为 A 点与 B 点。同时，我们还可以很容易地推断出，在封闭条件下，A 国产品的价格要高于 B 国。那么，开放之后，在该行业上 A 国会因价格高成为进口国，B 国会因价格低而成为出口国吗？事实上，贸易开放之后，这种情况不会出现，规模经济会导致另外一种国际分工与国际贸易格局。

首先，开放以后，原来处于封闭状态下的两国市场结合成统一的世界市场。由于市场规模的扩大，整个世界所能容纳的厂商数目和产量均扩大。在图 7-11 中，开放后的世界均衡点为 W，厂商数目扩大为 n_W。无论是 A 国厂商还是 B 国厂商，所有厂商的均衡产量均为 q_W。

其次，自由贸易下，各国市场均衡均发生变化。各国厂商的产量均为 q_W，与封闭情形相比，厂商的产量扩大了。但由于假设该垄断竞争行业的要素使用总量是固定的，对于各国来说，厂商产量的扩大必然意味着厂商数目的减少，所以两国开放后的市场均衡点应处于原来均衡点的右下方。在图 7-11 中，A'、B' 分别表示 A、B 两国开放后新均衡点，而 AA' 与 BB' 两条向下倾斜的曲线分别表示 A、B 两国在要素使用总量不变的条件下，行业内厂商数目与厂商产量所有可能组合的轨迹。

对应于新的均衡点，A、B 两国的厂商数目之和等于 n_W，即开放后两国所生产的差异产品的数目之和等于 n_W。很显然，$n_W > n_B > n_A$，所以，开放后两国消费者可选择的产品品种要比各自在封闭状态下多。此外，由于厂商间所生产的产品都是有差异的，因而两国在开放后所生产的产品品种不会有重复。

也就是说,在同一行业里,一国只生产某些种类的产品,而另一国则生产其他类型的产品,这种国际分工格局的形成完全是因为规模经济的存在,与价格差别无关。但是我们不能肯定每个国家究竟生产哪些种类的产品,因此,国际分工是不确定的。

对于两国的消费者来说,开放后其消费品一部分由本国厂商提供,另一部分则完全来自于国外,由于这种贸易是发生在具有差异产品的同一行业内,所以贸易形态是一种产业内贸易。

根据以上分析,我们可以看出,在规模经济存在的情况下,国际贸易的作用在于使一国市场扩大。市场扩大则产生两种积极的效应:一是通过厂商产量的提高实现规模经济利益;二是增加产品的品种数量。从整个社会福利提高的来源看,均衡产量的提高和产品品种的增加使得消费者有更多的消费或更多的选择,从而带来更大的满足。

本章小结

随着世界经济的发展和社会生产力水平的提高,规模经济与不完全竞争日益成为经济生活中的普遍现象。规模经济有内部规模经济和外部规模经济之分。规模经济是推动国际贸易的重要因素,引入生产可能性曲线可以对外部规模经济下的国际贸易进行一般均衡分析。动态规模经济为一国的贸易保护提供了依据之一。在规模经济与不完全竞争情况下,国际贸易的作用在于使一国市场扩大,市场扩大则产生两种积极的效应:一是通过厂商产量的提高实现规模经济利益;二是增加产品的品种数量。从整个社会福利提高的来源看,均衡产量的提高和产品品种的增加使得消费者有更多的消费或更多的选择,从而带来更大的满足。规模经济还是产业内贸易的重要动因。

关键词

内部规模经济	工厂规模经济	公司规模经济	范围经济
外部规模经济	行业规模经济	动态规模经济	学习曲线
产业间贸易	产业内贸易		

复习思考题

1. 试写出规模经济的生产函数表达式。
2. 分析规模经济类型与市场结构的关系?
3. 在外部规模经济下,各国从国际贸易中所获得的利益并不平衡,那么你认为一些低收入国家经济发展缓慢是否与其在国际分工格局中的地位有关?

4. 画图说明在规模经济条件下,两国生产可能性曲线相同而偏好不同的国家之间如何进行互利贸易?

5. 某种产品的生产具有外部规模经济特征,当前不存在这种产品的贸易,产品由两个国家进行生产。如果对这种产品开放了国际贸易,全部的生产将会只在一个国家进行。

(1) 在自由贸易的情况下,为什么生产会只在一个国家进行?

(2) 开放贸易是否会给两个国家带来收益?请解释。

6. 某一垄断竞争产业存在于 A 国和世界其他地方,但不存在这种产品的贸易。现在开放了这种产品的贸易。

(1) 请解释贸易的开放会对 A 国消费者产生何种影响?

(2) 请解释贸易的开放会对 A 国这种产品的生产者产生何种影响?

7. 试比较新贸易理论与比较优势理论之间的异同。

案例讨论题

1. 规模经济与国际分工格局的确定

国际分工与国际贸易格局的确定可能完全由于偶然或历史因素决定。以瑞士的钟表行业为例,在 18 世纪,钟表行业主要是手工作坊式的,属于技能劳动密集型。当时瑞士恰好满足该行业的这种特点,所以早期钟表行业在瑞士率先得到了发展。随着瑞士钟表业的发展壮大,这种在发展初期"领先一步"的优势,由于规模经济的存在,转化为成本上的优势,从而限制了"后来者"的进入,奠定了瑞士钟表行业在国际分工中的地位。从历史角度看,很多国家在国际分工格局中的地位都与这种"先行优势"(first mover advantage)有密切关系。

谈谈你对规模经济下两国都具有规模经济时国际分工格局的认识。

2. 动态规模经济的贸易效应:以半导体产业为例

有关计算机存储器的技术发明层出不穷,产品升级换代的生命周期转换令人目眩。采用更先进的线路刻印方法可以将更多的电子元件组装在一个薄薄的芯片上,因而能储存倍增的数据形式的信息。同时,生产计算机存储芯片具有强烈的学习效应,在生产过程中,由于温度、时间、溶液、浓度、振动水平、灰尘等均须严格控制。只有坚持不断的试验和经验的积累,才能掌握具体的生产细节,产品合格率才会大幅度提高。芯片设计的具体情节难以长期保密,其他企业可以通过摄制、放大竞争对手刻印线路的图像,窥测其中奥秘。正是由于研究开发与边干边学的交替进行,1974—1984 年,随机存储器的单位计算能力的实际价格竟下降了 99%。这种显著的动态规模经济效应必然导致高度集约化的生产方式,而谋求动态规模经济也就成为国际半导体产业中寡头竞争的主要特征。美国是半导体技术的发源地,1947 年晶体管的发明标志着半导体产业的诞生。美国半导体产业的发展在很大程度上得益于高科技产业在"硅谷"的集聚,硅谷优良的科研环境、丰厚的物质待遇吸引着专业人才,有效地

第7章 规模经济、不完全竞争与国际贸易

促进了信息的传播和创新思想的交流。美国政府也利用军事采购、国防技术研发等政策对半导体产业进行扶持。而日本的半导体产业在发展初期（20世纪50年代）无论规模还是技术都与美国有很大的差距，主要进行半导体电子消费品方面的生产。直到20世纪70年代后期，日本政府瞄准这一动态性极强的产业，推行保护国内市场的贸易政策和产业政策，为日本企业保留下生存和发展的空间和时间。于是，日本企业不仅获得了国内销售的机会，而且借助于研究开发与边干边学的动态效应降低了自己的边际成本，最后终于在随机存储器生产中后来居上，成功地获得了出口机会。

试分析日本半导体产业发展成功的原因。

第8章 贸易保护政策的理论依据

国际贸易理论分为两大体系：自由贸易理论和保护贸易理论。自亚当·斯密时代以来，大多数经济学家一直倡导自由贸易，并把它作为贸易政策的奋斗目标。但是，历史上为贸易保护所作的辩护从未停止过，一些贸易保护理论对各国的对外贸易政策产生了很大影响。本章着重介绍几种主要的贸易保护政策的依据。从政策目标看，贸易保护主义观点可划分为两大类：一类出于本国利益的考虑，认为在某些情形下，保护可提高本国现在或未来的福利，如最优关税论、幼稚产业论等；另一类则从收入再分配的角度出发，把贸易政策的制定解释成利益集团院外活动的结果，通常这类观点称为贸易保护的政治经济学。

8.1 最优关税理论

8.1.1 最优关税的概念

当一个大国对其进口品征收关税时，世界市场的需求会减少，因而均衡价格会下降。这样，该产品的税前进口价格就会降低。这种变化将改善该国的贸易条件，提高该国的福利。最优关税就是指使本国福利达到最大的关税水平。

可由图 8-1 说明最优关税（the optimum tariff）。图 8-1 中横轴表示进口关税率，纵轴表示征收国的福利水平，曲线 AB 表示关税水平对本国福利的影响。A 点对应的关税为零，即 OA 代表自由贸易状态下的社会福利水平。t_H 表示禁止性关税，对应于该关税水平国内经济又回到了封闭状态下。所以，当关税水平大于或等于 t_H 时，社会福利水平要低于自由贸易下的福利水平。如图 8-1 所示，曲线 AB 在 C 点的切线斜率为零，即在这一点，进口国的福利达到最高。对应于这一点的关税税率为 t^*，该税率即为最优关税。

最优关税通常总是与大国经济相关，而与小国经济无关。这是因为，在小国经济模型中,进口品的国际价格是一个外生变量,小国在对进口品征收关税之后,虽然也会引起该进口品的需求量的下降,但由于其在该商品世界总需求中所占的比重极小,故不会引起该商品的国际价格的变化。因此,对于小国来说,不管其所征收的关税有多高,最终所带来的总是净福利损失,以致只能说,小国的最优关税就是零关税。假如小国所能选择的最优关税只能是零关税,那么这也就意味着小国无最优关税。

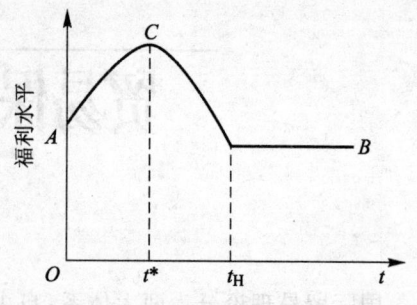

图 8-1 最优关税的图示说明

当然,对于那些在少数几个进口商品市场中拥有市场势力,即拥有市场垄断力量的小国,以及一批小国联合起来采取共同行动的情况则另当别论。

8.1.2 最优关税率的推导

最优关税率的推导如图 8-2 所示。横轴表示进口量,纵轴表示商品价格。S 为进口商品的外国供给曲线,D 为进口商品的本国需求曲线。

假定在 t 的关税水平上增加 dt,则外国商品供给价格的降低率为 $\dfrac{dP}{dt}$,本国进口减少量为 $\dfrac{dm}{dt}$。本国的额外收益是征收关税后外国商品供给价格下降带来的收益,等于 $m \times \dfrac{dP}{dt}$,外国商品供给弹性越小,本国的额外收益越大。本国的额外损失是征收关税后本国关税的减少造成的损失,即 $tP \times \dfrac{dm}{dt}$,本国需求弹性越大,本国的额外损失越小。

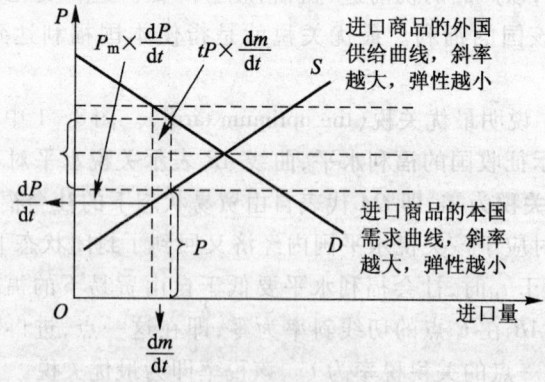

图 8-2 最优关税率的推导

当增加 dt 关税水平的额外收益等于额外损失时,本国福利最大,而此时的关税率就是最优关税率。根据最优关税率的定义:

额外收益 - 额外损失 = $m \times \dfrac{\mathrm{d}P}{\mathrm{d}t} - t^* P \dfrac{\mathrm{d}m}{\mathrm{d}t} = 0$,外国商品供给弹性 s_m 可以定义为:

$$s_\mathrm{m} = \dfrac{\mathrm{d}m/\mathrm{d}t}{\mathrm{d}P/\mathrm{d}t} \cdot \dfrac{P}{m}$$

因此,

$$t^* = \dfrac{\mathrm{d}P/\mathrm{d}t}{\mathrm{d}m/\mathrm{d}t} \cdot \dfrac{m}{P} = \dfrac{1}{s_\mathrm{m}}$$

可见,外国供给曲线越是缺乏弹性,也就是越陡峭,最优关税率越高。但是,如果世界市场价格是不变的,即 $s_\mathrm{m} \to \infty$,则最优关税率为零。

8.1.3 最优关税与报复关税

对整个世界总体而言,征收进口关税要比在自由贸易下的情况糟糕。正是从这个意义上考虑,自由贸易使世界福利最大化。

图 8-3 中的,自由贸易下两国的提供曲线 OA 和 OB 在 $P_\mathrm{W}=1$ 时确定均衡点 E。假定 B 国对 X 征收最优关税后,B 国的提供曲线旋转至 OB'。如果 A 国不报复,在 $P_\mathrm{W}'=0.8$ 时提供曲线 OB' 和提供曲线 OA 相交决定新的均衡点 E'。这时,如果 A 国不采取贸易报复行动,则 B 国的贸易条件($P_\mathrm{Y}/P_\mathrm{X}$)从 1 上升到 1/0.8,等于 1.25,而 A 国的贸易条件($P_\mathrm{X}/P_\mathrm{Y}$)从 1 下降到 0.8。在 E' 点上,B 国用较少的 Y 换取了更多的 X。B 国由于征收了与提供曲线 OB' 相关的关税,由于贸易条件的改善而增加的福利超过了由于贸易量的减少而减少的福利。

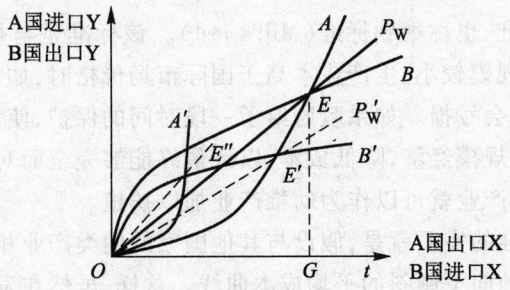

图 8-3 最优关税与报复关税

然而,由于贸易条件恶化和更小的贸易量,A 国的情况肯定要比在自由贸易下更糟糕。如果 A 国采取报复行动,对进口商品 Y 征收最优关税,如其提供曲线如 OA' 所示。提供曲线 OA' 和 OB' 使均衡点移至 E''。现在 A 国的贸易条件更好,而 B 国的贸易条件却要比自由贸易下更差,两国的贸易量大大减少。在这点,B 国也可能采取报复行动。最终两国以回到图 8-3 的原始状态而结束。这意味着两国都独立生产,自给自足,结果使得全部贸易所得都丧失了。

8.2 幼稚产业保护理论

8.2.1 幼稚产业的判别标准

传统的幼稚产业保护论起源于亚历山大·汉密尔顿(A. Hamilton),但真正全面阐述和发展这一理论的是李斯特(F. List)。

所谓幼稚产业(infant industry),是指处于成长阶段尚未成熟,但具有潜在优势的产业。为了实现潜在的优势而对该产业实行暂时性的保护是完全正当的,因为如果不提供保护,那么在国外已成熟行业的竞争下,该产业的发展便难以继续,潜在优势也就无法实现。不过当该产业成长起来、在国际市场上具备竞争力以后,保护就显得不必要了。此时正确的选择是撤消保护,实行自由贸易。如果一种产业缺乏发展潜力,要靠永久保护才能生存下去,那么这种产业便不能称作幼稚产业。

幼稚产业保护的论点通常是以尚未实现的内部规模经济或外部规模经济的存在为前提,因此判断幼稚产业必须比较该产业现在与未来的发展。关于幼稚产业的判断,学者们提出了各种各样的标准。

(一) 成本差距标准

成本差距标准,也称穆勒标准(Mill's test)。该标准是与规模经济相联系的。当某一产业规模较小、生产成本高于国际市场价格时,如果任其参与自由竞争,该产业必然会亏损。如果政府给予一段时间的保护,使该产业能够发展壮大,以充分实现规模经济,降低成本,以致最终能够完全面对自由竞争,并且获得利润,那么该产业就可以作为幼稚产业加以扶植。

成本差距标准的实质就是,假设与其他国家的同类产业相比,本国产业面对一条更为陡峭的向下倾斜的平均成本曲线。这样,虽然在发展的初期,本国的生产成本居高不下,但是,随着产业规模的不断扩大,本国产业的生产成本会以更快的速度下降,从而从将来某个时间起,本国产业的生产成本反而低于其竞争对手。那么即使将来不再保护,本国产业在国际竞争中也会处于有利地位。因此,成本差距标准强调的是将来成本上的优势地位。

(二)利益补偿标准

巴斯塔布尔(C. F. Bastable)提出了一个更为严格的标准。他认为,判断一种产业是否属于幼稚产业,不仅要看将来是否具有竞争优势,还要将保护成本与该产业未来所能获得的预期利润的贴现值加以比较之后才能确定。如果未来预期利润的贴现值小于目前的保护成本,那么对该产业进行保护是得不偿失的,因此该产业就不能作为幼稚产业加以保护;如果未来预期利润的贴现值大于保护成本,那么对该产业加以保护才是值得的。上述条件就是所谓的利益补偿标准,也称为巴斯塔布尔标准(Bastable's test)。巴斯塔布尔标准比穆勒标准要求更高,即它要求被保护的幼稚产业在经过一段时期的保护之后,不仅能够自立,而且还必须能够补偿保护期间的损失。

这样的产业对个别资本家来说也是十分有利的投资对象。因为,即使政府不去管它,在追求私人利益的基础上幼稚产业也会发展起来。但是,由于发展中国家缺乏能对现在和将来的损益进行比较和研究的有才干的企业家,因此,要使幼稚产业得到成长,就需要政府主动给予扶持。

(三)外部经济标准

外部经济标准,也称肯普标准(Kemp's test),是经济学家肯普在综合上述两个标准的基础上提出的。与强调内部规模经济的前两个标准不同的是,肯普标准更加强调外部规模经济与幼稚产业保护之间的关系。

肯普认为,在存在内部规模经济的情形下,即使某一产业符合穆勒和巴斯塔布尔的标准,政府的保护也不见得是必要的。因为,对于厂商或投资者来说,其决定是否生产或投资的标准不是眼前的利益,而是未来各期的预期收益。如果未来的预期收益的贴现值能够抵消现在的损失,在没有保护的情况下,即使暂时遭受亏损,他也会继续生产或投资,此时政府的保护并不是该产业发展的必要条件。也就是说,即使政府不保护,该产业亦会自动地发展下去。但在外部经济存在时,情况就不同了。

他认为,当被保护的先行企业在学习过程中取得的成果具有对国内其他企业也有好处的外部经济效应时,对先行企业的保护才是正当的。由于先行企业投资所取得的知识、技术、经验等存在着被其他企业"搭便车"而免费学会的可能,所以先行企业不愿进行这种投资。因为,私人边际收益与社会边际收益之间的偏离,可能会导致私人投资动力的缺乏,产业继续发展也就无从谈起。如果某一产业能够产生外部经济效应,即使该产业不符合巴斯塔布尔标准,即保护期间所导致的损失大于该产业预期利润的贴现值,但只要其在保护之后,能够产生显著的外部经济效应,就仍有保护的必要。由此可以看出,肯普标准把外部经济效应与幼稚产业保护联系在一起,比巴斯塔布尔标准更进了一步。

(四) 自我加强的比较优势标准

克鲁格曼认为,在许多情况下,通过正反馈过程,产业似乎能创造自己的比较优势。[①] 假设一个国家由于某种原因,某一特定产业特别强大,那么,这种情况可以导致外部经济,从而加强该产业的力量。外部经济有两种主要的形式。一是技术性外部经济,即肯普所说的外部经济,指的是知识在厂商之间的扩散,即厂商之间可以相互学习,一国一个强大的产业能够形成全国范围内的知识基础,从而加强该产业的优势。二是金融性外部经济,它取决于市场规模:一个强大的本国产业为专业化的劳动力和供应商提供了广阔的市场,而熟练的劳动大军和高效的生产基础能加强产业的力量。

如果外部经济非常强大,国际分工模式就难以确定。在产业成长的初期,或者在现存的比较优势模式不再适应技术或市场变化的转型时期,一个国家可能因为偶然的历史事件或者政府的支持,在某一产业获得领先地位。这种地位一旦确立,它就能够自我加强,并且一直存在下去。

但是,克鲁格曼也认为,一国追求竞争优势不应是无限制的,因为单方面追求竞争优势可能会使所有的国家受损。同时,竞争力问题与国家安全问题一样,很容易被特殊利益集团以爱国为名谋求私利。在实践中,许多发展中国家利用它为保护无效率的产业政策辩护,并为非常有影响力的政治精英们谋求经济利益。

8.2.2 幼稚产业保护的均衡分析

幼稚产业保护论认为,贸易保护的必要性体现在通过保护所取得的利益能补偿社会在学习期间提供保护所付出的高成本,也即符合穆勒-巴斯塔布尔标准。

假定某幼稚产业由一个厂商构成,学习过程仅限于初期。在图 8-4 中,横轴表示进口竞争产品的数量,纵轴表示价格。$S_{h_0}S_{h_0}$ 表示初期的幼稚厂商的供给曲线,SS 为这种产品的进口供给曲线,DD 为需求曲线。

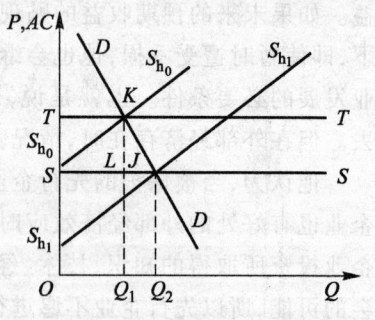

图 8-4 幼稚产业保护的局部均衡分析

[①] 克鲁格曼.流行的国际主义[M].中译本.北京:中国人民大学出版社,2000:104-109.

8.2 幼稚产业保护理论

经过一段时期的保护，学习投资的成本可能引起供给曲线（边际成本曲线）在后期移动到 $S_{h_1}S_{h_1}$。在这条新的供给曲线下，最优产量变为 OQ_2，这时，厂商的边际成本就等于进口成本。如果在此之后实行自由贸易，即撤除关税壁垒，那么来自这个学习投资的收益就为 $SS_{h_1}J$。如果在此后，学习已经停止，但仍然实行关税保护，那么学习投资的收益面积 $SS_{h_1}J$ 还应减去征收关税带来的保护成本。根据巴斯塔布尔的观点，要求后期的平均成本必须低于进口价格，这是因为初期的学习投资必须得到补偿。幼稚产业理论通常应用于进口竞争产业，特别是制造业或新兴产业。

如果幼稚产业得到保护，那么，一国可能实现比较优势转换。例如，一国 X 产品为资本密集型产品，Y 产品为劳动密集型产品。该国对 X 产品的保护可能实现从生产 Y 产品有比较优势到生产 X 产品有比较优势的转换，从而实现产业结构的升级。如图 8-5 所示，保护之前，该国的生产可能性曲线为 TT，生产点为 E，消费点为 C，贸易三角形为 $\triangle ACE$，进口 AC 的 X，出口 AE 的 Y。经过一段时期的保护，该国的生产可能性曲线发生了变化，为 $T'T'$，生产点为 E'，消费点为 C'，贸易三角形为 $\triangle A'C'E'$，出口 $A'E'$ 的 X，进口 $A'C'$ 的 Y，国民福利因无差异曲线的外移而有所提高。

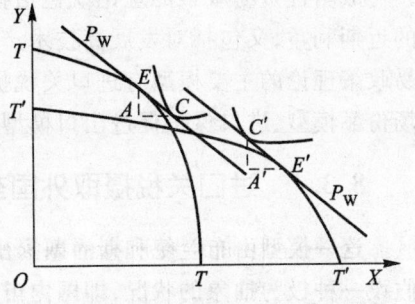

图 8-5 幼稚产业保护的一般均衡分析

对于幼稚行业的保护是必要的，在同样的游戏规则下，各国条件不一样，自由贸易可能会损害相对落后国家的利益，但保护的目的在于使得受保护者得以进步，最终不需要保护。把幼稚产业保护理论付诸实施的困难在于如何分辨哪些产业有可能成长为低成本的生产者。如果受到保护的产业并非真正的幼稚产业，则该国（甚至世界）将为长期保护一个高成本产业的低效率使用而付出代价。杰拉尔德·迈耶（Gerald Meier,1987）对发展中国家推行幼稚产业理论的经验事例做了回顾。他指出，土耳其受到保护的产业并不比其他较少受保护的产业降低的成本更多，而且，即便没有保护，这些产业也很可能已经自行成长起来了。可见，一国实行幼稚产业保护政策应慎之又慎。对于保护措施的选择问题，一般认为，直接补贴给一国造成的福利损失要小于关税。同时，补贴在政府制定预算开支时每年都需重新评估，因此它的收益和成本核算要比关税来得频繁，不易成为永久性的保护，而关税税率一旦被确定后，无须每年都重新审定。

8.3 战略性贸易政策理论

20世纪80年代初以来,一种新的贸易政策——战略性贸易政策(strategic trade policy)应运而生。所谓战略性贸易政策,是指一国政府运用政策干预手段,把国外垄断企业的一部分垄断利润转移给本国企业或消费者的政策。一般说来,政府常用的手段有关税、配额等进口保护措施和出口补贴、研究与开发补贴等鼓励出口措施。之所以称之为"战略性",是因为这种政府政策能够改变国内外垄断企业之间的竞争关系,使得本国垄断企业在国际市场的竞争中处于优势地位,并且获得国内经济利益。

战略性贸易政策的理论既包括在不完全竞争下攫取利润以提高国民福利的近期利益,又包括对发展高技术产业给予战略支持的长远利益。战略性贸易政策理论的主要模型有进口关税摄取外国垄断利润模型、出口补贴争夺市场份额模型、进口保护促进出口模型等。

8.3.1 进口关税摄取外国垄断利润模型

这一模型由布兰德和斯潘塞提出(James Brander,Barbara Spencer,1981)。假设一种极为抽象的状况,即国内市场面临一个国外的垄断供给企业,该企业是国际市场上某种商品的唯一供给者,国内不生产这种商品,因此,本国完全依赖进口该垄断企业的产品以满足国内市场的需求。这里并不要求本国是传统意义上能影响贸易条件的大国,如最优关税论中通过关税政策改善本国的贸易条件那样。在该模型中,只要在国际市场上存在着垄断供给商,就可以利用进口关税来增加本国的福利。

如图8-6所示,需求曲线D表示本国对国外垄断企业的产品的需求。这条需求曲线是向下倾斜的。在垄断条件下,需求曲线向下倾斜,这使得边际收益始终低于价格($MR<P$),从而边际收益线位于需求曲线D的下方。为了简单起见,假定边际成本不变,且没有固定成本,没有运输费用。那么,边际成本曲线MC呈水平线,且边际成本等于平均成本,即$MC=AC$。

在自由贸易的条件下,完全竞争

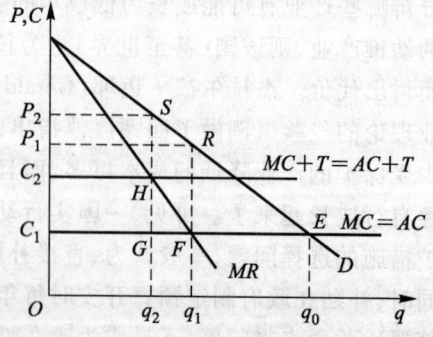

图8-6 进口关税摄取外国垄断利润模型

使进口数量 Oq_0 和价格 OC_1 在 E 点达到均衡。国外垄断企业为了获取最大利润,将使边际成本等于边际收益,即 $MC = MR$。因此,进口国的商品数量是 Oq_1,价格由需求曲线决定为 OP_1,显然,$OP_1 > OC_1$,因而国外企业取得的垄断利润为 C_1P_1RF 这一矩形区域。又因为该企业是这种产品唯一的供应者,所以它可以维持高于边际成本的价格。

现在,假设本国想获取部分国外企业的垄断利润,即减少外国垄断者的利润来增加本国的福利水平。如果在该商品进入本国市场前征收关税 T,那么边际成本曲线上升至 $MC + T$ 的位置,T 是每件进口商品必须缴纳的货币数额。对于外国企业而言,关税意味着附加在每件产品上的又一个"成本",因此利润最大化的位置转移到新的边际成本 $MC + T$ 的均衡点 H 来。进口商品数量降至 Oq_2,而单位产品的价格上升至 OP_2,关税带来的直接效应是本国市场上该产品的销量减少了 q_1q_2,价格上升了 P_1P_2。

在征收关税以后,本国的福利水平和国外垄断企业的垄断利润都发生了变化。垄断企业的垄断利润由 C_1P_1RF 区域减至 C_2P_2SH 区域。区域 C_1C_2HG 是本国通过关税获取的部分国外垄断企业的利润。另外,本国的消费者剩余由区域 P_1RP 区域减至 P_2SP_3 区域,即减少了 P_1P_2SR 这一梯形区域。只要区域 C_1C_2HG 的面积大于 P_1P_2SR 的面积,本国的福利水平就可以得到改善。

8.3.2 出口补贴争夺市场份额模型

传统贸易理论对政府补贴之举从来是嗤之以鼻的。道理很简单:一国无论实行生产补贴还是出口补贴,该国的社会福利状况都会恶化,唯一的受益者是那些可以买到更便宜的进口品的外国消费者。但是,如果存在着规模经济和不完全竞争,上述结论就要改写。布兰德和斯潘塞认为,如果市场结构是寡头垄断的,那么出口补贴可提高本国企业在国际市场上的市场占有率,从而使本国企业获得更多的超额利润。若新增的利润能够抵消出口补贴的成本,那么实行出口补贴就可提高本国福利。下面以古诺(Augustin Cournot)均衡[1]为例说明出口补贴的经济效应。

古诺设想,开始时一个独占者垄断了市场,然后一个竞争者进入该市场,这两个竞争者在上述假定下不断调整自己的产量,最后终于达到了厂商均衡

---

[1] 古诺均衡是由法国经济学家古诺 1838 年在《财富理论的数学原理研究》一书中首先提出的。模型的假设有:市场上只有两个厂商,且两个厂商的生产技术条件完全相同;厂商的行为模式是非合作型的,厂商的决策变量是产量,即决定生产或销售多少产品。在非合作的情况下,厂商对对方的产量并不了解(假设厂商同时做决策),但可以根据对对方的猜测来做出自己的各种选择。也就是说,针对对方每一种可能的产量,它都有一个最佳的产量选择。

和市场均衡。

如果把该厂商的最佳产量的选择与对方的每一种可能产量之间的对应关系在坐标图上用一条曲线描绘出来,则这一曲线为该厂商的反应曲线(reaction curve),如图8-7所示。

假定整个世界市场对该种产品的需求由A企业(国内)和B企业(国外)垄断,则价格P可表示为产量q_A和q_B的函数。

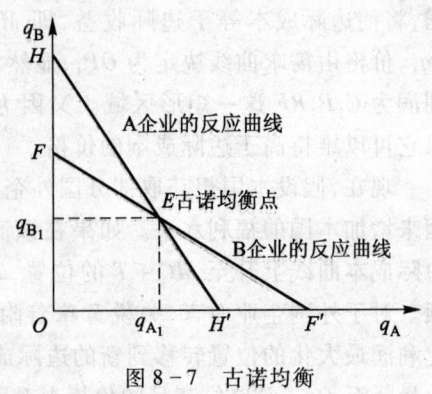

图8-7 古诺均衡

$$P = P(q_A + q_B)$$

每个公司的利润分别为:

$$\pi_A = q_A P(q_A + q_B) - C(q_A)$$
$$\pi_B = q_B P(q_A + q_B) - C(q_B)$$

由边际收益等于边际成本得出利润最大化条件:

$$\frac{\partial \pi_A}{\partial q_A} = P + q_A \frac{\partial P}{\partial q_A} - \frac{\partial C}{\partial q_A} = 0$$

$$\frac{\partial \pi_B}{\partial q_B} = P + q_B \frac{\partial P}{\partial q_B} - \frac{\partial C}{\partial q_B} = 0$$

由上面两式,可以得出含q_A和q_B的方程,即反应函数。它表示在给定对方的产量水平时本企业的利润极大化的产量。两条反应曲线相交,得出了古诺均衡的位置。曲线具有负的斜率,因为任何产量的增加都将降低对方的边际收益,导致边际收益为负,所以对方的最佳选择就是缩小产量。

两条曲线的斜率为负,这比较容易理解,因为对方的产量越高,自己面临的剩余需求就越小,所能选择的最佳产量就越小。

A厂商的反应曲线要比B厂商的反应曲线要陡峭一些。一种解释是:H点表示A厂商认为对方产量为OH时,他就选择退出市场,q_A为0。那么,在什么情况下,A厂商才会选择退出呢? 若OH对应的是完全竞争下的产量,即当市场需求为OH,市场价格等于厂商的边际成本时,整个行业的产量与完全竞争下的产量相同,这时,厂商A认为没有必要留在市场上,所以,他选择的厂商产量为零。H'点则表示在厂商B不存在的情况下,即q_B为0下,厂商A的最佳选择。这时,市场上只有厂商A一个,所以,厂商A的产量OH'对应于完全垄断下的产量。同理,F'表示完全竞争下的产量,F点表示完全垄断下的产量。根据各个端点下的经济含义,则 F 点必定在 H 点之下,而 H' 点则在 F' 点之左,HH' 比 FF' 更为陡峭一些。

吉恩·克罗斯曼和大卫·理查森(Gene Grossman, David Richardson, 1985)用技术性较弱的、更易于接受的形式对其作了表述。这一分析是建立在古诺模型的基础上的。假设有一家本国厂商 A 和一家外国厂商 B。它们在第三国市场上展开销售竞争,也就是说,各寡头厂商在国内市场之外的市场上展开竞争。如图 8-8 所示,给定这一古诺模型,均衡点位于 E 点。

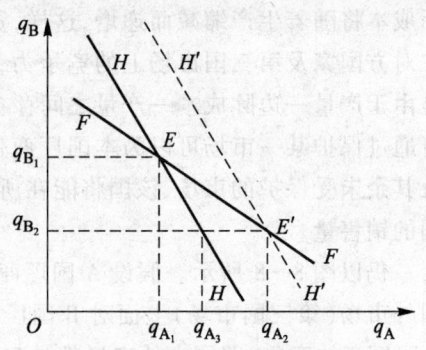

图 8-8 本国出口补贴在第三国市场上影响古诺均衡

假设本国厂商希望将均衡移至 E' 点以扩大其市场份额和利润(暂时先不考虑虚线 $H'H'$),外国厂商就会沿着反应函数 FF 把销售量从 q_{B_1} 降至 q_{B_2}。外国销售量的这一缩减实际上是将市场份额让给了本国厂商。不过,若假定各厂商都能知晓对手的行动,外国厂商就不会因本国厂商发出的将均衡移至 E' 的威胁而缩减自己的销售量。外国厂商不作反应的原因是它知道这一威胁并不可信,因为本国厂商总会选择在 HH 线上进行生产以求利润最大化。外国厂商知道,如果自己仅生产 q_{B_2} 单位产品,本国厂商生产 q_{A_3} 单位的产品将比生产 q_{A_2} 单位获得的利润更大,因此,本国厂商将在利润最大化的 q_{A_3} 的产量上进行生产。

在这种情况下,斯潘塞和布兰德指出,本国政府对本国厂商进行出口补贴将会很有帮助。如果提前批准并宣布这一补贴决定(本国政府的事前承诺),那么,本国厂商在外国厂商的每一销售水平下都会愿意扩大其销售。HH 线因补贴而向右移至 $H'H'$。本国厂商反应函数的移动使得它将出口销售扩张到 q_{A_2} 的威胁变得可信起来。外国厂商现在意识到,它必须将自身的销售降到 q_{B_2} 水平,因为它希望能停留在自己的反应函数上进行生产。发放出口补贴的最终结果是均衡点变成了 E' 点。本国厂商扩大的销售及提高的收益率增进了本国的生产者剩余,在其他条件不变的情况下,如果生产者剩余的增加超出了补贴的成本开支,本国福利将能因补贴而得到改善。

8.3.3 进口保护促进出口模型

在不完全竞争与规模经济条件下,一国政府通过进口保护全部或局部封闭本国市场,赋予本国厂商在特定市场上的特权地位,受到保护的厂商的销售会增加,其边际成本将随着生产扩大而递减,而外国厂商的销售会减少,其边际成本将随着生产缩减而递增,这样,贸易障碍的设立进一步增强了本国厂商在对方国家及第三国市场上的竞争力,同时也削弱了外国厂商的竞争力。正是由于产量—边际成本—产量之间存在着相互决定、相互强化的作用机制,政府通过保护某一市场可以为本国厂商带来滚动增大的规模经济效益,并会波及其余未受保护的市场,该国将能在所有市场上扩大本国的销售量和减少外国的销售量。

仍以图 8-8 所示。假设 A 国厂商的边际成本是递减的,A 国厂商不仅在国外市场(第三国市场)上面对 B 国厂商的竞争,而且在其国内市场也要面对 B 国厂商的竞争,即国内外市场都是双寡头市场结构。在自由贸易下,两个厂商在 A 国国内市场、第三国市场上的销售,分别由这两个厂商在两个市场上的反应曲线的交点决定。

现在假设 A 国政府对来自 B 国厂商的进口商品征收关税,以限制 B 国厂商的产品在 A 国市场的销售,于是 A 国厂商的生产增加。边际成本下降之后,A 国厂商在第三国市场的反应曲线与图 8-8 所示的情况一样向右移动。结果自然也与出口补贴的情形一样,即 A 国厂商对第三国的出口增加,所获得的利润也增加,而 B 国厂商则出口下降,利润减少。如果关税导致的本国厂商利润增加部分与关税收入之和能完全抵消关税保护的成本,那么保护国的福利就会改善。

战略性贸易政策理论受到了一些经济学家的批评。该理论的实施要求政府必须拥有充分可靠的信息,对实施政府干预措施的预期收益十分清楚;市场需求旺盛,规模收益不断递增;被保护的目标产业在较长时期内具有比较优势或潜在比较优势;被保护的目标市场不会导致新厂商的进入;其他国家政府不会采取相应的报复措施。显然,这些假设极为严格。此外,战略性贸易政策是以牺牲他国利益为代价来提高本国收入的损人利己政策。尽管如此,由于国际市场的不完全竞争性和产业的规模经济性,这一理论为一些国家干预贸易提供了依据之一。

8.4 贸易保护的政治经济学

自 20 世纪 80 年代起,一些经济学家吸收了公共选择理论的一些思想,较好地解释了现实中的贸易保护主义现象,于是,出现了贸易政策或贸易保护的政治经济学(the political economy of trade policy or protection)。

8.4.1 贸易政策的制定框架

从经济理论上说,政府应是全民利益的代表,政府经济政策的目标应是资源的最有效利用和社会福利的最大化。现实中,政府的目标往往是多重的,既有经济的考虑,也有政治和社会的考虑。不管政治体制如何,政府在制定或选择贸易政策时,都会权衡利弊,考虑其对政治、经济和社会的影响。从贸易利益分配的角度出发,贸易政策的制定过程是政治市场上供给和需求达成均衡的过程,贸易政策的供给方是政府,贸易政策的需求方是各种利益集团(interest groups)。

在经济学的分析中,是否实行某种贸易政策应取决于社会总体福利水平。在国际贸易政策的政治经济学分析中,任何一项贸易政策的出台都是政府的政策供给和利益集团的政策需求之间达成均衡的产物。经济学家罗穗瑞克(Dani Rodrik)用了一张示意图描述贸易政策的制定框架(见图8-9),图中包括了贸易政策制定中的四个重要部分,为贸易政策制定的政治经济学分析提供了一条思路。

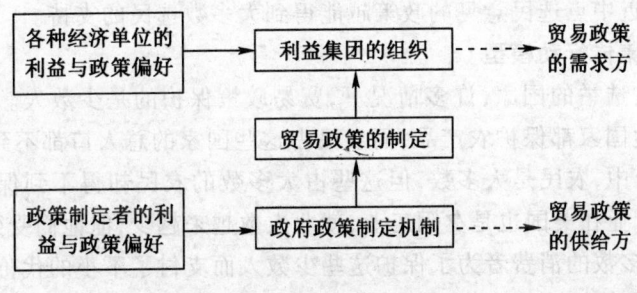

图 8 - 9 贸易政策的制定框架

8.4.2 贸易政策的政治经济学模型

20世纪80年代以来,国际贸易政策制定中的政治和社会因素越来越被经济学家重视。与此相应的,经济学家们在国际经济学领域中建立了一些政治经济学模型,包括中点选民模型、集体行动模型等。

(一) 中点选民模型

中点选民模型(median voter model)假设政府是民主选举产生的。任何一个政党得到了多数选民的支持,该政党就有可能执政,因此,政府在选择任何经济贸易政策的时候,必须要考虑如何得到多数选民的支持。把单个选民都进行排序,依其对某项特定政策的预期成本或收益在序列中赋予其不同的位置。所谓中点选民就是指在这一序列中处于中心位置的,亦即位于中间的选民。若大多数人都预期将从某项特定政策中获益,那中点选民亦将对该项政策持赞同意见。中点选民的意见一般表现为两种意见之间的观点。以中点意见为界,一边为保守,另一边为激进,且两边人数一样。

假设本国有9个选民,他们对关税的偏好都不同,我们根据他们对关税(%)的意见从低到高进行排列。假设第1人主张的关税率为1%,第2人主张2%,依此类推,第9个人主张9%的关税率。在这里,中点选民是第5个,中点选民的意见是5%的关税率。再假设本国有两个政党存在,如民主党和社会党。两党都想得到大多数选民的支持。在贸易政策的选择中,假定民主党选择了征收7%的关税,而社会党选择了6%的关税,这时,主张高关税的选民(7、8、9)就会支持民主党,但主张低关税的选民,包括从第1位到第6位选民就会支持社会党。从第1位到第5位选民的意见虽然没有被采纳,但相对于主张7%的关税的民主党来说,社会党更接近他们的意见。如果这时有一个第三党,比如说进步党,选择了关税率为5%的政策,那么,从第1位到第5位选民就会转而支持进步党,支持社会党的就只剩下第6位选民一人了。可见,越接近中点选民意见的政策越能得到大多数选民的支持。

(二) 集体行动模型

在民主选举的国家,许多情况下,贸易政策保护的是少数人。例如,几乎所有的发达国家都保护农产品,而农民占这些国家的总人口都不到10%。在发展中国家中,农民是大多数,但这些占大多数的农民却得不到保护。钢铁、纺织品等行业在美国也是夕阳工业,就业人数越来越少,但他们受到的保护仍很高,绝大多数的消费者为了保护这些少数人而支付了不小的代价。

集体行动模型(collective action model)可以解释这些现象。该模型认为一种政策是否被政府采纳,关键在于利益集团的集体行动是否有效。假如一国政府考虑是否对进口苹果征收10%的关税,征税的结果是损害消费者的利益,消费者反对这项政策。相反,本国的苹果生产者获得利益,因而支持征税。从人数上来说,苹果的消费者一定比生产者多,但在集体行动方面,消费者一定不如生产者有效,其主要原因是,人越多,"搭便车的人"(free rider)越多,积极参与的人反而少,意见也不容易统一,集体行动的效率低,而人少则更容易组织。在影响政府政策的游说中,人数较少的利益集团容易统一,从而在集体行动中步调一致,在游说中往往也能取得成效。

集团中个人利益大小是决定利益集团集体行动有效性的重要因素之一。政府如果对苹果征收10%的关税,消费者作为一个整体来说,其总损失要比生产者收益和政府关税收入的总和还要大,但如果将总损失除以消费者总人数,每一个消费者的损失就很小了。但是,对于每个生产者来说这一政策所产生的利益就会很大,值得为此不遗余力地拼搏一下。美国的制糖业是体现这种对立局面的一个很好的例子。多年来,美国一直限制食糖的进口。美国市场食糖的价格几乎是世界市场价格的两倍,据估计美国消费者为这一进口限制付出的代价约为20亿美元/年,每一个人要为此多付8美元/年左右。然而生产者的收入不到10亿美元。但是,每一个消费者的损失在绝对量上是很少的,且这些损失大部分是看不见的,因为食糖主要是其他食物的配料,人们一般不直接购买。因此大部分消费者觉察不到限制食糖的进口使他们的生活水平降低了,甚至不知道有这种进口配额。即使他们觉察到了,8美元的损失也不足以煽动他们组织起来进行反抗或者写信给国会议员。而食糖生产者的处境可就截然不同了,平均每个厂商每年从进口配额中获得成千上万的美元。而且食糖生产者们组织起来的贸易联盟和行会组织,非常活跃地为实现其成员的政治利益服务。所以食糖生产商们关于贸易影响的抱怨声总是又大又有效地表达出来。

为了简化起见,我们把利益集团分成三种:进口替代部门、出口部门和消费者群体。为了使政策制定有利于自己一方,假设各个利益集团通过院外活动方式来游说政府部门的政策制定者。院外活动需要一定的成本,但是并不是每个人都愿意负担这样的成本。

一般来说,由于外国商品的进口对进口替代部门的冲击比较明显,再加上很多行业的生产者常集聚在一地,所以进口替代部门的院外活动比较容易进行。

国际贸易中受损的利益集团往往会不遗余力地游说政府限制贸易以保护他们的利益。人们一定认为,受益的利益集团会同样尽力去说服政府放宽贸易限制。事实并非如此,在美国和其他大部分国家,在制定贸易政策时,想限制贸易的人比想放宽贸易的人更具影响力。一般说来,任何产业中贸易受益者的集中程度、对情况的掌握程度、组织程度都不如那些贸易受损者。对出口部门来说,对进口替代部门的保护虽然不利于本部门,但影响效果是间接的,不易判断清楚,所以出口部门对进口保护的反对可能并不十分强烈;消费者群体对贸易政策的态度可能最为暧昧,虽然限制进口会导致消费者利益受损,但进口商品只是消费者众多消费品中的一种,所以每个消费者利益受损的程度可能并不显著。再者消费者数量众多,也难以达成共识,采取统一行动。

进口替代部门对限制进口政策的需求最为强烈,其他利益集团的态度可能并不明朗。只要院外活动成功后的利益所得能抵消院外活动成本,进口替代部门就会积极行动,从而可能使政策制定有利于进口替代部门一方。即在自由贸易政策和贸易保护政策两者之间,政府最终选择贸易保护政策。用同样的方法也可解释出口鼓励政策的制定过程。

在这种情况下,政策的制定可能会偏离国家整体福利最大化这一目标,因为政策制定只是有利于某些利益集团,可能并不利于整个国家的福利。同样,在贸易政策措施的具体选择上,其原则也是有利于某些利益集团,而不一定有利于国家福利。比如在选择进口关税还是进口配额的问题上,从进口替代部门的角度来看,进口替代部门的生产者更情愿政府选择配额而不是关税。

本章小结

在零关税和禁止性关税之间,使本国福利达到最大的那个关税称为最优关税,最佳关税的条件可表示为关税的边际收益等于关税的边际成本。幼稚产业论则从动态角度提出了保护那些具有潜在优势的新兴产业观点,但这种保护只能是一种暂时性的,判别幼稚产业的标准有多种。其中,成本差距标准强调将来的竞争优势,而利益补偿标准认为幼稚产业不仅强调将来的竞争优势,而且将来的预期收益的现值能抵消现在的保护成本,外部经济标准则更为注重外部规模经济的重要性。自我加强的比较优势标准认为有的幼稚产业获得政府支持,能创造自己的比较优势并自我加强。战略性贸易政策理论是在"新贸易理论"的基础上提出的,有利润转移论、外部经济论两个方面。贸易保护政治经济学认为,利益集团的院外活动会直接影响到政策的制定以及保护水平的高低。

关键词

最优关税 幼稚产业
穆勒标准 巴斯塔布尔标准
肯普标准 自我加强的比较优势标准
战略性贸易政策 进口关税摄取外国垄断利润模型
出口补贴争夺市场份额模型 贸易保护的政治经济学
中点选民模型 集体行动模型

复习思考题

1. 假设本国是进口国,其对某一商品的需求既可以通过本国生产来满足,也可通过进口来满足,该商品的国内需求曲线为 $D_1 = 20 - P$,国内供给曲线为 $S_1 = 5 + P$,国际供给曲线为 $S = 1 + 12P$。

(1) 求本国的最优关税和关税率。

(2) 求自由贸易时本国的需求弹性和国际供给弹性,比较它们的大小,从而说明国外生产者和国内消费者承担关税的程度与这两个弹性之间的关系。

2. 假设世界市场(不包括 H 和 F 两国国内市场)上只有分别来自 H 国和 F 国的两个厂商,即世界市场是双寡头结构,它们生产相同的产品。两个厂商的决策变量为产量或销售量,设厂商 H 的产量为 q_1,厂商 2 的产量为 q_2,则市场总产量为 $Q = q_1 + q_2$。设 P 为市场出清价格(可以将产品全部卖出去的价格),则 P 是市场总产量的函数 $P = P(Q) = 8 - Q$。再假设两厂商的生产都无固定成本,且每增加一单位产量的边际生产成本相等 $C_1 = C_2 = 2$,即它们分别生产 q_1 和 q_2 产量的成本为 $2q_1$ 和 $2q_2$。最后,强调这两个厂商是同时决定各自的产量的,即在决策之前不知道另一方的产量。

(1) 两国都不采取战略性贸易政策时,两厂商为了获得最大利润,它们的均衡产量应是多少? 此时两厂商获得的利润是多少?

(2) 假设 H 国政府对本国出口商提供出口补贴,单位补贴金额为 0.5;F 国政府没有对本国厂商采取战略性贸易政策。问 H 国厂商利润增加了多少? H 国福利是否得到改善? 此时,H 国实行贸易保护是否优于自由贸易?

(3) 假设两国政府对本国出口商都提供出口补贴,单位补贴金额都为 0.5;问两国厂商利润增加了多少? 两国福利是否得到改善? 以此例来说明战略性贸易政策的有效性。

3. 为什么发达国家的保护大部分集中在农业和服装业这两个部门?

4. 试析幼稚产业论对发展中国家的经济发展的意义。

5. "20 世纪 50 年代初期,日本是一个靠出口纺织品和玩具生存的穷国。日本政府对钢铁工业和汽车工业进行了保护。开始时,这些工业生产没有效率,成本也很高,但后来却逐渐占领了世界市场。"试对上述观点进行评论。

6. 为什么进口替代政策在较大的发展中国家(如巴西)比在较小的发展中国家(如加纳)更容易获得成功?

案例讨论题

1. 印度软件业发展与政府支持

1988 年,印度软件业总产值只有 1 000 万美元,到 2008 年,印度的软件业产值预计增长到 870 亿美元,年出口总额达到 500 亿美元,占印度出口总额的 33%。那么,是什么使印度的软件业发展如此迅速? 这与发展之初就得到了政府的高度重视密不可分的,早在 1985 年甘地政府到拉奥政府,再到 1998 年上台的瓦杰帕伊政府,印度政府就出台了相关的鼓励政策,并成立了一个专门负责促进软件业出口的部门。印度政府还开展了一系列鼓励软件业发展的项目,最成功的一个例子就是建立高科技城。此外,印度政府大力鼓励软件开发企业达到国际标准的政策。政府规定,凡获得 ISO 系列或同等国际标准认证的企业将可获得特别进口许可证。

请分析印度软件业成功的原因。

2. 美国政府对中国的贸易保护主义行为

第 8 章 贸易保护政策的理论依据

前美国财政部部长助理布拉德福德·德隆曾说过:"在美国的任何一场总统竞选活动中,可以肯定,贸易保护主义的影子必将会一如既往地现身。"2002 年 2 月,美国总统大选前夕,政府抛出增收钢铁税,决定对进口钢铁课税,最高税率为 30%,实施期为 3 年;紧接着,5 月 13 日,美国总统布什签署新的农业法案出台,决定未来 6 年内将农产品补贴增加 67%,对农业补贴增加金额多达 1 900 亿美元,远远超出 WTO 规定的最高限额,美国原本就是全球最大的农产品出口国,再增加补贴,出口农产品价格进一步降低,从而使其他国家农产品在国际市场失去竞争力。2003 年,在美国纺织品制造商协会越来越强硬的请求下,布什政府决定对中国 3 种纺织品,即针织布、袍服和胸罩,实施进口配额限制。

请你利用贸易保护的政治经济学分析美国政府的行为。

第 9 章
国际贸易壁垒与出口促进依据

国际贸易壁垒分为关税壁垒和非关税壁垒,其设置的目的是各国政府为了保护本国的贸易。在国际贸易壁垒中,进口关税是贸易政策史中古老、也是重要的保护贸易调控工具之一。进口关税,形式上可以分为从价关税、从量关税及混合关税等多种形式。进口配额则是常用的非关税壁垒之一。而出口补贴、商品倾销则是促进出口的重要形式。限入奖出是许多国家的对外贸易措施,所区别的只是程度不同罢了。在进口关税、非关税壁垒与出口促进措施的分析中,有时需要区别对待大国及小国的情况,采用局部均衡分析和一般均衡分析两种方法。

9.1 进口关税的局部均衡分析

9.1.1 进口关税的价格效应与关税负担

当一国对某种商品开征进口关税后,则国内商品的价格必然会做出反应,但上涨的幅度究竟为多少呢?由于条件的不同,存在着很大的差异。这里的条件主要取决于两个因素:

第一,进口国是大国还是小国。因为大国与小国对国际市场的价格影响不同,所以商品价格的变动亦会不同。小国由于国内市场规模小,不会对世界市场商品价格产生影响,如同完全竞争的企业,只是价格的接受者。而大国市场容量大,占有国际市场销量份额较大,对产品具有买方垄断优势,所以会引起世界市场上该进口商品价格变动。

第二,征税商品的供求弹性。进口供给弹性和进口需求弹性的不同组合会对进口国内市场产生不同的影响。

上述分析可能会产生这样一个问题:关税究竟是由谁来负担?当然,聪明的进口商们不会乐意来承担,而是设法把关税税负转移出去。进口商会把关税税负通过提高进口商品的销售价格的方法转嫁给消费者,形成关税负担的前转。

(一) 小国进口关税的价格效应

如果征税国为一小国,征税后引起进口需求和实际进口量下降,但它不会影响世界市场的需求变化,从而不会影响国际市场价格,因而征税后国际市场价格不变。因此,关税负担通过商品进口价上的加价全部前转到该国的消费者负担。虽然进口国国内价格提高会使国内消费者减少购买而减少进口数量,但减少进口数量对国际市场价格不会产生影响。小国的外国供给曲线为完全弹性。

也可以这样理解:小国模型实际上是大国模型的进口国的外国供给弹性远远大于需求的价格弹性的一个特例。

如图 9-1(a)所示,我们以 D 表示进口国对商品的需求曲线,S 表示国际市场上对该商品的供给曲线,由于进口国为一小国,因此它面临的是一条水平的完全弹性外国供给曲线。自由贸易下,需求曲线与供给曲线交于 E 点。在忽略运输、保险等贸易费用时,国际市场价格与进口国的国内市场价格均为 OP_1,在此价格上外国生产者愿意提供数量 OQ_0 的商品,供求达到均衡。征收 P_1P_2/OP_1 的关税率后,世界市场价格不变,仍为 OP_1,国内价格发生了变化,为 OP_2。关税全部由本国消费者负担。

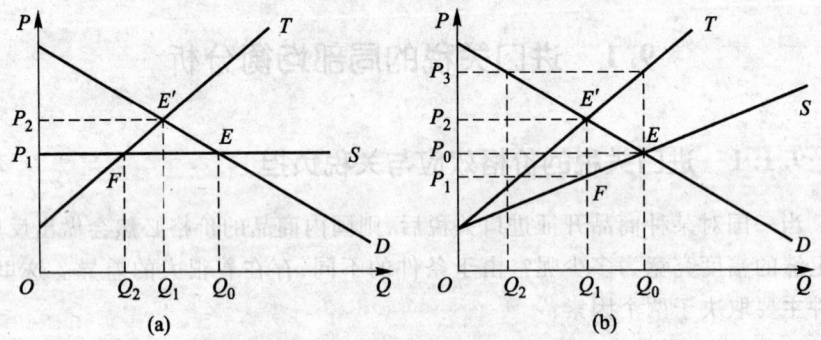

图 9-1 关税负担转移的局部均衡分析

(二) 大国进口关税的价格效应

如果进口国为一个大国,由于其具有一定的市场控制力量,对世界市场商品价格会产生一定影响,当该国对进口商品征收关税后,关税部分后转给出口国,迫使出口国降低出口价格以增加出口销售数量。

如图 9-1(b)所示。由于进口国为一大国,因此它面临的是一条向右上方倾斜的不完全弹性国际供给曲线。自由贸易下,需求曲线与供给曲线交于 E 点。国际市场价格与进口国国内市场价格均为 OP_0,供求达到均衡。

为保护该商品的生产,该国对该商品征收关税,征收关税的结果使国内市场价格与国际市场价格分离。在国际市场上,国外生产者仍以 OP_0 价格提供 OQ_0 数量的商品,并没有做出价格反应。但进口国国内市场商品价格上涨为 OP_3,在此价格上,该进口国消费者只愿意购买 OQ_2 数量的商品,形成国际市场上该商品供过于求。此时,国外生产者对价格做出反应,降低商品售价,以扩大销售量。为了不至于亏本,国外生产者沿其供给曲线 S 在降低价格的同时也相应削减生产数量。当出口商品价格下跌至 OP_1,生产者愿意提供 OQ_1 数量时,进口国消费者愿意以 OP_2 的价格购买 OQ_1 数量的商品,国内外两个市场重新达到均衡。此时征收的关税为 P_1P_2,税率为 P_1P_2/OP_1。显然征收关税的加价幅度 P_0P_2 < 关税额 P_1P_2。

由图 9-1 我们可以看到,当大国征收关税时,国外生产者以降低价格的形式承担了部分关税税负,即 $P_1P_0 \times OQ_1$ 部分,即产生了关税的后转(逆转)。该商品在进口国内市场价格的提高使消费者承担部分关税,即 $P_0P_2 \times OQ_1$ 部分,是税负的前转(顺转)。而 $P_1P_0 \times OQ_1 + P_0P_2 \times OQ_1$ 就是进口国政府从关税中得到的收入,即面积 $P_1P_2E'F$。

既然国内消费者和国外生产者共同负担了关税,那么,他们各自承担多少呢?这取决于外国供给弹性和进口国需求弹性的相对关系。当进口国的需求弹性小于外国供给弹性时,进口国消费者承担税负大于外国生产者承担的税负;反之,进口国需求弹性大于外国供给弹性时,进口国消费者承担的关税税负小于外国生产者承担的税负。

9.1.2 小国进口关税的局部均衡分析

进口关税的局部均衡分析最适用于分析小国对与本国小企业产品相竞争的情况①,如图 9-2 所示。S_F 表示世界市场 X 商品供给曲线,S 表示国内生产者供给曲线,D 表示国内需求曲线。当不存在国际贸易情况下,供需平衡于 E 点,即在 OP 价格上,生产者愿生产 OQ_E 数量的 X 产品,消费者也愿意消费 OQ_E 数量的 X 产品。

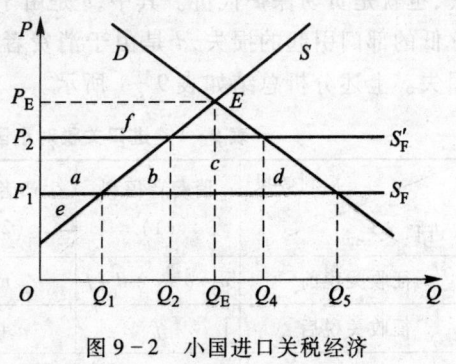

图 9-2 小国进口关税经济效应的局部均衡分析

---

① Dominick Salvatore. 国际经济学[M]. 5 版. 中译本. 北京:清华大学出版社,1998:172.

在自由贸易下,面临 S_F 世界供给曲线,这时,世界市场价格,也就是国内市场价格为 OP_1,在这个价格下,国内生产者只愿意生产 OQ_1 数量的 X 产品,而消费者愿意消费 OQ_5 数量的 X 产品,其中 Q_1Q_5 数量的 X 产品依靠进口补充,来达到新的均衡。

如果该国对 X 商品进口征收税率为 P_1P_2/OP_1 的进口关税。由于该国为贸易小国,关税负担全部前转给国内消费者,则国内价格上涨到 OP_2。在此价格水平上,该国将消费 OQ_4 数量的 X 商品,其中国内只生产 OQ_2 数量,而 Q_2Q_4 将从国外进口,S_F' 代表了征税情况下,世界市场 X 商品的供给曲线。由此,我们可以就征税对小国国内经济效应进行分析:

(1) 关税的消费效应。征收关税后,由于国内价格提高到 OP_2 而使国内消费者对 X 商品的需求量减少 Q_4Q_5。

(2) 关税的生产效应。由于 X 商品国内价格提高,而促使国内生产者愿意多提供 Q_1Q_2 产量的 X 商品。

(3) 关税贸易效应。由于进口关税而使 X 商品进口减少了 $Q_1Q_2 + Q_4Q_5$。

(4) 关税收入效应。征税后,该国政府从关税中得到 $P_1P_2 \times Q_2Q_4$ 的收入,即四边形 c 的面积。

(5) 再分配效应。分析再分配效应,可以借助于生产者剩余和消费者剩余来说明。消费者剩余就是消费者对每一单位商品所愿意支付的价格与实际支付价格的差,由图 9-2 中可以得知,消费者剩余由于征收关税而损失为 $a+b+c+d$ 梯形面积,而生产者剩余即价格超过边际成本的部分,增加了面积 a。

(6) 社会福利效应。由上述分析可知:消费者剩余减少了 $a+b+c+d$,生产者剩余增加了 a,政府关税收入为 c,但是 $b+d$ 部分是社会福利的净损失,也就是贸易保护代价。其中,b 是由于生产资源从高效率的部门转移到效率低的部门引起的损失,d 是由于消费者要负担关税前转而引起实际收入的损失。上述分析总结如表 9-1 所示。

表 9-1 进口关税对小国福利效果的净影响

福利效果 进口关税	消费者福利 (1)	生产者福利 (2)	政府收入 (3)	总的经济福利 (1)+(2)+(3)
征收关税前	$a+b+c+d+f$	e	0	$a+b+c+d+e+f$
征收关税后	f	$a+e$	c	$a+c+e+f$
征收关税后社会福利净损失	征收关税后总的经济福利 - 征收关税前总的经济福利 = $-(b+d)$			

如果将考虑出口国因进口国征收关税所造成的影响,从前面的分析中,已经知道,进口国征收进口关税,将刺激国内生产者增加产品的生产,相应的会代替一部分进口。同时,征收关税以后,该产品的价格上升,会导致进口国对进口品需求的减少。这种进口规模的缩减意味着出口国的出口商不得不减少产品的生产和出口。如果出口国生产规模保持不变,该国的国内市场上在原有价格水平上的供应就会大于需求,从而迫使厂商降低商品的市场售价。这种价格的降低显然对消费者有利,而对生产者不利。由此可见,征收进口关税,有利于进口国的进口竞争品的生产者和出口国出口品的消费者,而不利于进口国进口品的消费者和出口国出口品的生产者。此外,征收进口关税破坏了世界市场的统一性,使统一的市场分割成不同的部分,其标志是对于同一种产品,每个国家都有一个不同于其他国家的市场价格。

9.1.3 大国进口关税的局部均衡分析

由于大国某种商品的进口量的变动,会影响该商品的国际市场价格,并且征收关税后,出口国要承担部分关税负担,因此各种经济效应会与小国的局部均衡分析结果有所不同。图 9-3 中,S_H 表示大国商品 X 的国内供给曲线,S_{H+F} 表示对该国商品 X 的总供给曲线,由国内商品 X 供给曲线和外国对该国商品 X 的出口供给曲线两部分合计而成,即它是由 S_H 和 S_F 曲线相加所得。

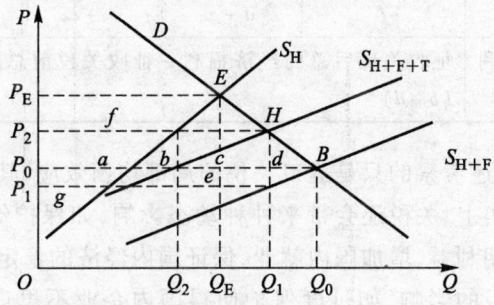

图 9-3 大国进口关税经济效应的局部均衡分析

由图 9-3 我们可以看到,自由贸易时,国内商品 X 的需求曲线 D 与 S_{H+F} 相交于点 B,商品 X 价格为 OP_0,国内消费 OQ_0。如果对商品征收进口关税,则总供给曲线将上移到 S_{H+F+T}。由于进口国为大国,所以征收关税会使 X 商品在世界市场的价格由 OP_0 下跌至 OP_1,在 OP_1 价格下,世界市场愿意提供 OQ_1 数量的 X 商品。

由于该国征收 P_1P_2/OP_1 的关税,使 X 商品在该国的国内价格为 OP_2,在此价格下国内生产者提供 OQ_2 数量的 X 商品而消费者需求为 OQ_1，此时不足部分 Q_1Q_2 由世界市场来供给，该国达到新的均衡。征税后，该国消费者剩余损失了 $a+b+c+d$，其中 a 为该国生产者剩余，$c+e$ 为该国政府征收关税所得，而 $b+d$ 是贸易保护成本，是社会福利净损失。由此我们可以得知，该大国从关税中获得的净利益为 $(a+c+e)-(a+b+c+d)=e-(b+d)$。因此，评价大国征收关税对该国净福利的影响，要把关税的保护成本与贸易条件改善获得利益相比较。如果该国贸易条件改善利益超过关税保护代价，即 $e>b+d$，则意味着从征收关税中获得了净利益。如果贸易条件改善利益与保护成本相等，即 $e=b+d$，则该国未从关税中遭受损失，但保护了本国产业。而如果贸易条件改善的利益比保护成本小，即 $e<b+d$，则该国征收关税使国民福利净损失，真正为保护产业付出了成本。但是究竟是何种情况，要具体分析商品进口需求弹性和出口供给弹性。

上面的分析如表 9-2 所示。

表 9-2 进口关税对大国福利效果的净影响

进口关税 \ 福利效果	消费者福利 (1)	生产者福利 (2)	政府收入 (3)	总的经济福利 (1)+(2)+(3)
征收关税前	$a+b+c+d+f$	g	0	$a+b+c+d+f+g$
征收关税后	f	$a+g$	$c+e$	$a+c+e+f+g$
征收关税后社会福利净影响	征收关税后总的经济福利 - 征收关税前总的经济福利 = $e-(b+d)$			

必须指出，上述考察的只是进口关税的局部均衡效应，其分析带有短期的静态的特征。事实上，关税还会带来种种动态影响，如保护幼稚产业、获得国内产业发展的长期利益、增加国内就业、保证国内经济的稳定等。关税对国内经济也会产生消极的影响，如过度保护使得国内企业不思进取、技术进步缓慢、劳动生产率低下等。因此，考察关税的经济效应和关税对本国净福利的影响，必须结合经济发展进行动态分析。

9.2 进口关税的一般均衡分析

9.2.1 小国进口关税的一般均衡分析

小国征收关税时，不会影响到世界市场的价格，关税全部由国内消费者负担,商品的国内价格是国际价格加上关税数额。尽管对于国内单个生产者和消费者来说,国内价格上升了,但对于一个国家整体而言,进口商品的价格仍和世界市场的价格一致。这里我们假设征收关税小国 A 出口 Y 产品,进口 X 产品。我们借助图 9-4 来分析 A 国进口关税经济效应的一般均衡。

假定,在自由贸易下世界价格为 P_W,A 国将在 P_W 与其生产可能性曲线 TT' 的切点 B 点生产,用 BG 数量

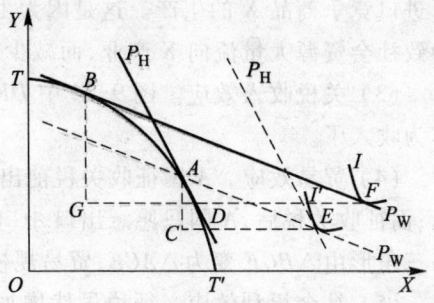

图 9-4　小国进口关税经济效应的一般均衡分析

的 Y 商品去交换 GF 数量的 X 商品,这时在社会无差异曲线 I 上的 F 点消费。若 A 国现在对商品 X 征收关税,那么对于国内生产者和消费者而言,X 相对于 Y 商品的价格上升到 P_H。面对此价格,国内生产者将在 A 点生产,即 P_H 价格线与生产可能性曲线 TT' 的切点。也就是说国内生产与消费按照国内价格线 P_H 进行。

征收关税后,社会无差异曲线 I' 与平行于 P_H 的虚线是相切的,这是因为单个消费者面临的是含税价格 P_H。

对于整个国家而言,A 国的国际贸易仍按照世界价格 P_W 进行。由于政府征收关税后,又以公共消费和(或)减税的形式再分配关税,社会无差异曲线 I' 必定也在与 P_W 平行的虚线上(因为作为一个整体而言,面临的仍然是 P_W 世界价格)。因此,新的消费点 E 由两条虚线的交点决定。①

对 X 商品征收关税后,由于 A 国为贸易小国,作为国家整体而言 X 商品价格依然不变,仍为 P_W,由图 9-4 中可以反映,A 国在 A 点进行生产,用 AC 数量 Y 交换 CE 数量 X 商品,但对于国内单个生产者和消费者而言,X 商品相对价格线变为 P_H,所以在国内市场上 AC 数量的 Y 商品只能交换 CD 数量 X 商品,而 DE 数量 X 商品作为政府以对 X 商品征收关税的形式征收了。

根据以上分析,我们可以把小国关税的国内经济效应总结如下:

(1) 价格效应。征收关税前,如果 A 国国内市场 X、Y 两种商品相对价格与国际市场上相对价格相同,为 P_W。征税后,由于 X 商品价格提高和相对价格比上升为 P_H,相同数量 Y 商品较之以前只能交换较少的 X 商品了。

(2) 产业保护效应。征收进口关税对国内 X 商品的生产者具有促进、保

---

① Dominick Salvatore. 国际经济学[M]. 5 版. 中译本. 北京:清华大学出版社,1998:182.

护作用。征税后,国内生产由 B 点改变至 A 点,减少了 Y 商品的生产,而增加了进口竞争商品 X 的生产。这是因为由于关税改变了 X、Y 商品的相对价格,导致社会资源大量流向 X 产业,而减少了 Y 产业的资源。

(3) 关税收入效应。图 9-4 中 DE 数量 X 商品,即作为关税被政府征收作为收入了。

(4) 贸易效应。A 国征收关税前出口 BG 数量 Y 商品,进口 GF 数量 X 商品;而征收关税后,A 国只愿意出口 AC 数量 Y 商品,进口 CE 数量 X 商品。贸易三角形由 $\triangle BGF$ 变为 $\triangle ACE$,贸易规模明显减少了。

(5) 社会福利效应。征税虽然增加了关税收入和生产者利益,但关税损害了消费者利益,而且超过了前两者的收益使社会净福利水平下降。税前消费点由社会无差异曲线 I 上的 F 点变为税后无差异曲线 I' 上的 E 点。显然,征税后福利水平下降了。社会福利水平之所以会下降,是由于以上产业保护效应、价格效应、贸易效应等综合作用的结果,是关税扭曲了生产和消费的结果。

9.2.2 大国进口关税的国内经济效应

大国征收关税一般也会引起进口品的国内市场相对价格上升,从而使国内两部门发生资源向进口竞争部门转移,如图 9-5 与图 9-6 所示,存在一个国际贸易条件与国内价格比例的斜率差别。大国征收关税,会导致贸易条件改善,即 P_{W_1} 向 P_{W_2} 的转变,对大国福利的影响很难预测。

关税减少贸易的效应会使福利降低(这同小国一样),但是贸易条件效应又会提高福利水平。如果关税减少贸易的效应起主要作用,那么关税的总效应就会使福利下降。图 9-5 就显示了这样的一种情况。

在图 9-5 中,在自由贸易的时候,贸易条件由 P_{W_1} 线表示,生产点和消费点分别为 B 和 F。征收关税

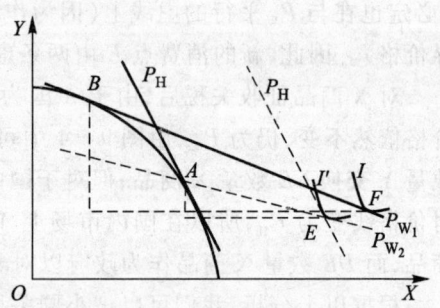

图 9-5 大国进口关税降低福利的情况

以后提高了国内 X 商品的相对价格,国内的价格比例就变为 P_H 线的斜率。同时,关税又使国际市场 X 商品的相对价格下降,从而使 P_{W_2} 线比 P_{W_1} 线更平缓。新的生产点就移到国内价格比例曲线 P_H 与生产可能性边界相切的 A 点上。但是国际贸易将以新的世界贸易条件进行,因此消费就必然在新的国际贸易条件曲线 P_{W_2} 上。而消费又必须与国内的价格比例一致,因此新的

消费均衡点必然是社会无差异曲线上斜率与国内价格比例一致的点,即图9-5中I'与P_H相切的E点。显然,这里的情况与小国相似。由于新的消费点处于较低的无差异曲线I'上,因此关税的效应为福利降低。

图9-6显示的是另外一种可能性。那就是关税的贸易条件效应很大并起主导作用。征收关税后,国内X商品的相对价格提高,但是提高幅度并不大。生产相应地由B点转移到A点,使得出口Y商品的生产有所减少而与进口竞争的X商品的生产有所增加。关税同时使国际市场X商品的相对价格下降幅度较大,价格比例就从自由贸易时的P_{W_1}变为征收关税后的P_{W_2}。该国就以P_{W_2}线的价格比例进行贸易,消费就必然在F点上。该点既在P_{W_2}线上,又是社会无差异曲线与国内价格比例P_H相切的那一点。这时F点就处在一条高于E点的无差异曲线上,关税使得该国的福利水平提高。

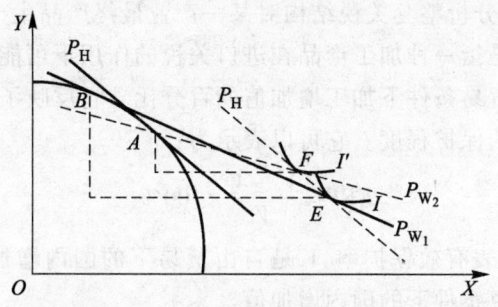

图9-6　大国进口关税提高福利的情况

9.3　关税结构理论

9.3.1　有效关税率

1955年,加拿大经济学巴伯(C. L. Barber)发表了《加拿大关税政策》一书,首次提出了有效保护(effective protection)的概念。继而,巴拉萨、柯登(W. M. Corden)、约翰逊(H. G. Johnson)、巴瑟维(G. Barsevi)等进行了大量开创性研究。1970年,根据伦敦经济学院教授约翰逊的倡议,在关税和贸易总协定(GATT)秘书处和瑞士国际问题研究所的主持下,于同年12月在日内瓦召开了第一个有效保护理论国际性会议。有效保护率是与名义保护率相对而言的。

表面看来,对本国生产者的保护程度很容易计算。如果征收的是从价税,则税率本身就可衡量保护程度。如果是从量税,则用税额除以不含税的价格就得到了与从价税相似的保护程度。这样衡量的保护程度一般称作名义关税率。把非关税措施折合成相当于关税的保护程度,称作名义保护率。

但是,这里简单计算出来的名义保护率并没有考虑到关税对产品不同生产阶段的不同影响。如果对最终产品征收进口关税,就会提高该产品的国内价格,从而提高国内生产的同类产品的增加值。如果对中间产品的进口征税,中间投入品的价格就会上涨,从而使任何购买该产品作为投入品的部门减少其最终产品的增加值。当关税是唯一的贸易保护工具时,我们把关税对某一特定部门的净效应称作有效关税率。当非关税壁垒也都包括进来时,那么这些贸易保护工具对某一产业的净效应就叫做有效保护率(effective rate of protection,ERP)。有效保护率是20世纪60年代以后产生和发展起来的一个概念,后被广泛用于分析整套关税结构对某一产业最终产品生产者的保护作用。

有效关税率是指一种加工产品在进口关税的作用下可能带来的增加值的增量与其在自由贸易条件下加工增加值的百分比。它反映了关税对本国同类产品的真正有效的保护程度。它可以表示为:

$$ERP = \frac{V' - V}{V} \times 100\%$$

式中,ERP代表有效保护率,V是自由贸易下的国内增加值,V'表示对最终商品征收进口税条件下的国内增加值。

我们讨论小国的情况,即征收进口税不会使得国际市场价格发生变化。假设某种商品的国际市场价格为P,同时假定国内商品生产所使用的一些进口要素的国际市场价格也是固定的。

在自由贸易下,一国生产某种商品的国内增加值等于自由贸易下该种商品的国际市场价格减去自由贸易下国际市场价格中的进口要素成本。

$$V = P - P\sum a_i = P(1 - \sum a_i)$$

式中,i代表n种进口要素的任何一种,a_i表示无关税时进口要素成本与最终商品价格的比例。

对商品和生产商品所用的进口要素征收关税后,国内增加值为:

$$V' = P(1 + T) - P\sum a_i(1 + t_i)$$

式中,T为进口商品的名义从价关税率,t_i为国内商品生产所用进口要素i的名义从价关税率。对于不同的进口要素,t_i是不同的。

$$ERP = \frac{P(1 + T) - P\sum a_i(1 + t_i) - P(1 - \sum a_i)}{P(1 - \sum a_i)} \times 100\%$$

经整理得:

$$ERP = \frac{T - \sum a_i t_i}{1 - \sum a_i} \times 100\%$$

如果国内商品生产所用的进口要素只有一种,则公式可以变为:

$$ERP = \frac{T - at}{1 - a} \times 100\%$$

我们可以得出一些重要的结论:

如果 $a_i = 0$,则 $ERP = T$;

对于给定的 a_i 和 t_i 值,T 越大,则 ERP 越大;

当 t_i 小于、等于或大于 T 时,ERP 值大于、等于或小于 T;

当 $\sum a_i t_i$ 值大于 T 值时,有效关税率是负的。此时的关税结构不利于保护,反而会削弱国内产品的国际竞争力。

对有效保护率的分析表明,对初级产品、半制成品等中间产品或原材料征收关税,将提高这些产品的价格,从而增加国内使用者的负担,导致生产成本上涨,使得那些使用中间产品或原材料的最终产品的关税率所产生的保护效应降低。可见,利用关税对国内市场的保护不仅依赖于较高的税率,还要有合理的关税结构和生产结构。

9.3.2 关税结构

关税结构,亦称关税税率结构,是指一国关税税则中各类商品关税税率高低的相互关系。由于各国国内经济和进出口商品不同,各国关税结构也会不相同。

有效保护理论认为,原料和中间产品的进口税率相比越低,对有关加工制造业最终产品的有效保护率越高。基于这一考虑,各国的关税结构通常呈税率升级(tariff escalate)的趋势,即从初级产品、半制成品到制成品,随加工程度的深化,税率不断提高。如果投入品的税率高于制成品的税率,则关税就不能为制成品提供足够的有效保护,甚至会出现负保护。

有效保护理论的一个缺点就是在技术上假定生产的系数是固定的(即没有要素替代),并假定进口商品和进口要素的国际价格不受关税影响。

1992年以来,我国已连续多次降低关税水平,算术平均关税税率已从1992年的43.1%降至2005年10%。我国的关税基本上是按资源类产品—原材料—零部件—半制成品—制成品这样一个由低到高的梯形升级税制结构。

9.4 进口配额

第二次世界大战后,随着进口关税水平的不断降低,非关税壁垒的重要性大大加强了。进口配额(import quota)就是一种重要的非关税壁垒,能够起到限制进口、鼓励国内生产的作用。

9.4.1 进口配额的经济效应

进口配额是指一国政府为保护本国工业,规定在一定时期内对某种商品的进口数量或金额加以直接限制。进口配额所规定的进口量一般小于自由贸易下的进口量,所以配额实施后进口会减少,进口商品在国内市场的价格要上涨。如果实施配额的是一个小国,那么配额只影响国内市场的价格,对世界市场的价格没有影响;如果实施配额的国家是一个大国,那么配额不仅导致国内市场价格上涨,而且还会导致世界市场价格下降。这一点与我们前面分析的关税的价格效应一样,配额对国内生产、消费等方面的影响与关税也大体相同。下面我们用图9-7说明小国情况下进口配额对一国福利产生的影响。

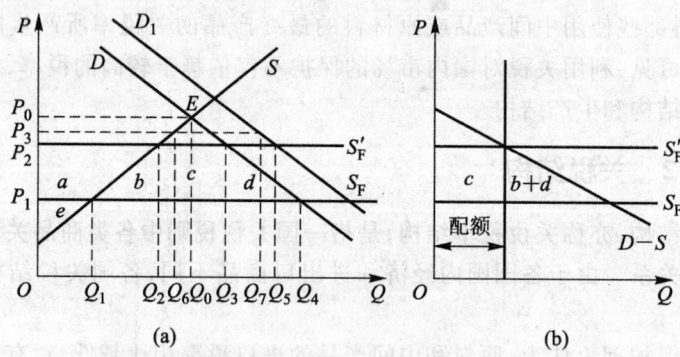

图9-7 小国进口配额经济效应的局部均衡分析

图9-7中,S_F表示世界市场X商品供给曲线,S表示国内生产者供给曲线,D表示国内需求曲线。

当不存在贸易情况下,供需平衡于E点,即在OP_0价格上,生产者愿生产OQ_0数量的X产品,消费者也愿意消费OQ_0数量的X产品。

在自由贸易下,面临世界供给曲线S_F,这时,世界市场价格为OP_1,在这个价格下,国内生产者只愿意生产OQ_1数量的X产品,而消费者愿意消费OQ_4数量的X产品,其中Q_1Q_4数量产品依靠进口补充,来达到新的均衡。

如果政府对商品进口实行配额限制,进口配额为Q_2Q_3。那么在P_1价格水平上,国内外总供给量为$OQ_1+Q_2Q_3$,仍低于国内需求OQ_4。由于供不应求,国内市场价格必然上升,当价格上升到P_2价格水平时,国内生产增加到OQ_2,国内消费减少到OQ_3,供求之间达到平衡。此时,生产者剩余增加了a,

9.4 进口配额

而消费者剩余减少了$(a+b+c+d)$。与关税不同的是,实施配额不会给政府带来任何收入。配额的净福利效应见表9-3所示。

表9-3 进口配额对小国的经济效应

福利效果 进口配额	消费者福利 (1)	生产者福利 (2)	总的经济福利 (1)+(2)
进口配额后的福利净影响	$-(a+b+c+d)$	a	$-(b+c+d)$
$-(b+d)$	\multicolumn{3}{l}{b、d分别为生产扭曲和消费扭曲,$(b+d)$为配额的净损失}
c	\multicolumn{3}{l}{进口配额租金,它的分配取决于政府分配配额的方式}

9.4.2 进口配额的分配

现实中,分配进口配额常常要与进口许可证相结合,以限制某种商品的进口数量。进口许可证是由一国海关签发的允许一定数量的某种商品进入关境的证明。分配进口许可证的方法主要有三种:竞争性拍卖、固定的受惠和资源使用申请程序。

(一)竞争性拍卖

政府通过拍卖的方式分配许可证。它使进口许可证本身有了价格,将进口一定数量商品的许可证卖给出价最高的需求者。一般而言,进口商所付购买许可证的成本要加到商品的销售价格上,这样一来,其作用就与关税的作用相同,会起到抑制需求的作用。这种方式得到的拍卖收入相当于征收进口关税时的关税收入,政府获得了进口配额的这部分收入c。

(二)固定的受惠

政府将固定的份额分配给某些企业。通常的方式是,根据现有进口某种产品的企业在上一年度在进口该商品总额中的比重确定。这种方法虽然比较简单,但也带来某些问题。一是这使得进口配额的实施成本更高。因为是免费发放,因而这部分收入c在征收关税时或进行公开拍卖时本应属于政府的,现在却由进口商获得。进口商获得了进口许可证后,便可以用其购买进口品,在国内以更高的价格出售以获得利润,这部分利润即为配额租金。

这种方式较之竞争性拍卖而言,就造成了配额租金由政府手中转移到进口商手中。另外一个问题就是它会造成一种市场垄断。进口配额本身就有一定的垄断性,而进口商又是免费获得的,这将有助于他们提高市场价格,形成垄断,不利于资源配置,较之第一种方法是缺乏效率的。

(三)资源使用申请程序

在一定时期内,政府根据进口商递交进口配额管制商品申请书的先后顺序分配进口配额。这种方法会给政府官员提供了利用职权谋取私利的机会。潜在的进口商会花费大量的精力抓紧时间递交申请表,贿赂政府官员以获取进口配额。这在经济学上称为寻租行为,因为它能给进口商带来垄断利润。因此这种方法是造成了大量的浪费,效率最低。

9.4.3 进口配额与等额关税的比较

进口配额和进口关税都是作为贸易壁垒对本国经济以及产业进行保护,它们的作用有类似之处。但是进口配额与关税仍然有许多不同之处。

(一) 经济效应不一定相同

进口配额的发放方式不同,给国民经济福利带来的效果也不同,在上述的三种方式中,公开拍卖可能是分配进口配额的最好办法。因为在这种情况下,进口配额与关税对一国福利的影响是相同的,政府获得了有关的收入,有利于收入的再分配。其他两种分配方式都是缺乏效率的形式,垄断租金的存在可能导致寻租行为。

(二) 限制进口的效果不同

进口配额对进口商品数量的限制是确定的,而通过提高进口关税税率来达到限制确切的进口数量则比较困难。此外,关税主要是通过提高进口商品的价格而削弱进口商品的竞争力。在这一点上,进口商可以通过降低生产成本,提高生产效率来降低商品销售价格,从而部分抵消关税的影响。进口配额则不然,无论进口商怎样降低成本,其进口数量都受到限制。可以认为,进口配额因数量明确而对国际贸易的限制清楚且比进口关税更强,对自由贸易的限制、危害更大。

(三) 市场机制的作用不同

假设国内需求偏好发生改变,国内需求增加了,那么需求曲线则由 D 变为 D_1,如图 9-7 所示,这时国内的需求量由 OQ_3 增加到 OQ_5,供求之间的差额由 Q_2Q_3 扩大到 Q_2Q_5,这一部分也通过进口来获得。在征收关税的情况下,国内需求的增加使得进口量增加到 Q_2Q_5,而价格水平仍为 P_2。如果实施进口配额,配额数量仍为图 9-7 中的 Q_2Q_3 部分,国内需求大于供给,国内价格将由 P_2 上升到 P_3。在此价格下,供求之间的差额为 Q_6Q_7。为满足进口配额的要求,国内生产由 OQ_2 上升到 OQ_6。可见,在实施配额的情况下,国内需求增加使国内价格上升到 P_3,高于征收关税条件下的价格,进口量仍然保持在进口配额的水平。

由上分析可看出,在实行进口配额下,当国内需求上升,结果是国内该种商品的价格升高,国内生产增加。但实行与进口配额等额的关税时,出现的结果则是,该种商品的国内价格不变,国内生产不变,但消费与进口量要变化。所以实行进口配额的结果是价格的调整,而实行等额关税的结果是进口量的调整。进口配额排除了市场机制,是对市场力量的取代,而等额进口关税则是对市场机制的适用,因为国际市场与国内市场价格之差一般不会超过进口关税税率。

9.5 出口补贴

9.5.1 出口补贴的概念

出口补贴,又称出口津贴,是一国政府为了降低出口商品的价格,增强其在国外市场的竞争力,在出口某商品时给予出口商的现金补贴或财政上的优惠待遇。和关税一样,出口补贴也分从量补贴和从价补贴,前者指每单位补贴一个固定额,后者按出口总值的一定比例补贴。各国采取出口补贴的主要目的是为了使本国企业在国际市场上能以低于实际生产成本的价格出售其产品,提高其在国际市场上的竞争力,扩大商品的出口。

9.5.2 出口补贴的局部均衡分析

(一) 小国出口补贴的经济效应

当出口国为小国时,其出口补贴的经济效应如图9-8所示。

图9-8中,在自由贸易下世界价格为P_W,国内消费和生产分别为OQ_1和OQ_2,此时出口量为Q_1Q_2。如果政府给予本国出口生产者每单位产品金额为s的出口补贴,则本国出口生产者可以以高于市场价格的成本进行生产,出口生产者的生产由原来的OQ_2扩大到OQ_4。出口生产者的产品一部分在国内销售,一部分在国外销售,但在国内销售的部分不享受政府补贴,于是在国内销售的价格必须能够弥补这部分产品的生产成本。图9-8中国内价格为P_S,高于补贴前的价格P_W。由于价格上升,国内消费减少至OQ_3。这样一来,需要在国外销售的产品数量就会增加。

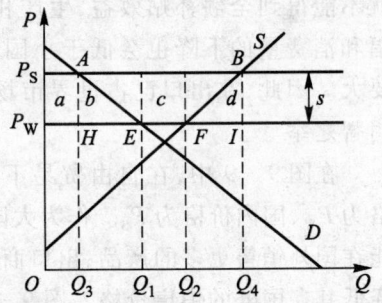

图9-8 小国出口补贴的经济效应

出口补贴对本国福利的影响效果,同样可通过考察消费者剩余与生产者剩余的变动来确定。如图9-8所示,补贴后,消费者剩余减少了,减少的部分

由梯形 P_SAEP_W 表示,即等于 $(a+b)$;生产者剩余增加了,增加的部分由梯形 P_SBFP_W 表示,即等于 $(a+b+c)$。另外,政府补贴支出为 $Q_3Q_4 \times s$,即等于矩形 $AHIB$,即 $(b+c+d)$。

综合起来,出口补贴的福利净效果 = 生产者剩余增加 − 消费者剩余损失 − 政府补贴。即:

小国出口补贴的福利净效果 $= (a+b+c) - (a+b) - (b+c+d)$
$= -(b+d)$

可见,小国出口补贴的福利净效果为负值。其中,b、d 分别为消费扭曲和生产扭曲。这一结果意味着出口补贴会导致本国社会福利水平的下降。

此外,出口补贴还会产生收入效应和国际收支效应。按 H−O−S 定理,出口产品较多地使用本国丰富的要素进行生产,故出口补贴鼓励出口的作用,使丰富要素受益,价格上升。相应的,进口品较多使用的国内稀缺要素的相对价格降低。出口补贴与征收进口税在改善国际收支方面效果相同,仅仅在增收还是节支的改善方法上不同。另外,出口补贴导致国际生产的过度专业化,并扭曲了价格信号,使补贴国增加了有关产品的生产与出口,而增加的产品部分,其实际机会成本将高于进口国。

(二) 大国出口补贴的经济效应

如果受补贴方是一个出口大国,与小国相比,出口补贴对其国内价格、生产、消费和社会利益虽然具有相同的经济效应,但程度是不同的。因为出口大国增加出口的结果必然是使国际市场价格下降,从而出口商品生产者就不能得到全额补贴效益,生产和出口的增长也会小于小国,国内价格的涨幅和消费量的下降也会低于小国,但整个社会的净损失比小国实行补贴时要大。因此,在出口已占世界市场很大份额时,还使用补贴来刺激出口不是明智之举。

在图 9−9 中,在自由贸易下世界价格为 P_W,国内价格为 P_S。作为大国,为了能在国外销售更多的产品,出口商不得不降低其在国外的销售价格。图 9−9 中补贴后国外价格由原来的 P_W 降至 P'_W,生产成本(或国内价格)与国外价格之间的差等于补贴金额 s。由于本国产品出口价格下降,国外消费者购买本国产品的代价就会降低,因此,出口补贴不仅有利于本国出口生产者,而且有利于国外的消费者。但与此同时,国内消费者发现他们

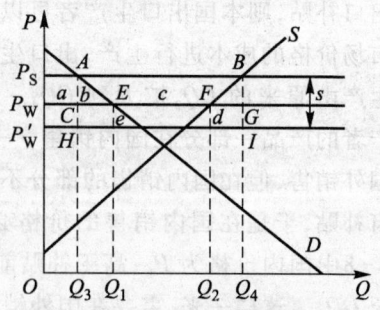

图 9−9 大国出口补贴的经济效应

要支付比国外消费者更高的价格,并且国内消费者作为纳税人,还要承担一部分政府给予国内生产者的补贴。

出口补贴对本国福利的影响效果,可通过考察消费者剩余与生产者剩余的变动来确定。如图9-9所示,补贴后,消费者剩余减少了,减少的部分由梯形 $P_S AEP_W$ 表示,即等于 $(a+b)$;生产者剩余增加了,增加的部分由梯形 $P_S BFP_W$ 表示,即等于 $(a+b+c)$。另外,政府补贴支出为 $Q_3 Q_4 \times s$,等于矩形 $AHIB$,即为 $(b+c+d+e)$。

综合起来,出口补贴的福利净效果=生产者剩余增加-消费者剩余损失-政府补贴。即:

$$大国出口补贴的福利净效果 = (a+b+c) - (a+b) - (b+c+d+e)$$
$$= -(b+d+e)$$

可见,大国出口补贴的福利净效果为负值。其中,b、d 分别为消费扭曲和生产扭曲,e 为贸易条件恶化所导致的利益转移。可见,大国出口补贴对本国更为不利,不仅会产生消费扭曲和生产扭曲,而且还会导致由于贸易条件恶化产生的损失。

既然出口补贴对本国的经济福利会产生负效应,为什么各国还要采取这种政策呢?实际上,在出口国政府看来,如果短暂的出口补贴损失或消费者福利损失,能够促成该国生产规模的扩大,进而获得规模经济效应,或者能够实现促进本国获得经济增长等长远利益,那么这种损失也许是值得的。此外,从进口国的角度看,出口补贴是一种威胁,可能会挤垮进口国的同类产业。

9.5.3 出口补贴的博弈分析

如果某些行业的国际市场竞争偏离了供求规律,只有两家公司在国际市场上竞争,那么,出口补贴对出口国和世界可能是有利的。

可以用一个简单的例子来说明这种情况。假设只有不同国家或地区的两家企业参与竞争。我们把这两家企业假设为波音公司和空中客车公司,两个国家或地区分别为美国和欧洲。假定两家企业都能生产一种新产品,即一种有150个座位的飞机。为了简化起见,假定两家企业只能做出是或否的决策:生产或不生产这种飞机。

表9-4表明两家企业的利润是如何取决于它们的决策的。每行对应波音公司的某种决策,每列对应空中客车公司的某种决策。每个方框有两个数字,左边的代表波音公司的利润,右边的代表空中客车公司的利润。

表 9-4 波音公司与空中客车公司在不同情况下的利润

博弈矩阵		空中客车公司	
		生产	不生产
波音公司	生产	−5 , −5	100 , 0
	不生产	0 , 100	0 , 0

表 9-4 反映了下列假设:无论哪一家企业单独生产这种飞机,都可盈利。但是,如果两家企业都生产这种飞机,那么两家企业都会受到损失。哪一家企业能得到利润?这取决于谁先占领这一市场。假设波音公司能够在空中客车公司进入市场以前,稍微领先一步,承诺生产这种飞机,空中客车公司就没有了进入市场的激励。结局就会是表右上方的情形,波音公司将获得 100 单位的利润,空中客车公司的利润为 0。

布兰德-斯潘塞的观点是:政府能够改变这种状况。

假设欧洲政府承诺,如果空中客车公司进入市场,欧洲政府将给予 25 个单位的补贴。这样一来,结局就会变为表 9-5 所示的情形。这时,无论波音公司作何决策,空中客车公司都可以从这种飞机的生产中获利。波音公司目前知道,如果它选择生产,那么将不可避免地蒙受损失。事实上,政府补贴使假设的波音公司先行动可能获得的优势不复存在。相反,空中客车公司因此而获得了进入市场的优势。

表 9-5 欧洲对空中客车公司补贴后的情形

博弈矩阵		空中客车公司	
		生产	不生产
波音公司	生产	−5 , 20	100 , 0
	不生产	0 , 125	0 , 0

最后的结局是,均衡从表 9-4 的右上方框,转变为表 9-5 的左下方框。由于政府的仅仅 25 个单位的补贴,空中客车公司从原来的 0 利润变成 125 单位的利润。也就是说,补贴使利润的增加比补贴本身更多,因为补贴具有阻止国外竞争的作用。如果是空中客车公司(而不是波音公司)率先进入,空中客车公司会拥有战略优势,而补贴为空中客车公司创造了一种相似的优势,从而产生了上述结果。

从这个假设的例子可以看到,政府的保护政策可以使本国企业在国际竞争中获得占领市场的战略性的优势并使整个国家受益。新保护主义常常以此来说明保护政策在现代国际竞争中的重要性。但是,这一理论在实施中也同样受到各种实际情况的挑战。

首先,外国政府可能会采取同样的措施。在上例中,如果美国政府对波音公司也进行补贴,那么结果会是两家都生产。虽然波音公司和空中客车公司在政府补贴下仍能获利,但各国政府的支出将大于企业所得利益,整个经济是净损失的。

其次,信息的准确性问题。即使美国政府不补贴波音公司,欧洲政府仍然存在盲目保护而不能达到预期效果的问题。在上例中,假如波音公司与空中客车公司在生产技术或经营管理上略有差别,如表9-6所示。

表9-6 补贴前波音公司与空中客车公司有技术差别的情形

博弈矩阵		空中客车公司	
		生产	不生产
波音公司	生产	5 , -20	125 , 0
	不生产	0 , 100	0 , 0

可见,空中客车公司比波音公司的生产成本要高,如果两家都生产,空中客车公司亏损20万元,而波音公司则能盈利5万元。在没有补贴的情况下,波音公司不论怎样都会生产,而空中客车公司则不会生产,波音公司独占市场。

如果欧洲政府不了解这种情况还像前例中那样,给空中客车公司补贴25万元,企图将波音公司挤出市场,结果却不能如愿(如表9-7所示)。

表9-7 补贴后波音公司与空中客车公司有技术差别的情形

博弈矩阵		空中客车公司	
		生产	不生产
波音公司	生产	5 , 5	125 , 0
	不生产	0 , 125	0 , 0

虽然空中客车公司开始挤进市场并开始生产,但波音公司不会退出市场,只是少赚利润而已。空中客车公司无法独占市场,结果只能得到5万元利润,减去补贴,整个国家仍然亏损20万元,而且,无论欧洲政府补贴多少,这一结果不会改变。

9.6 商品倾销

9.6.1 商品倾销的概念

"倾销"是与政府对出口的奖励制度相联系的。1776年,亚当·斯密就曾在《国民财富的性质和原因的研究》一书中详细讨论过当时各国允许对出口贸易实行官方奖励的习惯做法,并将其称为倾销。

经济学意义上的倾销(dumping)最初是由经济学家雅各布·维纳(Viner)于20世纪初提出的。他认为:倾销是一商品在不同市场之间的价格歧视。并且,他划分了倾销的三种类型:偶发性倾销(sporadic dumping)、短期或间歇性倾销(short-run intermittent dumping)及长期或连续性倾销(long-run or continuous dumping)。倾销是在不同国家市场间进行的一种价格歧视行为,是出口商以低于本国国内价格或成本向国外销售商品的行为。

9.6.2 商品倾销的经济学分析

倾销一般分为偶然性倾销、掠夺性倾销和长期性倾销三种。如果是偶然性倾销与掠夺性倾销,原因比较容易理解。前者是为了清理剩余货物,故可不计成本。后者是想在挤走国外竞争对手后,再提高价格,获取垄断利润,可补回倾销时的损失。而长期性倾销就比较复杂,很多长期性倾销是获得政府直接或间接补贴的,因此,生产者可以按低于国内价格,甚至低于成本的价格出口商品,所受损失可以从政府补贴中获得补偿。这种倾销的经济效应实际与出口补贴的完全一样。然而,在国际贸易的发展趋势中存在着不需要任何补贴的长期性倾销。企业将出口价格定得低于国内价格是企业追求利润最大化的一种手段。而要使这种没有政府补贴的长期性倾销成为可能,则必须满足以下条件:

第一,出口商品的企业具有一定的垄断能力,即企业面临的是一个不完全竞争的市场,企业的出口变化会对市场价格造成影响。

第二,出口商品的企业在国内面临的需求弹性比在国外面临的需求弹性小,即出口企业在国内面临的需求曲线比在国外面临的需求曲线陡峭。这一条件往往是存在的。因为企业在国内市场面对的竞争对手一般比在国外市场少。

第三,出口国对国外商品设置足够高的贸易壁垒。这一条件是明显的,否则,低于国内价格的出口产品又会回流到出口国。只有贸易壁垒的高度相当于国内与国外市场的差价,才可能使这种差价得以保持。

只要满足了以上三个条件,长期性倾销不仅不会使出口国生产者遭受损失,而且是生产者追求最大利润的手段。

根据上述三个条件,我们可以通过图 9-10 来说明倾销是如何发生的。图 9-10 中右半部表示企业在国内市场所面临的需求曲线 D_A 和相应的边际收益曲线

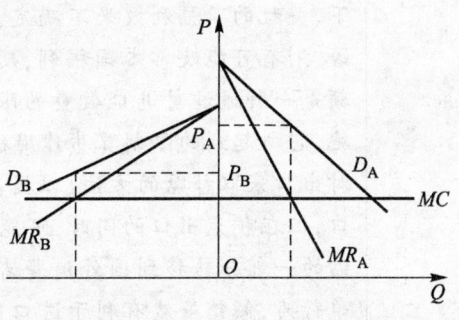

图 9-10　持续性倾销的经济分析

MR_A;左半部表示本国企业在国外市场所面临的需求曲线 D_B 和相应的边际收益曲线 MR_B。

为了分析的方便,我们假定企业的边际生产成本为常数。企业的产量分为两部分,分别在国内外市场上销售,它会根据国内外市场的特点采用不同的价格以增加利润。企业决定其销售分配的条件是:如果对应于某一分配方案,其他任何分配方案都不能增加企业的总利润,那么这个方案就是最佳的。最佳分配方案的条件可表示为:$MR_A = MR_B$。

企业决定其总产量的条件是边际收益等于边际成本,即 $MR_A = MR_B = MC$。根据这一条件,我们便可确定企业在国内外市场上的销售量和价格。在图 9-10 中,边际成本曲线与企业国内市场的边际收益曲线的交点分别决定了其在国内外市场的销售量,再由国内外市场的需求曲线,可确定对应销售量的市场价格,企业在国内外的销售价格分别为 P_A、P_B,由于国外市场的需求曲线更为平坦(需求弹性相对较大),故对应的价格低于国内价格。由于此种倾销行为是为了谋求最大利润,是一种合理的企业行为,所以只要不受约束,它就可持续下去。

虽然倾销对进口国消费者可能有利,但倾销使进口国同类企业或产业的发展面临着严重的压力,甚至造成进口国同类行业难以生存的恶果,因而国内生产者会要求政府采取反倾销(anti-dumping)政策措施,以抵消倾销对进口国市场的强烈冲击,保护本国同类产业的发展。反倾销一般做法是征收反倾销税。根据世界贸易组织的规定,反倾销税的额度不得超过两国的价格差额。

本章小结

进口关税的征收对一国的生产者有利,但不利于国内消费者。在小国情形下,进口关税会导致社会福利损失;在大国情形下,关税的净福利效果不确定,如果关税的贸易条件效应比较显著,则有可能改善本国福利,反之则降低本国福利水平。进口配额是一种通过对进口数量的限制达到保护本国生产的非关税措施,它所起到的限制贸易作用往往比关税要大。出口补贴是政府对出口采取补贴的方法,以提高出口企业的竞争力,扩大本国出口,但在扩大出口的同时,可能会因贸易条件的下降,使得政府补贴的一部分转移到国外消费者手里。倾销虽是一种企业低价竞争行为,倾销虽然有利于进口国的消费者,但对进口国的生产者可能会带来严重后果,所以进口国的生产者往往会要求政府采取反倾销税等措施,抵消来自他国倾销的影响。

关键词

小国　　　　　大国　　　　　局部均衡　　　　　一般均衡
有效保护率　　关税结构　　　寻租　　　　　　　进口配额
商品倾销

复习思考题

1. 对于进口配额与等额关税,如果国内生产者来选择,那么会选择哪种措施?
2. 某一小国的贸易保护情况如下:平均进口关税率为50%,对进口品需求的价格弹性(绝对值)为1,在自由贸易条件下,进口量占该国 GDP 的20%,被保护的产业占 GDP 的15%。试粗略计算进口关税保护的经济成本占国家 GDP 的百分比。
3. 你被要求对 A 国的食糖进口关税对福利的影响进行量化分析。此工作最为繁重的一部分已经完成:有人已经估算了没有食糖关税情况下的食糖生产量、消费量和进口量,信息如下(见表9-8)。

表9-8　A 国食糖的生产与贸易信息

生产与贸易 \ 进口关税	有进口关税的情况	无进口关税的情况
国际价格(在 A 国交货)	0.10 美元/千克	0.10 美元/千克
进口关税	0.02 美元/千克	0
A 国的消费(10 亿千克/年)	20	22
A 国的生产(10 亿千克/年)	8	6
A 国的进口(10 亿千克/年)	12	16

请估算：

（1）A 国消费者从取消关税中可得到的收益。

（2）A 国生产者从取消关税中遭受到的损失。

（3）取消关税导致的 A 国政府的关税的损失。

（4）取消关税对 A 国国民福利的影响。

4. 假设某一行业（X_1）需要另两个行业（X_2 和 X_3）的产品作为中间投入，投入产出系数分别为 $a_{21}=0.2$，$a_{31}=0.5$，三个行业的进口关税分别用 t_1、t_2 和 t_3 表示，试计算在下列情况下 X_1 的有效保护率。

（1）$t_1=30\%$、$t_2=20\%$、$t_3=10\%$；

（2）$t_1=30\%$、$t_2=20\%$、$t_3=40\%$；

（3）$t_1=30\%$、$t_2=50\%$、$t_3=10\%$。

5. 欧洲的飞机制造得到好几个国家政府的资助。据估计，这些资助相当于某些飞机售价的 20%。也就是说，1 架卖 5 000 万美元的飞机，其成本可能为 6 000 万美元，成本与售价的差额就是由欧洲各国政府来补贴的。同时，一架欧洲飞机售价的一半是从其他国家购买的零部件成本（假设对零部件进口不征关税）。按照这种估计，请问：欧洲飞机制造商得到的有效保护率是多少？

6. 根据图 9-11 回答：

（1）假设世界钢材价格为 100 美元/吨，美国对进口钢材实施 40% 的从价关税。在图中标明由此产生的各种效应。现假定美国改用进口配额对进口钢材进行管制，且实施配额后的钢材进口量与征收 40% 关税时相等。说明并解释两种情况下国内钢材价格分别会发生什么变化。通过对比本例中的各种效应（再分配、保护、收入和消费效应），阐述关税和配额对福利的影响有什么不同？

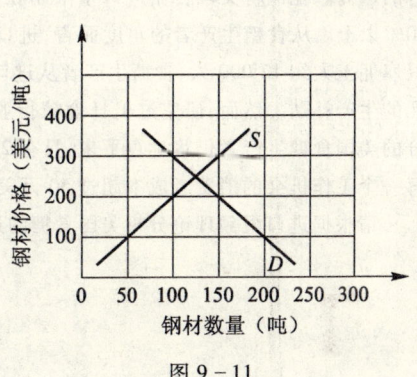

图 9-11

（2）现在考察一下本例中关税产生的收入效应。如果政府采用配额管制，请解释配额带来的收入效应是如何取决于国内政府采取的政策和进口与出口企业间讨价还价能力的。如果政府选择配额而不是关税，那么为什么这种选择很可能给国家带来额外的福利损失？

（3）假定由于收入增长，每一价格水平下国内年钢材需求量增加 50 吨，在图中画出新的需求曲线。说明在征收 40% 关税和实施配额情况下需求变化分别会给价格、国内产量及进口数量带来什么样的影响。阐述实施配额时价格上涨，而征收关税时价格却不变的原因。

（4）观察图 9-11，假定美国政府给予国内钢材生产商每吨 40 美元的补贴以支持国内钢铁产业发展。说明这种补贴对国内价格、国内产量和进口数量的影响。比较该补贴与 40% 进口关税产生的福利效应（再分配、保护、收入和消费效应）有哪些不同？为什么国内补贴给国家造成的福利损失要小于使用关税时的情况?使用这种补贴可能有什么样的正当理由?

案例讨论题

1. 碳关税

碳关税最早是由法国前总统希拉克提出的,用意是希望欧盟国家应针对未遵守《京都协定书》的国家课征商品进口税,否则在欧盟碳排放交易机制运行后,欧盟国家所生产的商品将遭受不公平的竞争,特别是境内的钢铁业及高耗能产业。碳关税目前世界上并没有征收范例,但是欧洲的瑞典、丹麦、意大利以及加拿大的不列颠·哥伦比亚和魁北克两省在本国范围内征收碳税。2009年6月底,美国众议院通过的一项征收进口产品"边界调节税"法案,实质就是从2020年起开始实施"碳关税"——对进口的排放密集型产品,如铝、钢铁、水泥和一些化工产品,征收特别的二氧化碳排放关税。

试分析美国拟征收碳关税的目的及对中国对外贸易的影响。

2. 美国食糖进口配额

在美国销售食糖的权利被分配给了外国政府,然后由外国政府将这种权利分配给各自的厂商。配额将美国食糖进口量限制在大约213万吨,美国食糖价格比国际市场高出40%以上。从食糖生产者的角度而言,进口配额可是生死攸关的大事。美国的食糖工业只雇佣工人约12 000人,食糖生产者从进口配额中所得到的利益,相当于大约每人9万美元的生产补贴。然而,研究过美日食糖行业的经济学家们相信,即使实行自由贸易,大部分的美国食糖生产者仍将生存下来,只有2 000到3 000人可能失业。因此,被"保留"的每一个工作机会的消费者成本超过50万美元。

请根据进口配额理论分析美国食糖的进口配额对美国国内及国际的影响?

第 10 章
区域经济一体化与国际卡特尔

第二次世界大战以后,由政府出面建立的区域经济一体化组织逐渐发展起来。特别是进入 20 世纪 90 年代以后,区域经济一体化的发展更是迅猛。区域经济一体化组织众多,其中最为著名的是欧洲联盟,其一体化程度引人注目,内容不仅涉及贸易关系,而且扩展到劳动、资本、货币,甚至政治、法律制度等诸多方面。各国参加区域经济一体化组织的原因是多方面的,但其最根本原因是获取静态和动态的经济利益。区域经济一体化组织与当前世界经济全球化趋势相辅相成,对国际经济与贸易产生深刻影响。本章主要介绍区域经济一体化的形式、建立条件和相关理论,并探讨了国际卡特尔理论和实践。

10.1 区域经济一体化

10.1.1 区域经济一体化的概念与形式

(一)区域经济一体化的概念

区域经济一体化(regional economic integration)是相对于经济全球化提出的,是两个或两个以上的国家或经济体之间由政府出面在特定的一体化框架内,通过协调缔结条约或协议,相互之间拆除经济贸易壁垒,实施统一的政策或措施,互惠互利,以便在经济上实现联合而组成的区域性经济组织。在一般情况下,区域经济一体化需要建立超国家的决策和管理机构,制定共同的政策措施,实施共同的行为准则,规定较为具体的共同目标和宗旨(如消除各成员国间的非关税壁垒、实现商品和生产要素的自由流动等)。因而,它要求参加区域经济一体化的国家让渡部分国家主权,以便在经济上进行有效的国际干预和调节。

经济全球化(global economic integration)一般是指世界各国彼此之间互相开放实现经济自由化,使国际贸易和国际金融合作不断加强,在商品、生产和资本国际化的基础上,使世界各国形成一个相互联系、相互依赖的有机体。区域经济一体化组织的建立,对内取消关税壁垒,允许生产要素的自由流动,并且进行财政、货币和贸易等经济政策的协调,使区域内成员国之间的经济关系更趋自由化。这种自由化正是经济全球化的核心。因此,区域经济一体化的实现,有助于推动经济全球化的形成。但区域经济一体化内外有别的政策,又不利于经济全球化的推进。区域经济一体化组织虽然对内实行各种自由化政策,但作为一个整体,为保护各成员国利益,仍然对非成员国实行较大的限制,这种对内自由、对外保护的歧视性政策措施,不利于经济全球化的发展,会使世界经济发展中的不平衡进一步加剧。

尽管区域经济一体化和经济全球化的关系可以从不同的角度去阐述,但两者同为第二次世界大战后国际经济贸易发展中的重要现象。在国际分工不断深化、国际贸易量及国际直接投资等经济全球化重要指标增长的过程中,区域经济一体化的积极作用更为突出,而且各地区经济一体化组织之间的联系也在不断地调整和加强。

(二)区域经济一体化的形式

按照贸易壁垒取消程度或按一体化目标的高低,区域经济一体化组织主要有特惠贸易协定(preferential trade arrangements)、自由贸易区(free trade area)、关税同盟(customs union)、共同市场(common market)、经济联盟(economic union)、完全的经济一体化(complete economic integration)等形式。根据让渡国家主权程度的不同,区域经济一体化组织也是由低级向高级排列。但从实践来看,区域经济一体化组织形式的分级排列并不意味着一个区域性组织在向一体化深度发展时一定是从低级向高级逐级发展。

10.1.2 区域经济一体化组织建立的条件

一个区域经济一体化组织的建立需要多方面的条件。

(一)成员国在地理位置上相互邻近

各国之间达成建立某种经济一体化组织协议的目的是促进成员方相互之间经济和贸易的发展。区域经济一体化组织要形成统一的内部大市场需要地理位置上的邻近作为客观基础,地理位置相距遥远的国家之间很难建立成员国之间统一的内部市场。因此,当人们谈到国际经济一体化组织时,习惯上称为"区域经济一体化组织"。

(二)成员国之间经济互补

区域经济一体化能否建立和稳定发展还在于成员国之间产业优势或贸易优势的互补。这种互补既包含着产业间贸易优势的互补,也包括产业内贸易优势的互补。一般而言,成员国之间经济的互补性越强,区域经济一体化组织越容易建立和稳定,否则会面临崩溃的危险。

(三) 区域经济一体化组织的建立和稳定需要照顾到每个成员国的经济利益

各参加某种形式区域经济一体化组织的国家总是希望能够得到一些经济利益。相反,如果一个区域经济一体化组织只照顾少数大国的经济利益,那么其他国家就可能退出。

(四) 成员国的政治制度比较接近

一般而言,区域经济一体化组织的建立需要各成员国让渡一部分国家主权。如果参加国的政治制度比较接近,那么这种权利让渡往往不会导致一国政治制度的根本变化。

10.1.3 关税同盟理论

在区域经济一体化过程中,由于内部取消关税,对区外国家征收差别关税或共同关税,会对区域内和区域外国家的经济产生不同影响。关税同盟是区域经济一体化的典型形式,所以在理论上,针对区域经济一体化的经济影响的效果分析,大都是以关税同盟为研究对象。

有关关税同盟的记载可以追溯到很久远的时代,系统地对关税同盟进行研究则是在第二次世界大战之后。其早期代表人物是美国经济学家雅各布·维纳,他在1950年出版的代表性著作《关税同盟理论》中系统地阐述了关税同盟理论。后来,米德等很多经济学家对关税同盟理论进行了补充完善,使之成为一种较为成熟的经济理论。对于经济发展水平相近的国家之间的一体化来说,可以通过以下方法分析关税同盟的静态效应和动态效应。

(一) 关税同盟的静态效应

关税同盟以"对内自由、对外保护"为特征,其静态效应是通过贸易创造和贸易转移来衡量的。

1. 贸易创造效应

贸易创造效应(trade creation)是指成员国之间相互取消关税所带来的贸易规模的扩大和福利的增加。关税同盟成立后,原在某一国内的某些产品的生产,可能被同盟内其他国家的生产所替代。这有利于生产的专业化和规模经济效应的发挥,带来相互贸易的便利,而取消贸易障碍则带来相互出口产品价格的下降。这些都使贸易规模扩大,同盟内部资源得到充分利用,成员国福利增加。

2. 贸易转移效应

贸易转移效应(trade diversion)是指成员国之间建立共同的对外关税和成

员国之间相互取消关税所带来的贸易方向的转移。组成关税同盟后,成员国之间签订了优惠贸易协定,取消关税,进口商就会减少从非成员国的商品进口,增加从成员国的商品进口,从而发生贸易转移。

3. 贸易创造与贸易转移局部均衡分析

关税同盟既导致贸易创造,又造成贸易转移。因此,依赖这两种相反的力量,关税同盟既能增加也能减少各成员国的福利。图 10-1 为 A 国(小国)的关税同盟效应分析图,横轴表示 A 国商品 X 的数量,纵轴表示 A 国商品 X 的价格,S_X、D_X 分别表示 A 国商品 X 的国内供给曲线和需求曲线。假设只有 A、B、C 三国,B 国、C 国商品 X 的价格分别为 P_0 和 P_2,A 国对其他国家征收 (P_1-P_0) 的关税,此时,A 国愿意从 B 国进口,从 B 国进口的含关税价格为 P_1。

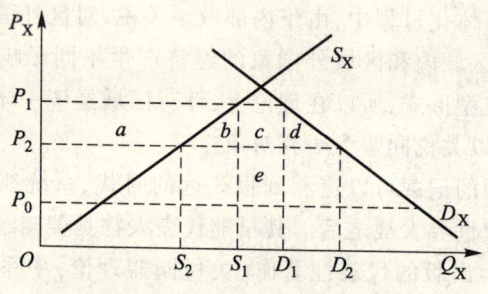

图 10-1 关税同盟的经济效应

若 A 与 C 国结成关税同盟,A、C 两国相互免征关税,而对非成员国 B 国仍征收 (P_1-P_0) 的关税,则 A 国愿意从 C 国以 P_2 的价格进口商品 X,进口量为 S_2D_2,而不愿意从 B 国以 P_1 的价格(含关税的价格)进口。可见,A、C 两国结盟后,A 国由从 B 国进口转为从 C 国进口,发生了贸易转移,造成 A 国政府收入的损失,即 $(c+e)$。

与结盟前相比,A 国商品 X 的进口价格由 P_1 下降到 P_2,进口量由 S_1D_1 增加到 S_2D_2,造成 A 国消费者剩余增加了 $(a+b+c+d)$,生产者剩余减少了 a,政府关税收入损失了 $(c+e)$,则 A 国的最后净福利为 $(a+b+c+d)-a-(c+e)=(b+d)-e$。

其中,$(b+d)$ 是贸易创造获得的福利效应,e 是贸易转移造成的福利损失,考察 A 国实施关税同盟的福利效应,应比较 $(b+d)$ 与 e 的大小。当 $(b+d)$ 大于 e 时,A 国的净福利增加;当 $(b+d)$ 小于 e 时,A 国的净福利减少。

维纳认为关税同盟的建立既可能增加又可能减少成员国和世界他国的福

利,这主要取决于产生关税同盟的环境。这就是次优理论(theory of second best)的一个例子。理论认为,如果福利最大化或者帕累托最优所需要的条件不能全部满足,那么尽量满足尽可能多的条件是没有必要的,并且这样做通常会导致次优情况的发生。因此,建立关税同盟并仅在成员国之间消除贸易壁垒,并不必然产生最优的福利状态。

要使图 10-1 中 $(b+d)$ 大于 e,即 A 国的贸易创造利益大于贸易转移的损失,A 国的净福利增加,除了同盟内成员国的经济发展水平接近以外,还必须满足如下一些条件:

(1) 成员国之间以前的贸易壁垒较高。成员国之间以前的贸易壁垒越高,形成关税同盟可能带来的贸易创造效应越大,而贸易转移效应越小。这是因为组成关税同盟后,成员国相互之间取消贸易壁垒,会在短期内使得原先贸易限制严格的国家进口出现明显增长。

(2) 关税同盟成员国与同盟外其他国家之间的贸易壁垒较低。关税同盟成员国与同盟外其他国家之间的贸易壁垒越低,其贸易创造效应越明显。这是因为同盟共同的对外关税税率越低,就越接近于世界范围内自由贸易的关税税率,外部国家的商品就越能较自由地进入关税同盟的内部市场,贸易转移的损失越小。

(3) 建立关税同盟的国家数量较多、规模较大。建立关税同盟的国家数量越多、规模越大,在同盟国范围内低成本生产的可能性就越大,贸易创造效应也就越明显。

(4) 同盟国间经济竞争的程度高于其互补的程度。这样,在同盟国中就会有更多的机会实现生产专业化和贸易创造。所以,由两个竞争的工业国形成的关税同盟要比由一个工业国和一个农业国(互补性的)形成的关税同盟更有可能增加福利。

(5) 关税同盟成员国之间的地理位置较靠近。这样,运输成本低,贸易创造的可能性大。

(6) 组成关税同盟前成员国之间的贸易量大、经济联系较密切。这样形成关税同盟后,贸易转移的可能性就会较低。

关税同盟的建立不仅对同盟总体和成员国的福利有影响,而且还可能对世界其他地区的福利产生影响。贸易创造关税同盟只导致贸易创造,并且不容置疑地增加成员国和非成员国的福利。而贸易转移关税同盟不仅导致贸易创造而且导致贸易转移,它能够增加但也能减少成员国的福利,并将减少世界其余国家的福利,因为它们的经济资源利用率不如以前未发生贸易转移时高。

(二) 关税同盟的动态效应

关税同盟除静态效应外,还具有动态效应。

1. 促进竞争效应

建立关税同盟后,一方面由于同盟内部实行自由贸易而强化了市场竞争;另一方面,由于商品的自由流动,各成员国生产者面临着空前的竞争。生产者失去保护后,必然会改进技术,提高劳动生产率。

2. 获取规模经济效应

对外贸易可以使一国的出口产业获得规模经济效益。在关税同盟内部,各个成员国有一个比较稳定的扩大了的市场,而在世界市场的激烈竞争中,对于单个国家来说,外部市场有多大并不确定。而且,关税同盟成员国的生产者由于生产要素的集中使用,扩大了自身的生产规模。因此,可以充分发挥它已拥有的在某种产业上的比较优势来扩大该产业的发展,从而实现规模经济效益。

3. 扩大投资效应

一方面,就关税同盟内部来说,其本身也是一个共同市场,在关税同盟范围内,各国相互投资,可以使同盟国的经济资源得到更好的利用,并促进同盟国内部投资的扩大(成员国企业为增强自身实力而扩大投资);另一方面,非成员国为绕开关税同盟的贸易壁垒,会到关税同盟内投资设厂,并对原先的投资进行重新配置,以适应新的市场环境,这些都会伴随着投资总量的上升。

4. 提高生产要素的流动性效应

关税同盟的建立,推动区域内商品的自由流通,带动了生产要素的自由流动,资本和劳动力从边际生产力低的地区流向边际生产力高的地区,提高了要素利用率,促进了要素更为合理的配置。

关税同盟的动态效应之间不是割裂开来的,而是相互结合在一起发生作用的。建立关税同盟所产生的动态效应被认为比静态效应要大得多,而且更为重要。有的经济学家认为,关税同盟的动态效应比静态效应大 5~6 倍。

10.2 国际卡特尔

10.2.1 国际卡特尔的概念与形式

国际卡特尔(international cartel)是指跨国界的同类商品的生产者通过某种协议控制产量,划定市场销售份额,将国际市场价格维持在完全竞争价格以上,以获取垄断高额利润为目的的国际寡头垄断的组织形式。国际卡特尔的作用不容忽视,因为他们不受任何一个国家的法律约束。

国际卡特尔的主要形式有:根据一个共同签订的公约而组成国际卡特尔,如国际航运业、保险公司、大银行之间缔结的卡特尔;根据一系列个别协定而联结成的国际卡特尔,典型的例子是国际钢铁卡特尔,它分为正式成员和非正式成员,是包括18个钢铁制品种类的国际卡特尔;根据交换专利权和制作过程协定联结起来的国际卡特尔,如在电气、化学部门中存在的卡特尔;各参加国合组一个股份公司来统一销售、划分市场和规定价格而组成的国际卡特尔,如国际铝卡特尔、国际火柴卡特尔和国际电灯泡卡特尔等。

对于没有相近替代品的某种商品而言,如果国际上只有很少供应商,则国际卡特尔很容易取得成功。但是如果存在很多国际供应商,就很难把他们组织成为一个有效的卡特尔。同样,当某种商品有了很好的替代品,则国际卡特尔想限制产品和出口以提高价格和利润的企图只会使购买者转购替代商品。所以,很多商品的国际卡特尔组织存在时间短,以失败告终。石油输出国组织和国际航空运输组织是当前较为成功的国际卡特尔组织。

10.2.2 国际卡特尔理论

(一) 卡特尔获取最大限度利润的原则

国际卡特尔获取最大限度利润的原则,也同国内垄断者一样,根据边际成本等于边际收益的原则确定垄断价格水平,获得垄断超额利润。具体情况如图 10-2 所示。

在图 10-2 中,横轴表示国际卡特尔企业的出口数量,纵轴表示商品价格水平。D 表示国际卡特尔企业产品的需求曲线,MC 表示企业边际成本,MR 表示企业边际收益。需求曲线 D 是向右下方倾斜的,因此其供给量的增加需要以降低产品价格为

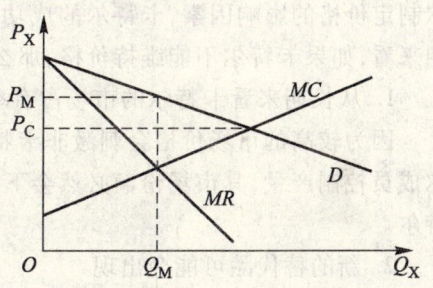

图 10-2 国际卡特尔获取最大限度利润的定价过程

前提,这表明国际卡特尔具有控制市场的力量。根据边际成本等于边际收益的原则,国际卡特尔确定的垄断价格水平为 P_M,对市场的供应量为 Q_M,该价格高于完全竞争条件下的价格水平(如 P_C)。在此情况下,国际卡特尔成员可以获得垄断利润,其数额为供应量与垄断价格和完全竞争价格的差的乘积。

(二) 国际卡特尔制定价格的基本依据

尽管国际卡特尔的产品定价是以不完全竞争者的定价原则为出发点的,但是在具体制定过程中还需要考虑多方面的因素,以便制定最佳的价格水平。

国际卡特尔定价时需要考虑以下几种因素：

1. 产品的需求弹性及与此相关的因素

产品的需求弹性是国际卡特尔定价的基本出发点。一般而言，产品的需求弹性越小，卡特尔定价的水平就越高；反之，则比较低。

2. 卡特尔的市场占有率

一般而言，卡特尔的市场占有率越高，其对价格的控制能力越强，因而操纵市场的能力也就越强。

3. 对卡特尔产品的需求弹性

如果卡特尔产品具有某种优势，那么消费者对卡特尔产品的需求弹性就比较小，相反对非卡特尔厂商产品的需求弹性就比较大。

4. 非卡特尔厂商产品的供给弹性

如果在卡特尔制定了较高的价格以后，非卡特尔成员迅速做出反应，大规模增加了其产品的供应量，那么卡特尔的定价也可能失控。反之，非卡特尔厂商的供给弹性较小，卡特尔对价格的操纵能力就比较强。

（三）国际卡特尔维持价格的理论

国际卡特尔的成功与否决定于其所制定的价格水平能否长期维持，产量和市场份额能否维持。在前面的内容中，我们已经讨论了在静态条件下，卡特尔制定价格的影响因素，卡特尔的成功与否还在于其价格的长期稳定。从长期来看，如果卡特尔不能维持价格，那么该卡特尔的寿命就很短。

1. 从长期来看卡特尔的市场占有率可能下降

因为较高的市场价格会刺激非卡特尔成员增加其产品的生产，如果卡特尔成员控制产量，其市场份额必然会下降，除非所有的产品生产国都加入了卡特尔。

2. 新的替代品可能会出现

即使某种产品的需求弹性非常低，卡特尔控制价格的难度也很大。因为当某种产品价格长期居高不下时，就会刺激企业寻找替代品，替代品的出现将威胁卡特尔产品的垄断价格。

3. 买方是否形成垄断

如果需求方组成某种形式的买方垄断，那么价格的维持决定于买卖双方谁能坚持的时间更长一些。

4. 成员是否遵守协议

卡特尔要成功地维持价格，还有赖于各成员是否严格地遵守定价和限制产量的协议。实际上，多数卡特尔的短命，在很大程度上取决于成员方违反协议或个别成员要求重新划分市场份额。

10.2.3 国际卡特尔的实践

最早的国际卡特尔是随着主要发达国家不完全竞争的市场结构建立而逐步产生的。19世纪80年代,一些大的烟草贸易公司和铁路运输公司开始组织国际卡特尔组织。进入20世纪以后,欧洲各国的钢铁公司为避免竞争也曾组织过国际卡特尔。此外,像食糖生产国、大米生产国、橡胶生产国等都曾试图建立并维持国际卡特尔的市场结构。

从总体上看,欧佩克是迄今为止最成功的国际卡特尔。欧佩克(OPEC)是石油输出国组织(Organization of the Petroleum Exporting Countries)的简称。欧佩克的宗旨是协调和统一各成员国的石油政策,并确定以最适宜的手段来维护它们各自和共同的利益。1960年,新泽西美孚石油公司董事会做出决定,将石油的标价降低10美分,这意味着石油输出国的税收和开发权使用费将相应减少。因为根据西方各石油公司与石油输出国达成的协议,这些石油公司要根据石油的标价纳税,对此,石油输出国做出强烈反应。委内瑞拉石油部长佩雷斯·阿方索提出,既然我们不能在现有的条件下保证自己的利益,就让我们携起手来,成立一个"俱乐部"。

1960年9月,由伊朗、伊拉克、科威特、沙特阿拉伯和委内瑞拉的代表在巴格达开会,决定联合起来共同对付西方石油公司,维护石油收入。9月14日,五国宣告成立石油输出国组织。随着成员的增加,欧佩克发展成为亚洲、非洲和拉丁美洲一些主要石油生产国的国际性石油组织。1965年,石油输出国组织在利比亚的的黎波里举行会议。会上大多数成员国要求对石油生产进行控制,并确定每个成员国的产量。然而由于沙特阿拉伯的反对,该建议未能实施。1967年,石油输出国组织正式放弃了管理石油生产的权利。1970年9月,利比亚向西方石油公司提出,将每桶原油的价格提高50美分,西方石油公司被迫接受。这是石油输出国组织成员国第一次提出提高原油的标价,从而标志着石油输出国组织正在演变成国际卡特尔。

欧佩克并不能控制国际石油市场,但对国际石油市场具有很强的影响力,特别是当其决定减少或增加石油产量时。欧佩克旨在保持石油市场的稳定与繁荣,并致力于向消费者提供价格合理的稳定的石油供应,兼顾石油生产国与消费国双方的利益。欧佩克先后实行过石油生产配额制和自动油价平衡机制。如果石油需求上升,或者某些产油国减少了石油产量,欧佩克将增加其石油产量,以阻止石油价格的飙升。为阻止石油价格下滑,欧佩克也有可能依据市场形势减少石油的产量。例如,1990年海湾危机期间,欧佩克大幅度增加了石油产量,以弥补伊拉克遭经济制裁后石油市场上出现的每天300万桶的缺口。2008年,原油平均价格每桶为100.06美元,油价一度冲上历史高位,之后在金融危机冲击下,需求出现自1983年以来首次负增长,国际原油价格暴跌至低于40美元/桶。为防止油价不断下滑,欧佩克在2008年9月、10月和12月三次共减产422万桶/日,石油产量随之大幅下降。

石油输出国组织到目前为止能比较顺利地运行,左右世界油价,从而深刻影响世界经济的主要原因有:第一,石油输出国组织不是垄断企业间的垄断联合,而是政府出面的国际卡特尔,因而在控制本国石油生产量和销售价格方面具有较强的权威性。第二,它所垄断的产品不是一种可以不断再生的资源,而是关系到人类主要能量来源的不可再生的资源。目前,世界石油市场的供给方主要包括OPEC和非OPEC国家。从世界原油储量来看,石油输出国组织成员国拥有世界石油探明储量的75%。因此,石油输出国组织国家的产量和价格政策对世界石油供给和价格具有巨大影响,而非石油输出国组织国家主要是作为价格接受者存在,根据价格调整产量。因此,每个成员国都很清楚,扩大生产、降低油价只能是减少自身的收入,加快本国资源枯竭的速度。因此,除非成员国遇到经济方面的特殊困难,否则不会轻易违反统一制定的石油价格。当然,欧佩克对产量的控制并不随意,因为油价过低会导致世界经济萧条,从长远看也会损害欧佩克成员国自身的利益。

本章小结

区域经济一体化可分为6种形式,即特惠贸易协定、自由贸易区、关税同盟、共同市场、经济联盟和完全经济一体化。根据关税同盟理论,区域经济一体化的静态效应包括贸易创造效应和贸易转移效应两个方面。贸易创造是指成员国之间相互取消关税所带来的贸易规模扩大和福利增加。贸易转移是指成员国之间建立共同的对外关税和成员国之间相互取消关税所带来的贸易方向的转移。区域经济一体化除具有静态效应外,还具有竞争效应、规模经济效应和扩大投资效应等多方面的动态效应。国际卡特尔是指跨国界的同类商品的生产者通过某种协议控制产品量,划定市场销售份额,将国际市场价格维持完全竞争价格以上,以获取垄断高额利润为目的的国际寡头垄断的组织形式。国际卡特尔获取最大限度利润的原则是根据边际成本等于边际收益的原则确定垄断价格水平,维持垄断超额利润。石油输出国组织是迄今为止最成功的国际卡特尔。

关键词

区域经济一体化　　经济全球化　　关税同盟　　贸易创造效应

贸易转移效应　　国际卡特尔　　石油输出国组织

复习思考题

1. 区域经济一体化的形式有哪些，请简要概括它们的要点。

2. 假定 A、B、C 三国，A 国是一个小国，国内一件衬衫生产价格 45 美元，A 国国内需求曲线为 $D = 160 - 2P$，供给曲线为 $S = 2P - 20$（单位：万件）。B 国同样商品生产价格 25 美元，C 国 20 美元。A 国对从 B、C 两国的进口衬衫统一征收 50% 关税。请通过计算说明 A 国是国内生产还是从 B 国或 C 国进口；如果进口，进口量为多少？

3. 以练习 2 为基础，A 国和 B 国结成关税同盟，对同盟外国家进口的衬衫依然征收 50% 关税。

（1）请计算贸易创造效应和贸易转移效应。

（2）如果将 A 国关税同盟成立前后所征收的关税税率都变为 100%，则贸易创造效应和贸易转移效应会怎么变化？

（3）比较（1）、（2）可得出什么结论？

4. "区域经济一体化组织对参加国总是有益的，而对不参加的国家也不会造成损失。"请对上述观点进行分析。

5. 用 20 世纪 80 年代造成世界石油价格下跌的原因说明为什么国际卡特尔难以长期维持垄断价格。

6. "世界各国应该在世界范围内非歧视性地消减关税，而不应该成立选择性的、歧视性的经济联盟。"

（1）请设计一个案例来支持这种观点。

（2）请设计一个案例来反对这种观点。

案例讨论题

1. 世界第三大自由贸易区成立

中国-东盟自由贸易区（China and ASEAN Free Trade Area, CAFTA），是中国与东盟十国组建的自由贸易区。2010 年 1 月 1 日自由贸易区正式全面启动。自由贸易区建成后，东盟和中国的贸易占到世界贸易的 13%，成为一个涵盖 11 个国家、19 亿人口、GDP 达 6 万亿美元的巨大经济体，是目前世界人口最多的自由贸易区，也是发展中国家间最大的自由贸易区。中国与东盟双方约有 7 000 种产品将享受零关税待遇，实现货物贸易自由化。在服务贸易方面，中国与东盟将实质性地彼此开放市场。在投资领域，自由贸易区的全面建成将使双方相互投资更加自由、便利、透明和公平。

请用区域经济一体化的相关理论分析中国-东盟自由贸易区成立的原因。

2. 出口卡特尔

出口卡特尔（export cartels），是指在相同产业中的两个或两个以上的独立商业组织在对外出口当中,为了达到控制市场或者减少竞争目的而自发建立的价格联盟。世界各国的反垄断法大多表现出严厉打击卡特尔行为的立法取向,但对出口卡特尔却采取了宽容。1947 年,澳大利亚制定的《贸易行为法》允许公司之间为了提升和促进出口而进行合作。1952 年,日本制定了《进出口交易法》,允许出口商组织出口卡特尔,可以就出口商品的价格、数量、品质、设计及其他事项签订行业协议。密歇根大学的玛格丽特·C. 莱文斯坦(Margaret C. Levenstein)和瓦莱丽·r. 萨斯洛(Valerie Y. Suslow)调查了 55 个国家和地区(包括所有的 OECD 国家、EU 国家和所挑选的部分发展中国家)的出口卡特尔制度后发现,几乎所有的国家都对本国的出口卡特尔提供某种形式的反垄断保护或豁免。

试分析一些国家对出口卡特尔进行反垄断豁免的理由。

第 11 章
要素国际流动

国际贸易理论一般假定生产要素在国家内部可以自由流动,而在国际不流动。如果说要素在国际不流动的假设在李嘉图时代或俄林时代与现实基本一致,那么这一假设与当今的国际经济现实则不相符合。第二次世界大战以来,随着国际经济协调的加强,资本国际流动的风险特别是政治风险显著降低。另外,信息技术的发展和金融创新既为资本流动提供了途径,又大幅度地提高了流动的速度、降低了成本。特别值得一提的是,信息技术的发展大大改善了企业内部的管理手段,使管理者能够控制更多的人和物,企业更倾向于用内部市场取代外部市场,从而使企业的规模大幅度提高,跨国公司大量出现。可以说,要素国际流动已经成为经济全球化的主要表现形式,也是世界经济发展的根本原因之一,也日益成为国际经济学课程研究的重要内容之一。要素国际流动主要包括资本、劳动力、技术等的国际流动。

11.1 资本流动纯理论

资本流动纯理论的流派繁多,其中费雪(Irving Fisher)模型、资本组合模型、两缺口模型的影响较广泛。

11.1.1 费雪模型

20世纪初,美国经济学家欧文·费雪在李嘉图比较利益理论的基础上,解释了国际短期资本流动的成因。费雪的基本假设前提是国际资本市场是完全竞争的,资本流出国与流入国都是利率的被动接受者,没有决定利率水平的能力,资本从拥有现时商品生产优势的国家流向拥有未来商品生产优势的国家。他认为,一国既定的资本存量既可用来生产现时商品,也可用来生产未来商品。在封闭条件下,政府必须合理配置资本,以满足消费者当前消费需求和未来消费需求。但由于各国的自然禀赋不同,各国在生产现时商品和未来商品上的资本配置比例不同,因而各国的实际利率不等。高利率国在生产未来商品方面具有比较优势,低利率国在生产现时商品方面具有比较优势。为了实现福利最大化,低利率国家的资本就向高利率国家流动。

费雪用当前货币代替现时商品,用将来货币代替未来商品,储蓄是对金融资产的需求和货币资本的供给,投资是对金融资产的供给和货币资本的需求。若 A 国实际利率高于 B 国,则资本会从 B 国向 A 国流动,如图 11-1 所示。

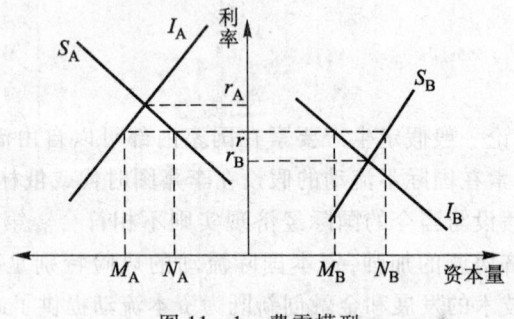

图 11-1 费雪模型

图 11-1 中,I_A、I_B 分别代表 A 国和 B 国的投资曲线,S_A、S_B 分别代表 A 国和 B 国的储蓄曲线,r_A、r_B 分别代表 A 国和 B 国的均衡利率,r 为国际市场均衡利率。当 $r<r_A$ 时,A 国的投资大于储蓄,表现为 A 国对金融资产的过度供给和对货币资本的过度需求。当 $r>r_B$ 时,B 国的投资小于储蓄,表现为 B 国对货币资本的过度供给和对金融资产的过度需求。A 国需增加未来商品的生产,减少现时商品的生产;B 国需增加现时商品的生产,减少未来商品的生产。然后两国间进行交换,使两国的福利水平都有所提高。在国际市场利率均衡时,A 国的资本流入量为 $M_A N_A$,B 国的资本流出量为 $M_B N_B$。基于利率差异引起的国际资本流动的结果是各国的利率差异消除。

费雪在资本国际流动理论中强调所分析的利率为实际利率。人们在日常生活中所使用的利率是指名义利率,由于各国存在通货膨胀程度的差异,实际利率应在名义利率基础上剔除掉通货膨胀率的因素,即实际利率应为名义利率与通货膨胀率之差。这样,即使 B 国的名义利率比 A 国的高,在 B 国通货膨胀率高于 A 国的情况下,B 国的资本仍会向 A 国流动。

由于费雪的资本国际流动理论强调各国实际利率差异是借贷资本跨国流动的决定性因素,因此,这一理论又被称为利率论。费雪的假设条件与当时及现代的资本国际流动实践差异较大。资本流出国与流入国在政治经济上处于不平等地位,国际资本的利率也为西方大国所操纵,而且完全竞争的国际资本市场也是不存在的。

11.1.2 资产组合模型

费雪模型证明,资本是从利率较低的国家流向利率较高的国家,即资本的流动是单向的,其结果是各国的利率差消失。但是费雪的这一理论与国际经济的现实却不一致。国际经济的现实是:虽然世界各国间存在资本流动,但其利率的差别却依然存在。另一个更具挑战性的问题是,根据相对价格机制,资本从报酬率(通常用利率表示)较低的国家流向报酬率较高的国家,因此,资本是单向流动的,但现实世界中资本的国际流动往往是双向的。由此看来,尽管费雪模型对于帮助认识资本流动的某一方面是有意义的,但没有对现实中的有些问题都做出令人满意的解释。

在上述两个问题中,第一个问题是可以在原有的框架内得到解决的。资本流动没能使各国间资本报酬率完全均等化,就像国际贸易并没有使各国的商品价格完全均等化一样,这是因为存在交易成本的缘故。另外,对资本流动来说,风险起着重要的作用。简单地说,虽然各国间存在着利率差别,但如果这种差别在投资者看来不足以补偿交易成本和风险的话,资本就不会简单地从利率较低的国家流向率较高的国家。

至于第二个问题,可以引入新的分析方法来回答,这种新的分析方法就是资产组合模型。资产组合的分散化可以成为解释资本国际流动的一个重要因素。资产组合模型,又称证券组合模型、证券投资组合模型,也称马科维茨-托宾模型。该模型认为,决定国际资本流向和规模的是投资者对资本的理性配置。为了分散风险,投资者应该选择不同国家的不同证券进行组合,以便使风险最小而收益最大。

资产组合理论有 3 个假设条件:一是假定证券市场是有效的,即投资者知道证券市场上每种金融工具的风险和收益的变动及其产生原因。二是假定投资者都是风险厌恶者,也即投资者尽可能地回避风险,如果他们承受较大风险,则须得到较高的预期收益。三是投资者在期望收益率和风险基础上选择投资组合,风险水平相同时,期望收益率高的投资组合为有效组合;收益率水平相同时,风险水平低的投资组合为有效组合。

投资收益是难以事先准确把握的,在不同的经济状态下,产业特定收益的概率也有所不同。把每一种可能出现的资产收益率按照其发生的概率进行加权平均,便可以得到投资某资产的预期收益率。其计算公式为:

$$E(r) = \sum_{i=1}^{n} r_i P_i \tag{11.1}$$

式中,$E(r)$ 为预期收益率,r_i 为第 i 种预期收益率,P_i 为 r_i 发生的概率。

表11-1是计算某资产的预期收益率的例子。

表11-1 某资产的预期收益率

客观经济状态	资产收益率(%)	概率	r_iP_i(%)
1	10	0.25	2.5
2	12	0.50	6.0
3	14	0.25	3.5
预期收益率(%)			12

风险指的是收益的不确定性。由于不确定性的存在,将出现的实际结果可能与期望的结果不一致,这种实际结果与期望结果的偏离程度往往被用来衡量风险。因此,可以用方差和标准差作为衡量风险的标准。方差的计算公式为:

$$\sigma^2 = \sum_{i=1}^{n} [r_i - E(r)]^2 \cdot P_i \tag{11.2}$$

标准差的计算公式为:

$$\sigma = \sqrt{\sum_{i=1}^{n} [r_i - E(r)]^2 \cdot P_i} \tag{11.3}$$

根据表11-1中的数据,可计算出该资产的方差为2.0%,标准差为1.41%。

资产组合的预期收益$E(r_p)$是资产组合中所有资产预期收益的简单加权平均值,其中的权数x为各资产投资占总投资的比例。具体计算公式为:

$$E(r_p) = x_1 E(r_1) + x_2 E(r_2) + \cdots + x_n E(r_n) = \sum_{i=1}^{n} x_i E(r_i) \tag{11.4}$$

其中:

$$x_1 + x_2 + \cdots + x_n = 1$$

资产组合的风险用资产组合的方差来表示。对于n个资产的组合来说,计算方差的一般公式为:

$$\sigma_p^2 = \sum_{i=1}^{n} \sum_{j=1}^{n} x_i x_j \sigma_{ij} \tag{11.5}$$

标准差的一般公式为:

$$\sigma_p = \sqrt{\sum_{i=1}^{n} \sum_{j=1}^{n} x_i x_j \sigma_{ij}} \tag{11.6}$$

式中,n是资产组合中的资产数量,x_i是资产组合中i资产所占的比重,x_j

是资产组合中 j 资产所占的比重，σ_{ij} 是 i 资产和 j 资产可能收益的协方差。而协方差是用来衡量两种资产收益率之间关系的统计变量。若两种资产的收益率同向变动时，协方差大于零；反向变动时，协方差小于零。由两种资产组成的资产组合的协方差计算公式为：

$$\sigma_{12} = \sum [E(r_1) - r_1][E(r_2) - r_2] \cdot P \tag{11.7}$$

假设现有两种资产 A 和 B，其投资收益率与概率分布情况如表 11-2 所示。

表 11-2 资产 A 和资产 B 的投资收益率与概率

客观经济状态	概率	A 资产的投资收益率(%)	B 资产的投资收益率(%)
衰退	0.25	10	18
一般	0.50	14	13
繁荣	0.25	16	2

A 资产的期望收益率为：

$$10 \times 0.25 + 14 \times 0.50 + 16 \times 0.25 = 13.5(\%)$$

B 资产的期望收益率为：

$$18 \times 0.25 + 13 \times 0.50 + 2 \times 0.25 = 11.5(\%)$$

A 资产的方差为：

$$(13.5-10)^2 \times 0.25 + (13.5-14)^2 \times 0.50 + (13.5-16)^2 \times 0.25 = 4.75(\%)$$

A 资产的标准差为 2.18%。

B 资产的方差为：

$$(11.5-18)^2 \times 0.25 + (11.5-13)^2 \times 0.50 + (11.5-2)^2 \times 0.25 = 34.25(\%)$$

B 资产的标准差为 5.85%。

投资收益率与其期望值的波动程度代表着投资项目的风险大小。标准差表示变量的各个具体数值与期望值波动程度的统计量，所以标准差的大小代表投资项目的风险大小。

因为 A 资产的标准差小于 B 资产，那么，资产 A 的风险小于资产 B。但是，标准差的大小与投资收益率水平有关，必须在期望值相等或接近相等的情况下比较标准差的大小，才能确定风险的程度。在期望值不等的情况下，要比较两个或两个以上证券投资项目的风险程度，就须使用标准差系数。其计算公式为：

$$V = \frac{\sigma}{E(r)} \tag{11.8}$$

根据公式(11.8)，可以计算 A 资产的标准差系数为 2.18%/13.5% ≈

0.16。B 资产的标准差系数为 5.85%/11.5% ≈ 0.51。显然,B 资产的标准差系数大于 A 资产,因此,B 资产的风险更大些。

衡量风险大小的原则是期望值相同时,标准差越大,风险越大,否则,风险就越小;在期望值不同时,标准差系数越大,风险越大,标准差系数越小,风险就越小。标准差相同时,期望值越大,风险越小。

在比较 A、B 两种资产的收益和风险的基础上,对该两种资产进行投资组合时,还须考虑两种资产的协方差,如表 11 - 3 所示。

表 11 - 3　A 资产和 B 资产的协方差

A 资产的期望收益率(%)	A 资产的投资收益率(%)	B 资产的期望收益率(%)	B 资产的投资收益率(%)	概率	协方差(%)
13.5	10	11.5	18	0.25	-5.69
13.5	14	11.5	13	0.50	0.38
13.5	16	11.5	2	0.25	-5.94

根据表 11 - 3 中的数据,可以计算 A 资产和 B 资产的协方差为:

$$-5.69\% + 0.38\% + (-5.94\%) = -11.25\%$$

资产组合理论的核心观点是:投资者在追求较高预期收益的同时,希望承担尽可能小的风险。资产组合理论的基本结论有:投资者处于降低风险的考虑,会将其财富分配于多种资产;投资者对特定资产的需求与该资产的预期收益正相关,与该资产的风险负相关;投资者对特定资产的需求与投资者的财富总量正相关,当投资者财富总量增加时,各种资产的需求也随之增加;当某种资产同其他资产的收益方向变动时,持有各种资产的收益就越大,对该资产的需求也就越大。

将资产组合理论扩展到国际资本市场,其结论对于理解资本国际流动,尤其是短期资本流动,具有特别重要的意义。含有存量的资本国际流动模型的基本形式为:

$$F_d = f(i, i^*, R, W) \tag{11.9}$$

其中,F_d 为资本输入国对资本输出国的进入需求,i 为资本输入国的利率,i^* 为资本输出国的利率,R 为资本输出国对资本输入国偿还债务的信心(它可以充当风险的替代变量),W 为投资者所拥有的资产总量。这样,资本输入国的资本需求与本国利率、偿债信心、资产总量正相关,与输出国利率负相关。

假定投资者拥有的资产总量不变,即 W 为一个常数,输入国利率 i 上升时,最初会有流量资本从输出国流入输入国,表现为输出国持有输入国资产数量的增加,投资者持有的存量资本的风险与预期收益的组合就会发生变化。投资者之所以要改变投资组合,一方面是因为输入国的资产预期收益提高;另一方面,是出于降低投资风险的需要。由于各国所处的经济发展阶段不同,经济结构和宏观经济环境方面也存在差异,各国间各种资产收益率的相关性较一国国内要低得多。这样,在国际范围内配置资产就能有效地降低风险,尤其可以降低系统性风险。

11.1.3 "两缺口"模型

"两缺口"模型是钱纳里(H. B. Chenery)和斯特劳特(A. M. Strout)提出来的。该理论解释了发展中国家利用外国资金弥补经济发展中资金短缺的必要性。钱纳里和斯特劳特认为,发展中国家的经济发展主要受3种约束:一是储蓄约束,即国内储蓄不足以支持投资的扩大;二是外汇约束,即有限的外汇不足以支付经济发展所需要的进口;三是吸收能力的约束,即由于缺乏必要的技术、企业家和管理人才,无法有效地运用各种资源,影响了生产率的提高。钱纳里和斯特劳特重点考察的是储蓄约束和外汇约束,因此他们的理论一般被称为"两缺口"理论。

根据凯恩斯宏观经济理论,经济均衡时,总需求等于总供给,有:
$$C + I + X = C + S + M$$
则:
$$I - S = M - X$$

其中,$I-S$ 为投资于消费的差额,即储蓄缺口;$M-X$ 为进口与出口的差额,即外汇缺口。上式表明,经济均衡时,储蓄缺口等于外汇缺口。当出现储蓄缺口时,必须用外汇缺口来平衡。该理论假定投资、储蓄、进口、出口都是独立变动的,不存在任何替代关系,储蓄缺口与外汇缺口一般不可能正好相等。当储蓄缺口大于外汇缺口时,就必须压缩投资,增加储蓄;当外汇缺口大于储蓄缺口时,就必须减少进口,扩大出口。这就为发展中国家制定宏观经济政策提供了理论依据。

实际上,储蓄缺口与外汇缺口和各个变量之间存在着依存关系。这样,在出现缺口时,就要求从外部寻找资金来源。引进外资对于弥补缺口的作用表现在:一方面进口增加,如利用外资进口机器设备,这项进口暂时不必用出口换取外汇来支付;另一方面又同时表现为投资,这种投资又不需要增加国内储蓄来抵补。因此,利用外资可以同时填补两个缺口,从而减轻了动用储蓄满足投资需求以及因支付进口费用出现外汇短缺而产生的双重压力。

积极利用外资弥补外汇缺口,并将外资用于经济效益显著的投资项目,既有利于促进经济发展,又有利于增加储蓄,增强偿还能力。但事实上,国际资本不一定从储蓄率高的国家流向储蓄率低的国家。另外,技术缺口对发展中国家经济增长来说更为重要。

从理论上讲,引进外部资源存在着最佳规模。超过最佳规模,引进外部资源就意味着损失,如图 11-2 所示。

从图 11-2 可以看出,最佳引进量 OQ_2 是在 $MR=MC$ 时的吸引外部资金量,即落在边际收益等于边际成本的点 E 上,这时,该社会所有的富余资源与引进的外部资源相结合,可以创造出最大的经济效益。图 11-2 中 A 点所对应的

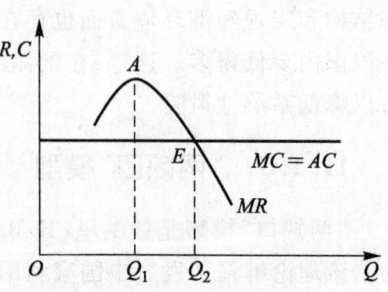

图 11-2 引进外资的最佳范围

外部资源引进量,是单位外部资源可以产出最多的收益的量,是产出效率最佳点,但却不是总的经济效益最大的点,因为此时仍然存在闲置的国内资源(如劳动)等待与引进的外部资源(如资金)结合。

11.2 资本国际流动的经济效应

11.2.1 资本国际流动与总效用水平

费雪在分析资本流动发生机制时指出,通过现在商品和将来商品的交换,交易双方都可以达到比没有交换时更高的效用水平。换言之,资本国际流动可以给交易双方带来更大的利益。

在图 11-3 中,纵轴表示一国的总效用(total utility)水平,横轴表示单位时期内的消费水平,TU 为总效用函数曲线。

当不存在资本国际流动时,如果经济不景气时该国的消费水平较低,在点 E_1;经济景气时该国的消费水平较高,在点 E_3。这样,在两个时期的总效用水平分别为 OU_1 和 OU_3。如果把两个时期作为一个完整的过程来分析,那么,该国在这两个时期的平均总效用水平应为 $(OU_1+OU_3)/2$。假定点 Q_2 是线段 Q_1Q_3 的中点,则 $(OU_1+OU_3)/2=OU_4$。也就是说,如果不存在资

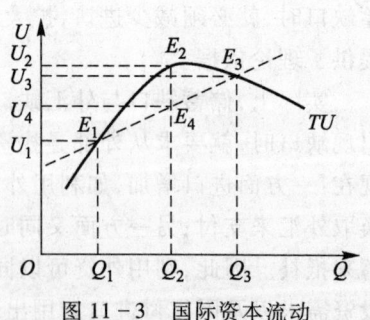

图 11-3 国际资本流动与总效用水平

本国际流动,该国在这两个时期的平均总效用应为 OU_4。

当存在资本国际流动时,两国通过现在商品和将来商品的交换就能够平抑消费水平在不同时期的波动。如果经济不景气,该国就可以出售将来商品以换取现在商品,即借入资金,使消费水平保持在 OQ_2,则该国的总效用水平为 OU_2。如果经济景气,该国就可以出售现在商品以换取将来商品,即借出资金,使消费水平也保持在 OQ_2。该国的总效用水平也为 OU_2。因此,不论经济如何波动,该国两个时期的平均效用水平均为 OU_2,与不存在资本国际流动时的平均效用水平 OU_4 相比,平均效用水平可提高 U_4U_2。这就是资本国际流动带来的净利益。

11.2.2　麦克杜格尔的福利效应模型

对于资本国际流动的福利效应,多数分析仅仅限于对资本要素国别供给量与价格亦即资本报酬的影响。该模型认为,资本在国际自由流动后,将使资本的边际产出在国际上平均化,从而提高世界资源的利用率,增进全世界的生产,以及东道国和母国的福利。

如图 11-4 所示,假定世界上只有 A、B 两国,世界的资本存量一定,即 O_AO_B,但两国拥有的资本不一样:A 国拥有 O_AO 量的资本,B 国拥有 O_BO 量的资本。MN 为 A 国资本的边际产品价值曲线,mn 为 B 国资本的边际产品价值曲线。在没有资本流动的条件下,A 国资本收益率为 O_AA 时,在国内投入的全部资本总量为 O_AO,因此,总产量可用边际产品价值曲线下的面积测算,为 O_AMDO。

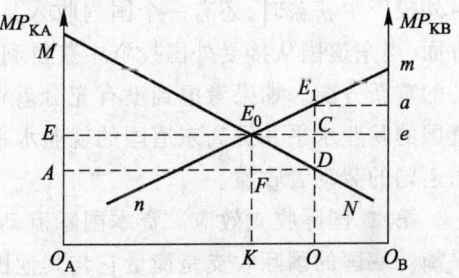

图 11-4　资本国际流动的经济效应模型

其中,O_AADO 由 A 国的资本所有者创造,剩下的 AMD 由其他合作要素所有者(比如劳动、土地所有者)创造。同样,在禁止资本国际流动条件下,B 国资本收益率为 O_Ba 时,投入国内全部资本存量为 O_BO,B 国的总产量是 O_BmE_1O。其中,O_BaE_1O 由 B 国的资本所有者创造,剩下的 amE_1 由其他合作要素所有者创造。

现在假设允许资本自由流动,由于 B 国的资本存量比 A 国的资本存量少,因此,B 国的资本报酬(O_Ba)比 A 国的资本报酬(O_AA)高,OK 量的资本从 A 国流入 B 国,此时两国的资本收益率相等(KE_0)。此时,A 国的国内总产量为 O_AME_0K,加上对外投资的总收益 OKE_0C,国民收入总量为 O_AME_0CO,增加

了 E_0CD。随着国际资本的自由流动，A 国资本总收益增加到 O_AECO，而其他合作要素总收益减少到 EME_0。

随着外国资本 OK 量的流入，B 国的资本收益率从 O_Ba 降低到 O_Be。表面上看来，B 国国内总产量从 O_BmE_1O 增长到 O_BmE_0K，但在所增加的总产量 OKE_0E_1 中，OKE_0C 由外国投资者创造，在总产量增加部分中只有 E_1E_0C 是 B 国的净收益。B 国国内资本所有者的总收益从 O_BaE_1O 下降到 O_BeCO，而其他合作要素所有者的总收益从 amE_1 上升到 emE_0。

从整个世界范围看，总产量从 $O_AMDO + O_BmE_1O$ 增加到 $O_AME_0K + O_BmE_0K$，增加了 E_0E_1D。因此，资本国际流动提高了国际资源配置的效率，提高了生产力，从而增加了国民收入。此外，MN 和 mn 曲线越陡，则从国际资本流动中获得的总收益越大。

从上述分析中可以看出资本流动对于流出国和流入国的经济影响，具体主要体现在以下几个方面：

第一，劳动与就业效应。假设资本和劳动两种生产要素在资本流动前后被充分利用，从图 11-4 中能够看到，东道国的资本总收益和平均收益均增加，而投资国劳动总收益和平均收益均下降。因此，当投资国作为一个整体从对外投资中获益时，还有一个国内收入从劳动力到资本再分配的问题。另一方面，当东道国从接受外国投资中获得利益时，也引起了国内收入从资本到劳动的重新分配。如果考虑到没有充分就业这一前提，对外投资趋向于降低投资国的就业水平并提高东道国的就业水平，这样会使投资国劳动者受损，而使东道国的劳动者收益。

第二，国际收支效应。资本国际流动也影响投资国和东道国的国际收支平衡。一国的国际收支是衡量它与其他国家经济交往中的总收入和总支出状况的平衡表。如果发生了对外投资，则投资国对外支出增加并引起国际收支逆差；相反，东道国却因当年吸引外资而改善了国际收支。因此，对外直接投资对投资国国际收支短期的影响是消极的，长期的影响则要考虑它是否会导致东道国的出口替代，使投资国进口原先出口的商品。与此相反，对外投资对东道国短期的影响是积极的，但长期的影响是不太确定的。由于大多数发达国家的对外投资是双向的，对国际收支的长期和短期的影响大部分相互抵消。除了日本，那些对外投资已大大超过所接受的外国投资的国家以及许多发展中国家将长期面临国际收支的严重困难。

第三，其他效应。由于受对外投资国和东道国双方的产出和贸易量的影响，对外投资也可能影响其贸易条件。对外投资也会影响投资国的技术领先地位和东道国对经济的控制以及实施独立经济政策的能力。这些又与国际贸易和国际投资主体(跨国公司)的活动密切相关。

11.3　劳动力国际流动

　　劳动力的国际流动,在最直接的意义上,是指国际移民和国与国之间劳动力的输出和输入活动。其中,移民有合法与非法之分,劳动力输出与输入则多半与国际双边经济合作协议联系在一起。但无论哪种途径,国际劳动力要素的流动是客观存在的,国际贸易理论分析中的劳动力国际完全不流动,仅仅是个假定。

11.3.1　劳动力国际流动的原因与形式

　　劳动力国际流动的经济原因主要有国民收入的国际差异、各国劳动力供求的不平衡、经济周期、国际贸易和跨国投资的带动等。各国鼓励劳动力一定程度的流动,但往往也限制高素质劳动力的过度跨国流动。劳动力国际流动的形式包括永久移民式的劳动力国际流动、中短期国际劳务出口(工程、服务等工作人员)、留学人员、技术性劳务合作(人才流动)、在外资机构的工作人员(未跨国界的流动)等为外国使用的本国劳动力。

11.3.2　劳动力国际流动的经济效应

　　劳动力的国际流动既有经济原因,也有非经济原因。许多19世纪以及更早年代的国际移民是出于逃避国内政治、宗教迫害等非经济原因;而大多数尤其是第二次世界大战后的劳动力国际流动则是受国外高工资的驱动。移民如同其他任何投资一样,都涉及成本和收益两方面的因素。成本包括国际交通费用、重新寻找工作所付出的工资损失以及其他难以量化的代价,比如背井离乡的精神苦闷、熟悉新环境与风俗习惯的时间耗费、学习外语的费用等。不仅如此,由于移民往往是呈波浪状或链条状流动的,倾向于迁入一个已有一定数量来自同一地方的早期移民聚居的区域,因而许多非经济因素的成本可以大大减少。国际移民的经济效益可以通过他们在剩余工作寿命内从国外所能获得的比国内要高的工资收入来衡量,甚至包括移民子女可能享有的较好的教育和工作机会等因素。

　　通过利用与分析资本国际流动时使用的类似图形,可以非常容易地看出各国间劳动力流动的经济效应。假设两国的劳动力是同质的、可移动的,劳动力会从丰富的、低工资的地区流动到稀缺的、高工资的地区。劳动力的这种流动会导致移出地的工资上涨,而移入地的工资下降。如果不存在流动成本,那么劳动力的流动将一直持续到两个地区的工资相等为止(如图11－5所示)。

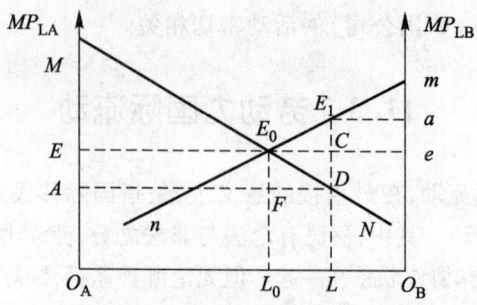

图 11-5 劳动力国际流动的经济效应模型

假设世界上只有 A、B 两个国家,两国劳动力的数量用横轴的长度来表示。劳动力需求曲线用 MN 和 mn 来表示。假设两个市场封闭时,国家 A 的工资低于国家 B 的工资。国家 A 的劳动力数量为 $O_A L$,而国家 B 仅有 $O_B L$ 的劳动力数量。开放条件下,假设市场完全竞争且劳动力可流动,劳动力受工资差异的影响会从国家 A 流向国家 B。国家 A 的工资就会上涨而国家 B 的工资则下跌,直至两国的工资均为 $L_0 E_0$ 为止。即两国的工资 $O_A E = O_B e = L_0 E_0$,国家 A 雇用 $O_A L_0$ 的劳动力,而国家 B 雇用的劳动力为 $O_B L_0$。

劳动力流动之后,国家 A、国家 B 及世界福利都发生了变化。假设生产中存在劳动力的边际产出递减,那么,在其他条件不变的情况下,国家 A 人均产出增加,而国家 B 人均产出就下降。世界作为一个整体从这次流动中可获利,因为国家 A 总产出的减少量 $L_0 E_0 D L$ 小于国家 B 总产出的增加量 $L_0 E_0 E_1 L$,差额为区域 $E_0 E_1 D$。

劳动力的流动也会影响有关国家的产出构成和贸易结构。假设为充分就业,在一个不变的国际价格下,根据罗伯津斯基定理,国家 B 劳动力的增长会导致劳动密集型商品(纺织品)产出扩张而资本密集型商品(汽车)产出缩减。假定国家 A 是劳动力丰富的国家,国家 B 是资本丰富的国家,且两者间的贸易遵循赫克歇尔-俄林模式,那么国家 B 出口商品的产出下降,进口商品的产出增加。因此,生产贸易效应是超逆贸易效应。国家 A 劳动力的减少以同样的方式会导致劳动密集型商品的产出下降,而资本密集型产品的产出上升。两个国家的生产效应在性质上是对称的和超逆贸易型的。

11.3.3 劳动力国际流动与劳动力市场

在图 11-6 中,图(a)是 A 国的劳动力市场,图(b)是 B 国的劳动力市场。在图(a)中,纵轴是 A 国劳动的价格 W_A,横轴是 A 国劳动的数量 L_A。直线 S

是 A 国劳动的供给曲线,直线 D 是 A 国劳动的需求曲线。在封闭条件下,供给曲线 S 和需求曲线 D 的交点 E_A 是 A 国劳动力市场的均衡点。均衡点 E_A 对应的价格 W 是均衡价格,对应的数量 L 是均衡劳动量。在图(b)中,纵轴是 B 国劳动的价格 W_B,横轴是 B 国劳动的数量 L_B。直线 s 和直线 s′ 是 B 国劳动的供给曲线,直线 d 是 B 国劳动的需求曲线。在封闭条件下,供给曲线 s 和需求曲线 d 的交点 E_B 是 B 国劳动力市场的均衡点。均衡点 E_B 对应的价格 w 是均衡价格,对应的数量 l 是均衡劳动量。

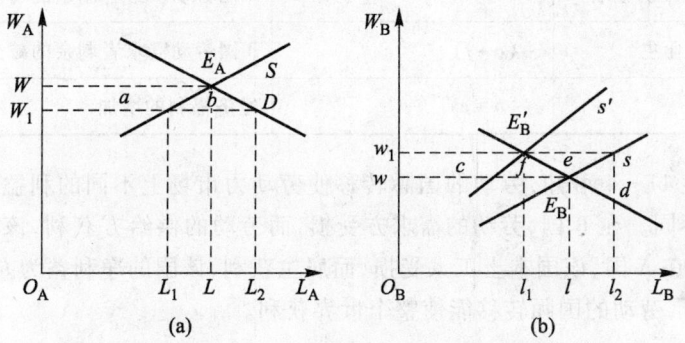

图 11-6 劳动力国际流动与劳动力市场

开放条件下,如果允许劳动力在国际自由转移,那么,两国之间工资水平的差异是 B 国劳动力流向 A 国的动力。在 A 国的劳动力市场上,由于 B 国劳动力的流入导致劳动的供给大于需求,迫使劳动的价格降至价格 W_1,这时 A 国国内劳动的供给量降至 L_1,而需求量升至 L_2,其间的差异 L_1L_2 由 B 国劳动力补充。在开放以后,A 国的劳动供给者剩余减少(a),但是劳动需求者剩余增加($a+b$)。

在 B 国的劳动力市场上,由于该国劳动力的流出导致劳动的供给曲线 s 左移到供给曲线 s′ 的位置。新供给曲线 s′ 和需求曲线 d 的交点 E_B' 是 B 国劳动力市场的新均衡点。新均衡点对应的价格 w_1 是新均衡价格,对应的数量 l_1 是新均衡劳动量。在新的均衡价格 w_1 下,B 国劳动的实际供给量是 l_2,但国内劳动的需求量仅为 l_1,其间的差异 l_1l_2 是 B 国转移到 A 国的劳动量。如果 A 国的劳动流入量 L_1L_2 正好等于 B 国的劳动流出量 l_1l_2,那么,在开放条件下,两国的劳动力市场都达到均衡状态。在开放以后,B 国的劳动供给者剩余增加 c,转移到 A 国的劳动供给者剩余增加了($f+e$),而劳动需求者减少了($c+f$)。

劳动力国际流动的损失和利益可以总结为表 11-4。

表 11-4　劳动力国际流动的损失和利益

集团	经济利益或损失(+/-)	解释
移民	$+(f+e)$	转移到 A 国劳动供给者剩余的增加
A 国的劳动者	$-a$	A 国劳动供给者剩余的减少
A 国的企业主	$+(a+b)$	A 国劳动需求者剩余的增加
留在 B 国的劳动者	$+c$	B 国劳动供给者剩余的增加
B 国的企业主	$-(c+f)$	B 国劳动需求者剩余的减少
净效果	$+(b+e)$	经济福利的增加

从表 11-4 可知,劳动的国际转移使劳动力市场上不同的利益集团受到的影响不同。在 B 国,劳动的需求方受损,而劳动的供给方获利,该国的净利益为 e。在 A 国,该国本土工人受损,而雇主获利,该国的净利益为 b。从世界角度分析,劳动的国际转移能使整个世界获利。

11.4　技术国际转移

11.4.1　技术国际转移的动因与形式

技术是指用于产品生产的程序、方法,是科学理论的物质表现。经济利益的驱动是一个国家、经济体和企业引进技术的根本动因,在具体过程中有产量目标、效益目标、积累目标或提升结构的目标。从技术引进角度看,技术的引进能够促进经济增长,带给引进技术的企业经济收益,同时技术的引进也会使产业结构发生变化以及促进引进技术的企业在国际市场中竞争力的提高。从技术输出者的角度,也是转移即将过时技术、延长某种技术生命周期的手段,同时也会有转移技术的经济收益。

技术转移属于软件的流动,其形式包括专利使用、技术秘密的使用、制造技术的传播等,具体的转移形式可以分为垂直型、水平型等。垂直型技术转移是指把一国的基础科学的研究成果转用于另一国的生产领域。水平型技术转移是把一国的某些已被应用于生产领域的新技术转用于另一国的生产领域。在实践中还存在着混合型的技术转移,即一个国家的技术转移同时存在着垂直型与水平型的情况。

11.4.2 技术转移的周期理论

占有新技术优势的企业,在对外经济战略上大都经历过三个阶段:新产品出口、直接投资生产该产品和技术转让。三个阶段之间互有联系,按一定规律实行周期循环,如图 11-7 所示。

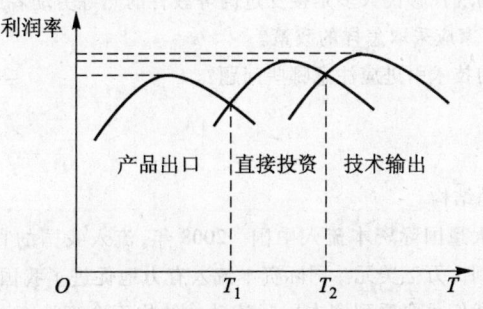

图 11-7 技术国际转移的周期理论

具有新技术优势的企业,第一步总是以产品出口获利,有着独占市场的性质,当出口市场开始模仿新技术生产该产品时(T_1),该企业可以用东道国的资源直接投资牟利,当东道国生产扩大利润下降,企业可以通过输出技术维持收益(T_2)。不同国家的需求与资源的关系不同,在不同的发展阶段需求与资源的关系也不同,这样技术便产生流动。这种技术转移的周期过程对于解释今天跨国公司在东道国的行为是有一定的参考意义的。一般而言,在今天的国际经济条件下,跨国公司大都是遵循着上述的周期过程来处理出口、直接投资和技术转移以牟取最大的收益,即实现收益最大化的。

本章小结

生产要素作为一种特殊商品,因为其"有用性"而有其本身的国际市场。生产要素的所有者既可以在国内要素市场上通过出售行为取得收入,也可以在国际市场上进行销售以实现自己的经济利益。要素所有者的行为取决于国内、国际市场上的要素价格、流动成本及其风险对比。费雪模型和资产组合模型分别从资本价格和风险的角度解释了资本国际流动的原因。麦克杜格尔模型则分析了资本国际流动对资本流出国和流入国的影响。

关键词

费雪模型　　资本组合模型　　两缺口模型　　麦克杜格尔模型
技术国际转移

复习思考题

1. "两缺口"理论对中国经济发展的借鉴意义是什么？如何解释中国使用大量外汇购买美国国债？
2. 美国的工会对美国公司对外直接投资持什么态度？为什么？
3. "一国最好不向外国借债。"你是否同意这种观点？为什么？
4. 发展中国家的现代移民大多是接受过高等教育的熟练劳动者或高技能的工人。对此，你认为，发展中国家应采取怎样的政策？
5. 发展中国家的技术引进应注意哪些问题？

案例讨论题

1. 资本国际流动结构

改革开放以来，大量国际资本流入中国。2008年，流入我国的直接投资为924亿美元，到年底已累计达到1万亿美元。国际资本流入有力地促进了我国经济发展，促进我国在世界崛起。但是，我们也要看到资本国际流动的结构不合理。新兴市场和发展中国家将廉价商品出口到发达国家，获得大量外汇。这些外汇的绝大部分，又以购买债券或存款方式流入发达国家，只能获得3%~4%的收益率。发达国家通过集中本国的资本和流入的资本，将资本以长期直接投资方式投向新兴市场和发展中国家，获得10%~20%的收益率。2008年年底，我国对外金融资产总额为29 203亿美元，其中对外直接投资不到6%；而对外金融总负债14 013亿美元，其中外国来华直接投资占63%。

试分析我国对外投资战略。

2. "热钱"

"热钱"又称为国际游资或投机性短期资本，是通过多种渠道在国际上快进快出，以追逐短期高额利润的资本。任海舰（2009）对2005—2008年上半年我国"热钱"规模估算如表11-5所示。

表11-5 中国2005—2008年上半年热钱规模估算表　　　单位：亿美元

项目	2005年	2006年	2007年	2008年上半年	合计
贸易渠道流入热钱	620	1 275	1 997	599	4 491
直接投资渠道流入热钱	67	86	557	264	974
外债渠道流入热钱	—	45	119	60	224
合计	687	1 406	2 673	923	5 689

试分析"热钱"流入中国的原因及对中国经济的影响。

第 12 章
国际直接投资与企业国际化

在上一章分析要素国际流动时,讨论了纯资本流动的发生机制。在资本国际流动中,也有很大一部分是采取另一种方式进行的,这便是国际直接投资。它的一个显著特征是,投资者在以资本流动的方式转移资源的同时,还获得对投资对象的直接控制权。在 20 世纪 70 年代初期,跨国公司就承担了全球 90% 以上的对外直接投资活动,而通过国际直接投资,又涌现出更多新的跨国公司并使之获得了迅猛的发展和壮大。当一个跨国公司在国外建立分支企业后,分支企业不仅对母公司承担纯金融上的义务,而且它本身也成为其母公司整个组织结构的一部分。正是从这个意义讲,国际直接投资便不再只是一个资本流动的问题,同时也是个企业组织问题。自 20 世纪 50 年代以来,有关跨国公司和国际直接投资的理论,随着实践一起获得了迅速的发展,迄今已形成流派纷呈的局面。

12.1 特定优势、内部化与区位因素

12.1.1 企业特定优势的来源

最早的现代跨国公司理论和国际直接投资理论是垄断优势论。美国学者斯蒂芬·海默(Stephen Hymer)于 20 世纪 60 年代初提出。

国际直接投资最主要的特点是投资者与被投资企业项目的控制权紧密联系。企业拥有或获得金融资本的有利条件并不是国际直接投资的充分条件,而跨国公司利用由于市场不完全性所产生的企业特定优势对海外企业和业务进行控制,以抵消东道国当地企业的优势而获得足够的投资回报,才是企业对外直接投资的根本原因。

海默认为,外国直接投资者是商品市场的垄断者,或更为常见的是寡头垄断者。它们对外国企业进行投资以便抑制竞争和维持自己的市场优势。它们愿意保持对这些企业的控制而拒绝与他方分享股权,以便避免这些公司与本

公司的其他分公司间的竞争,同时也有利于保守公司的秘密。他还认为,如果外国直接投资的确反映了投资中的市场垄断力量,那么东道国政府便应当愿意对其加以控制。

在市场不完全竞争前提下,跨国公司的特定优势主要来自以下几个方面。

(一) 对某些技术的垄断

这里的技术是指广义上的技术,既包括了生产过程中所实际运用技术设备、工具等具体有形的技术,也包括诸如知识、信息、诀窍等以无形资产形式存在的技术。所有这些都是跨国公司特定优势的重要方面和来源。

(二) 产业组织形式的寡占特点

跨国公司的行业实际分布情况表明,国际直接投资与行业集中程度有着密切的关系。世界上跨国公司中的前500强,是全球国际直接投资的主力。这是因为这500强大型或特大型跨国企业的规模经济对通过研究与开发而获得技术上的优势具有十分重要的作用。同时,在对已经获得的优势的维持和保护方面,由规模因素而形成的垄断也是十分重要的。

(三) 企业家才能或管理能力的"过剩"

企业家卓越的管理才能作为企业优势的一个重要来源是显而易见的。但更重要的是,管理能力在其发展的某些阶段常出现利用"不足",也即卓越的企业家对市场的发现与开拓、产品的创新与开发具有敏锐的前瞻性判断并付诸实际行动的能力。企业家管理能力的"过剩"是推动企业不断扩大其规模并进而发展为跨国公司的重要动力源泉。因此,它比资本过剩论的解释力更强。

(四) 具备获取廉价的原材料和资金的渠道

对特殊原材料的需求,可能使东道国的国家特有优势成为跨国公司选择投资区位的重要决定因素。一旦跨国公司取得了在东道国获得原材料或矿山的特权,该国的国家特有优势就会成为跨国公司的特有优势。这种优势的产生基于这样一个基本事实:一般来说,一个已经建立市场购销体系的外国企业比一个在本国没有市场渠道的当地企业,可能会从开发该国原材料中获取更多的利润。与获取原材料同样重要的是进入资本市场的能力。跨国公司的母公司由于上述提及的各种优势,特别是与其规模优势相联系的资金实力和信用等级方面的优势,能使跨国公司的子公司在当地筹资中得到较优惠的条件。

12.1.2 交易成本与交易内部化

(一) 中间产品、无形资产与交易成本

20世纪70年代,巴克利、卡森等学者认为,由于外部中间商品市场是不

完全的,无形资产通过市场交易很难实现价值,这正是内部化理论的基础。他们所说的中间产品,是指在基本投入和最终产品之间,为生产过程所不可缺少的所有中间投入。其中,尤其重要的是当今以无形资产形式存在的,诸如技术、信息(渠道)、诀窍、营销方式和经验等的中间投入,正是跨国公司所存在的优势并力争较长期地保持这一优势,因此,他们主要通过国际直接投资在国外设立子公司、分公司等,将大量中间产品的交易放在同一跨国公司的母公司、子公司和分公司之间,即交易的内部化。跨国公司大量无形资产交易内部化的具体原因主要有以下几个方面。

1. 无形资产在某种程度上都具有"公共物品"的性质

如果某个国家的跨国公司发明并应用了一种新的技术或知识,那么在另一国家或地区的企业使用它的边际成本就很低,甚至为零,并且也并不减少原产地公司所能使用的这种新技术、知识的数量。从社会的观点来看,有效地配置这种资源的条件是根据其边际成本定价,那么这种无形资产的价格就该为零或接近于零。这样便会出现两种情况:要么这种无形资产没有人愿意提供,要么定价不合乎效率原则。

2. 无形资产的定价受信息不对称现象的困扰

在现实生活中有这样的情形:某人对你说,"我有一项技术,我确信对你很有用",并且他通过描述这项技术的一般性特点和大略的机理使你相信他的话。但无论如何,在你付钱之前他不会将该项技术的全部细节都向你公布,否则便等于你已免费得到了该项技术。于是,你们俩之间便存在一种信息不对称现象。他会根据他掌握的全部情况向你索取某一价格,为了获得这一价格他不肯预先公布他掌握的全部信息;而对你来说,如果不了解有关细节,你又如何准确地判断这一价格是否合理并接受它呢?这个例子说明,这种无形资产的交易或者难以成交,或者要付出较高的交易成本。在交易成本过高的情况下,无形资产的持有人便倾向于通过内部使用这种资源来实现其价值。

3. 不确定性(uncertainty)的存在使上述的不对称现象难以克服

在上面的例子中,如果对方打算向你出售的是制造一种新型蛋糕的技术,他可以让你亲口尝一尝用这种技术所制造的蛋糕,并且告诉你购买并恰当地使用这项技术,你也可以制造出同样高级的产品来。但你们谁有把握保证你能真正恰当地使用这项技术呢?另外,某一产品特别是高科技产品可能在实验室中的制造上是可行的,而大规模的工厂化生产却是另一回事,特别是涉及产品制造和企业管理诀窍之类的技术转让时,问题就更为复杂。这种不确定性的存在无疑会减少成交的可能性和增加磋商的复杂性。

上述情况如果发生在两个企业之间,转移这种技术的一个最好地办法就是两个企业合二为一,共同分享这项技术。换言之,在一个企业内部转移和使用这种无形资产,比通过外部市场来解决这一问题要更有效率。显然,把这一逻辑再引申一步,如果上述交易涉及的是两个不同国家的企业,那么最有效的解决办法便是如跨国公司那样采取直接投资的方式在国外投资子公司,而不是发放许可证的办法来完成这一无形资产的转移。

可见,市场不完全性导致许多交易难以甚至无法通过外部市场达成,或即使达成也要承担较高的交易成本和交易风险。所谓交易成本,狭义上指的是通过市场进行交易时必须付出的代价。它包括寻找相应价格的成本、确定成交条件、签约、履约及为避免对方违约而付出的成本等。由于交易成本的存在,使得实施全球化经营的由母公司和众多子公司、分公司等构成的跨国公司作为一种企业组织便具备了一定意义上替代市场的功能。一旦公司内部组织交易的成本低于市场的交易成本,公司便获得了进一步向外扩张的动力。原本不是跨国公司的企业通过这种扩张过程跨越国界便产生了跨国企业,并使其规模、数量日益扩大,如果该企业在发展的过程中,管理得当,发展顺利,跨国企业则逐步地发展成为现今的跨国公司,而作为企业通过对外直接投资创造其内部"市场"的过程,便是所谓的交易内部化过程。

(二)内部化理论核心原理的图形说明

跨国公司和对外直接投资内部化理论的核心原理可以用图 12-1 进一步加以解释。假设每一个市场交易关系的建立都需要付出一定的固定成本 a,比如建立交易双方联系的渠道等所必需付出的成本。同时,双方每一笔交易的谈判和履约还需付出追加的可变成本 b。这种可变成本独立于每次交易的规模,因为谈判过程所需要的费用不会因为交易额是 100 万还是 10 万而有所不同。同时,受仓储和分销能力的限制,我们还假设每次成交需有一个最高限额。为了分析方便,我们还假定这一最高成交

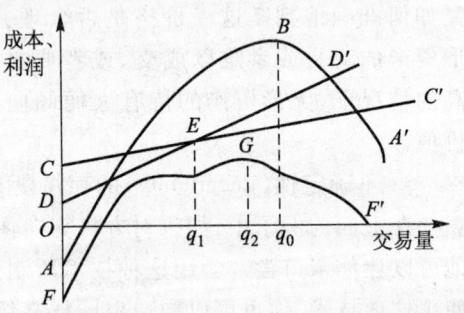

图 12-1 内部化理论的核心原理

限额非常小,因此交易额的扩大直接表现为交易次数 n 的增多。这样,交易中所发生的总可变成本的水平就直接与交易量成正比关系 $C = nb$,则双方总交易额的交易成本为 $TC = a + nb$。

假设在一种把某一商品生产过程的两阶段联系起来的中间商品市场中,每一个生产阶段由一家独立的工厂来完成,并且市场上不存在厂商联合或合并的障碍,商品市场的均衡条件要求这两家工厂的联合利润(joint profit)实现最大化。如果卖方厂家的成本函数和买方厂家的成本及收益函数给定,我们便可以得到中间产品交易对联合利润的贡献曲线,即图12-1中的AA'曲线,它在B点处达到最高点。这一点所对应的交易量q_0便是没有交易成本情况下,使联合利润最大化的中间产品交易量。

现在再假定企业通过内部化过程建立内部"市场"的固定成本比建立外部市场交易渠道的固定成本高。这一假定显然是符合实际情况的,因为建立内部"市场"的过程就是这两家工厂合并,并同时建立一体化的控制系统的过程。这一过程的成本当然要比两家企业在外部市场上建立业务联系的成本要高得多。但是内部"市场"建立以后,随后发生的企业内部交易所需追加的可变成本则要比外部市场的交易成本低,因为在一家厂商内部不会产生违约等问题。这样我们用图12-1中的CC'代表内部市场的交易成本曲线,用DD'代表外部市场的交易成本曲线。根据上面的假定,CC'线的截距比DD'线大,而斜率则比DD'线小。

图12-1中的CC'线和DD'线相交于E点。在E点左侧,外部市场的交易成本较低,最低成本水平由DE表示。因此随着交易量的增长,最低交易成本水平由DE段表示。在E点右侧,内部市场的交易成本较低,成本水平由EC'表示。因此随着交易量的增长,最低交易成本沿DEC'线延伸。E点对应的交易量为q_1,那么,当将交易量低于q_1时,中间产品的交易将通过外部市场进行,两个企业是相互独立的实体;当成交量超过q_1时,两个企业合二为一,中间产品的市场将被内部化。

上述分析表明,交易究竟是在内部市场还是在外部市场发生,关键取决于交易的规模,而交易的规模最终取决于通过交易而实现的利润最大化的均衡点的位置。图12-1中AA'曲线与DEC'线的垂直距离,表示交易对利润的贡献与交易成本之差。各交易水平所对应的上述差额由FF'曲线各点的纵坐标给出。在这个例子中,FF'曲线的最高点G对应的交易量为q_2。从图12-1中可以看出$q_2 > q_1$,所以在这样的交易规模下,市场将被内部化。

这一理论的一个重要推论是内部化的倾向随着交易规模的扩大而增强。但需要指出的是,这一结果实际取决于同大规模交易相联系的通过外部市场所发生的交易的频率。从前面的假设条件中可以知道,交易成本同重复出现的交易次数有关,而与每次交易的规模无关。这样,通过签订长期合同或者一次性的大规模交易都会减低交易成本的水平,从而弱化企业内部化的动机。

当把这一理论应用于技术诀窍等交易过程时,可以断定,那些具有大规模研究与开发能力且能连续推出创新成果的企业,比那些研究与开发能力较低、偶尔有创新成果的企业具有更强的内部化动机。因为对于前者来说,研究与开发工作的高产率决定了对外出售其成果的较高频率,这意味着它通过外部市场实现这种交易要承担较高的交易成本。此判断与实际经济生活中对外直接投资与研究开发正相关的事实相吻合。一般来说,具有大规模研究与开发实力的企业更多地采用对外直接投资的方式在企业内部转移和使用这种无形资产,而研究与开发实力较低的企业则更倾向于通过发放许可证的方式来实现这种无形资产的价值。

12.1.3 区位因素与国际直接投资

20世纪60年代另一主要流派是哈佛大学教授弗农(R. Vernon,1966)提出的国际产品生命周期理论。该理论以产品生命周期作为横坐标,将垄断优势(主要是技术优势)与区位因素结合起来进行动态分析。对外直接投资首先取决于投资国具有某些特定的优势,弗农将这些优势简化为技术领先的优势;其次取决于接受国的某种优势,即区位优势。对外直接投资的过程就是将这两组要素结合起来的过程,透过国际企业这种载体将投资国和接受国的优势同时扩大。

邓宁(Dunning)的国际生产折中理论的核心之一是,区位优势的大小决定了国际直接投资是否流向该地区。区位优势往往是与跨国公司的对外投资动因紧密相关的。

邓宁列举的区位优势变量有:自然和人造资源以及市场的空间分布,投入品的价格、质量以及生产率(如劳动力、能源、原材料、零部件和半成品等),国际运输和通信成本,投资优惠或歧视,产品和劳务贸易的人为障碍(如进口控制),基础设施保障(如商业、法律、教育、运输和通信等),跨国的意识形态、语言、文化、商业惯例以及政治差异,研究和开发、生产和营销集中所带来的经济性,经济体制和政府战略、资源分配的制度框架。

此外,区位因素也随国家或地区、产业以及企业的变化而变化。表12-1详细列举出各种变量。

表 12-1　不同层次的区位优势的表现形式

国家或地区层次上	产业层次上	企业层次上
国家间的地理和心理距离；政府干预（如在关税、配额、税收等方面对外国投资者或本国跨国公司的支持）	非流动资源的来源和分配；中间和最终产品的运输成本；与行业相关的关税和非关税壁垒；同一行业中企业竞争的性质，行业活动的分离性；敏感区位变量（如税收优惠、能源和通信成本）的重要性	对海外活动的战略管理；对外投资的时间和经历（如处于产品生命周期中的位置等）；心理距离变量（如文化、语言、法律和商业机制）；对职能（如R&D和市场分配）集中化的态度；资产组合的地理结构；对风险分散化的态度

联合国贸易和发展会议（United Nation Conference on Trade and Development，UNCTAD）设计了一套决定国际直接投资的区位因素。这套区位因素包括三部分：一是国际直接投资（和贸易）运行框架，包括有关进入和运行的条件、待遇标准、市场功能（如竞争）、规则的稳定性、可预测性和透明性；二是经济因素；三是企业运行的便利性，包括信息（获得和支持）、经济方面的优惠、仲裁成本、腐败情况等。

伴随经济全球化的发展，跨国公司对外投资的区位选择有几大重要变化：一是知识要素和战略性资产取代传统的自然资源等地理上的优势成为区位选择的主流。区位优势超越了单纯的要素禀赋、东道国政策环境等地理优势。二是跨国公司国外分支机构更加根植于东道国，体现在当地价值链的深化、高层次活动的定位等，如现实中跨国公司更多专利来自于东道国的分支机构。三是价值链活动属知识密集型时，制度结构对投资活动更重要。

12.2　跨国公司的经济效应

跨国公司世界 500 强主要集中在美、欧盟、日等主要发达国家和地区。2003 年，美、日、德、法、英 500 强跨国公司总数为 377 家，占 75.4%。2002 年，国际直接投资存量集中于三极（欧盟、日本和美国）内部，它们占到了其流出存量的 80% 左右和流入存量的 50%~60%。在跨国直接投资中，虽然近年来发展中国家增长迅速，但发达国家始终占主导地位。跨国公司的发展对世界经济、投资国、东道国均具有重要的经济效应。

12.2.1 跨国公司的世界经济效应

（一）促进要素国际流动和要素价格的国际均等化

跨国公司利用各种生产要素的国际差价，通过跨国经营进行套利活动。然而，跨国公司的套利活动所产生的客观效果却是各种要素国际流动的加速以及要素价格日益国际均等化。

（二）促进经济全球化的发展

跨国公司在世界范围内从事生产、销售与融资活动，造成了世界范围内生产活动一体化，也促进了世界商品市场、资本市场与其他各种要素市场的一体化。跨国公司的扩张与经济全球化进程互为因果，相互促进。跨国公司在世界范围内的经济扩展，特别是90年代以来的跨国投资与兼并，不断改变着国际经济分工协作关系，推动生产向全球一体化发展。跨国公司生产经营所到之处，从本地化出发进行企业制度创新，在使企业适应地区市场竞争需要的同时，也将新的竞争规则带到了本土文化中，逐渐把世界上每一个国家或地区纳入全球经济竞争中来，促进了全球市场的一体化。

（三）缩小发达国家与发展中国家的差距

跨国公司虽然追求公司利润的最大化，但由其对外直接投资所造成的资本流动与技术扩散是有利于其他国家发展的，特别是经济相对落后的发展中国家。随着跨国公司资本的进入，东道国的经济大多呈现出快速发展的态势。在日益全球化的世界经济中，发展中国家将外国直接投资视为一个有助于其经济长期发展的因素。当然，要达到这一目标，引进跨国公司资本的发展中国家必须学会对外国跨国公司管理的本领。

12.2.2 跨国公司对投资国的经济效应

（一）资本积累效应

跨国公司对外直接投资所获取的利润可以加速投资国国内的资本积累。美国跨国公司海外直接投资的高额利润率为美国跨国公司带来了巨额的利润收入。随着世界各国外汇管理的自由化和金融市场的开放，从本国以外的金融市场筹措资金已成为跨国公司的重要资金来源。当然，如果跨国公司筹措海外直接投资的资金挤掉了母国国内投资，那么，对外直接投资可能对投资国国内资本形成产生不利影响。

（二）资源配置效应

对外直接投资不仅仅是资金在国际的流动，而且是包括各种无形和有形资源的一揽子跨国流动，它有利于投资国生产要素进行优化配置。对外直接投资还有助于投资国获取所在国的先进技术、技能、组织与管理技巧;同时,通过利用国外研究开发能力和技术,对外直接投资也可增强母国的技术力量。一些发展中国家对发达国家直接投资的目的之一,就是要获取发达国家的先进技术。

(三) 国际收支效应

从长期看,跨国公司国外子公司各种投资收益的汇回,可以增加投资国的对外支付能力,进而有利于改善投资国的国际收支状况。此外,跨国公司海外直接投资是包括资金在内的一揽子生产要素的跨国转移,必然会带动投资国对东道国相关原材料、中间产品、资本货物的出口;同时,跨国公司海外直接投资有助于巩固原有市场和开辟新市场,增加投资国的出口。

由于涉及资金外流,对外直接投资至少在短期内对投资国国际收支具有消极影响。同时,国外子公司的产品可能在东道国产生对母国出口品的替代,而子公司的他国销售可能与母国产品形成竞争,国外子公司的产品亦可能大量返销母国等。

(四) 产业结构效应

跨国公司海外直接投资对投资国的产业空洞化效应历来备受关注,但产业空洞化问题一般出现在某些传统工业部门和较特殊的高技术部门,且规模极为有限。综合而言,第二次世界大战后对外直接投资的发展极大地促进了投资国产业结构的调整与升级。

(五) 就业效应

跨国公司的就业效应取决于替代效应与刺激效应的比较。当替代效应大于刺激效应时,海外直接投资将导致投资国就业机会的减少;反之,则会导致就业机会的增加。

1. 替代效应

替代效应是指与本可以在母国本土进行的与国外生产活动相联系的投资产生的就业机会的丧失。它包括国外子公司在国外市场销售本可以在国内生产而后出口的商品所导致的就业机会损失,也包括国外子公司将商品返销到母国所引起的母国工作机会的牺牲。

2. 刺激效应

刺激效应是指利用国外直接投资所导致的国内就业机会的增加。它包括向国外子公司出口资本货物、中间品及辅助产品的额外的就业机会,母公司向国外子公司提供服务所产生的工作机会,国内其他公司向跨国公司及其子公司提供服务所提供的新的就业机会。

12.2.3 跨国公司对东道国的经济效应

(一) 资本形成效应

促进资本形成历来被认为是跨国公司对东道国(尤其是发展中东道国)经济增长的重大贡献。从一定意义上讲,国外直接投资的注入对东道国资本存量增加的促进作用,在发展中国家要优于发达国家。无论是新建投资还是购并方式的投资一般均会为东道国带来后续性追加投资。此外,国外直接投资的进入通常会引致母国企业的追加或辅助投资;跨国企业可通过为东道国当地资本市场提供有吸引力的投资机会而动员当地储蓄。[①]

当然,跨国公司直接投资对东道国的资本形成效应可能有一定的代价。例如,一些发达国家(尤其是美国和英国)跨国公司对外直接投资的资本大多来自利润再投资,而动员当地储蓄,尤其是从用于其他生产性用途的国内储蓄中挖来资金,可能有碍于东道国资本存量的增加。

(二) 技术转移效应

跨国公司可以通过许可证交易向当地企业转让技术与管理经验,或通过技术溢出效应扩散技术,从而促进了先进技术、劳动技能、组织管理技巧等在东道国国内的扩散。

跨国公司占全球研发支出的近半数,占全球商业研发开支的 2/3。跨国公司需要用发展中国家的本地研发来支持其生产扩张活动,他们聘用发展中国家大量的专业化研究人员,将其研发中心向发展中国家转移。跨国公司研发国际化促进了东道国的科研活动,进而有利于东道国形成自己的研发能力。

东道国能否从跨国公司的技术转移及其扩散效应中获取利益以及获取多少利益,取决于东道国自身的条件以及跨国公司技术转移的条件和技术的适用性等因素。

(三) 产业结构与市场结构效应

跨国公司海外直接投资促进了东道国新兴工业的发展,推动了东道国传统工业的技术改造,进而推动了东道国产业结构的升级。但是如果跨国公司在东道国实行垄断经营,或者跨国公司带来的新商品或劳务的出现排挤了当地现有类似的商品或劳务的生产和销售,那么,跨国公司直接投资对东道国的产业结构效应就会出现中性或负效应。

跨国公司的进入,可能解体东道国相互默契的寡头市场结构,刺激竞争,提高效率。在一些发展中国家,跨国公司往往投资于市场集中度高的产业,形

---

① 肖卫国. 跨国公司海外直接投资对东道国的经济效应分析[J]. 财经问题研究,1999(9).

成新的垄断力量,给东道国的产业规制造成麻烦。跨国公司还采用限制性商业惯例对市场、价格和销售条件进行严格控制。这些限制性商业做法在很大程度上限制了公平竞争,加强了跨国公司的垄断地位,损害了东道国的经济利益。

(四)就业效应

跨国公司直接投资在一定程度上增加了东道国的就业机会,也提高了就业质量。跨国公司的海外分支机构通常比国内企业提供更好的工资待遇、工作条件和社会保险福利,在发展中国家更是如此。2002年,跨国公司在海外雇佣了大约5 300万工人,这是1982年数字的三倍。相对而言,发展中国家接受外国直接投资的就业创造效应更为明显,这主要是因为新建投资在发展中国家的外国投资中所占比重较高,同时跨国公司在发展中国家的投资产业构成中,劳动密集型产业占有相当比重。

(五)国际收支效应

东道国可以从跨国公司直接投资中获得明显的短期利益,因为从短期看,外来直接投资可以弥补东道国当年的外汇缺口。但是这种利益只是来自于跨国公司一次性的资本注入,随之而来的则是对国际收支的长期消极影响。因为外国直接投资绝非仅仅是资金的注入,往往伴随投资国大量资本货物、空闲设施和其他相关产品的流入以及外国分支机构各种投资收益的源源汇回。

(六)转移价格效应

跨国公司通过众多分支机构在内部使用"转移价格"进行商品和劳务的交换,以达到降低税基,将利润转移到免税区或低税区,从而增加整个跨国公司体系利润的目的。这种通过内部转移价格的交易损害了东道国的税收。

12.3 企业国际化方式

12.3.1 企业国际化方式的类型

企业国际化方式是指企业的产品技术、技能、管理诀窍或其他资源能够进入他国的系统筹划和安排。从经济学的角度看,企业只能用两种方式安排进入外国市场:其一,将本国或别国生产的产品出口到目标市场;其二,将技术、资本、技能、管理诀窍等资源转移到外国,在外国将资源直接卖给用户,或者与当地资源(特别是劳动力)结合,生产制成品在当地市场销售。最终产品为劳务的企业不能在本国生产劳务到外国出售,因而只能采取第二种方式进入外国市场。

从经营管理角度看,上述两种进入方式可进一步分解成为几种独特的进入模式:

第一,出口进入模式,具体分为间接出口、直接出口、直接代理或经销及其他形式。

第二,许可合同交易进入模式,包括许可合同、服务合同、特许专营、管理合同、技术协议、承包与交钥匙合同、许可合同交易制造、合作生产协议等。

第三,对外直接投资进入模式,其中又可分独资经营(包括创办新企业和收购、兼并现有企业)、合资经营等。

出口进入模式与其他两种基本模式(许可合同交易进入模式和投资进入模式)的区别在于,企业的最终产品或中间产品先在目标国家(地区)境外制造,然后再输入该国(地区)。从中可看出,这种模式局限于有形产品。许可合同交易进入模式是跨国经营企业与目标国家(地区)的法律实体之间长期的非股权联系,前者向后者转让技术或技能。许可合同交易进入模式是知识和技能转让的主要手段。投资进入模式是指跨国经营企业在目标国家(地区)的制造厂或别的生产实体拥有所有权。跨国经营企业可以通过设立新企业,或收购当地企业的方式成立独资或合资企业。

12.3.2　企业国际化方式的选择

(一) 净现值模型

净现值模型(the net present value model)的分析是建立在传统的利润最大化假设基础上的。在此前提下,一个企业在选择进入国外市场的方式时,当然要就各种方式对其收益和成本的影响进行比较。我们利用简化了的净现值(记为 NPV)方法来概括市场进入方式对企业利润的影响。

设:

R 为企业使用其特有优势(无形资产)所生产出来的最终产品的销售收入。

C 为国内劳动、资本及其他常规投入的总成本。

C' 为国外劳动、资本和其他常规要素的总成本。

M' 为出口营销成本,如了解国外市场行情的信息成本等。

A' 表示用直接投资方式进入国外市场的附加成本,如环境差异成本。

D' 为企业特有优势的流失所造成的损失,也就是企业转让无形资产的耗散费用。跨国企业拥有的特定优势,如专利、专有技术、管理方式、销售渠道等,通过许可证协议让渡给他人时,意味着特定优势的耗散;同时,还有其他风险,如技术秘密被泄露、专利许可被滥用等。这种耗散(dissipation)的代价(费用)用 D' 表示之。

t 表示时间。

r 为选定的贴现率。

这样,选择不同方式进入国外市场的企业净现值就可以表示为下列形式,即:

$$NPV_E = \sum \frac{销售收入-国内总成本-营销成本}{(1+r)^t} = \sum \frac{R_t - C_t - M_t^*}{(1+r)^t}$$

$$NPV_{FDI} = \sum \frac{销售收入-国外总成本-FDI附加成本}{(1+r)^t} = \sum \frac{R_t - C_t^* - A_t^*}{(1+r)^t}$$

$$NPV_L = \frac{销售收入-国外总成本-企业优势流失}{(1+r)^t} = \sum \frac{R_t - C_t^* - D_t^*}{(1+r)^t}$$

我们还假定随着时间的推移,各种市场进入方式所特有的成本 M^*、A^* 和 D^* 都将下降。那么,选择哪一种方式占有国外市场就取决于下列条件:

(1) 如果 $NPV_E > \max(NPV_{FDI}, NPV_L)$,则企业将选择出口的方式;

(2) 如果 $NPV_{FDI} > \max(NPV_E, NPV_L)$,则企业会选择国外直接投资方式;

(3) 如果 $NPV_L > \max(NPV_E, NPV_{FDI})$,则企业就会选择向国外发放许可证;

(4) 如果三者均小于 0,就根本不应该进入国际市场。

一般而言,企业只是在某一时点上选择了某种对外扩张的方式,这种选择并不是一成不变的,其改变与否取决于同各种方式相联系的专项成本的变化。

通常我们假定,在发展海外业务的初期,M' 要低于 A'。因为前者只包含了解国外商品市场的信息成本,而 A' 中不仅包括了解商品市场的信息成本,而且在国外进行生产还必须了解那里的要素市场。如果仅仅是出口,对要素市场的了解并不是必需的。如果将 A' 和 D' 做一比较,就会发现,尽管发放许可证可以避免由于从事国外生产所造成的附加成本,但在拓展海外业务的初期,D' 是三种成本中最高的一项。这是因为企业的垄断优势就体现在它所拥有的独特的无形资产上,把它转让出去,等于从根本上削弱企业的实力。如果可口可乐公司在其发展的初期就把它的配方转让出去的话,那么也就没有今天的辉煌。

上述分析可以引出这样的结论。即当 $t=0$ 时,有:

$$M' < A' < D'$$

那么,随着时间的推移,上述三项成本将发生怎样的变化呢? 首先,将

M'、A' 和 D' 与时间变量 t 的关系假定如下,即:

$$M'_t = a - bt^c$$

$$A'_t = e - ft^g$$

$$D'_t = h - qt^p$$

为保证 $t=0$ 时,$M' < A' < D'$ 式成立,a、e、h 需满足下列关系:

$$a < e < h$$

这样,M'、A'、D' 的变化便取决于 c、g、p 了。从实际中可以了解到,随着企业涉外经营活动的增多和对外国环境的了解,在国外从事生产的附加成本会迅速地降低。而且如果在国外设有分支企业,进一步接近国外市场的信息源,那么 A' 的下降速度会超过 M' 的下降速度。同时,随着时间的推移,一个企业初期所拥有的技术优势与其他形式的无形资产在达到了标准化阶段后,对企业的价值会迅速降低,因而它流失的代价 D' 也会大幅度降低。上述变动趋势可以表示为:

$$c < g < p$$

对应于成本的上述变化趋势,三种方式的利润变化曲线如图 12-2 所示。其中,π_E 表示出口的利润,π_F 表示直接投资的利润,π_L 表示发放许可证的利润。

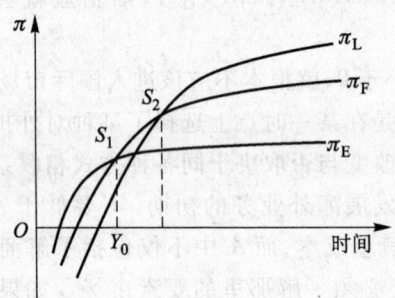

图 12-2 企业国际化方式的选择

图 12-2 中三条利润曲线显示,在 S_1 对应的时点以前,出口是最佳选择,在 S_1 和 S_2 之间直接投资更为合理,在 S_2 点之后,就可以向国外企业发放许可证了。一般情况下,企业的海外扩张过程也正是按照出口、直接投资和对外发放许可证的顺序实现的。从这个顺序中也可以看出,其他国家企业从大跨国公司手中直接以许可证方式购进最先进的技术的设想与跨国公司愿意采取的扩张战略往往是不相一致的,因此实现其设想也是十分困难或代价高昂的。

(二) 利润最大化模型

利润最大化模型(the profit maximization hypothesis model)最早由莫里斯教授(Joseph H. Morris)提出，用于对合资经营和其他进入方式进行对比，从中挑选利润最大的进入方式。

该模型的基本论点是：合资项目的设立从合伙双方的角度考察，只有当合伙双方都认为计划合资项目给自己所带来的利润比其他资金利用方式所带来的利润更大时，双方才都有合资的意愿并进行合资经营。否则，如果某一方为了合资而舍弃的替选方案所能带来的利润(即合资经营的机会成本)超过了合资项目能给本方所带来的利润，则这一方就不会选择合资经营，只会另作安排。需要说明的是由于各种替选方式方案期限不同，现金流量分布不一，因而在计算中需将利润折算成现值进行比较。

利润最大化模型借助以下公式：

$$R = R_{NJV} + aR_{JV} > R_A$$

$$R' = R'_{NJV} + (1-a)R_{JV} > R'_A$$

上面两个公式各符号的含义如下。

R：跨国企业全部业务利润，即包括原来的业务利润加上合营的利润(下同)。

R'：目标国企业全部业务利润。

R_A：跨国企业如不搞合营而采用另一种进入方式时的利润加上原来的业务利润。

R'_A：目标国企业如不搞合营而接受另一种进入方式时的利润加上原来的业务利润。

JV：指合营，故 R_{JV} 和 R'_{JV} 分别代表跨国企业和目标国企业来自搞合营的利润。

NJV：指不搞合营时的全部业务，即原来的业务，故 R_{NJV} 和 R'_{NJV} 分别代表跨国企业和目标国企业各自原来的业务利润。

a：跨国企业在协议中的未来的合营企业中所占的股份，可用百分比表示。

$1-a$：目标国企业在协议中的未来的合营企业中所占的股份。

如果搞合营便不能再用其他方式，如非股权安排或出口，这意味着必须牺牲其他方式的利润，这就是搞合营的代价，也就是说因搞合营而放弃了采取其他方式的机会，故上述被舍弃的其他某一种方式的利润便是合营的机会成本(opportunity cost)。若机会成本太高，超过了合营利润，则合营便无利可图，自必另作选择，这便是以上两个公式的经济意义。此外，还要注意两点：第一，必须同时满足上面两个公式，这意味着要双方都有利可图，合营才能搞成。第二，出口可以较快收回货款，非股权安排也能较快取得提成费,但合营则须待工厂建成投产后才能获得利润,故这是一种将来值,应把它折算成现值,即贴现利润(discounted profit),以便与其他方式的利润进行比较。

(三) 成本模式

成本模式(the hirsch model)较之以上方法更宜用于比较出口与投资(合营或独资)两种方式的得失,由以色列学者赫曲(Seev Hirsch)提出,故称之为"赫曲模式"。原来的公式主要用于出口与直接投资两种方式的比较,经修订后便可适用于出口、非股权安排(许可证协议)和直接投资三种方式的比较。

各个符号的含义如下。

C:母国生产成本,即跨国企业在母国的生产成本。

C':目标国生产成本,即跨国企业如到目标国投资设厂时的生产成本。

M:出口费用,包括运输、保险、关税等费用。

A':在目标国设厂生产的额外支出,因环境差异必定会有额外开支,或称之为环境差异成本。

D:转让无形资产的耗散费用。

1. 选择出口方式的两个条件

$$C + M < C' + A'$$

上式显示,在母国生产并出口,其费用成本小于到目标国设厂生产的成本和额外开支。这意味着投资式进入所付出的成本高于出口方式。

$$C + M < C' + D$$

上式表明,在母国生产并出口,其费用成本小于契约式进入的机会成本和耗散费用。由于采取契约式进入,如通过许可证协议转让技术或其他无形资产,就必须舍弃投资式进入,故 C' 实际上就是契约式进入的机会成本。

既然投资式进入和契约式进入的费用成本都高于出口方式,就不如在母国生产并出口。

2. 选择投资方式的两个条件

$$C' + A' < C + M$$

$$C' + A' < C' + D$$

上两式的经济含义是,投资式进入费用成本,即在目标国设厂生产的成本和额外开支,均小于出口方式的费用成本($C + M$)和契约式进入的费用成本($C' + D$),故此时自应选择投资式进入。

3. 选择非股权安排方式的两个条件

$$C' + D < C' + A'$$

$$C' + D < C + M$$

上两式的经济意义:契约式进入的费用成本均小于投资式进入和出口方式的费用成本,故此时自应选择契约式进入。

除了上述三种进入方式外,如果目的是要满足母国国内市场的需要,那么跨国企业可以将国外生产的产品运回母国销售,即在目标国投资设厂生产并出口到母国,这时前述的出口费用(M),变成了母国的进口费用(M'),故母国进口该项产品的费用成本为 $C' + A' + M'$。或者跨国企业在国外通过许可证协议转让其无形资产如技术等,由受方(即被许可方)生产,并向母国出口,这时母国进口的费用成本为 $C' + D + M'$。实际上跨国企业面临的也是三种选择,其条件也是三种不同的成本组合和比较:

（1）如果 $C < C' + A' + M'$ 和 $C < C' + D + M'$,则应选择在母国生产。

（2）如果 $C' + A' + M' < C$ 和 $C' + A' + M' < C' + D + M'$,则应选择在国外设厂生产,再运回母国销售。

（3）如果 $C' + D + M' < C' + A' + M'$ 和 $C' + D + M' < C$,则应选择在国外通过许可证协议转让技术并进口其产品。

（四）出口与直接投资方式选择的图形分析

霍斯特(Horst,1974)依据成本因素,提供了一种企业实现市场区位多元化形式选择的模型。假定企业出口边际成本不随销售量而变化,在东道国生产的边际成本也不随产量而变化。这时选择出口还是对外投资,就取决于国外生产所节约的成本是大于还是小于控制和协调成本。如图 12-3 所示,$WXYZ$ 的面积是国外生产相对于出口所节约的成本,如果国外生产的控制和协调成本小于 $WXYZ$ 的面积,企业将选择对外直接投资形式;反之,则选择出口。

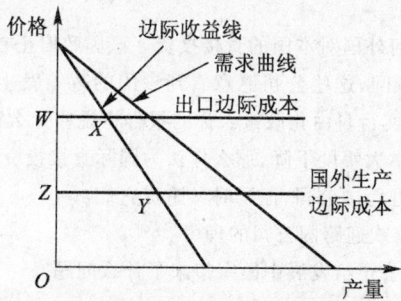

图 12-3 出口与国际直接投资的选择

第12章 国际直接投资与企业国际化

本章小结

国际直接投资是当代跨国公司最重要的活动形式之一,跨国公司既是国际直接投资的绝对主体,又是国际直接投资的产物。最早的现代跨国公司和国际直接投资理论是美国学者斯蒂芬·海默于20世纪60年代初提出的垄断优势论;20世纪70年代,巴克利、卡森等学者认为跨国公司和对外直接投资的动机是降低交易成本和实现交易内部化过程;20世纪60年代另一主要流派是哈佛大学教授弗农提出的国际产品生命周期理论,同时包括邓宁的国际生产折中理论。企业国际化方式是指企业的产品技术、技能、管理诀窍或其他资源能够进入他国的系统筹划和安排。企业只能用两种方式安排进入外国市场:其一,将本国或别国生产的产品出口到目标市场;其二,将技术、资本、技能、管理诀窍等资源转移到外国,在外国将资源直接卖给用户,或者与当地资源(特别是劳动力)结合,生产制成品在当地市场销售。跨国公司的发展对世界经济、投资国、东道国均具有重要的经济效应。

关键词

垄断优势　　　内部化优势　　　区位优势　　　交易成本
无形资产　　　中间产品　　　　产业空洞化

复习思考题

1. 为什么很多外国直接投资都发生于制药和电子产品这样的产业,而很少发生于服装和纸制品这样的产业?
2. 海默有关外国直接投资发生原因的理论是什么?该理论对外国直接投资东道国的含义又是什么?
3. 某一国家禁止任何外国对本国的直接投资。该国政府正在考虑放弃这一政策。你已被一些外国公司聘为顾问,这些公司愿意看到该国的政策发生松动。请你准备一份报告,以说明为何该国应该实行自由化政策。你的报告将说些什么?
4. 如果全球运输成本大幅度下降,那么你认为国际直接投资水平会发生何种变化?
5. 发展中国家既欢迎跨国公司,但同时又谴责它们。
  (1) 说明发展中国家欢迎跨国公司的理由。
  (2) 一般来说,跨国公司给发展中国家带来了什么问题?

案例讨论题

1. 各国对外商直接投资监管的变化

联合国贸易和发展会议《2008年世界投资报告:跨国公司与基础设施的挑战》列出了

1998—2007年的国家对外商直接投资监管的变化,如表12-2所示。

表12-2 1998—2007年国家对外商直接投资监管的变化

年份 对外资监管的变化	1998	1999	2000	2001	2002	2003	2004	2005	2006	2007
实行改革的国家数目	60	65	70	71	72	82	103	92	91	58
监管变化的国家数目	145	139	150	207	246	242	270	203	177	98
更有利的国家数目	136	130	147	193	234	218	234	162	142	74
更不利的国家数目	9	9	3	14	12	24	36	41	35	24

试分析世界各国对外商直接投资监管变化的趋势和一些国家限制外商直接投资的原因。

2. 全球基础设施产业中的外国直接投资

1990—2006年期间,全球基础设施产业中的外国直接投资额增加了30倍,达到7 860亿美元,发展中国家增加了28倍,达到约1 990亿美元。整个期间,大多数基础设施产业中的外国直接投资持续增长:电力和电信行业增长最快,运输和供水行业增长较慢。目前,在全球外国直接投资总存量中,基础设施产业所占比例接近10%,而1990年仅占2%。在基础设施投资全球化的过程中,最不发达国家群组仍然基本被排除在外,2006年约占发展中国家基础设施外国直接投资存量的2%。1996—2006年期间,最不发达国家占发展中国家基础设施产业外国投资承诺额(共2 460亿美元)的比例略高于5%。

试分析跨国公司青睐基础设施行业的原因。

第13章 外汇市场与汇率制度

在一国居民与世界其他国家和地区居民进行经济交易往来时,无论是经常项目的交易,还是资本和金融项目的交易,各国国内作为价值尺度和流通手段的货币必须脱掉"民族服装",具有世界性,从而产生了国际公认的,可以作为国际价值尺度和流通手段的外汇和交换外汇的市场。作为外汇市场上两种货币的兑换比价——汇率,可以通过改变一国的外贸水平和引导外汇市场上的资金流动,直接影响经常项目、资本和金融项目的平衡,从而影响一国国际收支的均衡。而各国出于维持本国汇率稳定,确保国际收支均衡,一般都会采取外汇管制措施来干预本国的外汇收支。因此,本章主要介绍外汇市场与汇率制度的基本知识。

13.1 外汇与汇率

在国际贸易持续增长、经济活动日益国际化和区域一体化的今天,外汇和汇率已成为理论研究和实际操作的重要内容之一。本节重点介绍外汇和汇率的相关基础知识。

13.1.1 外汇的概念和种类

(一) 外汇的概念

一国内部经济活动中产生的债权和债务的清偿是通过收付该国的法定货币进行的。但由于各国都有自己独立的货币制度和货币,一国货币不能在另一国流通,因此,国际经济交往活动中产生的债权和债务的清偿,必然会产生国际的货币兑换,即将外国货币兑换成本国货币,或将本国货币兑换成外国货币。

外汇(foreign exchange)是国际汇兑的简称,可以从动态和静态两个角度来把握外汇的概念。静态的外汇有广义和狭义之分。

1. 外汇的动态含义

动态的外汇是指将一国货币兑换成另一国货币,用以清偿国际债权债务关系的一种专门性的经营活动或行为。一般来说,这种货币兑换由特定的金融机构(如外汇银行)办理,利用国际信用工具(主要是汇票)通过银行间的往来账户划拨资金来完成国际债权债务的非现金国际结算,通常不需要现钞支付和现钞运输。日常所说的"外汇业务"、"外汇工作"等就是针对动态意义的外汇而言的。

2. 外汇的静态含义

静态的外汇指国家间为清偿债权债务而进行的国际汇兑活动中所使用的资产或债权。广义上来说,静态的外汇泛指一切以外币表示的可以清偿对外债务的资产或债权。这一定义明确了外汇的三个要素:

(1)外汇必须是以外币表示的资产。本国货币或本币表示的信用工具、支付手段、有价证券等对本国来说都不是外汇,如美元对于美国来说不是外汇。

(2)外汇体现了可以在国外得到偿付的债权,且外汇的支付应可以完成国际债权债务的清算。遭银行拒付的汇票、信用证、空头支票不是外汇;本币资产不是外汇,因为将其支付给外国人,外国人成了债权人,仍不能清偿对外债务。例如,美国债务人(如进口商)将其货币美元支付给德国债权人(如出口商)后,两国原有的债权债务关系并未解除,只不过由美国的货币发行当局,即美国联邦储备银行,充当了新的债务人,收到美元的德国出口商是债权人,这一对外债务将来还需要进行清偿。

(3)外汇必须可以自由兑换为其他货币表示的支付手段。外汇的自由兑换性是外汇有用性的表现,也是外汇作为国际结算或清偿手段的必要条件。因此,外汇并不能简单地等同于外国货币或外国货币表示的资产。很多国家的货币由于受货币当局程度不一的外汇管制,不能在境内外自由兑换成其他国家的货币,因此以此货币或此货币表示的各种支付工具在国际上也不被视为外汇。

各国的外汇管理法令通常沿用广义范畴的外汇概念。例如,我国2008年8月6日修正颁布的《外汇管理条例》规定,外汇是指下列以外币表示的可以用作国际清偿的支付手段和资产:外币现钞,包括纸币、铸币;外币支付凭证或者支付工具,包括票据、银行存款凭证、银行卡等;外币有价证券,包括债券、股票等;特别提款权;其他外汇资产。

狭义的静态外汇,指可以直接用于清偿债权债务关系的以外币表示的支付手段。狭义的静态外汇除应具备广义静态外汇的要素外,还应具备的一个特征是其直接清偿性,即可直接用于国际债权债务的清偿。显然,外国钞票不是狭义的外汇,因为正常国际交易使用的是银行存款,不是现钞,外钞只有携带回发行国并存入银行才能用于国际结算;外币有价证券由于需要经过一段时间的等待或通过一定的手续才能变成外国银行存款货币,因而也不能直接用于清偿国际债务。由此可见,狭义的静态外汇的实体必须是存放在国外银行的各种形式的外币存款和现金,如银行本票、支票、外币银行存款等。

(二) 外汇的种类

按照不同的标准,可以把外汇大致分为以下几类。

1. 贸易外汇和非贸易外汇

按照外汇的来源和用途,外汇可以分为贸易外汇和非贸易外汇。

贸易外汇指出口货物所收入的外汇和进口货物所支付的外汇。非贸易外汇指一切来源于货物出口或用于货物进口之外的外汇,包括通过服务进出口收付的外汇(劳务外汇、旅游外汇、保险费等)、属于资本流动性质的外汇(如直接投资流出流入的外汇)、汇回或汇出的投资收益(利息、股息、利润等)和侨汇、捐赠等形式流动的外汇。随着世界服务贸易的发展和国际资本流动的频繁,非贸易外汇在一国外汇资产中的比重将越来越大。

2. 自由外汇和记账外汇

按照对外汇的兑换是否加以限制,外汇可以分为自由外汇和记账外汇。

自由外汇(free convertible exchange)指无需货币发行国批准可以随时动用,自由兑换成为其他货币,或向第三国办理支付的外汇。自由外汇是世界各国普遍都能接受的支付手段。目前,世界上真正可以自由兑换的货币主要有50多种,如美元、英镑、日元、瑞士法郎等。

记账外汇(exchange of account),也称协定外汇或清算外汇,是指未经货币发行国批准不能自由兑换成其他货币或对第三国进行支付的外汇。这种外汇只有在签有双边或多边支付协定的国家间才具有外汇的意义。例如,两国政府为了节省自由外汇,签订了一个用于双边贸易结算的支付协定,双方国家的中央银行互设专门账户,记载彼此间的债权和债务,并在一定时期(如年终)集中冲销,结出贸易差额。这时对顺差国来说,可以将其顺差额转入下一年度以抵消其贸易债务,也可以收取按双方事先商定的自由外汇,因此这一顺差额便是顺差国的外汇。由于它被记载在中央银行专门开设的清算账户上,故称记账外汇。

3. 即期外汇和远期外汇

按照外汇交易的交割期限划分,外汇可以分为即期外汇和远期外汇。

交割(settlement or delivering)指外汇买卖中两种货币的实际收付或银行存款账户上货币资金的实际划转。即期外汇又称现汇,指外汇买卖成交后,在两个营业日内办理交割的外汇。远期外汇又称期汇,指交易双方签订外汇合约时,约定将来办理交割手续的日期,实际交割日期在两个营业日以上的外汇。外汇交易者可以通过买卖期汇规避风险或进行投机。

4. 私人持有的外汇和官方持有的外汇

按照外汇的持有者划分,外汇可以分为私人持有的外汇(如私人手持外汇现钞、私人外汇存款等)和官方持有的外汇(外汇储备)。外汇储备是一国国际储备的重要组成部分,体现了一国对外汇市场的调控能力。

13.1.2 汇率的概念和种类

(一)汇率的概念及其标价方法

1. 汇率的概念

外汇市场上的外汇买卖活动,使得外汇如同一般商品一样具有价格,即汇率。汇率(exchange rate)又称汇价或外汇行市,是指一个国家的货币折算成另一个国家货币的比率或比价,或用一国货币所表示的另一个国家货币的价格。

2. 汇率的标价方法

根据折算两国货币时所选择的标准或基础货币的不同,有两种不同的汇率标价方法:直接标价法和间接标价法。

(1) 直接标价法(direct quotation system),又称应付标价法。它是指用一定单位(1个、100个、1 000个等)的外国货币为基准来计算应付多少单位本国货币的汇率表示方法,即用本国货币来表示外国货币的价格。目前,世界上除英国和美国外,各国都采用直接标价法。

(2) 间接标价法(indirect quotation system),又称应收标价法。它是指用一定单位(1个、100个、1 000个等)的本国货币为基准来计算应收多少外国货币,即用外国货币来表示本国货币的价格。目前,世界上只有英国和美国采用间接标价法。英国一直沿用此法,美国在1978年以前采用直接标价法,1978年后除了美元兑英镑的汇率同时用直接和间接标价法以外,美元兑其他货币的汇率都改用间接标价法。

通常所说的货币升值或贬值在两种不同的汇率标价法下体现为不同的汇率变化方向。直接标价法下,当一定单位的外币折算出的本币的数额越来越大时,说明本币不断贬值,由于汇率是两种货币的折算比价,因此本币不断贬值,说明外币不断升值。即随着汇率数值的增大,本币不断贬值(depreciation or devaluation),外币不断升值(appreciation or revaluation);反之,随着汇率数值的减小,本币不断升值,而外币不断贬值。间接标价法下,当一定单位的本币折算出的外币数额越来越大时,说明本币不断升值,外币不断贬值。即随着汇率数值的增大,本币不断升值(appreciation or revaluation),外币不断贬值(depreciation or devaluation);反之,随着汇率数值的减小,本币不断贬值,而外币不断升值。

例如,直接标价法下,我国人民币市场汇率为:月初 USD/CNY = 6.828 1,月末 USD/CNY = 6.826 9,说明美元贬值,人民币升值。

再如,东京外汇市场汇率为:月初 USD/JPY = 91.2,月末 USD/JPY = 91.6,说明美元升值,日元贬值。

间接标价法下,伦敦外汇市场汇率为:月初 GBP/CHF = 1.678 2,月末 GBP/CHF = 1.662 4,说明瑞士法郎升值,英镑贬值。

货币的升贬值幅度可以用变化前后的两个汇率计算出来。

(3) 美元标价法(U.S. dollar quotation system)。它是指将一定单位的美元折算成若干数量的各国货币来表示各国货币汇率的方法。第二次世界大战以后,由于美元成为国际货币体系的中心货币及国际金融市场上外汇交易的迅猛发展,为便于国家间的外汇交易和报价核算,各国外汇市场上公布的外汇牌价均以美元为标准,称为美元标价法。

上述三种汇率标价法本质上并不矛盾,只是形式不同。在各种标价法下,数量固定不变的货币称为基准货币(base currency),数量变化的货币称为报价货币(quoted currency)。因此,直接标价法下,基准货币为外币,标价货币为本币;在间接标价法下,基准货币为本币,标价货币为外币;在美元标价法下,基准货币是美元,标价货币是其他各国货币。在外汇实务和理论研究中,如不特别注明,一般使用汇率的直接标价法,即汇率上升,本币贬值,汇率下降,本币升值。

(二) 汇率的种类

汇率的种类极其繁多,外汇交易实务和理论政策研究中对汇率大体有以下几种分类。

1. 即期汇率与远期汇率

按外汇买卖成交后办理实际交割手续的时间长短来划分,汇率可以分为即期汇率与远期汇率。即期汇率(spot exchange rate)又称现汇汇率,指即期外汇交易中使用的汇率,即在交易日当天或交易达成后两个营业日内办理外汇现款的实际交付或银行存款账户的实际划转而使用的汇率。远期汇率(forward exchange rate)又称期汇汇率,指远期外汇交易中使用的汇率,即在交易达成后两个以上营业日(具体时间由交易双方约定,如1个月后、3个月后)办理外汇实际交割所使用的汇率。远期汇率以即期汇率为基础,但两者之间存在一定的差额。以某种外汇汇率为例,当远期汇率 > 即期汇率时,称为该外汇远期升水（premium），升水额＝远期汇率－即期汇率；反之，当远期汇率＜即期汇率时，称为外汇远期贴水（discount），贴水额＝即期汇率－远期汇率；当远期汇率＝即期汇率时，称为外汇远期平价（par value）。

2. 买入汇率、卖出汇率与中间汇率

从银行买卖外汇的角度划分，汇率分为买入汇率、卖出汇率。买入汇率（bid rate）即买入外汇的价格，指银行从客户或同业买入外汇时使用的汇率；卖出汇率（offer rate）即卖出外汇的价格，指银行将外汇卖给客户或同业时使用的汇率。买入汇率和卖出汇率之间的平均价，即为中间汇率，一般用于新闻报道和理论研究中。

3. 电汇汇率、信汇汇率与票汇汇率

按国际金融市场上银行将外汇卖给客户后，授权指定付款行付款的通知方式的不同，可将汇率分为电汇汇率、信汇汇率与票汇汇率。电汇汇率指银行卖出外汇后，用电报、电传或 SWIFT[①] 系统等快捷的通信方式通知付款行，授权其解付一定外汇给收款人时所使用的汇率。由于以电汇方式支付外汇从达成外汇交易到付款行解付外汇给收款人间隔时间很短，一般在一两天内，因而银行难以占用客户资金，故银行会向客户收取较高的外汇价格，因而电汇汇率最高。信汇汇率指银行卖出外汇后，用信函通知付款行，授权其解付一定外汇给收款人时所使用的汇率。由于通知解付货款的信函需要一定的邮程时间，银行可以在邮程期内占用客户资金，因而信汇汇率比电汇汇率低。票汇汇率指银行在卖出外汇时，开立一张以其指定银行为付款人的汇票交收款人，由收款人自行持票向指定付款银行提示汇票并收取外汇时所使用的汇率。无论是即期汇票还是远期汇票，票汇支付外汇的方式从银行卖出外汇到解付外汇都需要一定的时间，银行可以在这段时间占用客户资金，因而票汇汇率也较电汇汇率低，具体汇率水平则由汇票付款时间长短和外汇远期升贬值可能性决定。现代外汇交易多使用电汇方式通知支付外汇，因而电汇汇率是国际金融市场上最具代表性的汇率。

4. 基础汇率与套算汇率

按制定汇率的方法不同，汇率可以分为基础汇率与套算汇率。基础汇率指由一国官方制定的本币与某一种关键货币的汇率。与本国货币有关的外币往往很多，如果本币对每一种外币的汇率都由政府按各货币的实际价值来测定，将耗费大量的精力，且各国货币币值的不断变化也使实际测定各国货币间汇率不可行。因此各国往往选择与本国经济贸易、国际收支和国际储备关系最为密切的某一种货币为本国的关键货币，并制定本币与关键货币之间的汇

---

① SWIFT 是指环球同业银行金融电讯协会。

率作为本国的基础汇率。基础汇率是确定本币对非关键货币汇率的基础。套算汇率是指根据各国制定的基础汇率套算出来的本币与非关键货币之间的汇率。第二次世界大战前,英镑是各国关键货币的首选,其次是美元。第二次世界大战后,美元取代英镑成为影响各国国际贸易、国际收支和储备的关键货币,因而各国纷纷制定了本币对美元的基础汇率。20世纪70年代以来,随着布雷顿森林体系的崩溃,美元的世界关键货币地位有所削弱,日元、德国马克①、瑞士法郎等也成为颇具影响力的关键货币,但由于美元仍是国际贸易和投资中使用最广泛的货币,因此各国货币对美元的汇率仍是基础汇率。我国在计算人民币汇率时,曾长时间以美元为媒介来折算人民币与其他外币如英镑、日元等之间的比价。因此,人民币与美元的汇率为基础汇率(basic rate),而人民币与英镑、日元等之间的汇率为套算汇率(cross rate)。

5. 单一汇率与复汇率

按照本币对某一种外币汇率的多少,汇率可以分为单一汇率和复汇率。单一汇率(uniform rate)指一国货币对一种外币只有一种汇率,这种汇率通用于该国所有的国际经济交往中。复汇率(multiple rate)指一国货币对一种外币有两种或两种以上的汇率,不同的汇率用于不同的国际经贸活动。复汇率是外汇管制的产物,曾被许多国家采用过,其中常见的形式是双重汇率,即本币对一种货币同时存在两种汇率——贸易汇率和金融汇率。贸易汇率(commercial rate)指用于进出口贸易及其从属费用计价结算的汇率。官方对本国贸易往来实行单独的汇率主要是为了"奖出限入",改善本国贸易状况。金融汇率(financial rate)指用于非贸易往来如劳务、资本移动等方面的汇率。制定金融汇率主要是为了增加非贸易外汇收入,并限制资本流出入。复汇率对不同商品、不同性质的交易甚至不同国家和地区区别对待,具有歧视性,因而国际货币基金组织要求各国只能根据需要实行简单的复汇率,严格限制实行复杂的复汇率。

6. 名义汇率、实际汇率和有效汇率

名义汇率(nominal exchange rate)即通常官方公布的汇率或市场上通行的汇率,指没有经过通货膨胀调整等技术处理的汇率。理论研究中,为了反映两种货币的真实比价关系,就需要考虑两国的国内通货膨胀率。实际汇率(real exchange rate)就是在名义汇率的基础上剔除了通货膨胀因素后的汇率。有效汇率(effective exchange rate)又称为有效汇率指数,它是将一国货币对其他主要国家货币的双边汇率选取某种权数进行加权平均得到的。比较有代表性的是以贸易比重为权数计算的有效汇率指数。

---

① 1999年1月1日,欧元开始使用;2002年1月1日,取代德国马克等货币。

13.2 外汇市场

国际的一切经济往来都必然伴随着货币的清偿和支付,而要实现国际清偿和货币支付,就要进行国际的货币兑换或外汇买卖活动。外汇市场就是为了满足各种货币的兑换或买卖的需要而产生的,其实质是一种货币商品的交换市场,市场上买卖的是不同国家的货币。

13.2.1 外汇市场概述

(一) 外汇市场的概念和种类

外汇市场(foreign exchange market)是指进行外汇买卖、外汇交易和投机活动的场所或网络,是外汇供给者、外汇需求者及买卖外汇的中介机构所构成的买卖外汇的交易系统。它在实现购买力的国际转移、避免和防止外汇风险的发生、提供国际性的资金融通和国际清算方面发挥着重要作用。外汇市场有多种:

1. 按组织形式划分为抽象市场和具体市场

抽象市场又叫无形市场,它没有固定的交易场所和统一的交易时间,买卖双方也不是面对面的交易,所有交易都是通过电话、电报、电传及其他通信工具进行。英国、美国、加拿大、瑞士等国家的外汇市场均采取这种方式,因此这种方式被称为英美体制,是外汇市场的主要组织形式。具体市场又叫有形市场,是德国、法国、荷兰、意大利等国遵循的传统的国际汇兑方式,外汇交易者于每个营业日规定的营业时间集中在交易所进行交易。需要指出的是,这种市场中也有许多交易是通过各种电信工具进行的,交易所内遍布的电话、传真机等通信工具,随时向世界各地通报市场行情,并随时承接来自各地的交易。由于这种方式只流行于欧洲大陆,因而被称为大陆体系。这种方式的外汇市场其交易目的非常有限,主要用于调整即期外汇头寸,确定对顾客交易的公定汇率,所以不是外汇市场的主要组织方式。

2. 按经营范围分为国内市场和国际市场

国内市场的外汇交易仅限于国内银行彼此之间或国内银行与国内居民之间,不允许国外银行或其他机构参与,当地中央银行的管制较严,市场上交易的货币亦仅限于本币与少数几种外币。国际市场的特点是各国银行或企业按规定均可参与外汇交易,而且交易的货币种类较多,交易规模较大,市场网络的辐射面较广。其中,纽约、伦敦、东京、法兰克福、新加坡等外汇市场均属于国际外汇市场。

3. 按外汇买卖双方性质划分为外汇批发市场和外汇零售市场

外汇批发市场特指银行同业之间的外汇交易市场,包括同一市场上各银行之间的外汇交易、不同市场上各银行之间的外汇交易、中央银行同商业银行之间的外汇交易、各国中央银行之间的外汇交易。外汇零售市场是指银行同一般客户之间的外汇交易市场。

4. 按存在的合法性划分为公开外汇市场、平行外汇市场与外汇黑市

发达国家的公开外汇市场即自由外汇市场,指政府、机构和个人可以买卖任何币种及数量外汇的市场,汇率随行就市,政府对外汇市场干预很少,只在汇率出现大幅度波动时才会介入外汇市场稳定汇率。发展中国家的公开外汇市场指任何机构和个人都可以参与交易的外汇市场,但外汇汇率水平由政府直接给定,且外汇交易的范围和规模也受到严格控制。平行市场(parallel market)也称替代市场(alternative market),是受管制的官方市场的一种替代。政府默认其存在以缓解公开市场上外汇供求矛盾。由于平行外汇市场上的汇率水平能相对地反映外汇的实际供求状况,从而为政府在公开外汇市场上的汇率调节提供参考。外汇黑市(black market),指在外汇管制较严的国家非法存在的外汇市场。大多数发展中国家普遍实行严格的外汇管制,公开外汇市场受到严格管制,导致非法的外汇市场发展迅速。

(二)外汇市场的参与者

在外汇市场上,外汇交易的参与者主要有以下七类。

1. 外汇银行

外汇银行又称外汇指定银行,是指经过本国中央银行批准,可以经营外汇业务的商业银行或其他金融机构。外汇银行可以分为三种类型:专营或兼营外汇业务的本国商业银行、在本国的外国商业银行分行、其他经营外汇买卖业务的本国金融机构(如信托投资公司)等。

外汇银行在外汇市场上既可以代客户进行外汇买卖,目的是对客户提供尽可能全面的服务并从中获得利益。也可以用自身的外汇资金或银行信用在外汇市场上直接进行买卖,目的主要在于调整本身的外汇头寸或进行外汇投机买卖,使外汇资产保持在合理的水平上或赚取投机的利润收入。

2. 外汇经纪人

外汇经纪人是指为外汇交易双方介绍交易以获得佣金的中间商人,其主要任务是利用其已掌握的外汇市场的各种行情和与银行的密切关系,向外汇买卖双方提供信息,以促进外汇交易的顺利进行。

外汇经纪人一般有三类:

(1)一般经纪人。即那些既充当外汇交易的中介又亲自参与外汇买卖以

赚取利润者。

(2) 跑街经纪人。即那些本身不参与外汇买卖而只充当中介赚取佣金的经纪人。

(3) 经纪公司。指那些资本实力较为雄厚，既充当商业银行之间外汇买卖的中介又从事外汇买卖业务的公司。

3. 中央银行

中央银行参与外汇市场活动有两个目的——储备管理和汇率管理。各国中央银行或直接拥有，或代理财政经营本国的官方外汇储备，这时中央银行的角色与一般参与者相同。同时，为了防止国际短期资金大量流动对外汇市场的猛烈冲击，各国政府往往通过中央银行对外汇市场进行干预，即在市场外汇短缺时大量抛售外汇，外汇过多时大量买入外汇，从而使本币汇率不致发生过于剧烈的波动。因此，中央银行不仅是外汇市场的参与者，而且还是实际操纵者。

4. 进出口商及其他外汇供求者

进出口商从事进出口贸易活动，是外汇市场上外汇的主要的、实际的需求者和供给者。出口商出口后要把外汇收入卖出，进口商则要为进口支付而购买外汇，这些都要在外汇市场上进行。其他的外汇供求者是指银行、进出口商之外的客户，主要指由运费、保险费、旅费、留学费、赠款、外国有价证券买卖、外债本息收付、政府及民间私人贷款及由其他原因引起的外汇供给者和需求者。

5. 贴现公司

贴现公司又叫贴现商号，是以买卖远期票据为主要业务的公司。在票据贴现业务中，外国汇票的贴现占主要部分。贴现商号在需要资金时，还可持此类汇票再贴现，但必须拥有自有资金。贴现公司具有国际和国内的清算作用。

6. 外汇交易商

外汇交易商是专门经营外汇交易的商号，其业务大都由信托公司或银行兼营。它的经营方式主要有先买后卖，先抛后补，同时买入和卖出。其交易大部分是通过外汇经纪人接洽，有的则直接向银行买卖。它的经营目的是通过利用外汇汇率的时间差和空间差来赚取利润。

7. 外汇投机者

外汇投机者是预计国际市场外汇汇率的波动趋势，用买空卖空或买卖外汇的方式进行外汇交易，从中获利的机构或个人。当投机者预计某一种货币的汇价将要上升，就预先买入，待上升后卖出，或买入远期外汇，到期后再卖出现汇；反之，若某一种货币汇价将要下降，就预先卖出，待下降后再补进或卖出远期外汇。外汇投机者既可以是外汇供给者,又可以是外汇需求者。

在上述七类外汇市场参与者中,那些资本雄厚、配有先进设备、拥有大量技术娴熟的外汇交易人员的大银行往往能迅速创造和组织外汇行市,是外汇市场的领导着和组织者,又被称为造势者(market-maker)。这些银行在世界各地银行都有往来账户,其报价往往最具竞争力。作为造势者的外汇银行数目不多,目前全世界大约有200家。它们是世界外汇市场的核心,世界外汇市场汇率的变动通过它们对报价的调整来实现,它们的报价是其他规模较小的银行从事外汇交易的基础。

(三) 外汇市场的交易层次

外汇市场交易可以分为两个层次:银行与顾客之间和银行同业之间。

1. 银行与客户之间的外汇交易

顾客出于各种各样的动机,需要向外汇银行买卖外汇。银行与客户的外汇交易往往是在银行的柜面上进行(over the counter),其中,交易性外汇买卖常常是与国际结算联系在一起的,故主要是本币与外汇之间的相互买卖。银行在与顾客的外汇交易中,一方面从顾客手中买入外汇,另一方面又将外汇卖给顾客,实际上是在外汇的最终供给者与最终需求者之间起中介作用,赚取外汇的买卖差价。这一层次的外汇交易构成了零售外汇市场。

2. 银行同业之间的外汇交易

银行在为顾客提供外汇买卖的中介服务中,难免会在营业日内出现各种外汇头寸的"多头"或"空头",统称"敞口头寸",即一些币种的出售额低于购入额,另一些币种的出售额多于购入额。"敞口头寸"往往面临汇率变动风险,因而银行就需要借助同业间的交易及时进行外汇头寸调拨,轧平各币种的头寸,即将多头抛出,空头补进。更重要的是银行还出于投机、套利、套汇等目的从事同业的外汇交易。银行同业间的外汇交易构成了绝大部分的外汇交易。

银行同业市场汇集了外汇市场的巨额供求流量,由此决定着外汇汇率的高低。零售外汇市场的买卖价正是在批发外汇市场买卖价的基础上加减一定的点数形成的。从表面上看,批发外汇市场上的汇率是由大银行主观决定的,但实质上仍客观地反映了市场的供求关系。只要这些报价银行对某种货币的价格报得偏高,其他银行向其出售该货币的数额就会多于向其购买的数额,由此形成这种货币头寸的多头。如果仍维持这一汇率,那么多头还会增加。除非银行具有很大的吞吐能力,并愿意对这种货币进行多头投机,否则就必须降低该货币的报价,直到头寸额达到期望持有的水平。同样,如果价格报得偏低,就会出现空头的不断增加,促使银行调高报价,直到外汇买卖净额达到所期望的水平。

13.2.2 外汇市场的功能

外汇市场在实现国与国之间的债权、债务的结算和清偿,促进国际资本的融通,避免和减少外汇风险,调节各国国际收支,以及推动国际经济贸易的发展等方面,都有着重要的作用,它的主要功能包括以下几个方面。

(一)国际清算

在国际债权债务关系的清偿过程中,无论债务人是以本国货币支付还是以债权国货币支付,都有一个货币兑换的过程。若债务人以债务国货币支付,则债权人需要在外汇市场上兑换成债权国货币;若债权人只接受债权国货币,则债务人需要先将债务国货币在外汇市场上兑换成债权国货币再进行支付。由此可见,外汇市场为这种国际清算提供了便利。

(二)套期保值

进出口商从签订进出口合约到实际支付或收款,通常都要经过一段时间。由于外汇市场中汇率的易变性,外币债权人和债务人都要承担一定的风险。例如计价货币汇率下跌会使收款人遭受损失,而计价货币汇率上升则会使付款人蒙受损失。他们若不愿投机,只想用本币保持资产,那么就需要对这些货币资产进行套期保值,以确保该项资产没有净头寸。套期保值(hedging)就是通过卖出或买入等值远期外汇,轧平外汇头寸来实现保值的一种外汇业务。具体而言,收款人可以卖出远期外汇,而付款人则可以买入远期外汇。例如,某日中国香港外汇市场行情为:美元对港元即期汇率 USD/HKD = 7.7545/55,3 个月掉期率为:16/12,假定一美国进口商从中国香港进口价值 1 000 000 港元的机器设备,可在 3 个月后支付港元。若美国进口商预测 3 个月后美元对港元汇率将贬值到 USD/HKD = 7.7409/19。若不采取套期保值措施,3 个月后美进口商支付 1 000 000 港元需要 1 000 000 ÷ 7.740 9 = 129 184 美元;若美进口商利用远期外汇市场进行套期保值来规避风险,具体来说,就是在与中国香港出口商签订机器设备进货合同的同时,与银行签订远期交易合同,按外汇市场 USD/HKD 3 个月远期汇率 7.752 9(7.754 5 − 0.001 6)买入 1 000 000 港元,这样,3 个月后,美进口商只需 128 984(1 000 000 ÷ 7.752 9)美元就可以支付 1 000 000 港元货款,比未采取保值措施情况下少支付 200 美元。这种套期保值实质上是利用远期外汇交易以本国货币将成本"锁定"。套期保值还可以通过即期外汇市场和货币市场进行。上例中,美进口商可以在签订进货合同时从货币市场借入与 1 000 000 港元等值的 3 个月期美元贷款,即 128 957 美元(1 000 000 ÷ 7.754 5),然后用 128 957 美元在即期外汇市场买入 1 000 000

港元存入银行,到期支付货款。这种套期保值的方法可以将 3 个月后的汇率风险锁定在现在,其成本是本币和外币的利息差额,同时买卖即期外汇会占用较多的资金。

(三) 外汇投机

外汇投机包括从事远期投机外汇交易、套汇和套利。

远期投机外汇交易(speculation)是指投机商利用自己的专业知识和各种信息来判断将来某种货币汇率变动的方向,并有意保持某种外汇的多头或空头,希望从汇率变动中赚取利润的行为。外汇投机利润具有不确定性,当投机者预期准确时可以赚取利润,但如预期失误则要蒙受损失。例如,若某投机商预期两个月以后某种货币汇率将会下跌,并在期货市场上卖出该种货币的两个月期汇,称为抛出或做空头。两个月以后,该货币汇率若果真下跌,则投机商可以用低价补进现汇以交割期汇,但如果该货币汇率不降反升,该投机商则要遭受损失。远期投机外汇交易与保值外汇交易的区别在于:第一,投机交易没有实际的商业或金融业务为基础,其交易的目的纯粹是为了赚钱,而不是为了商业或金融业务。第二,投机交易在买进或卖出时,并非真有实际数额的资金。

套汇(arbitrage)是指利用不同外汇市场上某种货币的汇率差异同时在不同外汇市场上买进和卖出这种货币,从中套取汇率差额收益的一种外汇投机行为。具体包括直接套汇(direct arbitrage)和间接套汇(indirect arbitrage)。

直接套汇又称为双边套汇,指利用两个外汇市场汇率的差异,在汇率低的市场买进某种货币,在汇率高的市场卖出该货币,即贱买贵卖,套取投机利润。例如,某日伦敦外汇市场上,汇率为 GBP/USD = 1.7200/10;同期纽约外汇市场上,GBP/USD = 1.7310/20。根据贱买贵卖的规则,投机者将在伦敦外汇市场上按 GBP1 = USD1.7210 的汇率,用 172.1 万美元买入 100 万英镑;同时,在纽约外汇市场上按 GBP1 = USD1.7310 的汇率卖出 100 万英镑,收入 173.1 万美元。这样,投机者通过上述两笔外汇交易,可以套取 1 万(173.1 万 - 172.1 万)美元的利润。

间接套汇又称为多边套汇,是指利用三个或三个以上外汇市场汇率的差异,同时进行三种或三种以上的货币买卖,以套取汇价的差额收益。以三边套汇为例,只要外汇市场上的三种货币汇率存在差异,就存在套汇的机会。判断三种货币汇率是否存在差异的方法是:先将三地的汇率换算成同一标价法下的汇率,然后将三种货币的汇率连乘起来,若乘积等于 1,则不存在汇率差异;若乘积不等于 1,则存在汇率差异,可以进行套汇交易。例如,某日香港、伦敦和纽约外汇市场上的汇率为:香港,GBP1 = HKD12.5;伦敦,GBP1 = USD1.6;

纽约，USD1 = HKD7.5。把这三个汇率换算成直接标价法下的汇率为：香港，GBP1 = HKD12.5；伦敦，USD1 = GBP0.625；纽约，HKD 1 = USD 0.133 3。由于 HKD12.5 × GBP0.625 × USD 0.133 3 = 1.041 4 ≠ 1，故存在套汇机会。套利步骤为：第一步，在纽约外汇市场上，用 1 港元买进 0.133 3 美元；第二步，在伦敦外汇市场上，用 0.133 3 美元买进 0.083 3 英镑（USD0.133 3 × GBP0.625）；第三步，在香港外汇市场上，用 0.083 3 英镑买进 1.041 3 港元（GBP0.083 3 × HKD12.5）。通过这一套汇活动，最终 1 港元换取了 1.041 3 港元，净利润为 0.041 3 港元。

无论是直接套汇还是间接套汇，最终都会使各地外汇市场上的汇率趋于一致，套汇活动也将自动终止。浮动汇率制下，各个外汇市场的汇率会因各自资金供求关系不同而在短暂的时间内存在差异，从而引起套汇交易，但在现代通信网络条件下，信息的传递迅速，资金调拨畅通，各个外汇市场微小的汇率差异都会引起套汇活动，从而使各个外汇市场上的汇率差异很快消失，因而套汇的机会也越来越少。

套利（interest arbitrage）是指投机者利用不同国家或地区短期利率的差异，将资金从利率较低的国家或地区调往利率较高的国家或地区以赚取利息差额收益的一种外汇投机活动。在套利过程中，投机者通常还会进行套期保值以规避汇率变动带来的风险。例如，假设伦敦金融市场上英镑的年利率为 13%，纽约金融市场上美元的年利率为 11%，由于存在利率差异，投机者将资金从纽约调往伦敦，以赚取 2% 的利息差额收入，即在即期外汇市场上卖出美元，买进英镑以投放到伦敦金融市场上生息。与此同时，在将美元换成英镑生息期间，英镑汇率有可能下跌，从而投资到期后，投机者将资金调回美国时，英镑兑换成美元的数额会减少。为了规避这种风险，投机者在买进即期英镑的同时，会卖出远期英镑，进行套期保值。套利者的上述抛补套利行为将使即期英镑汇率上涨，远期英镑汇率下贴，即远期贴水。当远期英镑贴水接近两地 2% 的利率差异时，套利将无利可图。因而套利的前提是两地利率差异大于年贴水率或小于年升水率。

13.2.3 世界主要外汇市场

目前，世界上大约有 30 多个国际性的外汇市场，其中比较重要的有欧洲的伦敦、法兰克福、苏黎世外汇市场，美洲的纽约外汇市场，亚洲的东京外汇市场、新加坡、香港外汇市场。这些位于世界著名的贸易及金融中心的外汇市场各具特色，联系紧密，在营业时间上互相衔接，构成了一个庞大、统一的世界外汇市场体系。

（一）伦敦外汇市场

伦敦外汇市场是世界上出现得最早、也是目前最大的外汇市场。19世纪的英国号称"世界工厂"，英镑成为国际贸易中使用最广泛的货币，伦敦的票据汇兑业务也很发达，促成了伦敦外汇市场的形成，并使其成为世界上最重要的外汇市场。两次世界大战使英国的经济实力削弱了许多，英镑的地位也大不如从前，外汇管制则有所加强，所有这些都使伦敦外汇市场的作用受到了影响。此后随着经济的恢复和发展，特别是20世纪50年代后期欧洲货币市场的形成和发展，伦敦外汇市场的地位才得到恢复。1979年，英国政府宣布取消外汇管制，进一步促进了伦敦外汇市场的发展。

从地理上看，伦敦居于世界时区适中位置，外汇市场在一天的营业时间里和世界其他重要外汇市场都能衔接上。伦敦上午8时是东京和香港的下午4时，伦敦外汇市场可与东京、香港等远东外汇市场的尾市衔接，而开盘不久便可与中东、非洲及欧洲大陆的外汇市场进行外汇交易。当伦敦下午3时，纽约正是上午10时，又可与纽约外汇市场交易。由此确定了伦敦外汇市场的重要地位。

伦敦外汇市场由经营外汇业务的银行及美国、日本等国银行的分行、外汇经纪商和一般金融商号构成。伦敦外汇市场有250多家外汇银行，它们都领有英格兰银行的执照。在伦敦外汇市场上，大多数外汇买卖都是通过外汇经纪商进行的。伦敦市场上的外汇经纪商，第二次世界大战前多达40家。1951年，外汇市场重新开放时，由于英格兰银行的坚持将外汇经纪商减少到9家，这9家外汇经纪商成了今日伦敦外汇市场的主要角色，由它们组成的外汇经纪人协会支配了伦敦外汇市场。伦敦外汇市场是抽象市场，没有具体的交易场所，所有交易都是通过电话、电传或电报等通信工具进行。伦敦外汇市场经营一切可兑换货币的现汇交易和远期交易，1982年开始经营外汇期货交易。其特点是：交易灵活，效率高，技术设备世界一流，专业人员训练有素。

（二）纽约外汇市场

纽约外汇市场的历史比伦敦外汇市场短，它是随着两次世界大战中美国政治、经济、军事实力的急剧增长以及布雷顿森林体系的建立、美元取代英镑成了世界最主要的货币后形成和发展的。由于美国奉行外汇开放政策，所以纽约外汇市场自形成以来就成为一个自由的、完全开放的外汇市场。目前和伦敦外汇市场并列为世界最大的外汇市场。

由于美国对银行经营外汇的业务没有限制，政府也不指定专门的外汇银行，所以几乎所有的美国银行和金融机构都可以经营外汇业务。目前，纽约外汇市场主要包括29家美国联邦储备体系的成员银行、23家非成员银行、60余家外国银行在纽约的分支机构、50多个外国银行建立的代理行和90多个代办处以及一些人寿保险公司和外汇经纪商。纽约外汇市场有8家经纪商,其业务不受任何监督,对其安排的交易不承担任何经济责任,只是在每笔交易完成后向卖方收取佣金。

纽约外汇市场交易量虽很大,但和进出口贸易相关的外汇交易量却很小,远远不及伦敦外汇市场和远东外汇市场。因为美国的对外贸易大多以美元计价结算,出口商得到美元,进口商支付的也是美元。不仅美国如此,世界商品贸易的70%都是以美元计价支付的。世界各国的美元买卖,包括欧洲美元和亚洲美元交易在内,最终都必须在美国,主要是在纽约的商业银行账户上办理收付、划拨和清算。这是因为第二次世界大战后,美元成为国际支付中使用最为广泛的货币,各国银行都持有美元并用于国际结算,因此它们都在美国开立账户。这样外国银行将买入的美元存入在美国的银行账户上,出售美元等于将美元存款从其美国银行账户上划拨到买主的账户上,从而使纽约外汇市场成为全世界美元交易的清算中心。

由于美元在国际贸易、国际金融、国际清算等诸多领域扮演重要角色,所以许多国家的中央银行将其部分外汇储备存放在美国。加上美元的流动极其频繁,因此美元汇率不稳定将对世界经济产生极其不利的影响。所以在纽约市场上,对美元汇率的干预,除以美国联邦储备体系为主体,委托纽约联邦储备银行具体执行外,有时西方主要发达国家的中央银行与纽约联邦储备银行也会采取联合行动,进行共同干预。

(三) 东京外汇市场

东京外汇市场是在20世纪50年代末发展起来的。历史上,日本是一个外汇管制严厉的国家,20世纪50年代以后才逐渐放松。1964年,日本加入国际货币基金组织,日元成为可兑换货币,东京外汇市场原则上不再实行外汇管制,外汇交易也逐步走向了自由化。20世纪70年代下半期以来,日元国际化取得了极大的进展。1980年,日本政府废除了旧的外汇法,颁布执行新的外汇法,放宽了银行经营外汇业务的限制,由过去只有经政府批准的外汇银行和经纪商才可以经营外汇业务转为所有银行都可以在国内经营一般的外汇交易,因而东京外汇市场迅速发展起来,成为与伦敦和纽约外汇市场地位相当的世界三大外汇市场之一。

东京外汇市场的参与者包括5种:东京银行(日本的外汇专业银行)、可经营外汇业务的日本本国银行和外国银行在东京分支机构、日本银行(日本的中央银行)、8家外汇经纪商、一般客户。

但是,东京外汇市场仍有一些不足之处:首先,东京外汇市场受地理位置的限制,与其他主要的外汇市场基本是隔绝的。东京外汇市场每日的交易时间分两段进行,上午是 9:00—12:00,下午是 13:30—15:30。由于时区差异,同纽约市场根本不交叉,同欧洲也只在每个交易日的最后一两个小时有交叉,不能与纽约和伦敦的外汇市场同时交易,使其业务活动大受影响。其次,虽然日本正在大力推进日元的国际化,但至今日元仍未成为真正意义上的可自由兑换货币,日本政府对东京外汇市场的外汇管制仍未彻底解除。再次,由于日本是一个典型的出口加工国,东京外汇市场受进出口贸易收支的影响较大,使得东京外汇市场的外汇交易带有明显的季节性特点。最后,东京外汇市场上交易的币种较少。由于日本的进出口贸易多以美元结算,所以外汇市场上绝大部分是对美元的交易。据统计,东京外汇市场 90% 以上的外汇交易是美元与日元之间的交易。日元对其他货币的交易较少,且在交易时受到种种限制。

(四)德国的外汇市场

德国外汇市场包括两部分,第一部分是每天正式的定价市场,第二部分是一般的市场。每天正式的定价市场活动发生在法兰克福外汇市场,它由一名官方指定的经纪人负责,时间在中午 12 点 45 分。负责法兰克福市场的经纪人,根据在法兰克福、柏林、杜塞尔多夫、汉堡和慕尼黑外汇交易所营业的外汇经纪人向其口头或通过电话提出的外汇买卖交易委托,确定汇率。

德国一般市场的外汇业务活动也是通过电报和电传进行的。在德国 6 000 家银行组成的银行体系中,只有 100 家左右参与外汇市场交易。德国中央银行除了对银行活动的谨慎性和流动性的一般要求进行控制以外,通常不管制外汇市场,银行可自由兑换货币。因为在德国中央银行看来,要控制市场力量是相当困难的。

(五)香港外汇市场

香港外汇市场是 20 世纪 70 年代以后发展起来的国际性外汇市场。1973 年以前,香港实际上有两个外汇市场:一个是法定的外汇市场,参加者是外汇指定银行,汇率以法定平价为基础,波动幅度有限;另一个是自由外汇市场,由非指定银行和一些证券商组成,汇率完全由外汇的供求决定,和法定市场的汇率差异很大。1972 年底,香港取消了外汇管制,两个市场合二为一。1974 年 11 月,港元开始实行浮动汇率。之后,香港外汇市场以较快的速度发展起来。进入 80 年代,港元对美元汇率曾一度下跌,为了稳定经济金融秩序,香港当局于 1983 年 10 月开始实施港元联系汇率制,港元与美元挂钩,两者同升同降,发钞银行每发行 7.8 港元就要向外汇基金交 1 美元作为发行准备。联系汇率制有力地推动了香港外汇市场的发展。

香港外汇市场也没有固定的交易场所或正式的组织,是一个由从事外汇交易的银行、其他金融机构及外汇经纪人组成,由电话、电传等通信工具联结起来的网络。从事外汇交易的银行主要有100多家,分别属于汇丰银行集团、美资银行、日资银行、中银集团等。其他金融机构主要是指存款公司,在香港暂停申请新银行许可证时期,存款公司是在香港设立银行的间接方式。香港外汇市场上有10家外汇经纪商,它们都是香港外汇经纪协会的会员。具体可以分为三类:当地经纪人,其业务仅限于香港本地;国际经纪人,即那些20世纪70年代将其业务扩展到香港的其他外汇市场的经纪人;还有本地成长起来的国际经纪人,即业务已扩展到其他外汇市场的香港经纪人。香港外汇市场上的交易可以分为两类:一类是港币和外币的兑换,其中以和美元兑换为主;另一类是美元兑换其他外币的交易。

由于香港设有中央银行,因此控制货币汇价的手段除主要由汇丰银行利用外汇基金直接干预市场外,还依靠利率杠杆调节。其方法是香港银行利率随同美国各大银行优惠利率升降,从而保证联系汇率的稳定。这种干预方法使得香港外汇市场上的汇率风险转为利率风险。

13.3 汇率制度

汇率制度(exchange rate system),又称汇率安排(exchange rate arrangement),是指一国货币当局对本国汇率变动的基本方式所做的一系列安排或规定,包括各国货币比价确定的原则和方式、货币比价变动的界限与调整手段以及维持货币比价所采取的措施等。具体来说,一种汇率制度包括以下三个方面的内容:

第一,确定汇率的原则和依据。即一国货币的汇率是由官方人为确定还是由市场力量确定;是以货币本身的价值为依据还是以法定价值为依据。

第二,维持汇率的方法和手段。即政府是否有必要将汇率维持在某一幅度内,当汇率达到官方规定的上下限时,货币当局促使汇率回到既定的幅度内的手段是什么。

第三,调整汇率的制度和政策。即是任由汇率自由浮动,依靠价格机制使市场出清,还是由政府根据预定的指标,如相对通货膨胀率等,对汇率作出调整。

汇率制度制约着汇率水平的变动。传统上,按照汇率变动的幅度,汇率制度被分为两大基本类型:固定汇率制(fixed exchange rate system)和浮动汇率制(floating exchange rate system)。

13.3.1 固定汇率制度

固定汇率制度是指两国货币汇率由各自的实际含金量或法定含金量决定,即以金平价(铸币平价或法定平价)为基础,在市场供求的作用下,现实汇率围绕平价在很小的范围内上下波动的汇率制度。从历史发展看,固定汇率制度包括金本位制下的固定汇率制和纸币流通条件下的固定汇率制。两者既具有一些共同之处,也存在着一些不同点。

它们的共同之处在于:第一,各国对本国货币都规定有金平价,中心汇率是按两国货币各自的金平价之比来确定的。第二,外汇市场上的汇率水平相对稳定,围绕中心汇率在很小的限度内波动。但两者也存在着本质上的不同:第一,金本位制下,固定汇率制是自发形成的。两国货币之间的中心汇率是按两国本位币含金量决定的金平价之比(铸币平价)来自行确定的,并且自由兑换、自由铸造和熔化、自由输出输入的原则能自动保证现实汇率的波动不超过黄金输送点。而在纸币流通条件下,固定汇率制则是通过国际间的协议(布雷顿森林协定)人为建立起来的。各国当局通过规定虚设的金平价(法定平价)来制定中心汇率,现实汇率是通过外汇干预、外汇管制或国内经济政策等措施被维持在人为规定的狭小范围内波动。第二,在金本位制度下,各国货币的金平价是不会变动的,因此各国之间的汇率能够保持真正的稳定。而在纸币流通条件下,各国货币的金平价则是可以调整的。当一国国际收支出现根本性失衡时,金平价可以经由国际货币基金组织的核准而予以变更。因此,金本位制度下的固定汇率制是典型的固定汇率制;而纸币流通条件下的固定汇率制,严格来说只能称为可调整的钉住汇率制(adjustable pegging system)。

13.3.2 浮动汇率制度

浮动汇率制度是指两国货币汇率不受平价的限制,随外汇市场供求状况变动而自由波动的制度。1973年2月,布雷顿森林体系崩溃后,西方各主要工业国先后都实行了浮动汇率制。在浮动汇率制下,一国货币不再规定金平价和对外国货币的中心汇率,货币当局也不再承担维持汇率波动界限的义务。

按照政府是否干预来区分,浮动汇率制可分为自由浮动和管理浮动。自由浮动(free floating)又称"清洁浮动"(clean floating),意指货币当局对外汇市场不加任何干预,完全听任汇率随市场供求状况的变动而自由涨落。管理浮动(managed floating)又称"肮脏浮动"(dirty floating),指货币当局对外汇市场进行干预,以使市场汇率朝有利于己的方向浮动。目前,各主要工业国所实行的基本上是管理浮动,绝对的自由浮动在现实中是不存在的。

按照浮动的形式,浮动汇率制可以分为单独浮动和联合浮动。单独浮动(independent floating),又称为独立浮动,是指本国货币不与外国任何货币发生固定联系,其汇率根据外汇市场的供求状况单独浮动。目前有美元、澳大利亚元、日元、加拿大元和少数发展中国家的货币采取这种单独浮动。联合浮动(joint floating)是指原欧洲货币体系各成员国货币之间保持固定汇率,面对非成员国货币则采取共同浮动的做法。

固定汇率制和浮动汇率制是从汇率变动的幅度大小角度对汇率制度所作的理论分类。现实中各国选择的汇率制度往往兼有两种汇率制度的某些特征。国际货币基金组织1999年修改了对国际汇率制度的分类,按照汇率变动的灵活程度将世界上150多个国家和地区的汇率制度分为8种类型。

(一)无单独法定货币的汇率安排(exchange arrangement with no separate legal tender)

这种汇率制度主要指一个国家或地区没有自己的法定货币,完全丧失货币发行权;或采用另一个国家流动的货币作为唯一的法定清偿工具(美元化国家);或从属于一个货币联盟,联盟内各国均使用同一种单一货币(欧元区各国和非洲法郎区各国等)。

(二)货币局安排(currency board arrangements)

这种制度是指以法定形式承诺按事先固定的汇率对本国货币和某一特定国家的货币进行自由兑换。为保证履行法定承诺,货币局安排下要求国内货币的发行必须完全以外汇资产作为抵押。

(三)其他传统的固定钉住安排(other conventional fixed arrangements)

在这种汇率制度下,一国货币正式地或事实上与一种主要货币或一篮子货币保持固定的汇率,汇率只被允许在很小的幅度内(如±1%之内)浮动。货币当局要随时准备进行市场干预,以使汇率水平能够稳定在规定的范围内。这种汇率制度比前两种要灵活得多,且在本国的国际收支出现根本性失衡时,政府可以对汇率水平作出调整,而不是死死地守住固定汇率不变。

(四)水平带内钉住(pegged exchange rates within horizontal brands)

这种汇率制度与第(3)类统称为可调整的钉住(adjustable pegging)。区间钉住有一个正式的或事实的固定中心汇率与一种或一篮子货币相挂钩,但可允许汇率波动超过中心汇率上下1%。欧元诞生前的欧洲汇率机制(exchange rate mechanism)是典型的区间钉住安排,区间为±2.25%。

(五)爬行钉住(crawling pegs)

这种制度是指一国货币按照某一事先宣布的、固定的幅度或者根据某些量化指标的变化,按一定的时间间隔内进行小幅度的调整(爬行)。调整可以是后倾性的,如根据本国过去一段时间的通货膨胀经历调整;也可以是前瞻性的,如根据对未来通货膨胀的预期来调整。

(六)爬行区间(exchange rates within crawling bands)

该制度是在爬行钉住的基础上又规定了浮动区间,中心汇率的调整方式与爬行钉住基本相同,货币围绕中心汇率保持一定波幅。

(七)无预定路径的管理浮动(managed floating with no predetermined path for the exchange rate)

这种制度是指货币当局可以随时主动干预外汇市场以影响汇率的走势,但这种干预事先没有明确规定和承诺,也没有事先宣布的路径。由于没有承诺明确的义务,因此该制度下的货币政策有相当大的灵活性。

(八)单独浮动(independent floating)

这种制度是指汇率由市场供求决定,当汇率波动过大时货币当局也会进行干预,但干预的目的是为了稳定市场,减少过分波动而不是确立某种汇率水平。

国际货币基金组织的上述8种分类中,第(三)、(四)、(五)、(六)、(七)类通常被称为"中间汇率制度";第(一)、(二)、(八)类被称为"两极汇率制度",其中,第(一)、(二)类又称为"硬钉住制度"。中间汇率制度的出现,主要是为了将固定汇率制和浮动汇率制的优点加以提炼综合,并尽量避免两者的缺陷。发展中国家如何选择适应本国国情的汇率制度,成为考验政府的重要课题。

13.4 外汇管制

外汇管制(foreign exchange control)是指一国政府为了防止资金外流或流入,改善本国的国际收支和稳定本国货币汇率,授权有关货币金融当局(一般是中央银行或专门的外汇管理机构)对外汇买卖和国际结算所采取的限制性措施。

13.4.1 外汇管制的产生和演变

第一次世界大战以前,世界主要国家都实行金本位制,货币可以自由流通、自由兑换和自由进出国境,而且各国大多采用固定汇率制度,因而根本不存在外汇管制。

第一次世界大战爆发以后,西方各国先后停止了金本位制,代之以纸币流通制度。各参战国为了筹措支付战争所需的大量外汇资金,防止资金外流,都取消了外汇的自由买卖,禁止黄金输出,开始实行外汇管制。虽然战后西方国家进入了暂时的相对稳定时期,先后建立起金本位制和金汇兑本位制,外汇管制有所放松,但1929—1933年爆发的世界经济危机又使几乎所有的资本主义国家都陷入了国际收支和货币信用制度的双重危机之中。金本位制彻底崩溃,通货膨胀异乎寻常地严重,资本主义各国不得不恢复实行全面的外汇管制。第二次世界大战的爆发使得这一趋势有增无减,除了远离战场的美国以外,据统计,在110多个资本主义国家和地区中,1940年只有11个国家没有实行正式的外汇管制。为了应付巨额的战争支出,就连在1929—1933年的世界经济危机中仍然坚持货币自由兑换的英、法两国也不得不实行了外汇管制。尽管有所反复,但从总体上看,在两次世界大战期间,各国普遍实行了外汇管制。

国际货币基金组织成立后,敦促各会员国取消外汇管制,恢复货币的可兑换性,即要求各会员国承担基金组织协定第八条所规定的义务。但是,第二次世界大战结束以后的初期,由于各国普遍面临着重建经济需要大量资金和外汇的问题,因而继续实行外汇管制。20世纪50年代末特别是60年代以后,随着各国经济状况的好转,积累的外汇数额增多,经济实力增强,外汇管制也随之放宽。西方各主要国家、一些半工业化国家和石油输出国已经宣布取消外汇管制。从发展趋势上看,各国都在进行金融自由化改革。但是,20世纪从80年代末以后,国际金融领域的动荡不安,特别是几次影响甚大的金融危机的爆发,使得一些国家在取消外汇管制这一问题上放慢了步伐。绝大多数发展中国家为了保证经济的独立发展、谋求国际收支平衡和汇率稳定、使有限的外汇资金不致任意流失,仍然实行严格程度不一的外汇管制。

按照外汇管制的宽松程度,实行外汇管制的国家和地区大体可分为以下三类:

第一类,实行严格外汇管制的国家和地区。这类国家对国际收支的所有项目(经常项目、资本金融项目和平衡项目)都实行严格管制。广义发展中国家和一些计划经济国家均属此类。

第二类,实行部分外汇管制的国家和地区。这类国家对非居民办理经常项目收付原则上不加管制,但对资本金融项目收支会加以限制。一些比较发达的工业化国家或新兴工业化国家和地区,如澳大利亚、丹麦、瑞典、韩国等均属此类。

第三类,名义上取消外汇管制的国家和地区。这类国家允许本国货币自由兑换成外国货币,对非居民往来的经常项目和资本金融项目的收付原则上都不加限制。但事实上对非居民也还实施间接的或变相的限制措施,对居民的非贸易外汇收支也有限制,不过限制的程度比以上两类国家大大减轻。以美国、德国、瑞士等国为代表的发达工业化国家和以沙特阿拉伯、科威特、阿拉伯联合酋长国等为代表的石油出口国均属于此类。

13.4.2 外汇管制的机构、对象与措施

（一）外汇管制的机构

实行外汇管制的国家，一般都有某个机构具体负责执行外汇管制。一般有三种类型：① 由政府直接设置专门的外汇管理机构如外汇管理局，如法国和意大利都设立了外汇管理局。② 由政府授权中央银行作为外汇管理机关，如英国是由英格兰银行负责进行外汇管制。③ 由政府行政部门如财政部等直接负责外汇管制。这些外汇管制机构主要负责制定和监督执行外汇管制的政策、法令和规定条例等，审查关于经营外汇业务的申请并办理批准或撤销，并有权根据具体情况变化和政策的需要，采取各种措施对外汇的收、支、存、兑等进行控制。

（二）外汇管制的对象

外汇管制的对象一般分为两类：人和物。

1. 人

人包括自然人和法人，根据法人和自然人居住或营业地的不同划分为居民和非居民。一般来说，对居民的外汇管制较严，对非居民的外汇管制较宽松。

2. 物

物是指外汇及外汇有价物，包括纸币、铸币、外币支付凭证、外币有价证券等。有些国家还包括黄金、白银和一些贵金属。

（三）外汇管制的措施

1. 贸易外汇管制

规定出口所得外汇全部或大部分必须按官定汇率结售给指定银行以便及时集中到国家手中，通常也制定一定的鼓励措施。而进口所需外汇则要向外汇管制部门申请，批准后才供售，并制定一些限制措施。

2. 非贸易外汇管制

规定非贸易外汇所得一律出售给国家，而非贸易外汇所需支出则必须经管理当局批准才能汇出，并加以限制。

3. 资本流动管制

一般国际收支逆差国家对资本输出管制较严，而顺差国家对资本输入管制较严。20世纪80年代国际金融自由化以来，发达国家和部分发展中国家对资本输出输入的管制有放松的趋势。

4. 汇率管制

汇率管制措施有多重汇率管制,即一国货币对另一国货币存在多种汇率,如管理当局对进口贸易、资本输出输入规定多种形式的复汇率,以实现其鼓励或限制的目的。

5. 黄金和本币出入境管制

一般实行外汇管制的国家都对黄金出入境加以限制,如禁止个人和企业携带、托运或邮寄黄金、白金或白银出境,或限制其出境的数量。输出本国现钞,会导致在外国市场上本国货币对外汇率的下跌。因此,实行外汇管制的国家,对本国现钞的输出要求由外汇管制机构进行审批,并规定最高限额。对输入本国的现钞,有的国家不加限制,但要求用于指定用途,有的国家则与输出一样,采取数额管制。

13.4.3 外汇管制的目的和成本

(一) 外汇管制的目的

在当今全球金融市场日益一体化的趋势下,无论是发展中国家,还是发达国家,其外汇管制主要有以下目的。

1. 维持国际收支平衡或改善本国的国际收支状况

发展中国家(石油输出国除外),由于劳动生产率较低、经济结构和技术水平落后,出口只集中于某些初级产品,而经济发展所需的大量技术装备和原材料等完全依赖进口,其出口收入的增长不足以适应对进口的用汇需求,面临国际收支的长期性或周期性失衡压力。因而发展中国家就不得不依赖广泛的外汇管制措施来管理其国际收支,力求维持国际收支平衡。发达国家在特定的情况下,也会面临外汇储备短缺或国际收支失衡问题,如前文所述,在两次世界大战和经济危机时,各国都普遍采用了外汇管制措施以加强黄金、外汇储备。

2. 防止资本外逃或大规模投机性资本流动

在各国金融市场日益开放的情况下,数额巨大的投机性国际流动资本常常导致被进攻的货币汇率异常波动,而中央银行抛出大量外汇储备干预外汇市场的努力往往收效甚微,对资本项目的外汇管制可以有效地防止这种情况出现。对资本项目实行外汇管制还可以防止资本大量流向利率水平较高的国外市场。

3. 维持国内宏观经济政策的独立性以实现对国内均衡的调节

一国中央银行制定的货币政策的有效性和独立性可能会被利率或汇率预期的微小变动所破坏,因此,需要借助于对资本流动的限制来达到其政策目标。再如,蒙代尔-弗莱明模型说明,在资本完全流动时,浮动汇率制下的财政政策将完全无效,因此政府有必要对资本流动进行控制,以发挥财政政策的效力。

4. 保护国内市场和本国经济的发展

实行外汇管制使国家统一支配有限的外汇资金,用于国家重点扶持产业所需原材料和机器设备的进口,推动重点产业的优先发展。再如,可以通过本币低估来增强本国产品在国际市场上的竞争力,并抑制进口,保护国内市场。发展中国家对资本流动的管制,可以使有限的国内资金用于国内投资,发展经济。

(二) 外汇管制的成本

实行外汇管制对于短期内缓和国际收支困难、维持汇率稳定往往见效很快,对抑制物价上升、促进产业结构改善也能起到一定的作用。尤其是对发展中国家来说,外汇管制措施是不可缺少的。但其弊端也不少,主要表现在以下几个方面。

第一,外汇管制干扰了外汇市场功能的有效发挥,从而带来了经济活动的扭曲和资源配置的不当,这是外汇管制所付出的最主要的代价。官方确定的汇率与实际均衡汇率偏离的程度越高,经济扭曲现象就越严重。

第二,与外汇管制相伴而生的是走私、伪造发票和黑市交易等非法交易手段的产生。只要其收益率超过逃避管制所付出的成本或代价,这些非法交易就会大量滋生。

第三,外汇管制使得外汇成为一种稀缺资源,将以官方汇率获得的外汇以黑市上的更高汇价出售将获得一定的收益,称之为经济租金。存在经济租金,就必然存在寻租行为。只要政府对用汇许可的发放不是完全规则化、公开化,寻租者就会用各种方式来影响官员的决策,如多次拜访、夸大用汇的必要性,或者直接进行贿赂。寻租的结果是腐败丛生,并使经济租金以各种形式转化为个人收入,由于这一收入并非由生产活动带来的,其实质是一种收入再分配,并且这种分配往往使原有的社会分配状况更加不公平,因为能获得用汇许可的人往往都更有权势或经济实力。从全社会的角度看,这一寻租过程中发生的各种成本完全是一种资源的浪费。

第四,为了监督外汇管制的执行需要有一整套的官僚机器,这会带来巨大的管理成本。而对于进出口商而言,要遵守或逃避外汇管制,也要支付十分昂贵的法律和会计费用。

第五,外汇管制还容易导致其他国家的报复,这对于世界贸易的发展和国际间的资源优化配置都是不利的。

本章小结

本章介绍了外汇市场与汇率制度的有关基础知识。简单而言，外汇是指可以直接用于清偿债权债务关系的以外币表示的支付手段。而汇率是指一个国家的货币折算成另一个国家货币的比率，或用一国货币所表示的另一个国家货币的价格。外汇市场是进行外汇买卖、外汇交易和投机活动的场所或网络，是外汇供给者、外汇需求者及买卖外汇的中介机构所构成的买卖外汇的交易系统。外汇市场具有国际清算、套期保值和投机等基本功能，目前世界上大约有30多个国际性外汇市场。汇率制度是指一国货币当局对本国汇率变动的基本方式所做的一系列安排或规定，传统上，按照汇率变动的幅度，汇率制度被分为两大基本类型：固定汇率制和浮动汇率制。为了防止资金外流或流入，改善本国的国际收支和稳定汇率，一国政府往往采取外汇管制措施，对外汇买卖和国际结算进行限制。外汇管制措施主要体现在对经常项目和国际资本流动的管制上。外汇管制干扰了外汇市场功能的有效发挥，降低了资源配置效率，并会带来走私、腐败、黑市交易等一系列非法活动和高昂的外汇管制执行和监督成本，因而降低了世界整体的福利水平。

关键词

外汇	汇率	外汇市场	套期保值
套汇	套利	汇率制度	固定汇率制度
浮动汇率制度	外汇管制		

复习思考题

1. 在外汇市场上，通常在哪些情形下一国会产生对外币的需求？
2. 分别阐述固定汇率和浮动汇率制下，本国进口增加对外汇市场供求的影响。
3. 假设美国货币市场上两个月定期存款利率为6%，日本货币市场上两个月定期存款的利率为3%，假设当期美元兑日元即期汇率为USD/JPY = 89.20，两个月USD/JPY = 86.80，请说明投机者应如何进行抛补套利，并计算套利的收益。
4. 假设某日英镑兑瑞士法郎即期汇率为GBP/CHF = 1.700 2，1个月远期汇率为GBP/CHF = 1.699 0，某瑞士出口商向英国出口价值10万英镑的瑞士手表，1个月后才可以收到英镑，该出口商预期1个月后英镑兑瑞士法郎将贬值到GBP/CHF = 1.698 0，假设不考虑任何交易费用，那么：

(1) 若瑞士出口商不采取任何保值措施时，则1个月后收回的10万英镑货款相对于当前收回货款，会损失多少瑞士法郎？

第13章 外汇市场与汇率制度

(2) 瑞士出口商应该怎样利用远期外汇市场进行套期保值？

5. 你面对如下三种即期汇率：日元对美元汇率 JPY/USD = 0.01；丹麦克朗对美元汇率 DKK/USD = 0.20；丹麦克朗对日元汇率 DKK/JPY = 25。你开始持有美元，并意愿最终还持有美元。

(1) 你将如何进行套汇，以便从这三种汇率中获利？初始时的每美元将获利多少？

(2) 这种套汇活动对日元与丹麦克朗之间的套汇汇率会产生何种压力？套汇汇率为多少才不再有进一步通过三角套汇而获利的机会？

案例讨论题

1. 人民币升值问题

世界银行2010年3月17日发布的《中国经济季报》中指出，人民币名义有效汇率从2005年7月至2010年3月初这段时间升值了12.3%。据世界银行计算，中国的名义有效汇率在经历了2000年到2005年间的贬值之后，从2005年7月至2010年3月初这段时间升值了12.3%，现在的名义有效汇率大致处于2000年的水平。而按消费者价格指数计算的实际有效汇率也是如此。2010年1月29日，奥巴马发表国情咨文，要求人民币升值。支持奥巴马有包括华盛顿智库彼得森国际经济研究所中国经济问题专家盖瑞·霍夫鲍尔在内的一些专家。他们认为，人民币币值被低估让中国获取巨额贸易顺差，人民币大幅升值将促成中国与其贸易伙伴国的国际收支平衡。

试分析人民币升值对中美贸易收支的影响。

2. 人民币外汇管理

在我国经常项目已经开放而资本项目仍部分管制的条件下，一旦市场出现明显的套利机会，很多资本项目交易容易借道经常项目实现跨境套利，正常的贸易和投资企业也会加快财务调整和资产的跨境摆布以规避经济损失。例如，亚洲金融危机期间，人民币面临贬值压力，资本外逃、截留外汇存于境外等行为大量出现，1998年资本项目甚至出现多年未见的逆差，1998—2002年，平均每年新增外汇储备不及300亿美元；而2003年以来，随着亚洲金融危机的结束和国内经济的快速发展，人民币呈现升值预期，加之美元利率持续走低，企业、个人和机构纷纷将境外资产调回并结汇，部分境外投机套利资金也借各种正常和非正常渠道，采取分散、渗透的方式流入，导致我国外汇收支持续大额顺差，2003—2009年，平均每年新增外汇储备超过2 800亿美元。此次国际金融危机发生后，我国国际收支出现较大波动。2009年末，国家外汇储备余额2.39万亿美元，较2008年末增加4 531亿美元。

试分析中国外汇管理理念与方式的转变。

第 14 章
传统汇率决定理论

随着世界经济的发展和国际货币体制的变迁,汇率决定理论也在不断发展。汇率的决定及其变化对国际贸易、国际投资、国际收支等产生重大影响,因此汇率决定问题受到了越来越多的关注,并使得汇率决定理论逐步成为西方外汇理论的核心和近年来国际经济学最为活跃的领域之一。本章着重介绍一些比较有代表性的传统汇率决定理论,包括铸币平价理论、购买力平价理论和利率平价理论。

14.1 铸币平价理论

金铸币本位制盛行期间大约是 1880 年至 1914 年第一次世界大战爆发,在此制度下,通货基本单位与一定数量的黄金价值相同,并可与之兑换。第一次世界大战后,人们试图重建金铸币本位制,但是 20 世纪 30 年代大萧条中被普遍放弃。在金铸币本位制度下,各国均规定了每一金铸币单位包含的黄金重量和成色,即含金量(gold content)。在国际结算过程中,两国货币间的比价要用其各自所含的含金量来折算。两种货币的含金量之比叫铸币平价(mint parity 或 specie parity)。

铸币平价是金铸币本位制度下决定两国货币汇率的基础。例如,在金铸币本位制度下,英国 1 英镑金币的含金量为 113.001 格令(grains)[①];美国 1 美元金币的含金量为 23.22 格令(grains)。则用美元表示的英镑价格是 113.001÷23.22=4.866 5,即 1 英镑=4.866 5 美元,这就是英镑和美元的铸币平价。

外汇市场上外汇买卖时的实际汇率,围绕铸币平价的一定界限上下波动,这个界限就是黄金输送点。这是由于在金铸币本位制度下,各国一般采用汇票等支付手段进行非现金结算。但若汇率变动采用汇票结算较为不利时,则

---

① 格令是英国历史上使用过的一种重量单位。1 格令约等于 64.799 毫克。

可改用另一种直接运送黄金的办法,从而使汇率的波动幅度受黄金输送点的限制。黄金输送点一般是在金平价之上加一个正负百分数,这一百分数是根据进行国际贸易的两国之间的运输费用和利息计算的。

例如,在英国和美国之间运送1英镑黄金的各项费用约为0.03美元。此时,若美国对英国有国际收支逆差,则对英镑的需求增加,英镑汇率上升,当1英镑上涨至4.8965美元(铸币平价4.8665美元+黄金输送点0.03美元)以上时,美国人宁愿购买黄金运送至英国偿还其债务;反之,若英国对美国有国际收支逆差,则当1英镑下降至4.8365美元(铸币平价4.8665美元-黄金输送点0.03美元)以下时,英国人宁愿购买黄金运送至美国偿还其债务。换言之,人们将以4.8365~4.8965的价格买卖外汇。由此可见,金铸币本位制度下,汇率的波动界限是黄金输送点,汇率比较稳定。

第一次世界大战爆发后,金铸币制度陷于崩溃,黄金此时已不再具有流通手段和支付手段的职能,而货币汇率由纸币所代表的含金量之比来决定,称为法定金平价。实际汇率因供求关系围绕法定金平价上下波动,但黄金输送点已不复存在。在1929—1933年世界性经济危机期间,金本位制度崩溃,各国实行了纸币流通制度。一般纸币的金平价是由政府通过法令规定的,以此作为确立汇率的基础。然而,由于此时纸币不能自由兑换黄金,货币的发行也不受黄金储量的限制,各国往往过量发行货币,使纸币的金平价同它表示的实际黄金量背离,最终导致由法定金平价决定汇率这一体系变得毫无意义。

14.2 购买力平价理论

第一次世界大战之后,各国相继废除金本位制,实行不兑现的纸币本位制(paper standard system),导致汇率浮动和世界范围内的通货膨胀。瑞典经济学家卡塞尔(K. G. Cassel)针对当时的情况,在其1922年出版的《1914年以后的货币与外汇》(Money and Foreign Exchange after 1914)中第一次系统阐述了购买力平价理论(the theory of purchasing power parity),简称PPP理论。该理论认为,国内外物价对比应是决定汇率的依据,新的均衡汇率应以最初的均衡汇率为基础,通过对两国相对通货膨胀率的调整而得到。卡塞尔对这一理论的提出以及系统的阐述及验证,不仅为当时实行浮动汇率制的国家恢复汇率稳定提供了理论依据,而且其研究结果为后人进行新的研究和讨论奠定了基础。

购买力平价理论有两种基本形式:绝对购买力平价(absolute PPP)和相对购买力平价(relative PPP)。绝对购买力平价是指两国货币的均衡汇率等于两

14.2 购买力平价理论

个国家的商品价格比率,说明的是静态的某个时点的两国货币间汇率的决定;相对购买力平价是指两国货币汇率的变动等于两国价格指数的变动差,说明的是动态的某个时期的两国货币间汇率的决定。

14.2.1 绝对购买力平价

绝对购买力平价理论认为,汇率是两国货币在各自国家里所具有的购买力之比。这是因为任何国家的货币都是按照其各自能代表的价值来进行交换的,而货币的价值是由这种货币的购买力(即单位货币所能购得的商品和劳务的数量)决定的。所以,两种货币的购买力之比,代表其价值量之比,构成两国货币交换的基础。而一国货币购买力的大小是通过该国物价水平的高低表现出来的。货币购买力水平是某一时期物价水平的权数,因此,绝对购买力平价可用两国物价水平来表示:

$$e = \frac{P}{P^*} \quad (14.1)$$

其中,P 和 P^* 分别表示本国和外国的价格水平,$\frac{1}{P}$ 和 $\frac{1}{P^*}$ 则分别为本国和外国单位货币购买力,因此,e 就是购买力平价决定的汇率水平。例如,如果 1 蒲式耳①小麦在美国售价 1 美元,在英国售价 1 英镑,那么美元和英镑的汇率将是 $e = \frac{\$1}{£1} = 1$。也就是说,根据一价定律(law of one price),若两个物品是完全相同的,它们必须卖同一个价格(这使得不同国家货币的购买力是相等的)。如果 1 蒲式耳小麦在美国售价 0.5 美元,在英国售价 1.5 英镑,套购者将会在美国购买小麦至英国销售,以赚取价差。这种商品套利将导致英国小麦价格降低,美国的小麦价格增加,直到价格相等为止(假设没有贸易障碍和运输成本)。所以套购是促使市场恢复均衡的一种市场机制。

若有 N 种商品存在着一价定律,而这 N 种商品中每种物品占本国与外国的消费总量的份额均相等,令 $P = P(P_1, P_2, \cdots, P_n)$ 和 $P^* = P^*(P_1^*, P_2^*, \cdots, P_n^*)$,这样便可得到购买力平价的最简单的表达式,$e = \frac{P}{P^*}$,与(14.1)式是完全吻合的。从这种意义上说,"PPP 学说"是一价定律在整体物价水平上的体现。

这一 PPP 理论引起许多争论,主要包括以下 3 个方面:

第一,既然汇率决定理论是以货币的购买力为基础的,用以计算均衡汇率

---

① 1 蒲式耳约等于 27.216 千克。

的价格应能够反映一国所生产的所有商品和劳务的总体价格水平,但是价格指数的计算并不能把非贸易商品和服务包括在内。非贸易商品包括一些运输成本非常高的商品,比如水泥、砖,这些商品一般不会进入国际贸易。很多服务业的贸易也不计入国际贸易,如机械师、发型师、家庭医生等。因此,国际贸易并不能使得非贸易商品的价格趋于均等。既然一国价格指数包括了该国所有的贸易和非贸易商品,那么绝对购买力平价理论并不能得出贸易均衡时的汇率水平。

第二,计算均衡汇率时,没有考虑资本(货币)市场均衡对汇率所起的作用。按照货币数量理论,汇率是两种货币的相对价格,汇率取决于两种货币的相对数量,两国货币市场的均衡状态决定汇率水平。

第三,绝对购买力平价理论并没有考虑运输成本、关税和国际贸易中的其他障碍。这些因素使得绝对购买力平价理论并不能被广泛认同,因此,我们使用购买力平价理论时往往采用它的相对形式。

14.2.2 相对购买力平价

更精确的相对购买力平价理论是指一定时期内汇率的变化必须与同一时期内两国物价水平的相对变化成比例。用公式表示:

$$e_t = \frac{\frac{P_t}{P_0}}{\frac{P_t^*}{P_0^*}} e_0 \qquad (14.2)$$

式中:e_t 和 e_0 分别表示直接标价法下的当期和基期汇率;P_t 和 P_0 分别表示当期和基期的国内物价水平;P_t^* 和 P_0^* 分别表示当期和基期的国外物价水平。这样,如果基期汇率水平 e_0 是已知的话,那么当期的购买力平价汇率可以从两个国家价格指数的变化中推算出来。

例如,如果外国的总体价格水平从基期到当期没有变化,即 $\frac{P_t^*}{P_0^*} = 1$,而国内的价格总体价格水平增长了50%,那么相对购买力平价理论认为直接标价法下的汇率将增加50%,也就是本国货币当期相对于基期将贬值50%。

为了更清楚地表示汇率同物价水平之间的关系,可以将相对购买力平价的公式通过对数求导表示为:

$$\dot{e}_t = \dot{P}_t - \dot{P}_t^* \qquad (14.3)$$

式中,符号"·"表示变量变动的百分比,$\dot{P}_t$ 与 $\dot{P}_t^*$ 分别是两国的通货膨胀率。

可以得出这样一个结论:汇率同两国价格水平的变化保持一致,汇率的变化取决于两国通货膨胀的差异。若本国的相对价格水平上升,本币贬值;而外国相对价格水平上升,则本币升值。

就购买力平价的两种形式而言,本质上二者没有太大差别,都强调现实汇率的变化将最终趋于两国价格所决定的均衡水平。但绝对购买力平价是购买力平价理论最直接的表述形式,而相对购买力平价则在此基础上具体阐述了汇率随价格变动的趋势。在统计上,各国的价格水平通常以指数形式表示,因此,相对购买力平价比绝对购买力平价更具可操作性。所以,在实际应用中,绝对购买力平价多用于理论模型的分析,相对购买力平价多用于付诸实施和统计验证。

注意,如果绝对购买力平价成立,那么相对购买力平价也成立,但是,如果相对购买力平价成立,绝对购买力平价则不一定成立。例如,当资本流动的影响、政府政策干预、运输成本以及其他影响国际贸易自由流动的因素使得绝对购买力平价失效时,如果这些影响因素是保持不变的,则相对购买力理论可以发挥作用。

然而,相对购买力平价理论仍然存在困难,其一是来源于这样一个事实,总体上说发达国家中非贸易商品和服务与贸易商品和服务的比值比发展中国家的高。例如,在美国理发的价格是10美元,而在巴西只需要1美元。既然物价总指数包括贸易与非贸易商品和服务,国际贸易中不能使非贸易商品和服务的价格保持均等,即在发达国家的价格较高,相对购买力平价理论将会高估发达国家的汇率,而低估发展中国家的汇率,两国发展差距越大,这种估值扭曲越大。

显著的经济结构性改变也会使相对购买力平价理论产生问题。例如,购买力平价理论预计第一次世界大战后英镑的价值被低估(即英镑的汇率太高了),而实际检验表明,当时的外汇市场上英镑的汇率比估计值更高。原因在于英国在战争期间将其在国外的投资进行了清算,所以由相对购买力平价理论预测的均衡汇率没有考虑到战后英国在外国投资收益的减少,使得英国的国际收支账户出现大量赤字。下面将更多的来讨论对购买力平价理论的实证检验。

14.2.3 对购买力平价理论的验证

自1973实行浮动汇率体系以来,学者们对购买力平价理论的兴趣高涨,大量的实证研究开始检验该理论的有效性。从学者的研究证明,从长期来看,购买力平价理论在19世纪20年代和50年代至70年代之间的高通货膨胀时期运行良好;但是对70年代,尤其是70年代后期,购买力平价理论则无法得到验证。

弗兰克尔(Frenkel,1986,1990)建议研究者需要利用几十年的数据以正确检验购买力平价理论,因为购买力平价偏差消失的非常缓慢。为什么购买力平价会出现持久性的偏差?

首先是市场障碍的影响，对以商品套购的"一价定律"为基础的购买力平价理论来说，运输成本、关税、配额、外汇管制和其他形式的贸易限制会给购买力平价造成严重偏差。例如，加入关税后，进口成本便会提高，这样两国价格的差异不再影响贸易流向。同样，配额的限制也制约了商品套购的规模，使两国价格差异更大，这些市场障碍都会使购买力平价出现持久性的偏差。

其次是国际收支中非贸易项目、资本项目对购买力平价造成的影响。购买力平价理论反映的是产品和劳务的相对价格对汇率的决定作用。但国际收支中的资本项目、利润和利息以及单方面转移等非贸易项目的变化，同样会影响外汇市场的供求关系，从而使购买力平价出现偏差，比如资本市场的长期的单向流通会长期影响均衡利率。只将商品的价格作为汇率决定的主要因素，缺乏对外汇投资和资本流动的系统分析，这不能不说是购买力平价理论的一个严重缺陷。

一国经济结构的变化会直接影响市场的变化和国际收支的变化。

总结西方理论界对购买力平价的各种验证结果，可以得出以下几点结论：

第一，如果只考虑世界贸易频繁的单个商品（如小麦或某一品级的钢材），购买力平价理论运行良好（即一价定律）；但是如果考虑到所有贸易商品以及更多的非贸易商品，购买力平价理论则不那么有效。

第二，购买力平价理论在短期（十年或二十年）是失效的；而长期（三十年以上）是有效的。

第三，在货币市场波动和通货膨胀十分严重时期，购买力平价理论运行良好；而在货币市场较为稳定的时期，购买力平价理论则不那么有效；在结构变化较大的时期，购买力平价理论也不那么有效。

总而言之，购买力平价理论在西方汇率理论中有着重要的地位。但是这一理论无论从其自身的理论争议来说，还是从其实际的偏差来说，都不是一个完善的汇率理论。第15章将介绍学者对汇率的决定理论进行的其他有意义的探索。

14.3 利率平价理论

14.3.1 抛补利率平价与无抛补利率平价

利率平价理论主要研究国际货币市场上即期汇率和远期汇率与两国利率差的关系。如同前文所述的商品套购一样，资金也具有从低利率货币兑换成高利率货币，以赚取利差的套利行为。假设某投资者用1元本币在本国投资生息，本国年利率i，一年后价值为$1+i$。若在即期外汇市场上以e（直接标价法)的即期汇率将本币兑换成外币,在外国投资生息,外国年利率 i^*,同时在远期外汇市场以 f(直接标价法)的远期汇率卖出远期外汇,则最初的 1 元本币远期价值为 $\dfrac{(1+i^*)f}{e}$。如果两个未来值 $1+i$ 和 $\dfrac{(1+i^*)f}{e}$ 不同,说明存在套利机会,投资者就会将资金投资于未来收益高的市场。如果众多投资者纷纷效仿,那么直到两个市场的未来收益完全相等,套利活动才停止。此时有:

$$1+i = \frac{(1+i^*)f}{e}$$

即:

$$\frac{f-e}{e} = \frac{i-i^*}{1+i^*}$$

当 i^* 较小时,$1+i^*$ 约等于 1,则:

$$\frac{f-e}{e} = i - i^* \qquad (14.4)$$

该公式就是抛补利率平价(covered interest rate parity)的表达式,它表明远期汇率升(贴)水等于两国利差。如果本国利率高于外国利率,远期外汇升水,即本币在远期将贬值;如果本国利率低于外国利率,则远期外汇贴水,即本币在远期将升值。

14.3.2 利率平价理论的评价

抛补利率平价具有很高的实践价值。根据对市场交易者的实际调查,抛补利率平价被作为指导公式广泛运用于交易之中,在外汇交易中处于市场创造者地位的大银行基本上就是根据各国间的利率差异来确定远期汇率升贴水额的。在实证检验中,除了外汇市场激烈动荡的时期,抛补利率平价基本都能很好地成立。当然,实际汇率变动与抛补利率平价间存在着一定的偏离,这一偏离常被认为是受到了交易成本、外汇管制以及各种风险等因素的影响。

当然,如果投资者在进行套利时没有在远期外汇市场上卖出远期外汇,则将未来国外收益折算成本币时所采用的汇率就不是远期汇率,而是未来的即期汇率。但未来的即期汇率事先并不知道,所以投资者会根据预期的未来即期汇率 e_e 进行折算。在这种情况下,当套利行为停止时,在两国进行投资的收益相等,即:

$$1+i = \frac{(1+i^*)e_e}{e}$$

上式经整理可得:

$$\frac{e_e - e}{e} = i - i^* \qquad (14.5)$$

该公式即为无抛补利率平价(uncovered interest rate parity)的表达式。它表明预期的即期汇率变化率等于两国利差,即本币预期的贴水(升水)率等于本国利率高于(低于)外国利率的差额。

与购买力平价理论所不同的是,利率平价理论考察的是资本流动(而不是商品流动)与汇率决定之间的关系,它从一个侧面阐述了汇率变动的原因——资本在国际的流动。该理论将汇率决定问题从商品市场转移到金融市场上来,明确指出了汇率与利率之间存在着联动关系,说明了外汇市场上即期汇率与远期汇率的关系,对于预测远期汇率走势、调整汇率政策有着深远的意义。该理论还存在着重大缺陷:

第一,该理论是以"一价定律"为依据的,假设存在完全竞争的外汇市场,无市场壁垒,然而这在事实上是不可能的。

第二,与购买力平价理论一样,没有说清楚利率与汇率之间到底哪一个是自变量,哪一个是因变量。可以说是利率决定汇率,反过来也成立。更为棘手的是,人们很难凭借名义利率的变动迅速判断出市场利率的变动到底是由实际利率水平的变化引起的,还是由通货膨胀的预期心理的变化引起的。

本章小结

本章主要介绍了三种传统汇率决定论:铸币平价理论、购买力平价理论和利率平价理论。

在金铸币本位制度下,黄金被用来规定货币能代表的价值,各国均规定了每一金铸币单位包括的黄金重量和成色,即含金量。两国货币间的比价要用其各自所含的含金量来折算。购买力平价理论是西方汇率决定理论中最具影响力的理论之一。购买力平价说有两种形式,即绝对购买力平价和相对购买力平价。前者指出两国货币的均衡汇率等于两个国家的价格比率,说明某一时点上汇率决定的基础;而后者指出汇率的变动等于两国价格指数的变动差,说明了某一段时间里汇率变动的原因。利率平价理论考察的是资本流动与汇率决定之间的关系,它从资本在国际流动的角度阐述了汇率变动的原因,该理论将汇率决定问题从商品市场转移到金融市场上来。购买力平价理论和利率平价理论均存在着共同缺陷,首先,两个理论均以"一价定律"为依据的,假设存在完全竞争的外汇市场,无市场壁垒,然而这在事实上不可能达到;其次,这两个理论都没有说清楚价格与汇率或利率与汇率之间的因果关系。

关键词

绝对购买力平价　相对购买力平价　一价定律　抛补利率平价
无抛补利率平价

复习思考题

1. 一价定律的缺陷有哪些？
2. 假设美国的年通货膨胀率为 10%，而英国只有 2%。根据相对购买力平价，英镑对美元的汇率将作如何变化？
3. 假设预期实际利率在美国为每年 5%，而中国为每年 1%，试说明下一年度美元/人民币汇率的变化趋势。
4. 请对以下说法进行评价：当一个国家名义利率的变化是由其预期利率的提高引起时，本币升值；而由其预期通货膨胀率的提高引起时，本币贬值。
5. 远期外汇市场套利交易是如何进行的？什么是抛补利率平价和无抛补利率平价？
6. 资产市场的交易者，突然获悉美元利率不久将上升。假定当前美元存款利率和日元存款利率保持不变，试确定这一消息对当前美元/日元汇率的影响。

案例讨论题

1. **人民币购买力平价**

1979 年，克拉维斯作为美国经济学家代表团成员访问中国，调查和收集了一些商品和服务的价格资料。在 1981 年的一篇题为《中华人民共和国的相对实际人均 GDP 的近似估计》论文中，克拉维斯对中美两国的货币购买力和人均 GDP 进行了比较分析。他的估计结果是，中国 1975 年的购买力平价是 1 美元相当于 0.46 元人民币。他还估算中国该年的人均 GDP 是 343 元。按 0.46 换算，中国 1975 年的人均 GDP 就是 745 美元，相当于美国当年人均 GDP 的 10%。1991 年，克拉维斯的同事罗伯特·萨默斯和阿兰·赫斯顿利用克拉维斯的估计对中国各个年份的人均收入进行推算，在第五号《宾州世界表》中，他们推得中国 1988 年人均 GDP 是 2 472 美元（1988 年国际价格）。按照这个估计数，根据中国的经济增长率和美国物价上涨情况，1994 年的人均 GDP 就达到 4 789 美元（按 1994 年价格），相当于美国当年人均 GDP 的 18.5%。可见，克拉维斯等对中国汇率进行估计产生了严重误差。

试分析这种误差产生的原因。

2. **关于相对购买力平价理论的简单验证**

表 14-1 是一组用以检验相对购买力平价理论的数据，时期包括 1973—1987 年，1988—2001 年，1973—2001 年。对于每一个阶段的第一栏数据是六个主要工业化国家的通货膨胀率减去美国的通货膨胀率，第二栏数据是该国货币相对美元在同一时期的贬值率。如果相对购买力平价理论完全正确，在每一时期该国通货膨胀率减去美国的通货膨胀率（第一栏）应该和该国货币相对于美元贬值的百分比（第二栏）相等（符号和值），见表 14-1。

表 14-1 相对购买力平价和货币贬值的差异

国家	1973—1987 年		1988—2001 年		1973—2001 年	
	通货膨胀率差异	货币贬值率	通货膨胀率差异	货币贬值率	通货膨胀率差异	货币贬值率
日本	-15.8	-61.1	-20.3	-5.3	-32.5	-120.3
德国	-27.2	-39.2	-2.9	21.8	-29.6	-24.7
法国	32.6	29.8	-10.0	20.7	20.9	43.3
英国	47.1	39.8	14.1	21.2	46.0	45.6
意大利	70.7	76.4	21.9	49.8	64.6	91.2
加拿大	12.4	28.0	-2.4	22.9	9.7	39.5

从表 14-1 我们看到,除了法国和加拿大,在 1988—2001 年间所有比美国的通货膨胀率低的国家(日本和德国)都经历着货币升值;而那些比美国的通货膨胀率高的国家都经历着货币贬值。但是,表 14-1 中三个时期中第一栏和第二栏的实际值都呈现巨大的差异,我们可以说相对购买力平价理论即使在解释长期汇率上仍然不尽如人意。

试分析相对购买力平价理论的原理,并解释通货膨胀率和货币贬值率不能一致的原因。

第 15 章
现代汇率决定理论

1974年,布雷顿森林体系解体之后,主要西方国家货币之间的汇率波幅大大加剧,汇率易变性成为显著的特点,传统汇率决定理论(如购买力平价理论等)在实际应用中陷入了困境。20世纪60年代以后,国际资本市场高度开放,国际短期资本的流动规模远远超过国际商品和劳务的流动规模,这些短期资本成为影响国际外汇市场汇率变化的一个重要因素。在这种背景下,汇率决定的资产市场分析法迅速崛起,逐渐形成占据主导地位的现代汇率决定理论。资产市场分析法包括货币模型(monetary model)和资产组合平衡模型(portfolio balance model)两个主要分支。其中,货币模型又有两种:一是弹性价格货币模型(flexible price monetary model),另一个是粘性价格货币模型(sticky price monetary model)。

15.1 弹性价格货币模型

弹性价格货币模型是以绝对购买力平价理论为基础的一种一般均衡分析。和购买力平价理论一样,该模型也是旨在阐述汇率变动的长期趋势。弹性价格货币模型在1975年瑞典首都斯德哥尔摩附近召开的"浮动汇率与稳定政策"国际研讨会上得到新的发展。对该模型贡献较大的代表人物有弗兰克尔、穆沙(M. Mussa)、考霍(P. Kouri)和比尔森(J. Bilson)等。弹性价格货币法的基本思想是,汇率是两国货币的相对价格,而不是两国商品的相对价格。

弹性价格货币模型的重要假设有:在完全竞争条件下的国际商品套购(commodity arbitrage)保证一价定律成立,即绝对购买力平价成立;各国的货币市场都是均衡的,且各国具有相同的货币需求函数;资本在国际自由流动;市场的参与者能够依据公开信息对汇率的变化做出理性预期。

15.1.1 没有考虑利率的简单货币模型

1920年,庇古在费雪货币数量方程式的基础上,提出了著名的剑桥方程式,即一国的货币供给量与实际产出和商品价格水平的乘积成正比,用公式表示为:

$$M = KPY \tag{15.1}$$

式中:M表示一国货币供给量,P表示商品价格水平,Y表示实际产出,K表示货币行为常数(K为一个正系数,即$K>0$,它等于货币流通速度V的倒数,即$K=\frac{1}{V}$)。

以带星号的变量表示相应的外国变量,则外国的狭义货币数量方程式为:

$$M^* = K^* P^* Y^* \tag{15.2}$$

假设商品市场价格对外部冲击的反应具有充分弹性,则购买力平价成立。

将本国和外国的货币数量方程式代入购买力平价公式,即$S = \frac{P}{P^*}$,则可以得到如下简单的货币模型:

$$S = \frac{P}{P^*} = \left(\frac{K}{K^*}\right)^{-1} \left(\frac{M}{M^*}\right) \left(\frac{Y}{Y^*}\right)^{-1} \tag{15.3}$$

假设$\frac{K}{K^*}$在一般情况下为常数。

将上式两边取自然对数,可得到根据简单货币模型形成的如下汇率模型:

$$s = -(k - k^*) + (m - m^*) - (y - y^*) \tag{15.4}$$

式中的小写字母为变量的自然对数形式。

该式表明汇率是由货币市场的均衡状态决定的,当本国货币供给量的增长相对过快时,若实际产出相对不变,则相对价格水平上升,直接标价法下汇率上升,本币贬值;当本国实际产出的增长相对增加时,若货币供给量相对不变,则相对价格下降,汇率下降,本币升值。

15.1.2 考虑利率的货币模型

汇率对利率的变化特别敏感,而且汇率一般随两国利率差的变化而波动。在资本市场上,利率是影响资本供求关系的重要因素,借贷双方都会根据利率水平确定其资本收益的大小。为弥补狭义货币数量方程式中没有考虑利率的不足,引入卡甘(Cagan)的货币需求方程式。

一般而言,名义货币需求取决于实际收入Y、价格水平P和利率水平i,即

货币需求 $L_D = L(i, Y)$，而实际货币供给为 $\dfrac{M}{P}$。

当货币市场均衡时，货币供给等于货币需求，即：

$$\frac{M}{P} = L(i, Y)$$

假设货币需求函数可以用卡甘的货币需求函数表示，则上式可表示为：

$$\frac{M}{P} = Ke^{-\lambda i} Y^{\eta} \tag{15.5}$$

式中，η 代表货币需求的收入弹性系数，λ 代表货币需求的利率准弹性系数，K 为参数，为简便起见，假定 $K = 1$。

对(15.5)式两边求对数，并移项得：

$$p = m - \eta y + \lambda i \tag{15.6}$$

式中，小写字母代表变量的自然对数形式。对于国外也有类似的关系式：

$$p^* = m^* - \eta y^* + \lambda i^* \tag{15.7}$$

国内货币市场和国外货币市场满足购买力平价时，根据购买力平价关系式 $S = \dfrac{P}{P^*}$，将汇率表示成对数形式，即为：

$$s = \ln S = \ln \frac{P}{P^*} = \ln P - \ln P^* = p - p^* \tag{15.8}$$

将(15.6)和(15.7)式代入(15.8)式可得：

$$s = (m - m^*) - \eta(y - y^*) + \lambda(i - i^*) \tag{15.9}$$

该公式是弹性价格货币模型的基本形式，它将汇率的决定因素主要归结于三组变量：两国相对货币供给量、相对实际收入和相对利率。

15.1.3 对弹性价格货币模型的评价

弹性价格货币模型引入了诸如货币供给、国民收入、利率等经济变量，分析了这些变量的变动对汇率造成的影响，从而使这一理论较购买力平价理论在现实生活中得到更广泛的应用，同时在分析汇率变动的长期趋势方面也是有帮助的。弹性价格货币模型是资产市场分析法中最为简单的一种形式，它反映了这一分析法的基本特点，也是更为复杂的汇率决定理论的基础。

但弹性价格货币模型也有其不足之处：弹性价格货币模型以购买力平价成立为前提条件。如果购买力平价在现实中不成立的话，那么弹性货币模型解释汇率波动的可信度就会受到怀疑。此外，实际生活中货币需求是不稳定的，这与该模型中货币需求函数是稳定的假定相违背。同时，该模型中假定商品市场上价格完全弹性，这一点尤其受到许多学者的批评。大量的研究表明，商品市场上的价格调整,不同程度上存在着粘性,调整一般都比较缓慢。

15.2 粘性价格货币模型

粘性价格货币模型又称汇率超调模型(exchange rate overshooting model)。该模型是美国经济学家鲁迪格·多恩布什(Rudiger Dornbusch)在其1976年发表的论文《预期与汇率动态理论》(expectations and exchange rate dynamics)中首先提出的,所以又称多恩布什模型(Dornbusch model)。

15.2.1 粘性价格货币模型的内容

弹性价格货币模型在长期内能够符合经验数据,但在短期内却难以吻合,而且市场汇率的短期实际波动比用弹性价格货币模型测算的理论汇率波动大得多。为解释这种现象,多恩布什认为,外汇市场与商品市场对外部冲击(例如,货币供给量增加)的调整速度存在很大差异。在外汇市场上,由于汇率在短期和长期均有完全弹性,所以对冲击的反应极其灵敏,几乎即刻就可以使外汇市场从失衡恢复到均衡。但是,在商品市场上,由于价格在短期内不具有完全弹性而有粘性,所以对冲击的反应极其迟钝,几乎固定不变的价格使购买力平价在短期内不能成立。经过一段时间,当商品价格逐步调整到长期均衡值后,汇率从初始均衡值变化到新的均衡值,因此,购买力平价在长期才能成立。因为商品价格有粘性,所以汇率对外部冲击做出的调整是过度的,即汇率预期变动偏离在商品价格完全弹性条件下调整到长期均衡值的购买力平价汇率。汇率的这种过度调整就是汇率超调(the exchange rate overshooting)。

多恩布什的汇率超调模型在短期强调商品市场的价格粘性,这符合传统的凯恩斯理论。但该模型又展示了货币模型的长期性,阐述了汇率从初始均衡状态到新均衡状态的动态调节过程,所以该模型实际上是一种动态模型。

15.2.2 汇率超调方程式

多恩布什的汇率超调方程式为:

$$s_t - \bar{s}_t = \frac{\delta + \dfrac{\sigma}{\gamma}}{\delta}(p_t - \bar{p}_t) \tag{15.10}$$

式中,s_t 和 p_t 为 t 时刻的自然对数形式的即期汇率和价格水平;$\bar{s}_t$ 和 $\bar{p}_t$ 为 t 时刻自然对数形式的长期均衡汇率和均衡价格水平;而 $\dfrac{\delta + \dfrac{\sigma}{\gamma}}{\delta}$ 为系数。该式表明,即期汇率对长期均衡汇率的偏离程度与商品价格水平对其均衡价格水平的偏离程度成比例。当商品市场价格偏离程度越大(即价格粘性越大),汇率偏离程度也越大;当价格偏离程度等于0,即价格呈完全弹性时,汇率偏离程度也等于0,这时也就不存在汇率超调。

15.2.3 汇率超调的图示说明

假设长期均衡汇率由购买力平价决定,一开始国内经济处于充分就业的均衡状态,国内利率与国外利率相同,均为 i_0,如图 15-1 所示,开始时国内货币供应量为 M_0,对应的国内价格、汇率分别为 P_0 和 S_0。

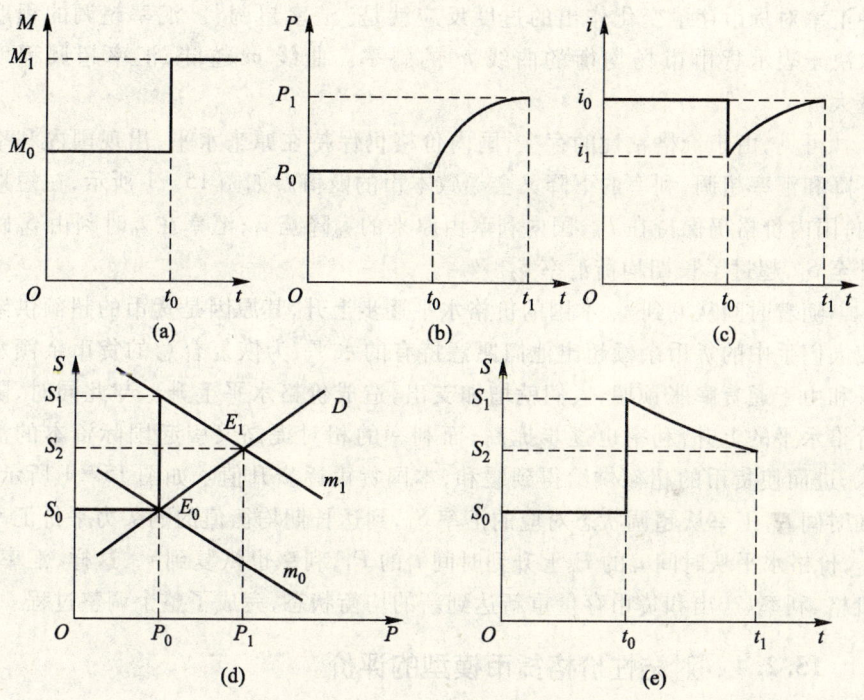

图 15-1 汇率超调模型的图示

假设 t_0 时刻,货币当局突然将货币供应量提高 20%,由原来的 M_0 提高到 M_1,如图 15-1(a)所示。

图 15-1(d)中,曲线 m_0 和 m_1 表示货币市场(包括外汇市场)的均衡,曲线 D 表示商品市场的均衡。曲线 m_0 和曲线 D 的初始交点为点 E_0,对应的汇率 S_0 和价格 P_0 分别为初始均衡汇率和均衡价格。货币供给增加,导致曲线 m_0 右移到曲线 m_1 的位置。在长期内,到达 t_1 时间点以后,货币量的增加将导

致国内价格上涨20%,由原来的P_0升至P_1,如图15-1(b)所示。由于长期情况下购买力平价是有效的,所以本国货币最终将贬值20%,汇率由原来的S_0升至S_2,如图15-1(d)、(e)所示。

但是在短期内,情况并非如此。短期内,由于商品价格粘性,实际货币余额产生瞬间的超额供给会造成国内利率的瞬间下降,如图15-1(c)所示。根据非抛补利率平价方程式,在外国利率不变的条件下,本国利率下降会使风险中性的套利者将资本从本国调往外国进行套利,从而使本国和外国的收益率相等。这种货币供给突然增加和利率突然下降引发的套利活动,导致汇率从点S_0瞬间上升到点S_1,从而造成本国货币大幅贬值,如图15-1(e)所示。这种汇率对货币存量变化作出的过度反应就是"汇率超调"。汇率超调的程度取决于表示货币市场均衡的曲线m的斜率。曲线m越陡,汇率超调程度越大。

可见,由于价格粘性的存在,国内价格仍保持在原来水平,出现国内利率下降和汇率超调,利率的下降又会导致本币的贬值。如图15-1所示,在短期内,国内价格仍保持在P_0;国内利率由原来的i_0降至i_1;汇率在t_0时刻由S_0跳升至S_1,超过了长期均衡汇率S_2。

随着时间从t_0到t_1,本国的价格水平逐步上升,其原因是货币的超额供给使人们手中的货币余额超出他们愿意持有的水平,为恢复合意的货币余额水平和由于通货膨胀预期,人们就增加支出,造成价格水平上升。与此同时,随价格水平的上升,利率也逐步提高;而利率的相对提高又引起国际资本的流入,进而使货币的超额供给得到缓和,本国货币逐步升值。如图15-1所示,在时间t_1,汇率从超调状态对应的汇率S_1,到达长期均衡值的购买力平价汇率S_2,价格水平从时间t_0的P_0上升到时间t_1的P_1,利率也恢复到i。这样,汇率、价格、利率、产出和货币存量重新达到新的均衡状态,完成了整个调整过程。

15.2.4 对粘性价格货币模型的评价

粘性价格货币模型的主要贡献在于合理地解释了现实世界中广泛存在的汇率超调现象,而且该模型是对货币主义和凯恩斯主义的一种综合,为研究开放经济下的汇率问题提供了一种新的分析方法。其次,该模型首次涉及了汇率的动态调整问题,并由此创立了汇率动态学。此外,该模型具有鲜明的政策意义。既然汇率可能发生超调,那么政府对资金流动、汇率进行监管,降低汇率剧烈波动带来的冲击,就显得很有必要了。对粘性价格货币模型的批评主要是除了具有与弹性价格模型类似的缺陷外,还将汇率变动完全归因于货币市场,而忽略了商品市场对汇率的冲击。

15.3 资产组合平衡模型

15.3.1 资产组合平衡模型的基本思想

货币模型假设国内外各种不同的金融资产相互间具有完全的可替代性，而且仅强调货币市场的均衡在汇率决定中的作用。但是，在现实的经济活动中，由于各种金融资产的预期收益和风险并不相同，所以它们相互间并非可以完全替代；同时，由于金融市场的风险收益特征，投资者倾向于将其持有的风险资产进行组合，以降低风险，所以非抛补利率平价（后文详细讲述）不能成立。针对这种情况，美国经济学家布朗森（W. H. Branson）运用詹姆斯·托宾（James Tobin）的资产选择理论（the theory of portfolio selection）和风险-收益分析法（risk-return analysis），最早提出了汇率决定的资产组合平衡模型。

该模型的主要思想是，在国内外非货币资产是不完全可替代的情况下，投资者根据不同风险资产的收益率和风险性，将财富分配于各种可供选择的资产，建立资产组合。资产组合达到了稳定状态，国内外资产市场供求也达到了均衡，汇率也相应地被决定。当财富总量（资产供给）发生变化时，通过汇率和利率的共同调节，资产组合达到新的平衡。资产组合平衡模型实际上是将货币模型中的货币扩展到全部金融资产中。资产组合平衡模型的特点是含有风险收益理论，并全面分析存量与流量的相互作用对汇率的影响。

15.3.2 资产组合平衡模型的动态调整过程

假设：小国模型，各国资产具有不完全替代性，短期内商品价格水平具有粘性。投资者仅持有三类金融资产（财富）：本国货币（M）、本国债券（B）和外国债券（F）。在省略了其他形式金融资产的条件下，本国投资者在某个时点持有的以本币计量的名义财富总量（W）为：

$$W = M + B + SF \qquad (15.11)$$

式中：S 表示汇率（直接标价法）。

本国投资者持有的每种金融资产占财富净额的比例分别为：$m = \dfrac{M}{W}$；$b = \dfrac{B}{W}$；$f = \dfrac{SF}{W}$。

在财富一定的条件下则有：$m + b + f = 1$。

本国投资者持有每种金融资产的数量在一般情况下取决于每种金融资产

相对收益率的大小和预期汇率的变化,因此,三个市场的均衡条件为:
$$M = M(i - i^*, \Delta S)$$
$$B = B(i - i^*, \Delta S)$$
$$F = F(i - i^*, \Delta S)$$

三个重要的假设是:

(1) $\dfrac{\partial M}{\partial (i - i^*)} > 0$；$\dfrac{\partial M}{\partial S} < 0$。说明对本国货币的需求随相对利率的上升而增加,随汇率的上升而减少(在直接标价法下,汇率上升意味着数值增大,本币贬值)。

(2) $\dfrac{\partial B}{\partial (i - i^*)} < 0$；$\dfrac{\partial B}{\partial S} > 0$。说明对本国债券的需求随相对利率的上升而减少,随汇率的上升而增加。

(3) $\dfrac{\partial F}{\partial (i - i^*)} < 0$；$\dfrac{\partial F}{\partial S} > 0$。说明对外国债券的需求随相对利率的上升而减少,随汇率的上升而增加。

图15-2说明资产组合平衡模型和动态调整过程。根据本国货币市场、本国债券市场和外国债券市场的均衡条件,在图15-2中画出曲线 M_0、曲线 B_0 和曲线 F_0。

三条曲线分别代表三个市场实现均衡时的汇率和相对利率的组合。三条曲线的交点即为三个市场同时出清的一般均衡状态。

假设曲线 M_0、曲线 B_0 和曲线 F_0 分别为本国货币市场、本国债券市场和外国债券市场的初始曲线,其交点为初始均衡点 E_0。该点对应的汇率 S_0 和相对利率 Δi_0 分别为初始均衡汇率和初始均衡相对利率。这时 $m_0 + b_0 + f_0 = 1$。

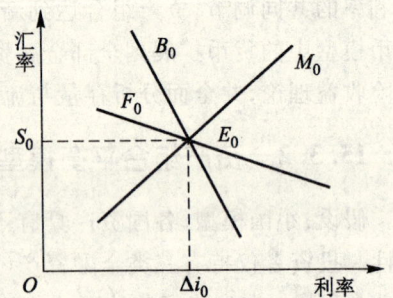

图15-2 资产组合平衡模型的图示说明

在图15-2中,曲线 M_0 的斜率为正。在其他条件不变的情况下,若汇率 S_0 上升,用本币计量的外国债券 SF 增值,导致财富 W 增加。又由于货币需求 M 是财富 W 的增函数,故对货币的需求 M 增加。在货币供给不变的条件下,为保证货币市场的均衡,本国利率 i 上升。在外国利率 i^* 不变的条件下,相对利率 Δi_0 上升。由于汇率 S_0 和相对利率 Δi_0 同方向运动,所以曲线 M_0 从左下方向右上方倾斜,斜率为正。

曲线 B_0 的斜率为负。在其他条件不变的情况下,若汇率 S_0 上升,用本币计量的外国债券 SF 增值,导致财富 W 增加。由于本国债券 B_0 也是财富 W 的增函数,故对本国债券的需求 B_0 也增加。在本国债券供给不变的条件下,为保证本国债券市场的均衡,本国债券 B 的价格上涨,本国债券 B 的收益率下降。在外国利率 i^* 不变的条件下,相对利率 Δi_0 下降。由于汇率 S_0 和相对利率 Δi_0 呈反方向运动,所以曲线 B 从左上方向右下方倾斜,斜率为负。

曲线 F_0 的斜率也为负。在其他条件不变的情况下,若本国利率 i 下降,而外国利率 i^* 不变,则增强对外国债券 F 的需求,导致净资本流出增加,本币贬值,汇率 S_0 上升。由于汇率 S_0 和相对利率 Δi_0 反方向运动,所以曲线 F_0 从左上方向右下方倾斜,斜率为负。

在图 15-2 中,B_0 线之所以比 F_0 线要陡峭些,是因为本国债券对国内利率的反应要灵敏些,外国债券对汇率的反应要灵敏些。在三个市场中,只要任意两个市场达到均衡,第三个市场也将处于均衡,即三条线交于一点(E_0 点)。由此得出短期内的均衡利率 Δi_0 和均衡汇率 S_0。

以上分析了在短期内当资产供给既定时,通过对不同资产的调整,各个资产市场实现均衡,资产组合达到均衡,由此决定出一个均衡汇率的过程。

15.3.3 资产供给变化与均衡汇率的决定

当资产供给变动时,通过资产市场和资产组合的重新调整,汇率也随之发生变化。具体地说,资产供给的变化有两种情况:一是资产供给总量的变化,二是资产存量结构上的变化。前者对汇率产生的影响称为财富效应,后者的影响则称为替代效应。

(一) 资产供给总量的变化

1. 货币供应量增加

如图 15-3 所示,政府增发货币引起货币供应量增加后,投资者持有的货币存量上升,M_0 上移到 M_1。在本国债券市场上,投资者对本国债券的超额需求导致利率下降,B_0 曲线左移到 B_1。而在外国债券市场上,对外国债券需求的上升导致本币汇率上升,F_0 上移到 F_1。为了使资产组合重新达到平衡,投资者将增加对本币债券和

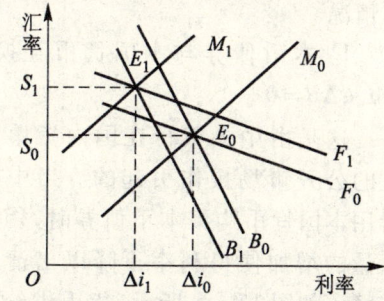

图 15-3 货币供应量增加与资产组合平衡

外币债券的购买,新的短期均衡点为 E_1,国内利率下降,汇率上升,本币贬值。

2. 本币债券供应量增加

当政府为弥补财政赤字增发债券而导致本币债券供应量增加时,一方面会增加对外币债券的需求,其结果是汇率上升(财富效应);另一方面,本币债券供应量增加使本币债券价格下降,国内利率上升,国内收益率的上升会相对削弱对外币债券的需求,导致汇率下降(替代效应)。替代效应的大小与本外币债券之间的替代程度有密切的正相关关系。当本外币债券的替代程度较低时,财富效应会超过替代效应,此时本币债券供应增加的结果是汇率上升;反之,当替代程度较高时,结果是汇率下降。

3. 外币债券供应量增加

如图 15-4 所示,当经常账户盈余导致外国债券供给增加时,在外国债券市场上将形成超额供给,因此,F_0 曲线左移到 F_1,外国债券供给的增加,使一国资产总量增加,这就又形成了本国货币市场和本国债券市场上的超额需求,M_0 曲线右移到 M_1,B_0 曲线左移到 B_1。在调整过程中,主要通过本国货币升值来降低本国资产总量,进而降低对本国货币和本国债券的超额需求,消除外国

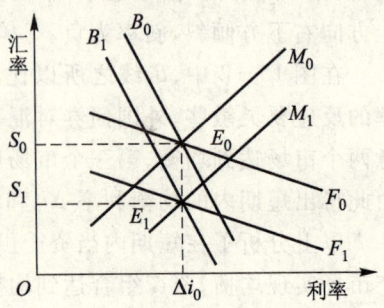

图 15-4 外币债券供应量增加与资产组合平衡

债券的超额供给,从图形上看,就是三条曲线的交点的利率水平与原有利率水平相等,汇率下降,本币升值。

(二) 资产存量结构的变化

资产存量结构变化而供给总量不变的情况,一般由中央银行的货币政策,即公开市场业务引起,这有如下两种具体情况。

1. 本币债券与本国货币互换,即 $\Delta M + \Delta B = 0$

这是由中央银行在国内货币市场上的公开市场操作引起的。当中央银行用本国货币购买本币债券时,货币供给量的增加使得利率下降以出清货币市场。如图 15-5 所示,货币供给增加使 M_0 曲线左移 M_1,本国债券供给的相

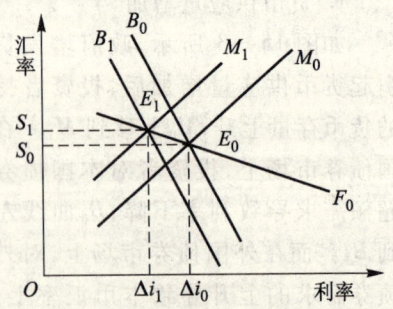

图 15-5 用本国货币购买本币债券的情形

应减少使 B_0 曲线向左移动到 B_1。由于外国债券不发生变动,因此 F_0 曲线不发生移动,E_1 点是经济的短期平衡点。新的平衡点表现为本币贬值,本国利率水平下降。

2. 外币债券与本国货币互换,即 $\Delta M + \Delta SF = 0$

这是由中央银行在外汇市场上的公开市场操作引起的。如图 15-6 所示,政府用本国货币购买外国债券,导致 M_0 曲线左移至 M_1。另一方面,由于外国债券供给减少,外国债券市场形成了超额需求,F_0 曲线右移至 F_1。B_0 曲线不发生变化。当中央银行用本国货币购进外币债券时,货币供给量的增加导致利率下降,通过替代效应使汇率上升,同时对外币债券形成的超额需求也使汇率上升。

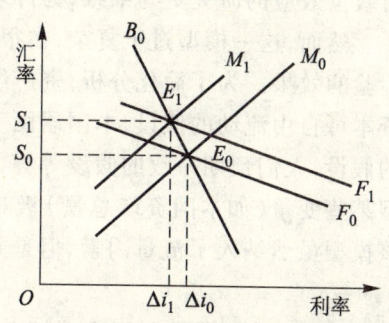

图 15-6 用本国货币购买外国债券的情形

15.3.4 资产市场长期均衡及其调整机制

在某一特定的时点上,当汇率和利率达到平衡时,经常账户可能为顺差,也可能为逆差。在浮动汇率制度和政府不干预外汇市场的情况下,经常账户的顺差(逆差)意味着资本账户的逆差(顺差),同时又意味着外币资产存量的增加(减少),这反过来又影响到汇率,使汇率下降(上升)。这种不断的反馈过程对汇率产生不间断的影响,从而形成对汇率的动态调节,直到外币资产存量不再增加(减少),即经常账户差额为零为止,这样资产市场学说便从短期汇率决定学说延伸到了长期汇率决定学说。

当经济位于短期平衡位置,但存在经常账户赤字或盈余时,由短期平衡向长期平衡的调整机制就体现为经常账户差额与汇率互相作用的动态反馈机制。例如,经常账户逆差会造成本币的贬值,而本币的贬值又会影响到经常账户变动,这种反馈过程将会持续进行。长期平衡能否达到,关键在于本币贬值能否增加经常账户盈余,即是否符合马歇尔-勒纳条件。当这一条件满足时,经济的动态调整必然会实现经常账户平衡,此时经济处于长期均衡状态,调整结束。

15.3.5 对资产组合平衡模型的评价

资产组合平衡分析法区分了本国资产与外国资产的不完全替代性,并将经常账户这一流量因素纳入到存量分析中,使原有的各种理论都能较好地融入这一模型中。认为汇率是资产的价格,将存量分析引入到汇率决定理论中,同时结合流量方法加以分析。这一分析方法被广泛运用于货币政策分析中,由于较好地符合了现实中本国资产与外国资产的不完全替代性,这一分析法对政策效应的研究更为细致,为许多国家的政府决策提供了的重要依据之一。

然而,这一模型过于复杂,在很大程度上制约了对它的运用,影响了实证检验的效果。为了简化分析,资产组合分析法建立在许多特定的前提之下,如资本可自由流动的假设,本国居民不持有外国资产、外国居民不持有本国资产的假设,人们预期一致的假设等等,这些假设在现实中难以满足。同时,该模型某些变量(如本国资产总量)极难获得统计资料,这使实证分析格外困难。该模型虽然纳入了流量因素,但是并没有对流量因素本身作更专门的分析。

本章小结

货币模型和资产组合平衡模型是资产市场分析法的两个主要的分支,其区别在于资产替代性假设上,货币模型假定本国同国外债券有充分可替代性,而资产组合平衡模型则假定本国同国外债券不具有充分可替代性。货币模型有两个基本的分析模型,即弹性价格货币模型和粘性价格货币模型,前者认为汇率应主要由货币市场的供求关系决定,后者认为在短期内由于不同市场存在不同的调整速度,资产市场调整快于商品市场使汇率出现超调,由此引致短期汇率容易出现波动。资产组合平衡模型则指出,投资者的投资组合达到稳定状态时,国内外资产市场供求达到了均衡,均衡汇率也由此确定。资产市场汇率模型对汇率决定理论的发展具有深远的影响,但是,该理论本身还存在着假设与现实不符、模型参数难以确定等局限性,这在一定程度上限制了该理论的应用。

关键词

弹性价格货币模型　　粘性价格货币模型　　资产组合平衡模型

复习思考题

1. 简述考虑利率的弹性价格货币模型中即期汇率决定的结论。
2. 简述粘性价格货币模型中汇率超调的原因。
3. 资产市场分析法的产生背景与特征是什么?
4. 简述对资产市场分析法的评价。

案例讨论题

1. 资产市场分析方法的经验检验

汇率决定的资产市场分析方法在20世纪70年代中期至80年代初盛行一时,在这一时期,一些经济学家们纷纷试图从计量经济学的角度对这些模型进行实证研究,以检验资本市场分析方法的有效性。通常对资产市场汇率模型的实证检验是利用它们各自缩减形式的单一计量经济方程来进行的,但1983年以后米兹(R. A. Meese)和罗高夫(K. Rogoff)的工作开始将相关的实证检验引向样本外预测能力的比较分析。然而,米兹和罗高夫发现,三种资产市场汇率模型的预测能力并不明显地胜过随机游走模型(随机游走模型假定下一期汇率的最好估计或预测是由本期汇率决定的)。在他们的六项关于美元/马克和美元/日元汇率的检验中,除对间距为1个月的美元/马克汇率的预测之外,在其他间距下的三种资产市场汇率模型的均方根预测误差都大于随机游走模型。这一惊人的结论对资产市场汇率模型无疑是一个破坏性的打击。此外,其他一些学者的研究结果也不支持资产市场汇率模型,如弗兰克尔(J. A. Frenkel,1984)、麦克唐纳和泰勒(R. MacDonald,M. P. Taylor,1993)等。当然,并不是所有针对资产市场汇率模型的检验都完全得出了悲观的结果,譬如马克(N. C. Mark,1995)等。但在短期的预测水平上,米兹和罗高夫的结论还从未被有说服力地推翻,由此可见,经验检验结果并未对资产市场汇率模型提供更多的支持。

请分析资产市场汇率模型的实证检验结果并不令人满意的原因。

2. 汇率目标区理论

20世纪80年代美国学者约翰·威廉姆森最早对汇率目标区进行了探讨,1991年保罗·克鲁格曼在《经济学季刊》上发表了《目标区和汇率动态》一文,正式提出了标准目标区的严格理论模型。汇率目标区理论研究在汇率浮动被限制在一定区域内的汇率制度下汇率同基本经济变量间的动态关系及目标区的存在对汇率行为的影响。克鲁格曼的汇率目标区理论模型假定汇率目标区是完全可信的,并且当局采取调整货币供应量的手段保卫目标区,但只进行"边界"干预。在这一理论中,可信的目标区具有一种内在稳定性,当即期汇率偏离中心汇率向两个"边界"靠近时,汇率被干预的预期将会影响汇率重新向中心汇率靠近。该理论在20世纪90年代得到广泛的关注,并在欧洲货币体系上得到了实践的验证。欧洲货币体系在1979年到1993年的硬钉住阶段,成员国允许双边汇率在中心汇率的上下各2.25%内浮动,这在一定程度上成功地稳定了欧洲货币体系,但1992年和1993年爆发的汇率危机导致了硬钉住的崩溃。在1994年到1999年的软钉住阶段,欧盟将汇率变动的幅度从2.25%扩大到15%,这种宽的波动范围稳定了汇率,使欧洲货币体系能够抵御住货币冲击,并成功地推动了欧元的诞生。

请汇率目标区理论和欧洲货币体系的实践对我国稳定人民币汇率的启示。

第 16 章
国际收支账户与平衡

国际经济的往来,特别是国际贸易,是否对一国经济产生影响,是否会对一国货币的收支产生变化?一国货币对他国货币的相对价格构成了外汇市场的价格,即汇率。汇率如何形成,并对一国经济产生何种影响?一国出现了国际收支失衡后,应如何调节,它对实体经济产生何种影响?等等。事实上,在研究国际贸易时,不可避免地会遇到这样的问题。为了回答上述问题,从本章开始就进入国际经济学的另一个部分内容——国际收支与汇率决定的学习。本章是研究国际收支与汇率决定的第一步。

16.1 国际收支账户

国际收支与汇率决定主要研究一国国际收支构成、平衡与调节,研究一国汇率如何形成等。根据最终商品和劳务的不同用途,国民生产总值通常分为四种:消费(国内居民私人消费)、投资(国内居民私人投资)、政府购买和净出口(又称经常项目余额)。这些内容在西方经济学的宏观部分已经有比较详细的介绍,如即将介绍的经常项目的主要组成部分就是宏观经济学中的净出口。

16.1.1 国际收支的含义

国际收支账户是在国民收入账户的基础上的延伸,是对经常项目的组成及相关金融业务的详细记录,是一个国家的居民与外国的居民在一定时期内(通常是一年)全部交易的记录。在国际交往中都要进行货币收付,因此,过去常将一国在一定时期内同其他国家和地区进行经济、政治、文化等往来所发生的货币收付总和,称为国际收支。国际收支的概念有狭义和广义之分。

狭义的国际收支是指一个国家或地区在一定时期内,由于经济、文化等各种对外交往而发生的,必须立即结清的外汇的收入与支出。由于这一概念仅包含已实现外汇收支的交易,因此称为狭义的国际收支概念。广义的国际收支是指一国或地区居民与非居民在一定时期内全部经济交易的货币价值之和,它是以交易为基础,不仅包括贸易收支和非贸易收支,而且还包括资本的输出输入,既包括已实现外汇收支的交易,也包括尚未实现外汇收支的交易。只有建立在全部经济交易基础之上的广义的国际收支概念才能较好地完整反映当今一国对外经济总量状况。

目前,国际货币基金组织(IMF)采用的是广义概念。根据 IMF 的解释,一国的国际收支(balance of payments)是在一定时期内(一年、一季、一月)一国居民与非居民之间的全部经济交易的系统记录。它反映:① 一国与他国之间的商品、劳务和收益等交易行为;② 该国所持有的黄金、特别提款权的变化以及与他国债权、债务关系的变化;③ 凡不需偿还的单方转移项目和相应的科目,用于会计上必须用来平衡的尚未抵消的交易。

要全面地准确掌握国际收支的含义,需要把握以下几方面的特征:

第一,国际收支是一个流量概念,它与一定的报告期相对应。各国一般是以一年为报告期。

第二,国际收支所反映的内容是以货币记录的经济交易。所谓经济交易是指经济价值从一个单位向另一个单位的转移。它包括四类:① 交换,即一交易者向另一交易者提供一宗经济价值(如实际资源、金融资产等)并从对方得到价值相等的回报;② 转移,即一交易者向另一交易者提供了经济价值,但是没有得到任何补偿;③ 移居,指一个人把住所从一经济体搬迁到另一经济体的行为,由此导致的对外资产、债务关系的变化均应记录在国际收支中;④ 其他交易,如在某些情况下可以根据推论确定交易的存在,尽管并没有发生实际流动,但也需记录在一国的国际收支中。

第三,国际收支记录的经济交易必须是本国居民与非居民之间发生的经济交易,居民与非居民的划分是以居住地为标准进行的。在国际收支统计中,居民是指一个国家的经济领土内具有经济利益的经济单位和自然人,在一国居住超过 1 年以上的法人和自然人均属该国的居民,而不管该法人和自然人的注册地和国籍。但作为例外,一个国家的外交使节、驻外军事人员、出国留学和出国就医者,尽管在另一国居住一年以上,仍是本国居民,是居住国的非居民。此外,国际性机构(如 IMF 等)不是某一国的居民,而是任何一国的非居民。

我国自 1996 年 1 月 1 日起实施的《国际收支统计申报办法》第三条规定:"中国居民,是指:(一)在中国境内居留一年以上的自然人,外国及中国香港、澳门、台湾地区在境内的留学生、就医人员、外国驻华使馆领馆外籍工作人员及其家属除外;(二)中国短期出国人员(在境外居留时间不满一年)、在境外留学人员、就医人员及中国驻外使馆工作人员及家属;(三)在中国境内依法成立的企业事业法人(含外商投资企业及外资金融机构)及境外法人的驻华机构(不含国际组织驻华机构、外国驻华使馆领馆);(四)中国国家机关(含中国驻外使馆领馆)、团体、部队。"

第四,国际收支是一个事后的概念。定义中的"一定时期"一般是指过去的会计年度,显然它是对已发生事实的记录。

16.1.2 国际收支平衡表

国际收支账户实际是通过国际收支平衡表反映出来的。在现代经济中,一国居民在一定时期内从事的国际经济交易是大量的、多种多样的,为了对本国国际收支状况及其变化有一个系统的了解,必须对这些交易信息进行收集、整理,并编制国际收支平衡表(balance of payments account)。国际收支平衡表是以复式记账法系统记录一国居民在一定时期(通常为一年)内所从事的全部国际经济交易的综合收支的记录表格。

各国政府编制国际收支平衡表并没有一种统一的方法。国际货币基金组织提供了一套编制原则,发表在《国际收支手册》上。目前,国际货币基金组织曾在1948年、1950年、1961年、1977年、1993年和2008年先后6次修订其出版的《国际收支手册》,对国际收支平衡表的标准进行了统一规定。此外,国际货币基金组织还根据标准模式编制了全部成员国的国际收支统计数字,在《国际收支统计年鉴》和《国际金融统计》杂志上发表,以利于各国之间的比较。

国际收支平衡表是按复式记账原理编制,由贷方项目和借方项目构成,每一笔经济交易分别同时记入有关栏目的贷方和借方,金额相等。贷方记录本国商品、劳务出口,对外资产的减少或对外负债的增加,如商品出口、向外借款或收回贷款等;借方记录本国商品、劳务进口,对外资产的增加或对外负债的减少,如商品进口、对外投资或偿还外债等。就外汇增减变化的角度而言,有两个拇指法则:① 凡引起本国外汇收入的交易记贷方,凡引起本国外汇支出的交易记入借方;② 凡形成本国外汇供给的交易记入贷方,凡形成本国外汇需求的交易记入借方。

记入借方的国际收支称为借方项目,用"-"号来表示;记入贷方的国际收支称为贷方项目,用"+"号来表示。原则上,贷方项目总和最终必须与借方项目总和一致,即平衡表中所有记录的净差额应等于零。凡是涉及外国居民向本国居民支付的交易均属于贷方项目,记入国际收支平衡表的贷方;反之,凡是涉及本国居民支付的交易均属于借方项目,记入国际收支平衡表的借方。表 16-1 是 2008 年中国国际收支平衡表。

表 16-1 中国国际收支平衡表(2008 年)

项　　目	差额(万美元)	贷方(万美元)	借方(万美元)
一、经常项目	42 610 740	172 589 326	129 978 587
A. 货物和服务	34 887 046	158 171 319	123 284 273
a. 货物	36 068 209	143 460 124	107 391 915
b. 服务	-1 181 164	14 711 195	15 892 359
B. 收益	3 143 796	9 161 487	6 017 691
C. 经常转移	4 579 898	5 256 520	676 622
二、资本和金融项目	1 896 488	76 987 609	75 091 122
A. 资本项目	305 145	331 989	26 844
B. 金融项目	1 591 343	76 655 621	75 064 278
1. 直接投资	9 432 009	16 305 396	6 873 387
2. 证券投资	4 266 006	6 770 805	2 504 798
3. 其他投资	-12 106 673	53 579 420	65 686 093
三、储备资产	-41 897 843		41 897 843
3.1 货币黄金			
3.2 特别提款权	-711		711
3.3 储备头寸	-119 032		119 032
3.4 外汇	-41 778 100		41 778 100
3.5 其他债权			
四、净误差与遗漏	-2 609 384		2 609 384

资料来源:《中国统计年鉴》(2009 年)。

16.2　国际收支的内容

国际收支是对一国所有国际经济交易的汇总记录。由于国际交易内容和形式在不同的历史阶段具有不同的特点,因此,在世界经济发展的不同阶段,国际收支所包含的内容也不同。20世纪50年代以前,国际资本流量不大,国际收支主要反映一国对外贸易收支,即主要反映商品进出口。其后随着各国放松对资本流动的管制,资本国际流动迅速发展,当今国际交易的一半以上属于资本项目。

第五版《国际收支手册》[①]列出的国际收支平衡表的标准组成部分由两大项目组成:一是经常项目;二是资本与金融项目。除此之外,国际收支平衡表中还有错误与遗漏净额以及储备等内容。

16.2.1 经常项目

经常项目(current account)是国际收支平衡表中最基本的项目,它记录的是一国国际经济交易的主要内容,影响和制约着其他项目的变化。经常项目包括居民与非居民间发生的所有涉及经济价值的交易,主要有商品、服务、收入和经常转移四个子项目。经常项目是指实质资源的流动,包括进出口货物、输入输出的服务、对外应收及应付的收益,以及在无同等回报的情况下,与其他国家或地区之间发生的提供或接受经济价值的经常转移。根据国际货币基金组织第五版《国际收支手册》的解释:"经常项目是指货物、服务、收入和经常转移。"该项目在一国的国际收支中占据最基本、最重要的地位。

(一)货物

货物(goods)项目主要包括一般商品、加工品、商品修理、运输工具在港口获得的商品、非货币黄金五项。

1. 一般商品

一般商品(general merchandise),是指除极少数例外,绝大多数居民对非居民进行的可移动商品的进出口,体现为所有权的变更(实际或估算)。按国际货币基金组织的规定,进出口商品都使用FOB价格。

2. 加工品

加工品(goods for Processing)是指以在国外加工为目的的商品的出口及加工后的商品的再进口,或是以在本国加工为目的的商品的进口及加工后的商品的再出口。按照加工前后商品的总价值统计。

---

① 2008年12月,IMF公布了最新版的《国际收支手册》(第六版)(BPM6),它扩展、充实了《国际收支手册》(第五版)(BPM5)的相关内容,对货物与服务贸易收支部分子项目进行了调整,更加突出对国际投资和国际金融交易的记录,这将对包括中国在内的世界各国编制《国际收支平衡表》以及相应的贸易、投资统计数据产生重要影响。

3. 商品修理

商品修理(repairs on goods)是指为来自非居民的船舶、飞机等商品提供的修理活动。虽然这些商品的物理移动与上述加工品比较类似,但在统计上按照修理费用的收支计算,而不像加工品那样按照加工前后商品的总价值计算。

4. 运输工具在港口获得的商品

运输工具在港口获得的商品(goods procured in ports by carriers)是指居民和非居民的运输工具(如船舶、飞机等)在国外获得的商品(如燃料、给养、仓储、供应等)。但不涉及辅助性供应(如牵引、维修等),这些内容将被置于"运输"一栏中。

5. 非货币黄金

非货币黄金(non-monetary goods)是指所有不以官方储备资产(货币黄金)为目的的黄金进出口。非货币黄金的统计处理如同一般商品。

(二) 服务(services)

服务项目的内容比较复杂,主要包括运输、旅游、通信服务、建筑服务、保险服务、金融服务、计算机和信息服务、专有权利使用费和特许费、咨询、广告与宣传、电影与音像、其他商业服务、别处未提及的政府服务等内容。主要内容的理解如下:

1. 运输

运输(transportation)几乎包括居民与非居民间相互提供的所有运输服务。值得注意的是,货物保险不再属于运输的一部分,而单列于"保险服务"栏目中。运输包括所有形式的货运和客运,以及其他分配性和辅助性服务,同时也包括运输设备的租金。

2. 旅游

旅游(travel)是指非居民旅游者在其他国家和地区旅游期间(1年之内)出于商业目的和个人使用目的在当地获得的商品和服务,与健康和教育有关的内容也包括在其中。旅游不包括国际客运服务(已包括在"运输"一栏中)。不管滞留的时间长短,学生和疾病患者都被视为旅游者对待。也有某些例外,如军事和使馆人员非居民工人等就不再视为旅游者。但是,非居民工人的开支却被包括在"旅游"一栏中,而军事和使馆人员的开支却被置于"政府服务"一栏中。

3. 通信服务

通信服务(communication services)是指居民与非居民间的通信往来,包括邮政、急件和电话服务(包括声音、图像和通过各种方式传播的其他信息)等。

4. 建筑服务

建筑服务（construction services）是指由居民（或非居民）、企业及其人员在国外（或当地）或境外"飞地"临时进行的建筑和安装活动，不包括居民企业的国外分支机构或类似于国外分支机构的非合作单位所从事的相应工作。

5. 保险服务

保险服务（insurance services）是指居民与非居民保险企业间相互提供的保险，包括对进出口商品提供的货运保险服务、为生命和非生命提供的其他形式的直接保险服务，以及再保险服务。

6. 金融服务

金融服务（financial services）是指居民与非居民间进行的金融中介服务和辅助性服务（有别于那些与保险企业和养老基金有关的服务），包括信用证、信用卡、金融租赁服务、换汇交易、消费和商务信贷服务、经纪人服务、包销服务，以及为各种形式的套购保值提供的安排等产生的手续费和费用。辅助性服务包括金融市场操作和管理服务、抵押保管服务等。

7. 计算机和信息服务

计算机和信息服务（computer and information services）是指居民与非居民间发生的与硬件咨询、软件实现、信息服务（数据处理、数据库、新闻代理）有关的交易以及计算机及其相关设备的保养和维修服务。

8. 专有权利使用费和特许费

专有权利使用费和特许费（fees for patent or royalty）是指居民和非居民因以下两种情形而发生的收入（出口）和支付（进口）：第一，授权使用诸如商标、版权、专利、工序、技巧、设计、制造权、特许权等无形的非生产性非金融资产和私有权利。第二，经过许可使用诸如手稿、电影等原版或其复制品。

（三）收入（income and profit）

1. 雇员报酬

雇员报酬（compensation of staff and workers）包括出入境、季节性工作和其他等非居民工人（如大使馆雇佣的当地员工）的现金或类似现金形式的工资、薪金和其他利得。

2. 投资收入

投资收入（profit from investment）是指与收入相关的居民所有的国外金融资产的收入及对非居民负债的支付，包括直接投资收入、证券投资收入和其他投资收入。其中，直接投资收入又分成股权收入（股息、红利、再投资收益）和债务收入（利息）；证券投资收入也分成股权收入（股息）和债务收入（利息）；其他投资收入包括在其他资本（如贷款）上的利息所得，原则上还应包括家庭在生命保险储备和养老基金上的净权益的估算收入。

（四）经常转移（current transfers）

经常转移与资本转移完全不同，后者包括在资本和金融项目之中。经常转移是指发生在居民与非居民间无等值交换物的实际资源或金融项目所有权的变更，而不管这种所有权的变更是否自愿。经常转移包括除以下三种情况的所有转移：① 固定资产所有权的转移；② 与固定资产的获取或处置有关或以固定资产的获取或处置为条件的资金转移；③ 债权人对债务进行豁免而不要求任何补偿。

上述三种例外均属于资本转移。经常转移包括政府（如不同政府间的经常性国际合作、收入和财富的经常性课税支付等）和其他转移（如服务收费很低的工人汇款和奖金、非生命保险的权益）。

16.2.2 资本和金融项目

资本和金融项目（capital and financial account）有两大组成，即资本项目和金融项目。

（一）资本项目

资本项目（capital account）主要包括资本转移和非生产性非金融资产的获取或处置两个组成部分。

资本转移包括固定资产所有权的转移、与固定资产的获取或处置有关或以固定资产的获取或处置为条件的资金转移、债权人对债务进行豁免而不要求任何补偿。资本转移由两部分组成：第一，政府部门的资本转移，可细分为债务豁免和其他资本转移；第二，其他部门的资本转移，可细分为移民转移、债务豁免和其他资本转移。

（二）金融项目

金融项目（financial account）主要包括直接投资、证券投资、其他投资和储备资产四个组成部分。

1. 直接投资

直接投资（direct investment）是指直接投资者与直接投资企业间进行的所有交易，也即两者间的初始交易加上后来两者间及其附属企业间（既包括合作的，也包括非合作的）进行的所有交易。直接投资交易又可细分为股权资本、再投资收益和其他资本（公司间交易）三种。就股权资本和其他资本而言，附属企业和直接投资者的债权和债务关系是截然不同的。此外，附属银行与其他附属金融中介之间的交易只有股权和永久债务资本属于直接投资项目。

2. 证券投资

证券投资(securities)包括股票和债务凭证的交易,后者又可分成债券和票据、货币市场工具和金融衍生品(如期权)。

3. 其他投资

其他投资(other investment)包括短期和长期贸易信用、贷款(包括使用基金信用、基金贷款以及与租赁金融有关的贷款)、货币和存款(包括可转移的存款以及诸如储蓄和定期存款、储蓄和贷款股份、信用合作社的股份等)及其他可收支项目。

4. 储备资产

储备资产(reserve assets)是指一国货币当局可用于平衡国际收支或其他用途的资产,包括货币黄金、特别提款权(special drawing rights, SDRs)、在基金中的储备头寸、外汇资产(现金、存款和证券)及其他债权。

16.2.3 错误与遗漏净额

按照复式记账原则,国际收支平衡表的借贷双方的净差额应该等于零,但在实际中并非如此。原因包括:在统计国际收支有关数据时发生的遗漏;存在走私商品、民间货币收付及携带现钞出入境等官方监控以外的国际交易;资料来源和口径不同造成的误差。以商品进口为例,其数据来源于海关根据过关的商品数额记录,而与之相对应的货币支付数据很可能不同。这种现象在延期付款或预付货款的商品贸易中时有发生。货款预付后,这笔交易在银行中便有了记录,从而增加了本期国际收支贷方数额,而海关要到下一个时期商品入关时才会将它记录下来,从而增加下一期国际收支借方数额。为了解决这一问题,就人为地设立了这一平衡项目,即错误与遗漏净额(net errors and omissions)。当经常项目、资本和金融项目总计贷方数额大于借方数额,从而出现贷方余额时,则在错误与遗漏净额项下的借方记入与该余额相同的数额;反之,当出现借方余额时,则在错误与遗漏净额项下的贷方记入相同数额。

16.3 国际收支平衡与失衡

按复式记账法编制的国际收支平衡表,其平衡只是形式上的。实际上,一国收支常常出现失衡状况:或是支出大于收入(逆差),或是收入大于支出(顺差)。

16.3.1 国际收支失衡及其原因

(一) 国际收支失衡的含义

由于采用复式记账原则,国际收支平衡表上借贷双方总额总是相等的。既然如此,为何还会出现所谓的国际收支恶化、国际收支失衡等问题呢?为解决这一疑问,首先应将国际收支项目分为自发交易项目和调整交易项目。自发交易项目又称事前交易,是企业或个人出于经济利益或其他动机进行的国际贸易,与国际收支调整无关。经常项目、资本和金融项目都属于自发交易项目。调整项目,或称补偿项目、事后项目,是指以调整国际收支为目的的交易项目。国际收支中的官方结算是主要的调整项目。当一国自发性交易产生的外汇需求大于外汇供给时,为平衡供求金融当局就需动用本国的黄金、外汇等官方储备,或通过外国中央银行、国际金融机构融通资金以弥补自发性交易带来的收支差额。错误与遗漏也是调整项目,它可以使国际收支平衡表最终在账面上达到平衡。

由此可见,国际收支的账面平衡是通过调整项目来实现的。真正能反映国际收支状况的是自发项目,通常意义上讲的国际收支状况实际上指的就是自发项目收支的平衡或失衡。

(二) 国际收支失衡的原因

国际收支失衡的状况是多种多样的,失衡的原因也是多种多样的。概括起来,引起国际收支失衡的主要原因大致有以下八类。

1. 经济季节性原因

生产、消费有季节性变化和无规律的、偶然的短期突变,由此会造成国际收支的失衡。

2. 经济周期性原因

周期性的商业循环所经历的危机、萧条、复苏、高涨四个阶段的经济变动,会导致国际收支的失衡。这是主要资本主义国家失衡常见的原因。

当一国经济萧条时,往往出现竞相出口而进口需求下降的现象,从而使其国际收支出现顺差(如 20 世纪 90 年代的日本);相反,当一国经济高涨时期,进口需求急剧增加,往往出现国际收支逆差。

3. 经济结构性原因

由于科技的日益进步,各国经济发展的不平衡和消费倾向的不断变化而造成的国际市场对商品、劳务的供给与需求关系发生变动时,即国际分工和贸易格局发生变动时,原来的平衡就会被打破。在这种情况下,若一国的经济结构(及商品结构)不能很好地适应这种变化而随之作必要的调整的话,那么它的国际收支就可能发生不平衡。例如,一国的出口大量集中于某些商品,而遇到国外消费的偏好与需求发生变化,则这些商品势必销售困难,因而造成该国的国际收支失衡。结构性原因也是国际收支失衡的一个经常性的原因。

4. 国民收入原因

一国的国民收入随着经济发展、变化而变动,这也会引起国际收支失衡。这种变动与失衡不能一概而论,至少应从中短期角度和长期角度两个方面具体分析。

一方面,一国国民收入的变化由商业循环的不同阶段所产生。如在高涨时期国民收入增加,在萧条时期国民收入减少。一般来讲,一国的国民收入增加,其商品、劳务的输入和捐赠、旅游等非贸易支出也可能随之而增加,从而造成国际收支逆差;反之,国民收入减少,引起物价下跌,则有利于出口并使进口减少,从而逐步减少逆差,甚至出现顺差。

另一方面,一国国民收入的变化由长期经济发展的不同时期所产生。如一国在经济发展初期,进口大量生产设备,外汇支出随之增加,因在一定时期内尚未形成生产能力和出口能力,整个国民收入并无增加,从而出现国际收支逆差。但是,当这些进口设备逐步形成新的生产力时,国民收入有明显增长,出口随之不断扩大,必然会使国际收支得到改善,由逆差变为顺差。

5. 货币原因

一国的货币增长速度、商品成本和物价水平同其他国家发生较大悬殊,即货币的国内实际购买力的变动,会引起国际收支失衡。如一个国家在一定汇率水平下,货币增速过快,以致商品成本和物价水平相对高于某些国家,则必将导致商品出口减少、进口增加,从而国际收支出现逆差,这叫做货币不平衡或价格不平衡。

6. 贸易竞争原因

在国际市场产品竞争和价格竞争日趋激烈的情况下,一国的商品国际竞争力的增强或减弱以及在一些重要出口商品市场上的优势或劣势的变化,是造成其贸易顺差或逆差的基础和根本性原因。

7. 过度外债原因

过度的外债所产生的还本付息负担加重和偿债能力下降,导致国际收支失衡加剧。这主要是指一些发展中国家在发展民族经济过程中,违背了量力而行的原则,借入大量外债,超过国家的承受能力,加之发达国家高利率政策和保护主义措施,结果使发展中国家经济贸易进一步恶化,国际收支亏损不断扩大。

8. 资本投机原因

国际资本市场上的投机活动是不可避免的,然而对于一个国家来说,不稳定的投机与资本外流,也会导致国际收支失衡。

16.3.2 国际收支差额

为了了解不同交易项目的收支平衡状况,各国编制了下面几种收支差额的统计数字。

(一)贸易差额

贸易差额是一定时期内一国商品出口总额与进口总额之差。如果出口大于进口,则称贸易收支顺差;如果进口大于出口,则称贸易收支逆差。

贸易差额如果出现逆差,必须有某种资金来源与之相抵。可以靠经常项目中劳务和转让收支项目的顺差来抵补,或是靠资本项目中的外资流入,也可能是动用国家外汇储备来解决。贸易差额如果是顺差,也必然会引起国际收支其他项目相应地变化。

贸易差额状况在国民经济中具有重要意义。首先,贸易收支是国际收支中最主要的项目,其差额(顺差或逆差)对国际收支总的状况有至关重要的作用。其次,贸易差额状况对国内生产、投资和消费可以产生促进或破坏作用。最后,由贸易差额而引起的国际收支其他项目的变动,对以后的国际收支有深远影响,例如引起外资大量流入和动用国家外汇储备等。同时,资本项目和国际储备项目的差额最终要靠贸易顺差来解决。

(二)经常项目差额

经常项目差额是一定时期内一国商品、服务、收入和经常转移项目上借方总值和同期商品、服务、收入和经常转移项目上贷方总值之差。当贷方总值大于借方总值时,经常项目顺差;反之,则为经常项目逆差。经常项目差额是国际收支平衡表中最重要的收支差额。如果出现经常项目顺差,则意味着由于存在商品、服务、收入和经常转移的贷方净额,该国的国外财产净额增加,即经常项目顺差表示该国对外净投资增加。贸易项目如果有差额,那么可以依靠劳务和转让收支项目顺差来平衡。我国劳务和转让收支两个项目一般都表现为顺差。

经常项目差额与贸易差额有密切的联系。由于贸易差额是经常项目的主要构成部分,通常情况下两者的差额是同方向的,当然金额不会一致。

经常项目差额说明一国对外债权债务变动情况。如果经常项目有逆差,表示从国外动用一些商品劳务供国内使用,相应减少本国在外国的资产或是增加对外的负债。如果经常项目有顺差,表示向国外净供应了一些商品和劳务,相应会增加本国对外的资产或减少对外的负债。比较贸易差额来说,经常项目差额更能精确反映一国对外债权债务关系变化的状况。

(三) 基本差额

基本差额(basic balance)是一定时期内经常项目与长期资本和金融项目借方总额与贷方总额之差。由于经常项目差额和长期资本流动主要受该国生产率长期变化、生产要素有效配置、消费者偏好及预期资本利润率等基本经济因素的影响,因此国际收支一般表示的是一国国际收支的长期趋势。顺差表示国际收支有长期加强的趋势。国际收支总差额的存在表示一国可能处于"基本"不平衡状态。基本差额与一国的国际储备的增减相对应。基本差额如果是顺差,则国际储备相应增加;反之,则储备项目相应减少。因此,基本差额说明国家国际储备的动态。

(四) 官方结算差额

官方结算差额(official settlements balance)是政府用于平衡自发收支项目总差额的项目,因此官方结算差额等于经常项目与资本和金融项目的借、贷总值之差。即:

官方结算顺差 = 官方储备净增额 + 对外国官方的流动负债净减额

官方结算逆差 = 官方储备净减额 + 对外国官方的流动负债净增额

16.3.3　开放经济条件下国民收入核算

一国的国际收支平衡表与其对外资产负债表、国民收入账户和资金流量表有着密切的关系。它们都是进行经济分析的重要工具。表 16-2 简要地概括了国际收支和国民收入核算的关系。

表 16-2　简单的国民收入账户

私人消费(C)
加:总投资(I)
加:政府开支(G)
国内总支出(A)
加:商品劳务出口(X)
减:商品劳务进口(M)
国内生产总值(GDP)
加:国外净要素报酬收入(NFP)
国民生产总值(GNP)

国内生产总值是指一国在一定时期内,运用居民和非居民的生产要素,在本国生产出的商品劳务总值;而国民生产总值则指一国居民在一定时期内通

过在国内和国外提供生产要素所获得的收入总和。这里,国外净要素报酬收入是指本国居民向国外提供生产要素所取得的报酬收入,减去外国居民向本国提供生产要素所取得的报酬,它又等于国际收支平衡表中的雇员报酬收支净额与投资收益净额之和。上表可以表示为:

$$GDP = C + I + G + (X - M)$$
$$GNP = GDP + NFP$$

记作:

$$GNP = C + I + G + (X - M) + NFP$$

用 CA 表示经常项目差额,经常项目差额可以近似地(忽略转移收支)表示为:

$$CA = (X - M) + NFP$$

从而:

$$GNP = C + I + G + CA$$

上式就是国际收支和国民生产总值的关系。假定 T 为税收,$NFP = 0$,X 和 M 分别为经常项目收入和支出,则私人储蓄为 $S = Y - T - C$,$CA = X - M$,上式可整理为:

$$(X - M) = (S - I) + (T - G)$$

这就是开放经济条件下进行宏观经济分析的最基本公式。

16.3.4　国际收支平衡及其经济影响

在一个开放的经济中,国际收支平衡是整个宏观经济均衡的重要组成部分。宏观经济均衡决定了其对外经济的均衡发展,而国际收支的均衡与否对宏观经济的均衡发展也有着深刻的影响。

一国的国际收支状况,是该国整个国民经济状况的反映;一国的国际收支失衡,包括盈余性失衡(顺差)或亏损性失衡(逆差),对该国宏观经济有着重大的影响。

首先,一国的国际收支状况是影响该国汇率升降的直接原因。当一国国际收支持续顺差,外汇收入会相应增多,国际储备也随之增长,该国货币的对外价值高,在外汇市场上对该国货币求大于供,其汇率就比较坚挺,成为强势货币或硬通货。反之,当一国国际收支持续逆差,以致对外债务增加或国际储备日趋减少,该国货币的对外价值就会降低,在外汇市场上对外币的需求增多,本国货币的汇率就比较疲软,从而使该国货币成为弱势货币或软通货。

其次,一国的国际收支状况也影响该国的商品价格变化和通货膨胀的程度。当一国国际收支经常保持平衡或顺差,汇率较少波动,物价稳定,通货供应量正常,有利于国民经济的发展。反之,一国国际收支出现逆差且逆差严重,本国货币汇率大幅度下跌,货币对外价值相应降低,必将导致以本国货币计算的进口商品价格急剧上升,带动国内的物价普遍上涨,从而引起或加剧该国通货膨胀的严重发展。

再次,一国的国际收支状况对该国的利率政策具有直接影响,从而影响国内宏观经济目标的实现。当一国国际收支持续顺差,会使一国利率政策宽松,这有助于刺激经济增长,但不利于控制通货膨胀。当一国国际收支持续逆差,为防止国际收支状况恶化,要提高利率水平以吸引外国资金流入,但高利率会抑制国内投资,不利于经济增长和充分就业。

正因为国际收支失衡既对一国的对外经济有直接的影响,又对一国的整个宏观经济有重大影响,所以才有必要对国际收支进行调节。而为了调节国际收支,还要先摸清国际收支失衡的原因。

本章小结

国际收支账户是在国民收入账户基础上的延伸,是一个国家的居民与外国的居民在一定时期内(通常是一年)全部交易的记录,可以通过国际收支平衡表反映出来。国际收支平衡表是以复式记账法系统记录一国居民在一定时期(通常为一年)内所从事的全部国际经济交易的综合收支的记录表格。国际收支平衡表主要由经常项目、资本与金融项目构成。在开放经济条件下,一国的国际收支平衡表与其对外资产负债表、国民收入账户和资金流量表有着密切的关系。国际收支均衡与否对宏观经济的均衡发展有着深刻的影响。

关键词

国际收支	国际收支账户	国际收支平衡表	复式记账法
经常项目	金融服务	投资收入	经常转移
资本项目	国际收支平衡	国际收支失衡	宏观经济均衡
基本差额	官方结算差额		

复习思考题

1. A国的一些研究人员曾经对A国和B国两国间的资金流动信息进行了研究。假设他们已经得出如下A国当年数据(单位:10亿):国民生产总值100.00,消费60.00,政府采购15.00,A国资本形成15.00,对B国的出口20.00。请回答:

(1) 从B国进口的商品和服务价值?

(2) 对 B 国而言，A 是净借出国还是净借入国？

2. A 国的总国际会计师收集到 1999 年的如下有关信息：对 B 国销售计算机 1 200 美元，在 B 国购买度假别墅 500 美元，从 B 国购买面包 1 400 美元，在 C 国进行计算机咨询 1 600 美元，在 C 国度假 200 美元，购买 C 国电信公司的股票 800 美元，在 C 国销售 A 国计算机公司的债券 100 美元。

请根据上述信息回答下述问题：
(1) A 国 1999 年商品贸易余额和经常项目余额各是多少？
(2) A 国 1999 年为国际借出国还是国际借入国？
(3) A 国 1999 年为净债权国还是净债务国？

3. 如果一家美国公司从花旗银行墨西哥分行借入价值 10 亿美元的墨西哥比索，并用这笔钱在墨西哥建立了一家工厂，该交易在国际收支账户中如何记账？

4. 如果国内生产总值、消费、国内投资都保持不变，那么当政府支出相对于税收上升时，国家贸易项目如何变化？

案例讨论题

1. 国际收支平衡表分析

试根据 2008 年中国国际收支平衡表（见表 16-1），试分析：
(1) 2008 年度我国国际收支的状况；
(2) 2008 年度我国服务贸易国际收支特点。

2. 净误差与遗漏项目

2007 年，部分国家的净误差与遗漏占其进出口贸易总值的比例如下：德国为 2.0%，日本为 1.3%，美国为 1.3%，俄罗斯为 2.1%，马来西亚为 1.5%，印度为 1.3%。我国 2007 年和 2008 年的净误差与遗漏规模占进出口贸易总值的比例分别为 0.77% 和 1.04%。总体上看，在国际经济形势和宏观经济环境波动较大时，净误差与遗漏项目数据及其占货物贸易进出口总值的比例较大。例如，美国 1998 年的净误差与遗漏为 1 488 亿美元，占比 9.4%；2004 年为 950 亿美元，占比 4.2%；2008 年为 1 293 亿美元，占比约 3.8%。

试分析净误差与遗漏项目的最大限度及形成原因。

第 17 章
国际收支调整

在区域经济一体化和经济全球化迅速发展的今天,国际收支的均衡越来越受到人们的关注,国际收支均衡与否对一国经济有很重要的影响。国际收支调整主要有两种机制:一是价格调节,通过汇率和货币量的变动来影响商品、劳务及金融资产的价格,恢复国际收支的均衡,如国际收支的弹性分析法、货币分析法;二是收入调节,通过总支出或生产的变动来调节国际收支,如国际收支的吸收分析法。

17.1 国际收支的弹性分析

国际收支的弹性分析法(elasticity approach to the balance of payment)研究的是在收入不变的条件下汇率变动对国际收支调整的影响。它是20世纪30年代初,在各国竞相实行竞争性的货币贬值导致汇率变动频繁、国际金融市场动荡、金本位制面临崩溃的背景下提出的国际收支调节理论。它采用马歇尔的局部均衡方法和供求弹性理论,分析了在国内外商品价格不变的前提下汇率变动对一国国际收支的影响。这一理论最先由英国经济学家马歇尔(Marshall)提出,后来经过罗宾逊(Robinson)、马克卢普(Machlup)、哈伯勒(Haberler)等人的努力,发展成为国际收支理论的重要内容之一。其基本假定包括:贸易商品的供给弹性为无穷大;收入、其他商品价格等不变;忽略国际的资本流动,国际收支等于贸易收支。

17.1.1 货币贬值对国际收支的影响

假设外汇供求只由贸易收支决定,而不考虑其他国家贷款偿还外债本息等资本流动,因此以本币表示的经常项目差额可表示成如下形式:

$$B = P_X \cdot X - e \cdot P_M^* \cdot M \tag{17.1}$$

式中,B 表示贸易差额,P_X 表示以本币表示的国内价格水平,X 表示本国出口量,e 表示汇率(直接标价法,以本币表示的外币价格),P_M^* 表示以外币表示的外国价格水平,M 表示本国的进口量。

汇率变化通过改变本国出口商品与进口商品的价格而影响进出口贸易数量,结果使贸易差额 B 得以调整。

货币贬值对经常项目收支有两种效应:一是价格效应。在国内价格不变的情况下,本国货币贬值意味着本国的出口商品以他国货币表示的价格下降;在国外商品的国内价格不变的情况下,本国货币贬值同时也意味着进口商品以本国货币表示的价格上升。二是贸易量效应。即出口价格的下降会导致本国出口的增加,进口价格的上涨会导致本国进口的减少。两种效应结合在一起,引起经常项目收支的变化。

17.1.2 马歇尔-勒纳条件

马歇尔-勒纳条件(Marshall-Lerner condition)首先是由英国经济学家马歇尔与勒纳推导出来的,指的是在贸易品的供给弹性无穷大的情况(即国内外价格不变)下,本币贬值能够改善贸易收支的进出口需求弹性条件。

马歇尔-勒纳条件的推导如下:

对公式(17.1)两边求导:

$$\frac{dB}{de} = P_X \cdot \frac{dX}{de} - e \cdot P_M^* \cdot \frac{dM}{de} - P_M^* \cdot M \qquad (17.2)$$

令 η_X、η_M 分别表示出口需求价格弹性与进口需求价格弹性,则 η_X、η_M 可以分别表示为:

$$\eta_X = \frac{\frac{dX}{X}}{\frac{dP_X^*}{P_X^*}} = \frac{\frac{dX}{X}}{\frac{dP_X}{e} \cdot \frac{e}{P_X}} = \frac{\frac{dX}{X}}{\frac{edP_X - P_X de}{e^2} \cdot \frac{P_X}{e}}$$

$$= \frac{\frac{dX}{X}}{\frac{dP_X}{P_X} - \frac{de}{e}}$$

由于假定,国内外价格不变,则 $\frac{dP_X}{P_X} = 0$。因此:

$$\eta_X = -\frac{\frac{dX}{X}}{\frac{de}{e}} \qquad (17.3)$$

$$\eta_M = \frac{\dfrac{dM}{M}}{\dfrac{dP_M}{P_M}}$$

$$= \frac{\dfrac{dM}{M}}{\dfrac{dP_M^* e}{P_M^* e}}$$

$$= -\frac{\dfrac{dM}{M}}{\dfrac{e dP_M^* + P_M^* de}{P_M^* e}}$$

$$= \frac{\dfrac{dM}{M}}{\dfrac{dP_M^*}{P_M^*} + \dfrac{de}{e}}$$

由于假定,国内外价格不变,则 $\dfrac{dP_M^*}{P_M^*} = 0$,因此:

$$\eta_M = \frac{\dfrac{dM}{M}}{\dfrac{de}{e}} \tag{17.4}$$

由公式(17.3)和(17.4)可以得到 $dX = -\eta_X X \dfrac{de}{e}$ 和 $dM = \eta_M M \dfrac{de}{e}$,并带入公式(17.2),得到:

$$\frac{dB}{de} \cdot \frac{1}{P_M^* M} = -\eta_X \frac{P_X X}{e P_M^* M} - \eta_M - 1$$

假定货币贬值前,贸易收支平衡,则 $P_X X = e P_M^* M$,因此:

$$\frac{dB}{de} \cdot \frac{1}{P_M^* M} = -\eta_X - \eta_M - 1 \tag{17.5}$$

显然,当且仅当 $|\eta_X + \eta_M| > 1$ 时,才有 $\dfrac{dB}{de} > 0$,即本币贬值才能够改善国际收支。这就是著名的马歇尔-勒纳条件。它是因首倡者马歇尔(1924)和深化者勒纳(1944)而得名。

17.1.3 J曲线效应

在弹性分析法问世后,经济学家们开始用统计的方法来检验马歇尔-勒纳条件。一些经济学家发现,即使货币贬值国能很好地满足马歇尔-勒纳条件,货币贬值带来的经常项目改善也需要1年或更长的时间才能达到,而且贬值初期经常项目往往伴有恶化现象。也就是说,贬值对经常项目的有利影响要经过一段时滞才能达到。

如果用横轴表示时间,用纵轴表示贸易收支的变动,那么贸易收支对货币贬值的反应如图17-1所示。图17-1中,$(X-M)$表示贸易收支,$f(t)$表示贸易收支随时间t变化的函数。该曲线形状类似英文大写字母J,呈现先降后升的趋势,故名J曲线。

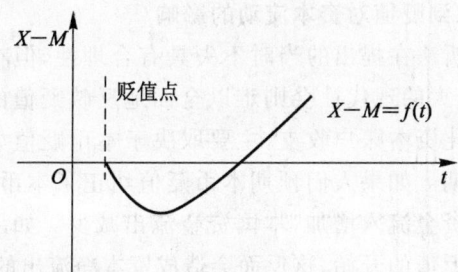

图17-1 货币贬值的J曲线效应

J曲线效应存在的原因是在贬值后出口额和进口额的短期反应较慢,长期反应较快。主要因为从货币贬值到贸易收支状况改善之间,存在着以下几种时滞:

(1)货币贬值后,本国出口商品新价格的信息还不能立即为需求方所了解,存在认识时滞;

(2)供求双方都需要一定时间判断价格变化的重要性,存在着决策时滞;

(3)供给方国内对商品和劳务的供应不能立即增加,产生生产时滞;

(4)供给方和需求方都需要一定时间处理以前的存货,存在取代时滞;

(5)把商品、劳务运经国际市场还需一段时间,存在交货时滞。

17.1.4 对弹性分析法的评价

国际收支的弹性分析理论对于贬值能否改善一国国际收支问题给出了清楚明确的回答,是对国际收支理论的重要发展。但是,货币贬值在一定条件下可以改善贸易收支,却不能根本解决国际收支问题。弹性分析法的不足之处主要表现为:

(一) 局部均衡分析

弹性分析法只考虑货币贬值对贸易收支的影响,而国内外价格以及收入等其他条件不变,而实际上其他条件并非不变。比如,本币贬值必然会导致国内价格上涨,从而促使国内生产成本提高。其原因主要有两方面:首先,随着本币的贬值,那些必须依赖进口的中间品与最终品的价格会跟着上升。前者将直接增加依靠进口中间品来生产最终出口品的厂商的生产成本,后者则会造成工资上升从而使所有厂商的成本趋于提高。其次,贬值促成出口增加,并促使相关资源向贸易部门转移,从而会减少非贸易品生产部门的可用资源,随之导致非贸易品供给量的下降与价格的上升,进而对社会一般物价水平产生强大的上升推动力。基于这两个因素的共同作用,一个国家实施货币贬值时,其国内价格要想保持不变是很困难的。

(二) 没有考虑到贬值对资本流动的影响

如果说弹性分析法在提出的当时不失具有合理性,但在国际资本流动不断加速、规模不断扩大的现代社会则难以全面地反映贬值的实际效果。本币贬值会改善还是恶化资本账户收支,主要取决于本币贬值如何影响人们对汇率进一步变动的预期。如果人们预期本币贬值纠正了本币的定值过高,本币贬值就会刺激国外资金流入增加,本国资金流出减少。如果人们认为这一本币贬值只是一系列贬值的开始,这反而会造成资本净流出的增加。

(三) 比较静态分析

弹性分析法没有对货币贬值后的动态调整机制进行说明。大量的经验证据表明,即使马歇尔-勒纳条件成立,贬值对国际收支的影响仍需一段时间,即存在J曲线效应。此外,本币贬值还会通过国民收入、货币供应量等诸多经济变量的动态变化对贸易收支产生影响。

(四) 在应用该理论时存在技术上的困难

进出口商品价格弹性的估计是一个比较复杂的问题。首先,进出口商品的种类繁多,结构也会经常变动,难于测算;其次,进出口商品供求的变动不仅受到价格变动的影响,还受到国民收入等诸多的因素的影响,测算时很难把价格变动的影响从诸多经济因素中分离出来;最后,弹性值也会随着时间的推移而不断变化。因此,在经济现实中,要想通过弹性分析法判断本币贬值对国际收支的影响还存在技术上的困难。

17.2 国际收支的吸收分析

正是针对弹性分析论的不足,20世纪50年代,西方经济学者以凯恩斯的理论为基础,提出了一种新的国际收支理论,即国际收支调整的吸收论。

国际收支的吸收分析法(absorption approach to the balance of payments)是西德尼·亚历山大(Sidney Alexander)于1952年任职于国际货币基金组织时在《贬值的贸易差额效应》中提出的,是指只有当一国商品、劳务产出的增加超过其吸收能力的增加时,该国的国际收支才能得以改善。这里"吸收"一词系指国内居民在商品和劳务上的支出。

亚历山大认为,弹性分析法对货币贬值缩减贸易收支差额的作用看得过于简单了。一国要想通过贬值来改善它的贸易收支状况,必须满足以下条件:要么贬值可以带来本国收入的增加,要么贬值可以使本国的实际支出减少,即吸收减少。否则,贬值就只会造成通货膨胀或其他经济问题。

17.2.1 基本原理

根据凯恩斯的开放经济下的国民收入恒等式 $Y = C + I + G + (X - M)$,可以得到:

$$B = X - M = Y - (C + I + G) = Y - A \tag{17.6}$$

式中,A 代表国内吸收,它是国内消费(C)、投资(I)和政府购买(G)之和。可见,贸易差额(B)是国民收入(Y)和国内吸收(A)的差额。因此,国际收支盈余是吸收相对于收入不足的表现,而国际收支赤字则是吸收相对于收入过大的结果。

这一简单的公式清晰地表明:如果一国经济处于充分就业水平,那么改善贸易差额的唯一途径就是减少国内吸收量;如果一国经济处于非充分就业状态,那么只要吸收的增加不超过收入的增加,就能够改善贸易差额。由此可知,若采用本币贬值的方法来改善经常项目,那么贬值对贸易收支的影响效果取决于其对国民收入和吸收这两部分影响效果的相对大小。其中,本币贬值对于吸收的影响可以分解成两部分:一是贬值后收入变动对吸收的影响,即收入变动的"引致效应",该效应可以表示为 $a \mathrm{d}Y$,包括由收入变动引起的消费、投资和政府购买的变化,其中,a 为边际吸收倾向;二是除收入变动影响之外的贬值对吸收的直接影响,该效应可以表示为 $\mathrm{d}A_d$。两种效应之和等于贬值对吸收的净效应。即:

$$\mathrm{d}A = a\mathrm{d}Y + \mathrm{d}A_d \tag{17.7}$$

先将式(17.6)微分后,再将式(17.7)代入得:

$$\mathrm{d}B = (1-a)\mathrm{d}Y - \mathrm{d}A_d \tag{17.8}$$

公式表明,贬值对贸易差额的影响取决于:$\mathrm{d}Y$,贬值对收入的直接影响;a,贬值通过收入变化对吸收的间接影响;$\mathrm{d}A_d$,贬值的直接吸收效应。只有当

$(1-a)\mathrm{d}Y > \mathrm{d}A_d$ 时，贬值才能改善贸易收支。

17.2.2 贬值的收入效应和吸收效应

（一）贬值的收入效应

货币贬值对于收入的直接效应表现在如下三个方面。

1. 闲置资源效应

闲置资源效应是指贬值通过充分利用闲置资源对国民收入及国际收支的影响。在一国存在尚未得到充分利用的闲置资源的情况下，贬值能够通过促进出口和抑制进口，增加该国产出和国民收入水平。国民收入的增加会导致国内吸收水平的上升，从而导致国际收支状况的恶化。国际收支最终是得到改善还是恶化，取决于边际吸收倾向。由式（17.8）可以看出，只要边际吸收倾向 $a < 1$，贬值所引起的国民收入增加（$\mathrm{d}Y$）就会大于国民收入增加所导致的吸收的增加（$a\mathrm{d}Y$），国际收支就能得到改善（$\mathrm{d}B > 0$）。

2. 贸易条件效应

贸易条件效应是指贬值对贸易条件及国际收支的影响。包括亚历山大在内的大多数经济学家认为，贬值将使得该国的贸易条件恶化。理由是：一国出口产品的品种一般比其进口产品的品种更为集中，出口商品受贬值的影响比进口商品大，因而贬值将使得出口产品以外币计算的价格的下降大于进口产品以外币计算的价格的下降。这意味着贬值趋于减少实际国民收入。当然，收入水平的减少同时还会降低国内吸收，减弱国际收支恶化的程度。

3. 资源再分配效应

资源再分配效应是指贬值通过国内资源的重新配置对国民收入和国际收支状况产生的影响。如果贬值能够使得资源从国内生产率较低的部门转移到生产率较高的部门，那么就可以提高本国的总体生产率水平，抵消贸易条件恶化的影响，引起实际收入的增加。尤其是在汇率高估的情况下，汇率高估实际上是补贴了非贸易品的生产；由于非贸易品的生产效率通常低于贸易品的生产效率，因此贬值所引起的资源从非贸易品向贸易品的转移意味着国内资源向生产率更高的部门流动。

（二）贬值的直接吸收效应

本币贬值对吸收的直接影响从某种程度上可以认为是贬值导致国内价格上涨的结果。

1. 货币余额效应

货币余额效应是指贬值通过对人们持有的实际现金余额的影响对国内吸收产生影响。即使国内货币供给不变，贬值也会造成该国物价水平的上涨，使得人们持有的实际现金余额下降。在这种情况下,人们或者减少对商品和劳务的支出,或者变现手中持有的金融资产,前者直接降低了国内消费,后者则通过促进利率水平的上升降低投资水平,它们都会减少国内吸收。因此,实际现金余额效应通过减少国内总吸收而使得国际收支得到改善。

2. 收入再分配效应

收入再分配效应是指贬值通过对国内收入再分配的影响对国内吸收产生影响。由于工资调整一般滞后于物价变动,因此贬值所造成的物价上涨会产生收入再分配的效果,引起收入从雇员向雇主的转移。如果雇主将实际收入的增加用于增加消费,由于其边际消费倾向低于雇员,必然降低该国的总实际消费水平和吸收水平;如果用于增加投资,则会增加该国的吸收水平。此外,由于所得税一般是累进的,因此物价水平的上涨会引起所得税额的增加,导致收入向政府转移。在发达国家,政府的边际支出倾向一般低于私人的边际支出倾向,这种转移也会降低国内吸收水平。

3. 货币幻觉效应

货币幻觉效应是指由于人们可能存在货币幻觉而使得贬值对吸收产生影响。所谓货币幻觉,是指人们较注重名义货币收入,对物价的变化并不敏感,在物价水平与收入都上涨的情况下,人们不会按照相应的比例增加名义货币消费,这在一国发生货币贬值时会令直接吸收减少,国际收支得到改善。然而,货币幻觉效应也可能发挥相反的作用,在一国货币贬值时,人们感觉到自己收入增加,从而增加自己的消费支出,进而使直接吸收扩张,结果是恶化了国际收支。

17.2.3 对吸收分析法的评价

上述分析表明,贬值的收入效应和对吸收的直接效应表现在多个方面,其综合效果则是不确定的,货币贬值只有在它能增加产量(收入)或减少吸收(支出)时,才是有效的。因此,吸收论具有强烈的政策配合含义。伴随贬值所采取的经济政策,在非充分就业时,应以膨胀为主,尽量扩充生产;在充分就业时,则应压低国内吸收,以减少逆差。此外,吸收论是建立在一般均衡的基础上的,将国际收支的决定和变动与整个宏观经济状况结合起来分析。

但吸收论也存在很大的局限。吸收论是建立在国民收入核算会计恒等式的基础上的,但并没有对以收入和吸收为因、贸易收支为果的观点提供令人信服的逻辑分析。实际上,收入与吸收固然会影响贸易收支,但贸易收支也会反过来影响收入和吸收。

在贬值分析中,吸收论完全没有考虑相对价格在调整过程中的作用。事实上,本国货币贬值后,贸易品价格相对于非贸易品价格上升,必然会导致资源的再分配。

吸收论同弹性论一样,只以国际收支中的贸易账户为主要研究对象,而没有涉及国际资本流动。近年来,国际游资急剧增长,资本流动大量增加,资本账户在国际收支中的作用日益重要。

17.3 国际收支调整的乘数分析

弹性分析法的缺陷之一是假定收入水平不变,因而不考虑国民收入变动对国际收支的影响。随着凯恩斯主义经济学在第二次世界大战后的兴起,哈伯格(Harberger)、劳森(Laursen)和梅茨勒(Metaler)等人在1950年的论文中将乘数理论扩展到开放经济条件,提出了国际收支调节的乘数分析法。

乘数分析法又称收入分析法,它是在假定价格和汇率不变的条件下,考察一国国民收入变动对其国际收支的影响。它的基本论点是:进口支出是国民收入的函数,支出的变动通过乘数效应引起国民收入的变动,从而影响进口支出。其影响程度取决于边际进口倾向和进口需求的收入弹性的大小以及该国开放程度的高低。

17.3.1 小国开放经济的外贸乘数

根据凯恩斯的宏观经济理论,在开放经济中,国民收入的恒等式为:
$$Y = C + I + G + (X - M)$$
假定,I、G、X为外生变量,C、M均为国民收入的函数,即:
$$C = C_0 + cY$$
$$M = M_0 + mY$$
式中,C_0为自发的消费量,c为边际消费倾向,cY为收入诱发的消费量。M_0为自发的进口量,m为边际进口倾向,mY为收入诱发的进口量。

将上面的公式带入国民收入恒等式,得到:
$$Y = \frac{1}{1-c+m}(C_0 + I + G + X - M_0) \tag{17.9}$$

对公式(17.9)求导,得到:
$$\frac{\partial Y}{\partial I} = \frac{\partial Y}{\partial G} = \frac{\partial Y}{\partial X} = -\frac{\partial Y}{\partial M_0} = \frac{1}{1-c+m} = \frac{1}{s+m} \tag{17.10}$$

乘数 $\frac{1}{1-c+m}$ 或 $\frac{1}{s+m}$ 即为小国开放经济下的外贸乘数。在一般情况下，$(s+m)<1$，所以投资、政府购买和出口的增加会引起国民收入的倍增。由于 $0<m<1$，因此开放经济下外贸乘数小于封闭经济下的乘数 $\frac{1}{1-c}$。其原因在于，在开放经济下任何支出增加所引起的每一轮增加的总需求中，都有一部分由进口来满足。

17.3.2 大国开放经济的外贸乘数

如果一国的经济和国际交易规模很大，那么该国的出口作为外国的进口就会影响外国的国民收入水平。在这种情况下，本国出口就不能视为外生变量，而是外国收入水平的函数。考虑两个国家（本国和外国）的情形，本国的出口等于外国的进口。以"*"表示外国的变量，由公式(17.9)可得本国和外国的国民收入恒等式：

$$Y = \frac{1}{1-c+m}(C_0 + I + G + X - M_0)$$

$$Y^* = \frac{1}{1-c^*+m^*}(C_0^* + I^* + G^* + X^* - M_0^*)$$

$$X = M_0^* + m^* Y^*$$

$$X^* = M_0 + mY$$

为简化起见，分别用本国和外国的边际储蓄倾向 s 和 s^* 代替 $1-c$ 和 $1-c^*$。将公式代入并整理得：

$$Y = \frac{s^*+m^*}{ss^*+ms^*+sm^*}(C_0 + I + G + M_0^* - M_0)$$

$$+ \frac{m^*}{ss^*+ms^*+sm^*}(C_0^* + I^* + G^* + M_0^* - M_0^*)$$

由上式可知：

$$\frac{\partial Y}{\partial C} = \frac{\partial Y}{\partial I} = \frac{\partial Y}{\partial G} = \frac{s^*+m^*}{ss^*+ms^*+sm^*}$$

$$\frac{\partial Y}{\partial X} = \frac{\partial Y}{\partial M_0^*} = -\frac{\partial Y}{\partial M_0} = \frac{s^*}{ss^*+ms^*+sm^*}$$

$$\frac{\partial Y}{\partial C^*} = \frac{\partial Y}{\partial I^*} = \frac{m^*}{ss^*+ms^*+sm^*}$$

从公式中可以看出，国内的消费、投资和政府购买等自主性支出的乘数效应大于本国进出口的乘数效应。其基本经济含义是：本国自主性出口支出的增加在引起本国收入水平上升的同时,还会促进外国自主性进口的增长;外国的进口增加会减少对本国产品的消费,从而引起外国收入水平的下降,并进而减少本国产品的出口,从而导致本国收入水平的下降,最终部分地抵消了本国出口增加所带来的收入增加效应。此外,还可以看出,外国的自主性支出变动会对本国的收入水平产生乘数效应。

17.3.3 国际收支的收入调节机制

由公式(17.9)我们可以得到:

$$X - M = \frac{1-c}{1-c+m}(X - M_0) - \frac{m}{1-c+m}(C_0 + I + G) \qquad (17.11)$$

在存在外贸乘数的情形下,国际收支的收入调节机制是:在假定价格一定,并且经济处于非充分就业的情况下,国际收支的调整实际上是通过外生变量的变动来影响国民收入的变化,进而影响进口而得以实现的。具体说来,如果一国处于贸易顺差,则可通过增加政府开支 G 和投资 I 的办法来增加本国国民收入,进而增加进口量,从而抵消贸易顺差,使国际收支趋于均衡;如果一国处于贸易逆差,则可通过减少政府开支 G 和投资 I 的办法来降低本国国民收入并消除逆差。由公式(17.11)可知,政府开支 G 和投资 I 的变动对于国际收支的影响取决于边际进口倾向 m 的大小。另外,在国民经济已经处于非充分就业状态的情况下,如果政府采取紧缩性的财政和货币政策来降低国民收入水平,在改善国际收支的同时,失业压力将不可避免地上升,所以在政策上要充分考虑。

此外,一个大国的进口是贸易伙伴国出口的重要组成部分,则其进口变化会影响对主要贸易伙伴国商品的需求,进而影响贸易伙伴国的国民收入,结果又会反馈到外国对本国出口的需求。也就是说,如果一个大国为消除贸易逆差而减少进口,这将会减少主要贸易伙伴国的收入,而这又会使贸易伙伴国减少对本国商品、劳务的需求,结果造成本国出口下降。根据乘数效应,本国的收入也会减少,进口又将进一步下降。这一过程循环下去,对本国和外国经济都可能有很大的不利影响。在开放经济条件下,各国经济的增减变动或国民收入水平的变动是相互依赖的。

17.3.4 对乘数分析法的评价

乘数论阐述了对外贸易与国民收入之间的关系以及各国经济通过进出口途径相互影响的原理,在一定程度上对于我们理解现实经济状况有一定的启发意义。但这一理论是建立在凯恩斯乘数原理的基础上的,模型中没有考虑货币量和价格因素的作用。

如果国内已处于充分就业状态,出口增加就意味着过度需求,将造成需求拉起的通货膨胀。这是以乘数论引出的新重商主义政策应用的局限性所在。此外,乘数论同样没有考虑资本流动,因此它关于收入对国际收支的影响分析是不够全面的。

17.4 国际收支调整的货币分析

20世纪70年代,西方主要资本主义国家的经济陷入"滞胀",货币主义取代了凯恩斯主义开始在经济学界盛行,并对国际收支调节理论产生了重大影响。60年代末期,哈里·约翰逊(Herry G. Johnson)、雅各布·弗兰克尔(Jacob A. Frenkel)和罗伯特·蒙代尔(Robert A Mundell)等人创立并发展了国际收支调节的货币分析理论(monetary approach to balance of payment)。

17.4.1 货币分析法的基本内容

货币分析理论是从货币的角度而不是商品的角度,来考察国际收支失衡的原因并提出相应的政策主张。它假定:在充分就业均衡状态下,一国的实际货币需求是国民收入、利率等变量的稳定函数;存在一个高效率的世界商品市场和资本市场,由于完全自由的套购和套利活动,一国的价格水平和利率水平接近世界市场水平,因此,从长期看,货币需求是稳定的;货币供给变动不影响实物产量。在此基础上,货币分析法把国际收支的任何顺差或者逆差都看做是对货币供给和需求不平衡的调整,即顺差就是对货币有暂时性的过度需求的调整,逆差就是对货币有暂时性的过度供给的调整。

假设货币市场是均衡的,则:

$$M_s = M_d \quad (17.12)$$

式中,M_s为名义货币供应量,M_d为名义货币需求量。

$$M_d = Pf(Y,i)$$

式中,P为本国价格水平,f为函数关系,Y为国民收入,i为利率,$Pf(Y,i)$为对名义货币的需求,$f(Y,i)$为对实际货币存量(余额)的需求。

$$M_s = m(D+R) \quad (17.13)$$

式中,D为一个国家基础货币的国内部分,即中央银行的国内信贷或支持货币供给的国内资产;R为一个国家基础货币的国外部分,被认为是一个国家的国际储备,它的增加或者减少代表这个国家国际收支盈余或赤字;m为货币

乘数,假定为一个常数。如果 m 等于 1,则公式(17.13)可改写为:

$$M_S = D + R \tag{17.14}$$

代入公式(17.11),得:

$$M_d = D + R \text{ 或 } R = M_d - D \tag{17.15}$$

式(17.15)就是货币分析理论的最基本方程式。该式说明:

第一,国际收支是一种货币现象。

第二,国际收支逆差,实际上就是一国国内的名义货币供应量超过了名义货币需求量。由于货币供给不影响实物产量,在价格不变的情况下,多余的货币就会外流(货币外流),即表现为国际收支逆差;反之,当一国国内的名义货币供应量小于名义货币需求量时,在价格水平不变的情况下,短缺的部分就会由外国流入本国(货币内流),即表现为国际收支顺差。

第三,国际收支的变化实际上是对名义货币供应量的调整使之适应名义货币需求的过程。当国内名义货币供应量(D)与实际经济变量(国民收入、产量等)和价格水平等所决定的名义货币余额需求相一致时,国际收支就处在均衡状态。这意味着,如果货币当局扩大国内信贷(提高 D),货币供给就会超过货币需求,为恢复货币市场均衡,R 就要减少,即国内信贷扩张会导致国际储备减少,于是国际收支出现逆差;如果货币当局减少国内信贷(减少 D),那么在货币需求不变的情况下,为了恢复货币市场均衡,R 将上升,即国际储备增加,因而国际收支出现顺差。

17.4.2　货币分析法对货币扩张的分析

既然国际收支失衡的原因在于国内货币市场的不平衡,那么恢复国际收支平衡的途径就在于恢复国内货币市场的均衡。

在固定汇率制下,货币当局必须干预外汇市场,维持货币的币值稳定。假设当局实行扩张性公开市场活动,国内的名义货币供应量增加,势必导致国内商品、劳务和有价证券价格的上涨,国内居民在调整实际货币余额时,必然增加进口支出,国际收支恶化。为防止货币贬值,当局必须进行干预,卖出外汇,买进本币,降低储备,进而降低货币的供给,国际收支改善。当货币市场恢复均衡时,国际收支也恢复均衡。由货币存量增加引起的国际收支逆差仅仅是一种暂时自身纠正的现象。在固定汇率下,即使货币当局不采取任何措施,货币市场的不平衡也是不可能长期存在的,它可以通过货币供给的自动调整机制自行消除,即货币供给通过国际储备的流动来适应货币需求。

在浮动汇率制下,货币当局无需对外汇市场的交易进行干预,也就没有国际收支逆差或顺差,国际储备也不发生变化,货币需求通过汇率的变化来适应货币供给,因此国际收支失衡是通过汇率的变化来消除的。扩张性公开市场活动会引起货币存量的增加、进口支出的增加,引起汇率的贬值、国内价格水平的上涨,导致货币需求的增加,直至与货币供给相平衡。

可以看出,在固定汇率制下,扩张性的公开市场活动会引起货币市场的失衡,需要通过调节国际收支和国际储备来加以解决,为了防止货币贬值,外汇储备会下降,货币供给又恢复到原来水平。在浮动汇率制下,货币供给的扩张会导致本币贬值和国内价格水平的上涨,由国内价格水平和汇率变动引起货币需求的变化,可以恢复货币市场的均衡状态。

17.4.3　对货币分析法的评价

货币分析法是关于国际收支调整的长期理论,它把一个国家国际收支的失衡和货币余额的增减密切联系起来,其研究的焦点不是放在出口、进口、投资、消费等一国经济活动的实物侧面,而是放在货币侧面。和前面的几种分析方法不同,货币分析法不再作为国际收支理论分析的重点,因此,它所要提供的是关于国际收支,而不是经常项目的理论。其主要贡献在于唤醒了人们在国际收支研究中长期忽视的货币因素,从货币需求与供给的独特视角对国际收支问题进行了描述。

在政策主张上,货币分析法和其他方法也存在很大的不同。弹性分析法和吸收分析法主张运用汇率政策作为纠正国际收支失衡的主要手段,乘数分析法主张运用需求管理政策来改善一国的国际收支,而货币分析法则把国际收支的货币调节放在首位,强调货币政策的运用,认为只要保证货币供应的适度增长,就可以保持国际收支的平衡。

货币分析法假定世界市场的运行是高效率的,即各国的价格水平和利率水平接近世界市场水平,这并不符合实际情况。此外,由于这种国际收支自动调整方式以牺牲内部稳定来取得对外均衡,所以一些发达国家的政府因担心需要为此付出相当大的代价(持续的失业和社会动乱)而不愿采纳货币论者的建议。

该理论假定货币需求是稳定的,这在理论上仍然存在争议,因为到底货币需求是稳定的还是不稳定的,在理论界仍然没有统一的结论。对于哪些变量应列入货币需求函数,也存在不同看法。此外,该理论假定货币供给不影响产量,这与客观现实不符。

本章小结

国际收支的弹性分析法研究的是在收入不变的条件下汇率变动对国际收支调整的影响。汇率的变动影响进出口商品的价格，因此，当本币贬值时，进口商品本币价格的上升和出口商品外币价格的下跌会导致本国进口商品数量的减少和出口商品数量的增多，但是本币贬值能否改善贸易收支取决于进出口商品的价格弹性。如果马歇尔-勒纳条件得到满足，则本币贬值会改善本国的国际收支。而吸收分析法认为贸易收支的差额等于国民收入和国内吸收的差额，因而，能够影响国民收入水平和国内吸收的因素都会影响国际收支，贬值对国际收支的影响途径也是多方面的。因为本国的进口支出是国民收入的函数，因而能够影响国民收入的经济变量也能够通过改变进口支出进而影响贸易收支，所以国际收支调整的乘数分析法认为可以通过增加或者减少政府开支和投资来调整国际收支。货币分析法则认为国际收支的差额是货币市场不平衡的结果，因而需要通过货币市场的均衡来实现国际收支平衡，因此货币分析法不是从经常项目，而是从整个国际收支的角度来分析国际收支问题。

关键词

国际收支的弹性分析法　　马歇尔-勒纳条件　　J曲线效应　　国际收支的吸收分析法
国际收支调整的乘数分析法　　　　　　　　国际收支调整的货币分析法

复习思考题

1. 假设某国的边际消费倾向为0.80，边际进口倾向为0.30，试问该国的对外贸易乘数是多少？
2. 试析货币分析法与弹性分析法、吸收分析法的区别。
3. 用图示说明开放经济中的国民收入决定，并说明出口增加或政府支出增加对国民收入决定的影响。
4. 一国的边际储蓄倾向为0.15，边际进口倾向为0.4。现在，该国的国内支出减少了20亿美元。
    (1) 根据支出乘数理论（不考虑其他国家收入变化的反作用），国内产出和收入将变化多少？
    (2) 国家的进口量将发生何种变化？
    (3) 如果该国为大国，那么对外国的产出和收入各有何种影响？
    (4) 外国产出与收入的变化会抵消还是会加强该国国内产出和收入的变化？
5. 简述货币供求机制对国际收支失衡的自动调节过程。

6. 简述固定汇率下国际收支的调节过程。

7. 简述浮动汇率下国际收支的调节过程。

8. 一国的中央银行以卖出 100 亿美元的形式干预外汇市场,目的在于防止该国货币贬值。

（1）这对该国官方国际储备会产生何种影响？

（2）如果中央银行不进行冲销,那么这对该国货币供给会产生何种影响？

（3）如果中央银行进行冲销（通过对该国政府债券的公开市场操作）,那么这对该国货币供给会产生何种影响？

案例讨论题

1. 中美货物贸易统计差异

2004 年第 15 届中美商贸联委会决定成立统计小组,联合研究双边贸易统计差异问题。经双方成员共同努力,2009 年 10 月在第 20 届中美商贸联委会上,中国商务部与美国商务部、美国贸易谈判办公室联合签署了《中美货物贸易统计差异研究报告》。调整后,美方从中国进口的规模及双方统计差异缩减。2006 年,中方统计出口从 2 035 亿美元调为 2 005 亿美元,减小了 2%；美方统计进口从 2 878 亿美元调为 2 247 亿美元,减小了 22%；双方统计差异相应由 843 亿美元调为 242 亿美元。照此推算,2009 年,美国实际对中国的贸易逆差应在美方公布数据基础上减少约 600 亿美元,也就是从目前美方公布的 2 268 亿美元降至 1 668 亿美元左右。原因之一是中国对美出口货值的 60% 为加工贸易商品,中国加工企业通常只负责接单生产,不掌控设计、销售等环节,中方出口报关价格因此会低于美方加价后的进口报关价格,进而导致美方进口额大于中方出口额。

试分析中美贸易统计差异的其他原因。

2. 中国国际收支长期高顺差

1982—1993 年,中国国际收支基本平衡。1994—2009 年,我国国际收支平衡结构发生逆转,经常账户和资本账户保持了长达 16 年（1998 年除外）的持续"双顺差"。伴随国际收支双顺差发展,20 世纪 90 年代初以来,中国外汇储备规模呈现增长趋势。尤其在近几年,外汇储备增长加速,在 2006 年突破 1 万亿美元大关,2009 年为 23 991 亿美元,居世界第一位。导致中国经常账户持续顺差的根本原因是失衡的储蓄-投资关系和高度的出口鼓励政策。从 1994 年以后,我国储蓄率一直保持较高的水平,储蓄开始大于投资,总储蓄大于总投资额的数额由 1990 年 510.3 亿元上升到 2005 年的 8 152 亿元。储蓄-投资的差额占 GDP 的比重开始明显增加,由 1994 年的 0.3% 增加到 2005 年的 4.5%。为了追求经济的高增长和增加出口,我国采取了许多鼓励出口的政策,包括在沿海地区设立大量以出口为导向的开发区,通过优惠政策大量招商引资,实行出口退税和对出口企业给予信贷支持及利率优惠等政策,从而形成国内资源配置向出口部门倾斜。同时,中国经济的强劲增长、巨大的市场潜力、低廉的要素价格等优势吸引着外国投资者,加上各个地方政府为吸引外商直接投资而采取的种种优惠政策,使得我国成为世界上吸收外商直接投资最多的国家之一。

请结合国际收支调整的相关理论提出实现中国国际收支基本平衡的对策。

第 18 章
固定汇率下的宏观经济政策

与封闭经济条件下的宏观经济政策不同,开放经济条件下宏观经济政策的制定需要考虑更多的因素,政策环境和政策目标更加复杂。概括而言,在开放经济中,宏观经济政策的主要目标包括经济增长、充分就业、物价稳定和国际收支平衡。其中,经济增长是长期目标。充分就业、物价稳定和国际收支平衡是短期目标。这些短期目标又可分成两类:对内平衡,即国内经济处于充分就业和物价稳定状态;对外均衡,即国际收支达到平衡。实现内部均衡和外部均衡目标需要采取相应的宏观经济政策,然而,在不同的汇率制度下宏观经济政策的效果有着很大的差别。

18.1 $IS-LM-BP$ 模型

在开放经济条件下,国际收支不仅决定着外部均衡能否实现,而且对一国内部均衡的实现也会产生影响。本节将对宏观经济学中的 $IS-LM$ 模型进行扩展,建立一个包括国际收支在内的开放条件下的宏观经济模型($IS-LM-BP$模型),作为分析开放经济条件下宏观经济政策的基本框架。

18.1.1 国际收支均衡线——BP 曲线

在开放经济条件下,宏观经济政策的主要目标之一是国际收支平衡。一国的国际收支达到平衡即指该国国际收支平衡表中的官方储备差额等于零,也就是指经常项目的收支差额和资本项目的收支差额之和为零。国际收支差额的公式为:

$$BP = NX - NF \tag{18.1}$$

式中:BP 为国际收支差额;NX 是净出口,即一定时期内一国出口总额与进口总额之差,代表经常项目的收支差额[①];NF 是资本净流出,即从本国流向

[①] 这里的进出口包括商品和服务的进出口,经常项目中的其他项目在这里忽略不计。

外国的资本量与从外国流向本国的资本量的差额,代表资本项目的收支差额。

(一) 净出口函数

净出口函数可以用式(18.2)来表示:

$$NX = NX\left[\frac{EP_f}{P}, (Y-T)\right] \tag{18.2}$$

式中,$\frac{EP_f}{P}$为实际利率,P 和 P_f 分别为国内和国外价格水平,E 为名义汇率,Y 为本国国民收入,T 为税收,即$(Y-T)$为本国居民可支配收入。

由于 P_f 代表国外价格水平,如用欧元衡量的价格水平,如果名义汇率是用1欧元兑换多少人民币来衡量,则 EP_f 就表示用人民币衡量的国外价格水平,因此,实际汇率表示的是外国产品和本国产品的相对价格。

NX 是实际汇率的增函数。实际汇率的上升,或者说本币实际贬值,意味着国外商品和服务相对于国内商品和服务变得更加昂贵。在其他情况不变的条件下,这意味着国内和国外的人很可能会把他们对国外的商品和服务购买支出的一部分转移到国内生产的商品和服务上,这会使得本国商品和服务的净出口增加;反之,当实际汇率下降,或者说本币实际升值,意味着该国的商品和服务变得相对昂贵,会使净出口减少。

NX 是国民收入的减函数。因为进口取决于一国的国民收入,当国民收入提高时,消费者用于购买本国商品和服务以及进口商品和服务的支出都会增加。一般认为出口不直接受一国国民收入的影响。

(二) 净资本流出函数

净资本流出函数可以用式(18.3)来表示:

$$NF = NF(i - i_f) \tag{18.3}$$

式中,i 和 i_f 分别为国内和国外的利率。

NF 是本国利率的减函数。国际资本的流向是由利率低的国家向利率高的国家流动。如果本国利率高于国外利率,外国的投资和贷款就会流入本国,这时净资本流出减少;反之,如果本国利率低于国外水平,则本国的投资者就会向国外投资,或向国外企业放贷,这时资本就要外流,使净资本流出增加。

(三) 国际收支平衡条件

国际收支平衡条件是 $BP = NX - NF = 0$。一国国际收支平衡即 $BP = 0$。对于国际收支平衡可以通过下述方式理解:个人和企业必须为其在国外的购买而支付。如果一个人的花费大于他的收入,那么其赤字需要通过出售资产或借款来支持。与此相类似,如果一个国家发生了经常账户赤字,即在国外的花费比它从国外得到的收入多,那么这一赤字就需要通过向国外出售资产或从国外借款来支持。而这种资产出售或借债意味着该国出现了资本账户盈余。因此,任何经常账户赤字都要由相应的资本流入来抵消。若国际收支差额为正,即 $BP>0$,则称国际收支出现顺差,也称国际收支盈余。若国际收支差额为负,即 $BP<0$,则称国际收支逆差,也称国际收支赤字。因而,一国的国际收支能否达到平衡取决于净出口额和净资本流出额的大小。

根据净出口函数式(18.2)和净资本流出函数式(18.3),可以得到:

$$BP = NX\left[\frac{EP_f}{P}, (Y-T)\right] - NF(i - i_f) = 0 \qquad (18.4)$$

式(18.4)为国际收支均衡函数,简称国际收支函数。在其他有关变量和参数既定的前提下,在以利率为纵坐标,收入为横坐标的直角坐标系内,国际收支函数的几何表示即为国际收支均衡曲线或称 BP 曲线。BP 曲线的斜率为正,即国民收入与利率的关系为:$\frac{di}{dY} > 0$,这是因为国民收入 Y 的增加会导致从外国进口的增加,因而净出口会减少,为保持国际收支平衡,利率必须提高以促使更多的资本流入或者减少资本流出。

BP 曲线的推导过程如图 18 – 1 所示。

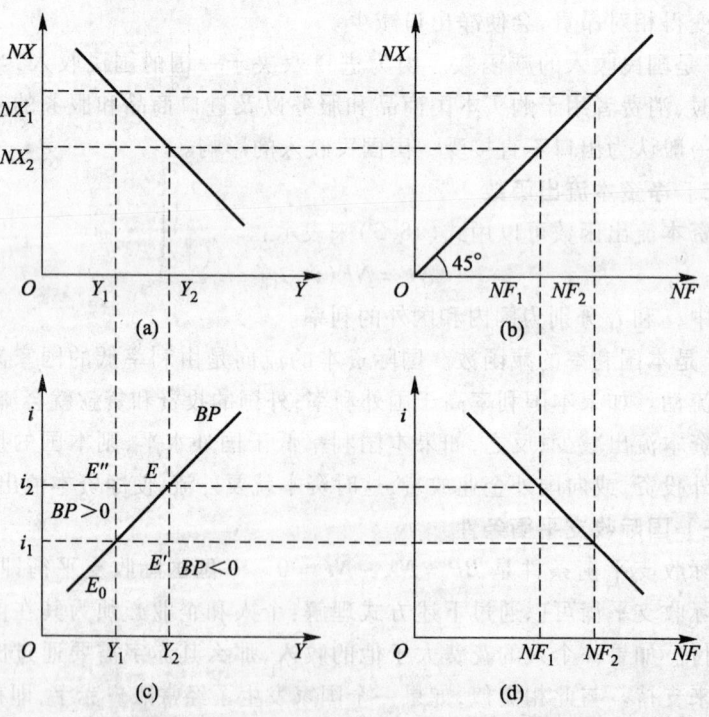

图 18 – 1　国际收支平衡线——BP 曲线的推导

图 18-1(a)中的曲线表示净出口 NX 与实际国民收入 Y 之间的函数关系,因为 NX 是实际国民收入的减函数,故曲线斜率为负。图 18-1(d)则表示净资本流出 NF 与本国利率 i 之间的关系,曲线斜率为负。图 18-1(b)显示了国际收支的平衡条件:$NX = NF$,在 45°线上的所有点均表示国际收支平衡,即 $BP = 0$。这样,根据图 18-1(a)、(b)、(d)即可推导出图 18-1(c)中的国际收支平衡线——BP 曲线的形状。

BP 曲线上任何一点均代表国际收支平衡,而在 BP 曲线之下或之上的区域内任何一点,与 BP 曲线上的均衡点相比,则表示国际收支处于逆差或顺差状态。例如,图 18-1(c)中 E' 点表示,与均衡点 E 相比,国民收入相同,但利率较低,于是资产的净流出比 E 点要多。也就是说,资产净流出大于商品和劳务的净出口,这意味国际收支处于逆差。同样,E'' 点与 E 点相比,利率相同,但国民收入水平较低,于是净出口 NX 比 E 点要多。这意味着 NX 大于 NF,即国际收支处于顺差。

从函数关系上来讲,由于 NF 是利率 i 的减函数,而 NX 是国民收入 Y 的减函数,如果要实现国际收支均衡 $NX = NF$,利率 i 和实际国民收入 Y 显然必须同方向变动,即 BP 曲线的斜率为正。假设起始的均衡点在 E_0 点,这时国际收支是平衡的。如果国内利率提高,那么国际收支如何仍能保持平衡?我们知道,利率提高会吸引更多的国外资本流入,从而使国际收支出现盈余。此时,只有通过减少净出口才能抵消净资本流入的增加,而净出口又取决于国民收入,所以只有在实际国民收入也提高的情况下,才能使进口增加,出口减少,进而抵消由资本项目变化所导致的国际收支盈余,使国际收支重新恢复平衡,如达到均衡点 E。反之,亦然。由此可见,要保持国际收支平衡,利率与国民收入一定要同方向变动,因此,BP 曲线向上倾斜。

但是 BP 曲线的形状存在两种极端情况。一种是在没有资本流动的情况下,利率变化对国际收支没有直接影响,也就是说资本流动对利率的弹性为零,这时 BP 线是一条位于某一收入水平上的垂直于横轴的直线,如图 18-2(a)所示。另一种极端情况则对应于资本完全自由流动的情况,这时资本流动对于利率变动具有完全的弹性,即任何高于国外利率水平的国内利率都会导致巨额资本流入,使国际收支处于顺差。同样,任何低于国外利率水平的国内利率都会导致巨额资本流出,使得国际收支处于逆差。因此,BP 线为一条位于国际均衡利率水平上的水平直线,如图 18-2(b)所示。因此,BP 曲线的斜率应处于 0 与无穷大之间。

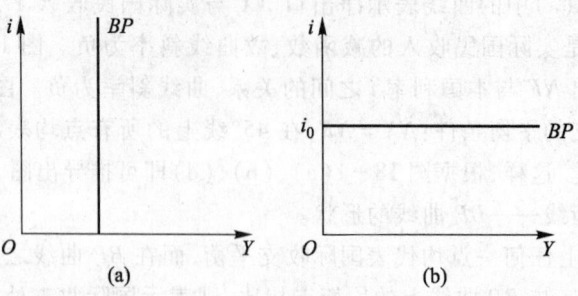

图 18-2 两种特殊的国际收支平衡线

(四) 影响 BP 曲线变动的因素

在确定 BP 曲线的时候,假定国内价格水平不变,将汇率(E)作为外生变量,所以在推导 BP 曲线时并没有将汇率考虑进去。但汇率作为一个重要的参数,对国际收支状况有实质性的影响,汇率的变化会引起 BP 曲线的移动,因此汇率是影响 BP 曲线变动的一个基本因素。名义汇率提高时,如果国内外的价格水平不变,则实际汇率提高,本国产品对外国产品的相对价格下降,本国的出口会增加,在利率不变的情况下,国民收入必须增加,从而从国外进口更多的产品,国际收支才能保持平衡,因此 BP 曲线向右移动;反之,名义汇率降低时,BP 曲线向左移动。凡能影响汇率的因素(如利率、国民收入、价格水平等)都会使 BP 曲线移动。以利率变动为例,如图 18-3 所示。

假定最初外部均衡实现于 BP 曲线上的 A 点,由于外部已经达到均衡状态,所以必然有一均衡汇率 E_1 与点 $A(Y^*, i_1)$ 相对应。假定利率由 i_1 下降到 i_2,而实际国民收入仍为 Y^* 不变。由于利率下降,导致金融资产流出增加,流入减少,资本项目出现逆差。另一方面,由于假定 Y^* 不变,则经常项目余额不变,因此,总的国际收支出现逆差。这时,外汇市场上本国货币的供给大

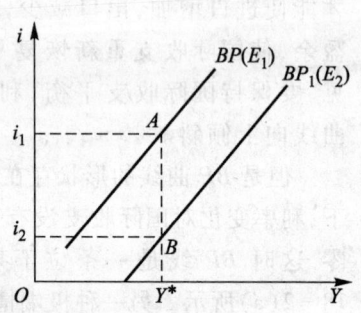

图 18-3 国际收支平衡线与汇率

于需求,本币将贬值,汇率下跌。汇率下跌有利于本国扩大出口,抑制进口,从而出现经常项目顺差。直到汇率下跌使经常项目顺差与资本项目逆差完全相抵时,国际收支重新实现均衡,这时新的均衡汇率 E_2 出现。与已降低的利率 i_2 和 Y^* 的组合点 B 相比,这时 BP 曲线移到 BP_1 的位置。如果利

率上升,将出现完全相反的情况。因此,BP 曲线是在假定汇率、国内外价格水平不变的情况下,国际收支处于平衡状态时利率和国民收入之间的关系,而事实上利率、汇率、国民收入和国内外价格水平等宏观经济变量之间都是相互影响的。

18.1.2 $IS-LM-BP$ 模型分析

宏观经济学中的 $IS-LM$ 模型,是用来说明商品市场和货币市场同时达到均衡时国民收入和利率的决定。根据西方经济学的常识,商品市场的均衡条件是总供给等于总需求,即:

$$Y = AD\left[(Y-T), i, \frac{EP_f}{P}, G\right] \quad (18.5)$$

式中,AD 为总需求,G 为政府购买。该式中,在其他因素不变的条件下,国民收入与利率的关系为 $\frac{di}{dY}<0$。当商品市场处于均衡状态时,利率下降时国民收入会上升。因为,利率下降会使投资增加,从而总需求增加,只有当国民收入上升时商品市场才能仍然保持均衡。因此,IS 曲线的斜率为负。此外,政府购买(G)决定 IS 曲线的位置。在既定的利率水平下,政府购买越大,商品市场处于均衡状态时的国民收入就越大。也就是说,增加政府购买 G,可以使 IS 曲线向右移动。

货币市场的均衡条件是货币供给等于货币需求,即:

$$\frac{M}{P} = L(Y, i) \quad (18.6)$$

式中,M 为名义货币供给,$\frac{M}{P}$ 为实际货币供给,$L(Y,i)$ 为货币需求。该式中,在其他因素不变的条件下,国民收入与利率的关系为 $\frac{di}{dY}>0$。也就是说,当货币市场处于均衡状态时,国民收入增加会伴随着利率上升。因为,在货币市场处于均衡状态时,国民收入增加导致货币需求增加,在货币供给不变的情况下,货币市场上会出现供不应求的局面,通过货币市场的调节,利率水平会上升,最终将货币需求降回原来的水平,货币市场重新恢复均衡。因此,LM 曲线的斜率为正。实际货币供给决定 LM 曲线的位置。在既定的国民收入水平下,实际货币供给越大,货币市场处于均衡状态时的利率水平就越低。因此,实际货币供给增加会导致 LM 曲线向右移动。

在 $IS-LM$ 模型中,宏观经济均衡的条件是商品市场和货币市场同时达到均衡。开放经济中,我们把 BP 曲线引入到 IS-LM 模型中,即在描述商品市场与货币市场同时均衡的 IS-LM 模型中加入国际收支均衡曲线,从而形成一个开放的宏观经济模型。开放经济均衡要求商品市场、货币市场和国际收支同时达到均衡。在以利率 i 为纵坐标、收入 Y 为横坐标的坐标系中,用三条曲线,即 IS 曲线、LM 曲线和 BP 曲线来表示,如图 18-4 所示。其中,IS 曲线给出了在现行汇率下总支出与总收入相等时的利率和收入水平的组合,LM 曲线给出了货币需求与供给相等的利率和收入水平的组合,BP 曲线给出了在给定汇率下国际收支平衡的利率和收入的组合。

在图 18-4 中,当 IS 曲线、LM 曲线和 BP 曲线恰好交于 E^* 点时,便会有唯一的一组利率 i^*、实际国民收入 Y^* 和汇率 E^*,使得商品市场均衡、货币市场均衡及国际收支均衡这三种均衡同时实现。三条曲线的共同交点是此 i-Y 平面上的唯一的三重均衡点。

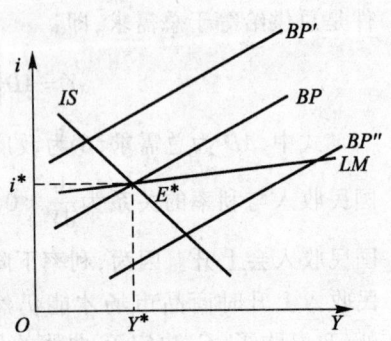

图 18-4 IS-LM-BP 模型的分析

i-Y 平面的其他任何点都是非三重均衡点。例如,如果 BP 曲线位于 IS 与 LM 的交点 E^* 的左方,如 BP' 所示,由于 i^* 与 Y^* 的组合点 E^* 位于 BP' 线右边,意味着在商品市场与货币市场共同达到均衡时存在着国际收支逆差;如果 BP 曲线低于点 E^*,如 BP'' 所示,则意味着商品市场与货币市场同时达均衡时存在着国际收支顺差。

18.2 内外均衡

在开放经济条件下,一国利用单一的宏观经济政策来实现内外均衡或外部均衡目标可能导致与另一个目标冲突,因而需要多重政策组合来同时实现内外均衡。

18.2.1 内外均衡理论与丁伯根法则

内外均衡理论(theory of internal and external balance),是英国经济学家米德(J. E. Meade)的"两种目标、两种工具"的理论模式,即一国如果希望同时达到内部均衡和外部均衡的目标,则必须同时运用支出调整政策和支出转换政策两种工具。这一理论符合丁伯根法则,即针对不同的 n 个经济目标,政府

当局一般至少需要 n 个独立的政策工具。

中央银行宏观调控的最终目标在于内部均衡和外部均衡的实现。然而，宏观政策在为这一目标努力时却并非总是合作愉快，米德冲突常有发生。米德冲突是指：在某些情况下，单独使用支出调整政策（货币政策和财政政策）追求内、外部均衡，将会导致一国内部均衡与外部均衡之间的冲突，即实现内部均衡的同时却导致原先处于均衡状态的外部经济失衡。米德认为，要实现内部均衡和外部均衡双重目标，必须同时使用支出调整政策和支出转换政策，并列举了支出调整政策和支出转换政策的组合。

所谓支出调整政策（expenditure-changing policy），主要由凯恩斯理论所表明的需求管理政策，即财政政策和货币政策组成。通过实施支出调整政策可达到相对于收入而改变支出水平的目的。所谓支出转换政策（expenditure-switchching policy）指能够影响贸易商品的国际竞争力，通过改变支出构成而使本国收入相对于支出增加的政策，如汇率调整、关税、出口补贴、进口配额限制等都属于支出转换政策范畴。狭义的支出转换政策则专指汇率政策。

第二次世界大战后到 1971 年期间，各国实行固定汇率制，很多国家即使其国际收支存在基本的不平衡，亦不愿实行公开的升值或贬值政策。顺差国希望保留顺差以加强外汇储备，逆差国则把贬值看做是一国经济疲弱的征兆，担心会造成国际资本流动的不稳定。因此，各国一般都希望通过支出调整政策来促成内外均衡目标的实现。

然而，政府在推行总需求政策时产生了困惑。总需求政策难以实现内外均衡两个目标，不可能既改善国内需求水平，又改善国际收支。扩张性的总需求政策在改善国内需求水平的同时，往往导致国际收支逆差，而紧缩性总需求政策则相反。

20 世纪 60 年代，在蒙代尔向国际货币基金组织提交的题为《恰当运用财政货币政策以实现内外稳定》的报告中，正式提出了"政策配合说"（policy mix theory）。他认为，通过协调使用财政政策和货币政策可达到内外均衡双重目标。

18.2.2　两种政策工具的分配法则

蒙代尔在其著作《国际经济学》(1968)中提出一条简单的规则：一种工具应同一种目标相配，它才能对目标产生最大的相对影响。蒙代尔和马库斯·弗莱明（Marcus Fleming）在对需求政策两难困境进行更深入的研究时发现，货币政策和财政政策对国内平衡和国外平衡有相对不同的

第18章 固定汇率下的宏观经济政策

影响。财政政策与货币政策的分配法则是：把稳定国内经济使其在没有过度通货膨胀的情况下达到充分就业的任务分配给财政政策，而把稳定国际收支的任务分配给货币政策，让每一种政策工具集中于一项任务，如图18-5所示。

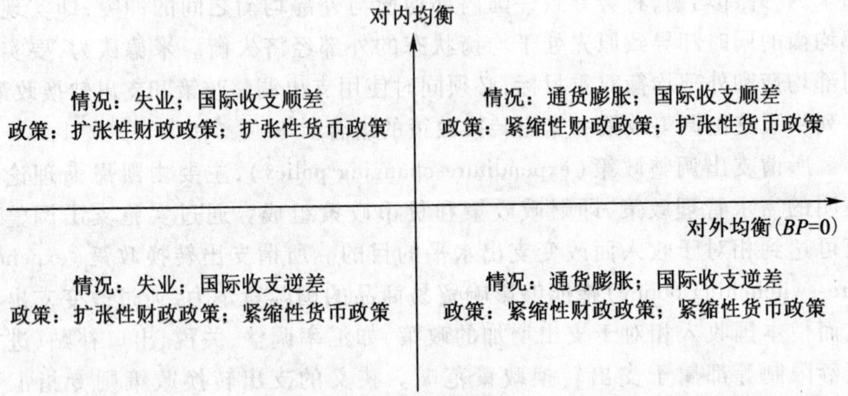

```
                          对内均衡
                             ↑
   情况：失业；国际收支顺差      │   情况：通货膨胀；国际收支顺差
   政策：扩张性财政政策；        │   政策：紧缩性财政政策；
         扩张性货币政策         │         扩张性货币政策
                             │
─────────────────────────────┼───────────────────────────── 对外均衡(BP=0)
                             │
   情况：失业；国际收支逆差      │   情况：通货膨胀；国际收支逆差
   政策：扩张性财政政策；        │   政策：紧缩性财政政策；
         紧缩性货币政策         │         紧缩性货币政策
```

图18-5 蒙代尔的政策工具的分配

财政政策和货币政策都能对内外均衡产生影响，但二者在平衡国际收支方面的作用机制是不同的。扩张性的财政政策和货币政策都能引起总需求的增加，提高国民收入水平，使净出口减少。但扩张性的财政政策会导致国内利率的上升，使净资本流出减少，而扩张性的货币政策会导致国内利率水平的下降，使净资本流出增加。因而，在消除国际收支顺差方面，扩张性的财政政策在经常项目和资本项目上的作用是相互抵消的，扩张性的货币政策在经常项目和资本项目上的作用是一致的。如果为消除国际收支逆差而实施紧缩性的财政政策或货币政策也会导致类似的结果，即财政政策在两个项目上作用的矛盾性和货币政策在两个项目上作用的一致性。显而易见，在平衡国际收支方面，货币政策与财政政策相比具有一定的优越性。

假如，高失业与国际收支逆差并存，如 E 点。如果政府组合使用紧缩的货币政策和扩张的财政政策，则如图18-6所示，紧缩性货币政策会导致 LM 曲线左移，国民收入增加，利率上升促使资本流入，导致国际收支均衡；而扩张性财政政策使 IS 曲线右移，一方面导致支出和收入增加，另一方面又使利率上升，也导致国际收支均衡。当产生新的均衡点 E' 时，国民收入达到了充分就业时的国民收入水平 Y_F，同时国际收支也达到均衡。

假如，高通货膨胀与国际收支顺差并存，如图18-7中 E 点。政府则可采取扩张性货币政策和紧缩性财政政策相配合的方法，解决这一总需求政策束手无策的问题。扩张性货币政策会导致 LM 曲线右移,国民收入减少,利率下降促使资本流出,导致国际收支均衡。而紧缩性财政政策使 IS 曲线左移,一方面导致支出和收入减少,另一方面又使利率下降,也导致国际收支均衡。在新的均衡点 E',均衡国民收入达到了充分就业时的国民收入水平 Y_F,同时国际收入也达到均衡。

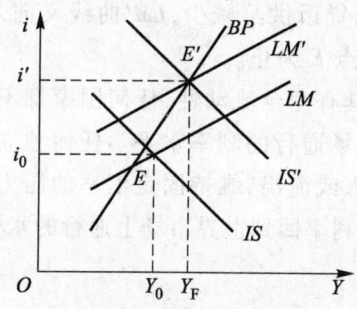
图 18-6 高失业与国际收支赤字同时存在时两种工具的运用

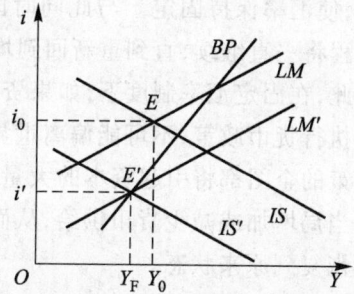
图 18-7 高通胀与国际收支顺差同时存在时两种工具的运用

18.3 固定汇率与蒙代尔-弗莱明模型

蒙代尔-弗莱明模型(The Mundell-Fleming model)是以资本具有完全流动性为假设前提的开放经济模型,是一类特殊的 $IS-LM-BP$ 模型,其特殊性表现在 BP 曲线由于资本的完全流动性而成为一条水平线。此模型是在 20 世纪 60 年代浮动汇率盛行前,由美国哥伦比亚大学经济学教授蒙代尔和国际货币基金组织研究员弗莱明所创立的。尽管其分析后来被不断地修正,但最初的蒙代尔-弗莱明模型有关解释在资本具有高度流动性情况下政策如何发挥作用的部分均被完整地保留下来。

在资本完全流动情况下,利率的微小变动都会引发资本的无限量流动。在这种假定条件下,各国利率均与世界均衡利率水平保持一致。蒙代尔-弗莱明模型中的 BP 线为一水平直线。资本完全流动意味着资产所有者认为国内证券与国外证券之间可以完全替代。因此,只要国内利率超过国外利率就会吸引资本大量流入;或者只要国内利率低于国外利率,就会使资产所有者抛售国内资产,引起大量资本外流。在固定汇率制度下,BP 曲线的位置不会发生变化。蒙代尔-弗莱明模型着重分析了在资本完全流动的前提之下财政、货币政策的不同效应。

18.3.1 固定汇率下货币政策的有效性

如图 18-8 所示,假定中央银行执行扩张性货币政策,LM 曲线右移到 LM',经济处于 E' 点。但在 E' 点,由于利率低导致资本大量外流,存在国际收支逆差,这样对国内货币产生贬值压力,中央银行必须干预市场,抛出外汇,收回本币,使汇率保持固定。与此同时国内货币供给减少,LM' 曲线又向左移。这一过程将一直继续,直到重新回到均衡点 E 为止。

因此,在固定汇率制度下,如果资本具有完全流动性,任何国家都不可能独立地执行货币政策,不可能偏离世界市场通行的利率水平。任何独立执行货币政策的企图都将引起资本的大量流入或流出,维持固定汇率的压力会迫使货币当局增加或减少货币供给,从而使利率回到世界市场上通行的水平,经济重新恢复到原来状态。

18.3.2 固定汇率下财政政策的有效性

如图 18-9 所示,假定经济最初处于均衡点 E。在货币供给不变的情况下,执行扩张的财政政策会使 IS 曲线右移至 IS',经济达到 E' 点,利率 i 与国民收入 Y 都有所增加。这时利率高于国际均衡水平 i^*,吸引大量国际资本流入本国,造成国际收支顺差,本币面临升值的压力。为保持固定汇率,中央银行必须在外汇市场上买进外汇,抛出本币。结果本国货币供给增加,LM 曲线右移至 LM'。这一过程将一直持续到经济达到新的均衡点 E'',使利率恢复到原来的水平,国际收支恢复平衡为止。但这时收入进一步增加,由 Y' 升到了 Y''。这说明在固定汇率和资本完全流动情况下,财政政策是有效的。

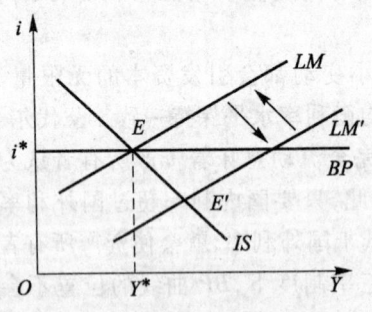

图 18-8 蒙代尔-弗莱明模型:
扩张性货币政策的影响

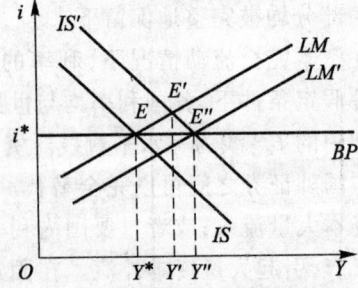

图 18-9 蒙代尔-弗莱明模型:
扩张性财政政策的影响

本章小结

在开放条件下,宏观经济实现均衡要求商品市场、货币市场和国际收支同时处于均衡状态。国际收支平衡的条件是净出口等于净资本流出,因此,汇率、国内和国外的价格水平、国民收入、本国和外国的利率等宏观经济变量都可以通过影响净出口或者净资本流出来影响国际收支。在国内外价格水平、汇率等保持不变的情况下,要保持国际收支平衡,利率和国民收入要保持同方向的变动。在一国政府通过宏观经济政策来实现内外均衡目标时,必须让每一种目标有一个独立的政策工具与之相配,并且应该把实现充分就业目标的任务分配给财政政策,把实现国际收支平衡的任务分配给货币政策。如果资本具有完全的流动性,即任何国内外微小的利率差异都会导致巨额的资本流动,蒙代尔-弗莱明模型表明在固定汇率制定下,货币政策是无效的,而财政政策有效。

关键词

IS–LM–BP 模型　　BP 曲线　　国际收支平衡条件　　国际收支平衡线
内外均衡理论　　支出调整政策　　支出转换政策　　丁伯根法则
蒙代尔-弗莱明模型

复习思考题

1. 如果一个国家同时存在通货膨胀和国际收支赤字,那么财政政策和货币政策应该如何组合?试设计一种解决高通货膨胀和国际收支盈余并存状况的解决办法。
2. IS 曲线与 LM 曲线的交点与内部均衡的联系是什么?
3. BP 曲线与外部均衡的联系是什么?
4. 请解释以下各项对 IS 曲线的影响:
   (1) 政府支出下降;
   (2) 外国对本国出口品的需求增长;
   (3) 利率提高。
5. 两种宏观经济政策工具的分配法则是什么?
6. 一个实行固定汇率制的国家已经实现了外部均衡。政府为减少失业而增加了支出。这一政策变化对官方结算余额的影响如何?如果中央银行利用未冲销的干预来维持固定汇率,那么这种干预是否会减少财政政策的扩张效果?
7. 试比较在固定汇率制度下,资本具有完全流动性和完全不具有流动性时货币政策的效果。

第18章　固定汇率下的宏观经济政策

8. 一国的初始状态为同时实现了外部均衡与内部均衡。该国禁止国际金融资本的流入与流出,资本控制使其资本项目余额(不包括官方储备交易)永远为零。该国实行固定汇率制并通过官方干预维持固定汇率。该国不对干预进行冲销。现在发生了外来的冲击——国外对该国出口品的需求增加。

(1) BP 曲线的斜率如何?

(2) 外国对该国出口品需求的增加使 IS、LM 和 BP 曲线发生何种移动?

(3) 为维持固定汇率必须有何种官方干预?

(4) 作为干预的结果,该国会如何回到外部均衡? 用 $IS-LM-BP$ 图形对此进行图示。所有这些对国家内部均衡的影响是什么?

案例讨论题

1. 美国应对金融危机的对策

美国金融危机爆发以后,通过各种途径传导到美国经济和世界各国经济,美国政府和世界各国根据不同的理念和情况实施了有所不同的经济政策。在2007年美国爆发金融危机以后的一段时期,布什政府主要采用货币手段缓和金融危机的影响。布什政府敦促美国联邦储备系统一方面通过对金融市场注入资金来帮助信贷机构渡过难关,另一方面通过降低再贴现率和联邦基金利率的方式来抵消信贷市场收缩的影响。2008年9月,美国的金融危机形势突然恶化,布什政府仅用向金融市场注入资金的方法已经难以缓和金融危机对金融机构的冲击。在这种情况下,布什政府接管了房利美公司、房地美公司和华盛顿互惠银行,并通过购买这些公司优先股票的方式提供资金上的支持。美国联邦储备系统也通过向美国国际集团和花旗集团提供贷款的方式对保险公司和商业银行给予支持。随着美国金融危机的影响向实体经济扩散,2008年12月19日,布什政府决定分两个月向通用汽车公司和克莱斯勒汽车公司提供134亿美元的短期贷款,这是金融危机发生以来第一次政府向金融机构以外的公司发放贷款。奥巴马在2009年1月就任美国总统以后,进一步采用了在美国久违的宏观财政支出政策,提出了总额为7 800亿美元经济复兴计划,启动了大规模的公共工程建造计划,推进清洁能源的开发和实行总额为2 750亿美元的减税计划,以促进人们的消费支出。

请对美国应对金融危机的对策进行简要分析。

2. 中国应对金融危机的政策

美国金融危机产生以来,我国政府也采取了一系列的政策措施来应对危机。2008年11月9日,我国国务院提出扩大内部需求、促进经济增长的10项措施:① 加快建设保障性安居工程;② 加快农村基础设施建设;③ 加快铁路、公路和机场等重大基础设施建设;④ 加快医疗卫生、文化教育事业发展;⑤ 加强生态环境建设;⑥ 加快自主创新和结构调整;⑦ 加快地震灾区灾后重建各项工作;⑧ 提高城乡居民收入;⑨ 在全国所有地区、所有行业全面实施增值税转型改革;⑩ 加大金融对经济增长的支持力度。计划到2010年底约投资40 000亿元人民币。2008年12月10日,中央经济工作会议决定要加强和改善宏观调控,实施积极的财政政策和适度宽松的货币政策,增加公共支出,保障重点领域和重点建设支出,支持地震灾区灾后恢复重建;实行结构性减税;优化财政支出结构,加大对"三农"、就业、社会保障、教育、医疗、节能减排、自主创新等方面的支持力度。与此同时,2008年9—12月,我国中央银行5次降低基准利率,3次降低法定准备金比率,以增加货币供给量和降低借贷成本。

请对中国应对金融危机的政策进行简要分析。

第 19 章
浮动汇率下的宏观经济政策

浮动汇率制度和固定汇率制度最明显的区别在于：在浮动汇率制度下，一国政府没有义务干预外汇市场以维持特定的汇率，货币供给可以调整到货币当局需要的任何水平。与固定汇率制度相比，浮动汇率制度改变了财政政策的运行环境和运行效果，同时，也构成了宏观经济政策的又一工具。

19.1 浮动汇率制度与政策目标

浮动汇率制度最直接的影响，从理论上来说，是外部失衡问题的消失，至少从长期来看是这样。在固定汇率制度下，因为汇率被固定于某一特定的水平，BP 曲线是不能移动的。而在浮动汇率制度下，BP 曲线却可以发生移动，因而，任何对 BP 曲线上利率与收入组合的偏离都会导致国际收支失衡，由此引发外汇市场的失衡与调整，汇率产生变动，BP 曲线移动，直至重新实现国际收支平衡为止。如图 19-1 所示，经济最初的均衡点 E 位于 BP 曲线的下方，这一利率和收入组合会导致国际收支逆差，使外汇市场上外国货币的需求大于供给，导致本国货币贬值。本币汇率的上升使 BP 曲线向右移动。只要国际收支的逆差存在，本国货币的贬值就不会停止，BP 曲线就会一直向右移动，直至到达使国际收支平衡的新的均衡点 E' 点。当然，汇率的变动也会使 IS 曲线移动，新的均衡点 E' 点不再是原来的均衡点 E。

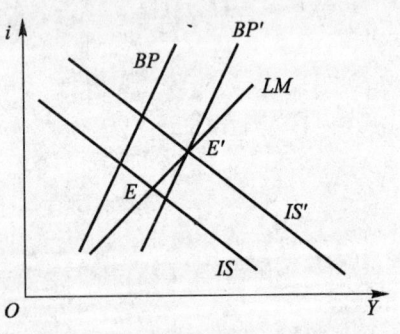

图 19-1 浮动汇率制度与外部均衡

需要说明的是，BP 曲线的移动实际上与资本的可流动性无关。资本可流动性的大小只影响 BP 曲线的形状。资本的可流动性越强，BP 曲线越平坦，资本的可流动性越弱，BP 曲线越陡峭。

在资本完全不能流动的情况下,汇率的变化也能引起 BP 曲线的移动,因为汇率的变化是通过改变净出口额的大小来使 BP 曲线发生移动的。

不管资本是否自由流动,在浮动汇率制度下,中央银行都不再干预外汇市场,这意味着:

第一,本币的汇率会自动地将本币在外汇市场上的供求调整到相一致的状态,即本币在外汇市场上的供求自动相等。也就是说,国际收支平衡或国际收支差额等于零,任何经常项目的逆差(赤字)都会由于私人部门资本流入(资本项目的顺差)而抵消。经常项目顺差会造成资本流出,因此,经常项目的盈余将被资本项目的赤字所抵消。汇率的调节作用将确保经常项目与资本项目的收支差额之和等于零。

第二,浮动汇率制度下,中央银行可任意确定货币供给。因为它不再负有干预外汇市场、确保汇率稳定的责任,所以在货币供给与国际收支之间不再存在固定汇率制度下的那种联系,货币供给又成为一个外生变量。

概括而言,浮动汇率可自动调节国际收支,使一国经济达到外部均衡。这样汇率调节就完成了固定汇率下政府必须考虑的内外均衡两个任务中的一个。现在,只剩内部均衡一个目标需要考虑。所以在浮动汇率制度下,政府的政策目标只有一个,即通过宏观经济政策的实施实现充分就业和物价稳定。

19.2 浮动汇率与蒙代尔-弗莱明模型

把浮动汇率制引入蒙代尔-弗莱明模型,可以得到与固定汇率下完全不同的情况。在浮动汇率制度下,汇率是一项宏观经济政策工具。但由于假定资本具有完全流动性,BP 曲线是一条水平线。因而,本币升值或贬值不会使 BP 曲线发生移动,对国民经济不产生影响。在资本不具有完全流动性的情况下,汇率是可以作为一项独立的宏观经济政策来使用的。

在浮动汇率制度下,如果资本可以完全流动,那么财政政策和货币政策的有效性与在固定汇率制度下相比,恰恰相反。货币政策的效果会因为汇率的变动而得到加强,而财政政策不具有调节国民收入水平的作用。

19.2.1 浮动汇率下货币政策的有效性

如图 19-2 所示,最初均衡点为 E 点。假定货币当局增加货币供给量 M,使 LM 曲线向右移动。这使国民收入水平在提高的同时,降低了利率。利率的降低使净资本流出增加,国际收支出现逆差。在外汇市场上,外币的需求大于外币的供给,导致本币贬值,使 IS 曲线向右移动,直至国际收支重新平衡,经济最终到达均衡点 E''。结果扩张性的货币政策导致了国民收入水平的提高和本币汇率的上升,本币汇率的上升又进一步提高了国民收入水平。

19.2.2 浮动汇率下财政政策的有效性

如图 19-3 所示,在均衡点 E,商品市场、货币市场和国际收支同时实现了均衡。假设此时的国民收入水平低于充分就业时的国民收入水平,政府采用扩张性的财政政策,导致 IS 曲线向右移动,从原来的位置移到 IS' 处。此时国民收入水平提高,导致国内利率上升,使资本净流出减少,国际收支出现顺差。在外汇市场上,外币的需求小于外币的供给,导致本币升值,使 IS 曲线向左移动,直至国际收支重新平衡。由图可知,只有 IS 曲线向左移动到原来的位置,国际收支才能重新平衡。此时,经济的均衡点仍为 E 点,这意味着汇率的自由浮动机制对扩张性财政政策产生一个完全的挤出效应,致使财政政策达不到降低失业、提高收入水平的目的。

对紧缩性财政政策的分析也会得到类似的结果。上述分析表明,在浮动汇率制度下,如果资本具有完全的流动性,通过财政政策刺激总需求不会实现影响均衡产量或均衡收入的目的。

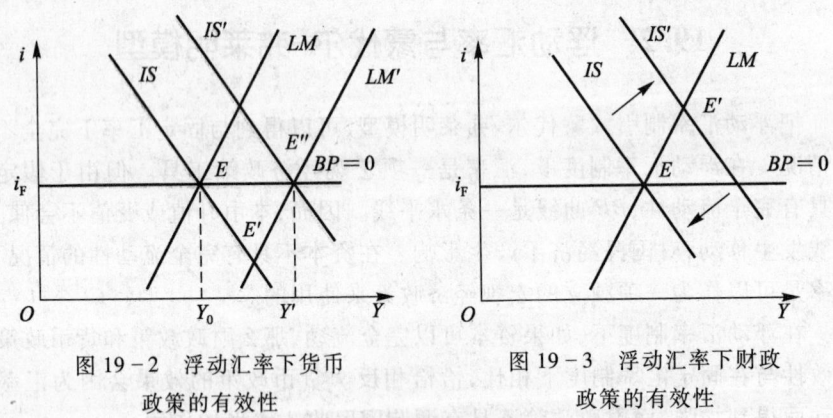

图 19-2 浮动汇率下货币政策的有效性

图 19-3 浮动汇率下财政政策的有效性

19.3 固定汇率与浮动汇率的比较

一个国家应当采用固定汇率制度还是浮动汇率制度?无论是固定汇率制度还是浮动汇率制度,都各有其优点和缺点,不同的国家应当根据自己的情况做出选择。

19.3.1 宏观经济政策的有效性

一国选择的汇率制度类型,会改变政府政策对总需求和国内产出的影响。如前所述,如果采用固定汇率制,货币政策便会失去其对货币供给的控制作用,因为货币政策必须满足维持固定汇率的要求。如果国家实行扩张性货币政策,国际收支余额就会变为赤字,维持固定汇率的干预就会减少本国货币供给和扭转货币扩张的趋势。实际上,如果国家因任何原因而拥有国际收支赤字,干预就会减少本国货币供给。如果国家实行相反的货币政策,国际收支余额便会向盈余方向变化,维持固定汇率的干预就会增加货币供给并扭转货币的收缩。同样,任何原因引起的国际收支盈余,都会扩大本国货币供给。需要指出的是,资本是否具有完全的流动性对上述分析的有效性没有影响。

货币政策在浮动汇率制中有更大的作用,它所引致的汇率变化会加强政策的效力。采用扩张性货币政策会导致本币的贬值,价格竞争力的提高进一步增加了对本国产品的需求。采用收缩性货币政策则会使本币升值,进而导致对本国产品需求的进一步下降。

财政政策的效力取决于国际资本流动对利率的敏感程度。如果资本具有高度的流动性,那么财政政策便会在固定汇率制中更具效力。维持固定汇率的干预会减少国内利率的变化,进而减轻国内挤出效应。在浮动汇率制和资本高度流动的条件下,财政政策将失去效力。引致的汇率变化将导致国际挤出效应。如果资本流动性不高,效应就会相反。财政政策在固定汇率制中有效而在浮动汇率制中无效。

国家在进行汇率政策的选择时要考虑到财政政策的有效性。一个国家,如果其资本市场与国际市场联系紧密,即资本有高度流动性,同时又希望财政政策在短期内具有效力,那么它便倾向于采用固定汇率制。如果一国的资本流动对利率不敏感,或者虽然敏感,但该国担心财政政策在短时期过后将失去效力,它就更加倾向于采用浮动汇率制。

财政政策有效性对汇率政策选择的影响是有条件的,而货币政策有效性对汇率政策选择的影响则是简单明了的。如果一国愿意用货币政策实现国内目标,那么便倾向于采用浮动汇率制。在浮动汇率制中,它不需要用货币政策来维持固定汇率。

19.3.2 宏观经济政策的独立性

各国政府中的决策者必须要制定各种宏观经济政策目标。尽管各国一般选择同样的一组宏观经济运作目标,包括高实际经济增长率、低失业率、低通货膨胀率以及外部均衡,但各国政府给予各项目标的优先次序各不相同,为实现各种目标所采取的具体策略也各不相同。

固定汇率制度要求各国的宏观经济政策具有某种程度的一致性,也就是说,为成功维持两国或多国货币之间的固定汇率,这些国家必须采取某些一致性或协调性措施。考虑到其他通过固定汇率制而相联系的国家的政策和经济运作,一个实行固定汇率制的国家必须采取能够成功维持该汇率的政策。如果各国间存在较大的政策分歧,就会出现严重的国际收支失衡,进而难以或根本不可能维持固定汇率。

举例来说,各国应该避免会导致大规模国际资本流动的政策变化,或需要对这种政策变化进行协调。例如,一国对金融投资的大幅度减税政策会导致大规模的资本流入。如果其他国家在本国资本流出时通过干预而维持固定汇率,这些国家的国际储备就会下降,从而会威胁其继续维持固定汇率的能力。为维持固定汇率,采取减税政策的国家需要减缓这一政策的实施,或者,其他国家需要调整自己的政策,以便抑制资本外流。例如,其他国家可以降低金融投资的税率,或提高利率。这些政策调整具有某种一致性或协同效应,可以减少对固定汇率制的威胁。

另一个例子是,各国对控制通货膨胀这一政策目标的重视程度,或者各国对通货膨胀与失业这两者之间进行的权衡。例如,由于历史的原因,德国和瑞士将很低的通货膨胀率作为首要的政策目标。美国更为重视稳定就业率。即使从长期来讲,控制通货膨胀和减少失业两者之间并不存在矛盾,对这两方面宏观经济目标重视程度的差别仍旧会在短期内对政策产生影响。美国更愿意在短期内以较高的通货膨胀率为代价而降低失业率,而德国和瑞士则相反。如果美国最终比德国或瑞士拥有更高的通货膨胀率,而且双方都不愿做出妥协、达成一致,根据购买力平价理论,固定汇率可能难以维持。

只要国家允许汇率随市场供求的变化而发生变化,国家采取何种经济政策,总能够保持国际收支的平衡。此时,国家之间的宏观经济政策协调仍是可能的,但已不像在固定汇率制中那样是必需的了。毫无疑问,浮动汇率使各国在政策选择上具有更大的独立性,但仍需指出的是,各国的决策者往往很重视本国货币汇率的走势,因此,即使在浮动汇率制中,各国的政策选择仍旧在某种程度上受到汇率因素的制约。例如,20 世纪 80 年代初,一些西欧国家的失业率较高,然而,由于这些国家的货币对美元的汇价已经走软,它们并没有转向扩张型政策。实际上,这些国家还通过提高利率而紧缩了银根,以防止本币的进一步贬值。

19.3.3 控制通货膨胀

汇率政策的选择与通货膨胀的关系是各国面对的一个重要问题。由购买力平价理论,选择了固定汇率制的国家实际上承诺了拥有相互之间相似的长期通货膨胀率。因为只有当各国的通货膨胀率之差等于零时,名义汇率才能保持稳定不变。如果各国通货膨胀率在相当长的时期内存在差异,而且汇率是固定的,那么,低通货膨胀率国家将持续地获得国际价格竞争力,进而获得经常项目的盈余;而高通货膨胀率国家将持续地失去价格竞争力,进而拥有经常项目赤字。这种不断增长的盈余和赤字是不能持久的,它需要某种调整:可以使低通货膨胀率国家的通货膨胀率上升,或使高通货膨胀率国家的通货膨胀率下降,或改变汇率。

各固定汇率制国家应当具有类似的通货膨胀率这一结论具有多重含义。第一,固定汇率制的支持者认为,该汇率制度对各国的高通货膨胀率趋势具有约束效应。为了维持固定汇率制,一国的通货膨胀率不能比其他相关国家高很多。实际上,一个努力降低本国高通货膨胀率的国家可以有意识地将本币与另一低通货膨胀率国家的货币挂钩。高通货膨胀率国家正在将这种约束效应作为其治理通货膨胀的手段之一。高通货膨胀率国家希望与其他国家货币挂钩可以使其反通货膨胀计划更为可信,从而因为降低人们对未来通货膨胀率的预期而取得更大的成功。如果通货膨胀率的预期降低,那么容易使通货膨胀率真的降低,并将其保持在较低的水平。阿根廷曾于20世纪90年代初成功地采用了这一策略。1989年,阿根廷的物价水平上升了大约3 000%,1990年又上升了大约2 300%。该国于1991年开始实施反通货膨胀计划,并将比索与美元挂钩。这种钉住汇率的约束效应促使了货币供给增长率和通货膨胀率的下降。1994年,阿根廷的通货膨胀率约为4%,几乎与美国相同。在90年代余下的各年份中,该国的通货膨胀率保持在接近于零的水平。

第二,由大多数国家参加的固定汇率制所具有的约束作用还会降低全球平均通货膨胀率。这种价格约束理论的原理如下:固定汇率制对拥有国际收支赤字的国家比对拥有国际收支盈余的国家施加的压力更大。赤字国家维持赤字状态的能力显然要受到局限,这些国家的国际储备和信用很快会被用光,这迫使其实行紧缩政策,进而使货币供给增长率和通货膨胀率下降。对于盈余国家来说,长时期的盈余则只是一个既不紧迫又容易解决的问题。只要它们愿意积累更多的官方储备,就能够在一个相当长的时期内进行干预。因此,赤字国政府愿意放慢其货币供应的增长,而盈余国政府则愿意加速这一增长。

从总体上讲,全球货币供应的增长将减少,平均通货膨胀率将下降。

在固定汇率制的价格约束作用下,更为可能出现的情况是,各国拥有类似的通货膨胀率,平均通货膨胀率将(在某种程度上)低于各国自行其是时的平均水平。如果固定汇率体系中存在一个主导国家,诸如布雷顿森林体系中的美国,各国就必须向该国的通货膨胀率看齐。这有助于降低一些国家的通货膨胀率。但对于愿意比其他国家,尤其是主导国家,拥有更低通货膨胀率的国家,将难于保持这种较低的通货膨胀率。低通货膨胀率会使国家拥有国际收支盈余。维持固定汇率的干预将扩大货币供给。冲销措施能够阻止货币供给的增长,但冲销不可能永远进行下去。在任何情况中,国家都要受到减少收支盈余的政治压力,会被迫进行违背本国意愿的经济扩张,从他国"进口通货膨胀"。在20世纪60年代,当美国的通货膨胀率上升时,德国便曾抱怨受到了这种压力。

与固定汇率制形成对照的是,浮动汇率制完全允许各国拥有不同的通货膨胀率。根据购买力平价理论,高通货膨胀率国家的货币将贬值,低通货膨胀率国家的货币将升值,汇率的变化可以使两种国家在长期内保持合理的价格竞争力。浮动汇率制的支持者们通常将这一点看做是该制度的长处。在何种通货膨胀率是可接受的问题上,不同国家的决策者们会有不同的看法。在浮动汇率制度下,每个国家可以根据自身的经济发展状况选择最优的通货膨胀率。

浮动汇率的反对者认为,各国独立选择本国的通货膨胀政策会导致全球更严重的通货膨胀。在浮动汇率制中,汇率不对货币供给和通货膨胀施加任何约束,各国会陷入一种恶性循环:第一,高通货膨胀率使货币贬值;第二,货币贬值会提高进口品的本币价格,进而又加重通货膨胀。持续的高通货膨胀不断地要求本币进一步贬值。本国货币供给的增长正好适应了这一动态变化过程。

1973年转向浮动汇率制后第一个10年中的国际经验,似乎与浮动汇率反对者的这种担忧相符合。20世纪70年代的世界平均通货膨胀率要远远高于20世纪50年代和20世纪60年代的水平。但20世纪80年代初期以来的国际经验表明,伴随浮动汇率制而出现的通货膨胀率上升的趋势实际上并不是一个严重的问题。在很多基本上实行浮动汇率制的国家,包括日本、美国和英国,通货膨胀率曾明显下降而且至今仍保持在低水平。

19.3.4 浮动汇率对国际贸易和国际投资的影响

人们对浮动汇率制的一个主要担忧是其具有高度的波动性。有些变动被认为是正常的,包括为抵消通货膨胀率差异而发生的汇率变动。然而,对于在相当短的时期内,诸如在数月或几年内发生的大幅度波动则会对国际贸易和国际投资产生影响。汇率波动使进口商难确定将来他们购买商品时所应支付的价格,也使出口商更难确定将来他们所能得到的报酬。这种不确定性会使进行国际贸易的成本提高,从而使贸易量以及各国从国际贸易中所得到的收入减少。同样,投资回报较大的不确定性可能阻碍国际生产性资本的流动。

本章小结

在浮动汇率制度下,如果资本可以完全流动,那么财政政策和货币政策的有效性与在固定汇率制度下相比,货币政策的效果会因为汇率的变动而得到加强,而财政政策不具有调节国民收入水平的作用。在汇率制度的选择上,由于固定汇率制度和浮动汇率制度各有其优缺点,因而不同的国家应该根据自己的情况做出选择。除了在两种汇率制度下宏观经济政策的有效性不同之外,浮动汇率使各国在政策选择上具有更大的独立性,但是固定汇率制度却更有利于一国控制通货膨胀,同时浮动汇率制度也不利于国际贸易和国际投资的发展。

关键词

资本流动性　财政政策的挤出效应

复习思考题

1. 假设某国实行浮动汇率制。现在,该国政府为减少失业而增加支出,这一政策变化对该国货币汇率的影响如何?在何种条件下,汇率的变化会减弱财政扩张的作用?

2. 在浮动汇率制中,"外国对本国产品需求的下降和对本国产出及收入的影响比在固定汇率制中要大"。你是否同意这种观点?为什么?

3. 请描述在浮动汇率制中,国内货币持有需求的突然下降(从愿意持有本国货币转变为愿意持有本国债券)对本国产出及收入的影响。与在固定汇率制条件下相比,本国产出及收入的变化会更大还是更小?(提示:对货币需求的下降如同货币供给的增加。)

4. 某国通货膨胀率在不断上升,其国际收支总差额也在向赤字方向变化。由此引致的汇率变化会使该国更为接近还是更为偏离内部均衡?

5. 如果英镑的汇率保持不变,更为紧缩的货币政策对英国国内产出与收入的影响如何?对英国的通货膨胀率又有何影响?更为紧缩的货币政策对英镑的汇率会产生何种压力?英镑汇率变化对英国的产出及通货膨胀率会发生何种影响?汇率的变化会增强还是会减弱英国货币政策的收缩效应?

6. 外国货币供给的突然增长在浮动汇率制条件下对本国产出和收入会有何影响?(提示:外国货币供给的增长将影响对本国出口品的需求、国际资本流动以及汇率。)

7. 某国的初始状态为实现了外部均衡和内部均衡。该国禁止国际金融资本的流入及流出,这种资本管制使该国资本项目余额(不包括官方储备交易)永远为零。该国实行浮动汇率。现在发生了某种外生的冲击,即外国对该国出口品需求的增长。

(1) 如果本币汇率维持不变,外国对本国出口品需求的增加会使 IS、LM 和 BP 曲线发生何种移动?

(2) 该国货币的汇率实际上会发生何种变化,为什么?

(3) 作为汇率变化的结果,该国将如何经过调整而回到外部均衡?用 $IS-LM-BP$ 图形对此进行说明。所有这些将对国家的内部均衡发生何种影响?

案例讨论题

1. 人民币汇率制度改革

改革开放至今的人民币汇率制度演变历程以 1994 年为分界线,可以分为 1994 年以前的"政府调控为主的汇率制度"和 1994 年以后的"市场调节为主的汇率制度"两个时期。1994 年汇率制度改革以后,我国实行的是有管理的浮动汇率制度,但是从 1998 年开始人民币对美元汇率在狭小的区间内浮动,形成事实上的钉住汇率。据此,国际货币基金组织把人民币汇率制度列为固定汇率制度。我国在当时选择钉住美元的汇率制度有其历史合理性,首先鉴于美国是中国最大的出口国和美元在国际金融体系中的地位,保持人民币对美元汇率的稳定对促进国际贸易的发展至关重要;其次,由于当时国内金融市场非常不完善,企业难以利用金融市场进行风险规避,汇率浮动会给企业带来较大的风险;最后,钉住美元可以消除国际投资者的投资风险,有利于吸引外资。2005 年 7 月 21 日,我国再次对人民币汇率制度进行改革,中国人民银行宣布开始实行以市场供求为基础、参考"一篮子"货币进行调节、有管理的浮动汇率制度。在此后的两年时间里,在主动性、可控性和渐进性原则的指导下,人民币汇率制度改革稳步推进。人民币汇率形成机制改革的内容包括:增强人民币汇率浮动弹性、完善人民币远期汇率定价机制、改革中央银行外汇公开市场操作方式。

请评价中国人民币汇率制度改革。

2. 巴西退出钉住汇率制度的教训

第二次世界大战后,巴西为了促进经济增长,长期实行了扩张性的财政政策和货币政策,使得巴西的通货膨胀率居高不下。为了抑制通货膨胀,1994 年,巴西政府实行"雷亚尔计划",实行爬行钉住美元的汇率制度。巴西政府希望在钉住美元的基础上,利用紧缩性货币政策实现物价稳定和国际收支平衡双重目标。"雷亚尔计划"的实施成功地遏制了严重的通货膨胀,但与此同时,也造成了巴西经常账户的巨额逆差。其原因在于,爬行钉住美元的汇率制度造成了"雷亚尔高估",削弱了企业的出口竞争力。亚洲金融危机和俄罗斯金融危机相继爆发后,美元的升值加剧了"雷亚尔高估"的程度,造成巴西经常项目逆差进一步扩大。在经常项目出现巨额逆差的情况下,巴西不得不大量吸引外资流入,通过资本项目顺差来维持国际收支平衡。为了吸引外资和稳定物价,巴西中央银行长期实行高利率政策,特别是在亚洲金融危机和俄罗斯金融危机期间,为了避免资本外流,巴西中央银行不断提高利率,最高达到41%。由于外债余额的不断增加,1998年资本流入发生逆转,国外资本开始大量逃离巴西市场。在外汇储备大量流失的情况下,巴西政府不得不宣布雷亚尔兑换美元和其他主要货币实行完全自由浮动的汇率制度。巴西是在外汇储备损失严重的情况下被迫放弃钉住汇率制度的,雷亚尔兑美元的汇率由原来的1:1跌至2.20:1,严重影响了巴西的经济发展。

请运用相关理论分析巴西的宏观经济政策。

第 20 章
国际经济政策协调

开放经济条件下,一国经济与其他国家的经济密切相关,各国之间的经济既相互依赖,又相互影响。在这种情况下,一国(尤其是大国)的经济政策自然会对他国经济产生影响,各国经济政策的相互影响主要是通过国际收支及汇率的变化来传递的。因此,在经济全球化日益加强的国际环境下,各国在制定宏观经济政策时,不仅要考虑国内经济目标,还要考虑政策的国际影响。于是,各国有必要对宏观经济政策进行国际协调。

20.1 国际经济政策协调概述

20.1.1 国际经济政策协调的概念

在 20 世纪 80 年代末,许多国际金融领域内的学者对于国际宏观经济政策协调问题越来越关注。比较一致的看法是,国际协调是必要的,特别是在浮动汇率制比较受推崇的今天,世界上主要国家之间进行政策协调也是必要的。

国际经济政策协调的含义有广义与狭义之分。从狭义讲,国际经济政策协调是指各国在制定国内政策的过程中,通过各国间的磋商等方式来对某些宏观政策进行共同的设置。从广义看,凡是在国际范围内能够对各国国内宏观经济政策产生一定程度制约的行为,均可视为国际经济政策协调。我们所说的国际经济政策协调是从广义而言的。

20.1.2 国际经济政策协调的原因与障碍

开放经济之间存在着相互依存性,一国的经济政策对别国会产生溢出效应。在这种情况下,各国的经济政策面临着两种选择:一是完全独立分散决策,在考虑政策溢出效应的情况下,尽可能地选择使本国收益最大的政策;二是对各国政策进行某种程度的国际协调。在很多情况下,前一种选择是不合理的,因为在各国寻求本国利益最大化的相互作用过程中,可能导致最终结果的低效率,从而各国都受到了损害,因此进行国际政策协调是必要的。下面用一个简单的例子进行说明。

由于各国是在相互作用过程中进行决策的,因此引入博弈论作为分析工具。我们选择经济规模基本相当的甲国与乙国,两国间实行的都是浮动汇率制。假定一国经济运行中存在的问题主要是通货膨胀与失业问题,对这些问题严重程度进行衡量的统计指标是社会的损失函数,它等于该国失业率与通货膨胀率之和。此时,由于两国面临的突出问题都是高通货膨胀,它们选择的政策工具是货币政策。

封闭条件下,决策者只需要根据通货膨胀和失业之间的短期替代关系就可以确定本国货币政策的效果。而在相互依赖的开放经济下,一国制定货币政策还必须考虑到货币政策的溢出效应。我们知道,在浮动汇率制下,本国货币政策的相对紧缩(即本国货币政策比外国货币政策更紧)会在提高利率降低本国产出与通货膨胀率的同时,通过吸引资金流入引起的本币升值来降低进口商品价格从而进一步降低本国的通货膨胀率。因此,各国的货币政策都会试图使本国货币升值,从而达到有效遏制本国通货膨胀的目的。问题在于,汇率是两国货币之间的相对价格,一国货币升值意味着另一国货币贬值,因此两国间的政策利益是相互冲突的。如果两国的决策者都分别行事,没有政策协调,那么,为了减少通货膨胀,每个国家都会试图尽可能地实行紧缩货币政策以使本国货币升值。两国都实施高度紧缩的货币政策,净效应就是汇率不发生变化(因为两国货币政策对汇率的影响相互抵消),同时两国都遭受高度紧缩货币政策带来的衰退性影响。

对以上分析,我们可以用数字加以说明。如果两国都执行原有的宽松货币政策,两国的通货膨胀率都将为7%,失业率为4%。此时,两国的损失函数值都是11。如果在外国执行宽松货币政策时,本国执行紧缩的货币政策,那么本国将获得货币升值带来的反通货膨胀的利益,国内通货膨胀率为2%,失业率为6%,社会损失函数数值为8;外国将蒙受货币贬值与通货膨胀率上升的双重损失,国内通货膨胀率为12%,失业率为3%,社会损失函数数值为15。如果两国同时实行紧缩的货币政策,两国都会发生严重的经济衰退,失业率均上升到10%,通货膨胀率下降为4%,两国的社会损失函数都是14。表20-1反映上述分析结果。

表 20-1　不同政策组合下的两国损失函数情况

国家1 \ 国家2	放松货币	紧缩货币
放松货币	$L_1=11$ $L_2=11$	$L_1=15$ $L_2=8$
紧缩货币	$L_1=8$ $L_2=15$	$L_1=14$ $L_2=14$

我们假定,对不同的政策组合造成的经济后果各国政府都清楚,那么在不存在政策协调的分散决策时,各国政府如何确定它们的政策呢?从每一个单独国家的角度看,不管另一个国家采取何种政策,本国采取紧缩货币政策总是合理的,因为这种策略能使本国社会损失函数数值降低到最低程度。例如,在外国放松货币时,本国紧缩货币带来的社会损失函数数值8,小于放松货币时的社会损失函数数值11;而在外国紧缩货币时,本国紧缩货币带来的社会损失函数数值14同样小于放松货币时的社会损失函数数值15。

因此,在分散决策时,两国都将选择紧缩货币政策。任何一方都不会主动打破这些结果,经济处于稳定状态。但是,这一结果是低效的。因为,通过不同的政策组合,两个国家的境况都会更好一些。例如,当两国都采用宽松的货币政策时,两国的社会损失函数数值都将由14降低到11。可见,如果对两国政府的决策进行一定程度的协调,则最终结果将比缺乏协调时更有效率。因此,国际政策协调非常必要。

为了对国际经济政策协调的必要性有一个更清楚的认识,我们再以货币政策为例,考察在没有国际协调的情况下货币政策的局限性。

我们已经知道,在浮动汇率和资本高度流动的情形下财政政策无效,而货币政策有效。但这一结论是在不考虑别国影响的情况下得出的。如果考虑别国经济政策的影响,那么一国的货币政策能否达到目标就值得怀疑了。例如,当一国经济面临有效需求不足时,政府应该采取宽松的货币政策。可是如果与该国经济密切相关的国家采取紧缩的货币政策,该国增加的资金将会大量外流,从而一方面使本国经济放松政策的效果因为资金的流出被抵消,另一方面对方国家紧缩的货币政策也会因为资金的流入而变得难以发挥作用;相反,当一国采取紧缩的货币政策时,其效果又会被与之经济密切相关国家放松的货币政策所抵消。因为当一国紧缩经济时,本国利率上升或货币供应量的减少将被资金的大量流入而抵消。

因此，各国宏观经济及其政策的相互联系和相互影响将使各国经济政策的效果大打折扣。更有甚者，在一国资本完全自由流动的条件下，政府所实施的经济政策可能会完全失去应有的作用。

赞成国际经济政策协调的一个主要理由是为了稳定汇率。很多学者强调汇率稳定有非常重要的意义。如麦金农(McKinnon)认为，将汇率稳定在一个固定的水平或限制在狭窄的"目标区"(target zones)内波动，有助于降低国际贸易和国际投资的波动性。我们知道，在浮动汇率和资本完全自由流动情形下，货币政策会引发汇率的波动，扩张性货币政策会导致本国货币贬值，而紧缩性的货币政策则导致本国货币升值。例如，如果美国相对于日本和德国实行相对扩张性的货币政策，那么美元对日元和马克就有贬值的趋势。如果日本和德国的货币当局也采取扩张性的货币政策，在外汇市场上抛出本币，购进美元，那么这种联合行动就可以阻止美元的贬值，维持美元汇率的稳定。由此可见，在浮动汇率下，各国货币政策的协调可以实现汇率的稳定。

除汇率稳定外，国际经济政策协调还常常有其他一些宏观经济目标。其中之一是可以避免"以邻为壑"(beggar-the-neighbor)的政策出现。例如，如果一国采取货币贬值的方式来促进出口、限制进口，那么其他国家可能也会跟着采取同样的做法来提高其出口产品竞争力，结果就出现"竞争性贬值"(competitive devaluation)这一恶果。如果各国进行政策协调，就完全可以避免这种现象。

国际经济政策协调的收益在于避免独立分散决策带来的低效率，而它的成本则是各国因政策协调而丧失一定的政策自主性。国际政策协调就像婚姻一样，既享有紧密合作的利益也必须付出丧失某种程度的独立性的代价。因此，国际政策协调的中心问题在于如何在避免破坏性限制的情况下获取开放性所给经济带来的多方面利益，同时为每个国家保留最大限度的追求其合理经济目标的自由。

尽管国际间政策协调的种种益处，但在是否应实行国际政策协调这一问题上，仍存在争议。这是因为政策协调的收益并不是非常显著或确定的。并且，国际政策协调的性质是各国政府间的讨价还价行为，这就决定了它面临着一些难以逾越的障碍。首先，从协调行为本身来讲，协调是在相互之间缺乏信任的情况上进行的，双方都尽可能地少付出，多得益。其次，各国政府对经济运行机制的看法、对政策目标的偏好、各国政策工具运用条件等方面的差异，也带来了协调的困难。再次，国际政策协调还面临着政治上的障碍，国内不同政党之间观点的差异、政府与民众观点的差异都会使国际间政策协调难以进行。另外一个很重要的因素是，我们一直假定了解经济运行的真实情况，通过协调可以获得更大收益,但是实际上,经济学发展到今天还不能非常准确地描述出经济运行的真实情况,如果依据这些不一定准确的经济理论进行协调,很可能使经济运行出现偏差。

20.2 国际经济政策协调的内容与方式

20.2.1 国际经济政策协调的内容

(一) 按国际经济政策协调的层次划分

依据政策协调的程度,国际政策协调由低到高分为以下 6 个层次。

1. 信息交换

信息交换是各国政府相互交流本国为实现经济内外均衡而采取的宏观调控的政策目标范围、政策目标侧重点、政策工具种类、政策搭配原则等信息,但仍在独立、分散基础上进行本国的决策。通过信息交换,各国政府可以避免对别国政策调控活动的估计错误,更好地分析本国经济与外国经济之间的溢出效应。信息交换是最低层次的国际政策协调形式。

2. 危机管理

危机管理是指针对世界经济中出现的突发性、后果特别严重的事件,各国进行共同的政策调整以缓解、渡过危机。危机管理这一协调形式是偶然出现的、临时性的措施,主要目的在于防止各国独善其身的政策使危机更加严重或蔓延。

3. 避免共享目标变量的冲突

共享目标变量是指两国所要面对的同一目标,如前面分析的浮动汇率制下两国之间的汇率。由于两国共享目标是同一个,因此如果两国对之设立了不同的目标值,这便意味着两国之间直接的冲突,两国之间的相应政策成为具有竞争性的"以邻为壑"的政策。国家间的竞争性贬值是共享目标冲突的最典型的形式。

4. 合作确定中介目标

两国国内的一些变量的变动会通过国家间的经济联系而形成一国对另一国的溢出效应,因此各国有必要对这些中介目标进行合作协调,以避免它对外产生不良的溢出效应。这一中介目标既有可能是共享目标变量,也有可能是其他变量,如固定汇率制下的一国货币供给量。

5. 部分协调

部分协调是指不同国家就国内经济的某一部分目标或工具进行协调。例如,仅对各国的国际收支状况进行协调,而国内经济的其他变量不纳入协调范围。再例如,仅对各国的货币政策进行协调,而听任各国根据具体情况独立使用财政政策。

6. 全面协调

全面协调是指将不同国家的所有主要政策目标、工具都纳入协调范围,从而最大限度地获取政策协调的收益。

(二) 按政策工具划分

随着区域经济一体化的发展,世界上一些国家提出了双边或多边的协调方式。这些协调主要包括货币政策协调、财政政策协调和汇率政策协调三个方面。

1. 货币政策协调

各国货币政策的协调主要包括有关国家利率的协调,这种协调主要针对利率的调整方向。一旦一国希望通过利率调整干预经济,以达到控制经济过热或经济衰退的目的,该国不仅要确定一个利率调整的方向,还要同有关国家协商,协调它们之间利率调整的基本方向。如果各国利率调整的方向大相径庭,那么其中任何一国的政策目标都不能顺利实现。各国不仅要协调他们之间的利率变动方向,而且要协调利率调整的幅度。各国利率水平之间的差异将带来资金在各国之间的流动,这种流动会持续到利率差消除为止。

在一些经济学家看来,政府控制利率不如控制货币的增长量。因此,各国货币政策的协调还可以采取协调货币供应增长率的方式。一般而言,货币主义经济学家主张通过控制货币供应量调节经济。在他们看来,确定了稳定的货币供应增长率之后,就不必干预经济增长过程。因此,无论一国是控制货币供应量,还是控制利率都需要与其他国家进行协调,特别是与那些与本国有密切关系的国家。

2. 财政政策协调

实际上,在经济关系比较密切的国家,不仅要协调他们的货币政策,还要协调他们的财政政策。因为货币政策协调的效果在很大程度上依赖于财政政策的协调。如果一国的财政支出过度,政府就需要通过货币政策加以配合。这种配合意味着货币发行量的增加,或者物价上涨率比较高,这将导致一国货币供应增长率的上升,从而会出现因没有协调财政政策使各国之间货币政策的协调难以维持的现象。因此,成功的货币政策协调常常伴随着财政政策协调,或者说,各国只有同时协调他们之间的货币政策和财政政策,一国经济政策的目标才能顺利实现。

3. 汇率政策协调

在各国将内部平衡和外部平衡作为经济干预目标时,它们之间不仅要协调货币政策和财政政策,还要协调汇率政策。当一国经济中的有效需求不足时,政府可以采取货币贬值的政策,以刺激出口、限制进口。但是如果各国政府都这样做,就会出现各国竞相贬值本国货币的现象,结果是各国货币之间的兑换率可能回到原来的出发点。如果任何一国的货币贬值幅度超过其他国家,各国之间的贸易风险也就随之产生。如果一些国家采取货币贬值或预期货币贬值,另一些国家对货币采取升值或预期升值,在外汇市场上的汇率变化就会引起投机和资金的转移。这种单纯由于汇率变动引起的资金转移不利于各有关国家的经济稳定和正常增长。

统一货币是各国经济政策协调的最高级形式。当各国使用统一货币时,各国不能自行增加或减少货币供应量,也不能提高或降低本国的利率。统一货币意味着各国必须有协调一致的财政政策。否则,统一的货币不可能给财政政策的实施提供条件。因为扩张性或紧缩的财政政策有赖于信用的扩张,否则政府支出的增加在货币供应量不变情况下,将引起利率的上升,从而产生"挤出效应",抵消财政政策的作用。当然,统一各国货币以后,汇率协调将不复存在。

然而,由于各国经济发展情况的差异,特别是各国经济波动程度的差异,使得协调经济政策存在许多困难。因此在多边协调中,各国一般选择比较松散的协调方式,除非他们之间经济关系已经达到密切的程度。

20.2.2 国际经济政策协调的方式

进行国际经济政策协调的方式有两种。

(一)相机性协调

相机性协调是指根据经济面临的具体条件,在不存在规定各国应采取何种协调措施与规则的情况下,通过各国间的协商,确定针对某一特定情况,各国应采用的政策组合。这一方法实际上是一国经济调控中相机决策的推广。一般认为,这一方法的优点在于可以针对不同的条件就更为广泛的问题进行协调,而缺点在于可行性与可信性较差。从可行性看,每次政策协调行动实际上意味着各国政府间的一次讨价还价,这样一次次的政策协调会带来很高的决策成本,并且也难对各国政府进行制约,易于产生竞相违约及搭便车现象,缺乏可持续性。从可信性来看,这种方式下的协调措施完全由各国协商决定,缺乏明晰的规则,会产生较大的不确定性,难以通过影响公众的心理预期发挥政策效力。

(二) 规则性协调

规则性协调是指通过制定出明确规则来指导各国采取政策措施进行协调的协调方式。规则性协调的优点在于决策过程清晰,政策协调可以在较长时期内稳定进行,可信性高,因此受到了更多的重视。西方经济学者提出了一些很有影响的协调规则方案。在此需要指出的是,如果货币金融方面的协调规则对各国实现内外均衡的一些基本问题都作了比较完整的规定,则这一协调规则实际上就构成了国际货币制度。

20.3 国际经济政策协调的实践

在实践中,国际经济政策协调有全球性和区域性两种。前者主要由国际货币基金组织及西方一些主要发达国家参与进行,后者是在一些区域一体化内部间进行。其中,政策协调比较成功且协调水平比较高的区域组织是欧洲联盟。

20.3.1 全球性国际经济政策协调

国际经济政策协调的历史可以追溯到两次大战之间,但真正引起注意、成为国际经济学和国际金融学的一个重要组成部分还是1973年国际上实行浮动汇率制后。浮动汇率制实行中出现的种种问题,如汇率短期过度波动及长期失调、投机活动盛行、政策纪律放松等现象,都被视为缺乏国际协调的结果,进行国际政策协调的呼声非常强烈,各国开始重视国际协调并对此采取一定的措施。

简单地说,浮动汇率制下的国际政策协调实践可分为三个阶段。

第一阶段,1974—1979年。这一时期,各国面临着布雷顿森林体系后形成的高通货膨胀率和由第一次石油价格大幅度上涨带来的经济衰退,各主要工业国政策制定者为维持实际经济变量和通货膨胀率的稳定,每年举行经济首脑会议进行政策商讨并形成制度。这种制度使得更为灵活的、相机而行的政策合作形式取代了布雷顿森林体系下规则约束型的政策合作形式。1978年的波恩首脑会议就是一个典型的例子。

1973年第一次石油危机后,各国政府纷纷减税以维持总需求水平。但由于工资粘性,失业率仍然居高不下,并且出现了大量的经常账户失衡。同时,尽管低于最高水平,通货膨胀率仍然很高。经过几年的争论,终于在1978年波恩首脑会议上达成协定,即日本和前联邦德国采取扩张性财政政策,美国采取削减石油进口的计划以抑制石油价格上涨。此外,美国同意采取反通货膨胀措施，包括缩小 1979 年的减税幅度。协定未涉及货币政策。波恩会议协定的意义在于，它对各国政策制定者（尤其是美国和前联邦德国）提出了具体的要求。但现实的经济运行却并未实现其预期目标，前联邦德国和日本的经济扩张程度很低，前者的财政扩张仅仅能够抵消其原有的较紧的财政政策，但同时又伴随着国内的货币紧缩政策，在第二次石油危机冲击的影响下，财政措施几乎未使高通货膨胀和经常账户失衡的状况改善。

第二阶段，1980—1985 年。这一时期，持续的高通货膨胀率成为各国经济的头号敌人，各国政策制定者的首要目标是抑制通货膨胀。以货币主义经济理论为指导，各主要工业国政府普遍认为，传统的政策工具不可能对实际经济变量产生持久的影响，政府所能做的只是改善本国的经济秩序，即降低国内通货膨胀率。基于此，这些国家都采取了严格的紧缩性货币政策，结果是国内利率急剧上升和国内经济严重衰退。工业国的经济衰退又进一步导致了世界经济的衰退。可以认为，在这一时期，国与国之间基本不存在财政、货币政策的合作行为。事实上，正是这种各国自行其是的紧缩性政策的累积效应导致世界经济陷入严重的衰退中。

第三阶段，1985 年以后。这一时期，主要工业国发生了巨大的外部不平衡，表现为美国的巨额贸易赤字和前联邦德国、日本的巨额贸易盈余；同时，外汇市场上，美元币值不断攀升。当时，美国和其他国家之间的利率差异已经缩小，因此，美元币值的上升实际上是一种投机泡沫，鉴于美元汇率的不可维持性，各国政策制定者同意，应进行政策合作，逐步降低美元币值，避免美元汇率的硬着陆、金融危机、经济衰退。政策合作仍采取 1974—1979 年那种通过经济首脑会议相机协商、相机决策的形式，主要表现为各国对外汇市场的共同干预。

除货币、金融领域的合作之外，各国也重新意识到了宏观经济政策合作对促进经济增长、克服世界经济失衡的重要性。从 20 世纪 80 年代中期开始，美国、德国、日本、法国、英国、加拿大和意大利这七个西方主要工业国家每年定期召开七国财政部长会议，以加强发达国家之间的经济政策协调。七国认识到，它们之间宏观经济政策的协调和合作不仅关系到世界经济的稳定和发展，更关系到它们各自国家经济的稳定和发展。因为其中一国任何一种宏观经济政策的调整都会影响到其他国家经济的稳定增长。

1985 年，西方 5 个主要工业国家美、日、前联邦德国、法、英的财政部长和中央银行行长在美国纽约召开了著名的"广场会议"，会议提出要达到某一政策目标，不仅要依靠一国国内政策的搭配，而且须有其他国家相应政策的支持。因此，各国应进行宏观经济政策的合作。会议还达成原则性协议，即日

20.3 国际经济政策协调的实践

本、德国实行扩张性财政政策,分别有计划地减税和增加开支;美国要努力减少财政赤字,并实现美元对日元贬值。

1986年东京首脑会议商定,七国集团财政部长每年至少会晤一次以考察各国经济政策目标的相容性。他们还将对包括经济增长、通货膨胀、贸易收支、汇率、货币供应增长率、政府预算在内的经济指标进行监督,使其成为各国制定其政策目标的基础。

1987年的卢浮宫协定描绘了以汇率目标区为基础的汇率合作的雏形,同时也制定了合作性货币、财政政策的目标:美国削减政府赤字,前联邦德国减税,日本通过货币扩张来降低利率并扩大政府预算支出,于是进入所谓的卢浮宫协议时代。1987年爆发股市危机后,西方七国财政部长联合发表声明,强调为稳定汇率进行国际干预。

从1987—1989年,美国财政赤字逐步下降到GNP的3%。到1990年,美国贸易伙伴国继续要求其降低财政赤字。但1990年中发生的经济衰退和8月份伊拉克入侵科威特事件使情况发生了变化。1991年,美国财政赤字迅速上升到其当年产出的5%。1991年7月,日本降低利率以促进经济从1990—1991年的衰退中恢复并避免东京股市危机对经济的潜在负面影响。1992—1993年,在美国和其他工业国的压力下,日本进一步降低利率。同时,德国也被迫降低利率。1994年底,西方七国财政部长会议协商对策以稳定墨西哥比索汇率。1998年10月,西方七国首脑和财政部长会议提出了一系列旨在稳定日益动荡的国际金融局势的建议。通过协调各国经济政策实现稳定汇率的建议尽管不能从根本上解决问题,但真正付诸实施仍然有助于汇率的稳定。

总体看来,卢浮宫协定之后宏观经济政策合作的结果表明:政策合作一直向着协定所建议的方向迈进,但合作仍然是松散的。

20.3.2 区域性国际经济政策协调

欧洲联盟的前身欧洲共同体在20世纪70年代初期,针对当时出现的国际货币制度的崩溃采取了协调各成员国汇率的政策。他们采取联合浮动的汇率制度,即对内采取可调整的固定汇率制度,对外采取联合浮动。一个成员国货币对外升值,所有成员国一起升值;一个成员国货币对外贬值,其他成员国货币一起贬值。这种汇率的协调之所以必要,是因为成员国之间的相互贸易占到各国对外贸易的比重平均达到60%以上。这种协调有助于稳定他们之间的贸易关系,减少他们之间的贸易风险。

1979年3月欧洲共同体又在汇率协调的基础上试图将这种内部协调的机制规范化、制度化,提出并正式启动了"欧洲货币体系"。按照这个体系,成员国不仅要采用可调整的固定汇率制度,还建立了保持汇率稳定的预警机制。一旦某个成员国的汇率难以维持,可以动用欧洲货币基金干预外汇市场。尽管各国采取的汇率约束不同,但是这种机制确实起到了促进成员国贸易关系发展的作用。

1985年,欧洲共同体提出了新的目标,在1992年12月31日以前建成欧洲统一大市场。为此,成员国要协调它们之间的财政政策,特别是各成员国之间的征税制度和间接税的税率。尽管这种制度的协调尚不足以给各成员国的经济带来实质性的影响,但是它为成员国之间商品的自由流动创造了条件。

自1990年开始,欧洲共同体成员国商定,从1992年开始,经过三个阶段的努力,在成员国之间建立经济和货币联盟,其中包括建立欧洲联盟的统一货币"欧元",并且建立欧洲中央银行。自1999年1月1日起,欧洲统一货币开始启动。2002年,欧洲联盟发行"欧元",以代替各成员国的货币。为了实现统一货币的目标,欧洲联盟要求各成员国要协调它们的财政和货币政策,使通货膨胀率、当年财政支出的增长率、政府公债的累计额占国民收入的比例低于欧洲联盟规定的水平。这意味着成员国要约束它们各自的财政政策和货币政策的实施权,或者说成员国将它们制定财政政策和货币政策的权力上交给了超国家的区域经济一体化组织——欧洲经济和货币联盟,即欧洲联盟(简称欧盟)。

可以肯定,成员国之间货币政策、财政政策的协调和统一货币的实施将为各国经济的协调发展创造良好的条件。尽管如此,它们仍然需要在更大的范围内与非成员国协调经济政策。

20.3.3　国际政策协调方案简介

在国际政策协调实践以相机形式进行的同时,经济学者设计出许多具有特定规则的国际政策协调方案,产生了很大的影响。其中最为重要的方案包括:托宾提出的全球对外汇交易征收交易税的托宾税方案、威廉姆森等人提出的汇率目标区方案、麦金农提出的恢复固定汇率制方案。下面对这几种方案进行简单介绍。

(一) 对全球外汇交易进行征税的托宾税方案

托宾税方案提出的背景是国际资金流动尤其是短期投机性资金流动规模急剧膨胀造成汇率不稳定。1972年,托宾在普林斯顿大学演讲时提议"往飞速运转的国际金融市场这一车轮中掷些沙子",首次提出对现货外汇交易课征全球统一的交易税,经济学家后来把这种外汇交易税称为"托宾税"。

托宾税具有两个特征:单一低税率和全球性。迄今为止,西方经济学家所提议的税率从外汇交易值的0.05%到1%不等;托宾本人1978年提出的税率

20.3 国际经济政策协调的实践

是1%,1994年提议0.5%;多恩布什的建议是0.25%。至于全球性,托宾及其支持者主张至少在主要资本主义国家,最好在世界范围内实施此项外汇交易税。

托宾税的功能有两个方面。

第一,抑制投机,稳定汇率。可以根据前文的非抛补利率平价进行分析,在不存在托宾税的情况下,市场处于平衡状态使预期的汇率变动率等于两国间利率差,如果这两者之间存在着差异,投机活动就会发生。例如,假定美元一年期利率为7%,日元一年期利率为2%,则预期美元将在一年后贬值5%,此时市场处于平衡状态。当存在托宾税时,外汇交易成本问题非常显著。由于套利交易牵涉到两次外汇交易,即即期现货市场与未来现货市场的两次方向相反的操作,因此只有当预期的汇率变动率与两国利率差之间的差异超过这一交易成本时,投机交易才可能发生。例如,假定托宾税税率为1%,则套利交易的纳税成本为2%,只有预期美元贬值率高于7%(5%+2%)时,才会发生相应的资金流动及投机交易。假如国内外利率相同,只要预期一种货币价值变动的百分率小于托宾税的两倍,托宾税将成功地阻止货币投机交易。因此,实施托宾税可使一国政府在中短期内依据国内经济状况和目标推行更为灵活的利率政策而无须担忧它会受到短期资金流动的冲击。而且,由于托宾税是针对短期资金的往返流动而设置的,它不仅不会阻碍反而将有利于因生产率等基本面差异而引致的贸易和长期投资,因为后者的收益较高,相关的货币流动期限较长,汇率的稳定对之更为有利。

第二,为全球性收入再分配提供资金来源。考虑到目前全球外汇交易的天文数字,即使对外汇交易课征税率很低的税收,也能筹到巨额资金。如果能通过国际合作把这笔巨资用于全球性收入再分配,确实能对世界经济做出极大贡献。托宾税的筹资功能并非托宾本人提议此税的初衷,但它在近几年来受到了经济学界和政界的重视,主要是因为世界银行、国际货币基金组织等国际机构近年来的资金来源因各捐款大国经济的不景气而增长缓慢,资金运用则因支持前计划经济国家转型、为发展和环境等国际合作项目融资及为陷入货币危机的有关国家提供贷款等原因而日益增大,资金缺口问题严重。

托宾税自20世纪70年代提出以来在学术界和政界引起热烈反响和争论,但至今为止没有一个国家在实践中实施此税。一般认为,托宾税这一方案有三个问题难以解决。

第一,如何评价投机在外汇市场中的作用。在前文中已经指出,投机具有双重性,一方面它造成了市场价格的波动,另一方面正是投机者对风险的主动承担才使市场正常运转,这突出体现在远期外汇市场上。并且,正如在汇率制度一节的分析中所指出的,投机在某些情况下具有熨平汇率波动的功能。因此,实施托宾税有可能有损于市场的流动性,使外汇市场更趋动荡。

第二,托宾税面临着许多技术上的难题。例如,从税基的确定角度看,根据公平原则托宾税应尽可能涵盖一切参与外汇交易的个人、企业、金融中介机构、政府和国际组织。但这样的税基不能把不同性质的外汇交易区别开来,对投机者和非投机者都同等地课以此税显然有悖于托宾税的宗旨。另外,从应税交易的识别角度看,托宾税主要针对的是投机性现货交易,但目前外汇市场上最为活跃的投机活动发生在衍生工具领域。对衍生工具交易征税将使税收的征收监管更加复杂,并且可能严重破坏衍生市场的发展,从而进一步危及外汇市场的稳定性。最后,在税率确定上,目前的建议都具有很大的随意性,如使用低税率,不一定能有效地阻止投机交易,如果采用足以阻止投机的高税率又将使外汇交易量大为缩减,从而损害金融市场的活力和效率。

第三,托宾税存在着政策协调方面的阻碍。托宾税是一种国际政策协调方案,各国协调中可能出现许多障碍难以克服。例如,是否能将所有国家都纳入协调范围。如果有的小国不愿采用,那么在其他主要国家都征收托宾税时,它就会迅速发展为避税型离岸金融中心,使托宾税无法收到预期效果。另外,托宾税的收入分配问题因为其明显的利益性而可能引起各国的激烈争吵。

(二) 恢复固定汇率制的麦金农方案

20世纪70年代初,汇率制度由固定汇率制转向浮动汇率制后,由于对现行的浮动汇率制不满意,许多经济学家提出了一些在恢复固定汇率制基础上进行国际协调的方案,这其中最为著名的是美国经济学家麦金农的设想。麦金农方案最早提出于1974年,后在80年代中经过多次修正。麦金农认为,恢复固定汇率制的主要理由在于以浮动汇率制为特征的制度缺乏效率。

除了通常的对浮动汇率制的批评外,麦金农从两个角度分析了浮动汇率制的不足。

首先,从国际角度看,汇率的波动除了增加各国外部环境的不确定性外,并不能自动实现调节经常账户的目的。麦金农认为经常账户反映的是各国投资与储蓄的差额,因此汇率的变动可以实现经常账户平衡是一个错误的教条。

其次,从国内角度看,汇率的频繁波动意味着各国货币价值的不稳定,由此引发的货币替代及各国资产之间的转换活动使一国的货币需求难以确定,各国原有的货币政策因此难以有效地实现控制通货膨胀等目的,一国通过本国的政策搭配实现内外均衡的努力更加困难了。根据以上分析,麦金农得出了浮动汇率制不利于实现内外均衡的国内政策搭配与国际间政策协调的结论,提出应在恢复固定汇率制的基础上进行国际政策协调。

具体来看,麦金农方案对国际政策协调的设计包括如下内容。

第一,各国应依据购买力平价确定彼此之间的汇率水平,实行固定汇率制。麦金农认为购买力平价是良好的均衡汇率确定标准,它可以在较长时期内维持一国国际竞争力的稳定,为各国实现国际收支均衡创造条件。麦金农还具体规定了这一购买力平价的计算方法,即采用批发物价指数,并且只包括可贸易商品。在固定汇率制的实施方法上,麦金农指出可以先在美国、德国、日本这三个主要工业国家间实行,并且可以通过逐步缩小汇率波动区间的方法最终过渡到固定汇率制。

第二,各国应通过协调货币供给的方法维持固定汇率制。从全球角度讲,全球货币供给数量的确定,应该在考虑经济增长的基础上达到维持全球的物价水平稳定。全球货币供给量在各国间的分配原则是:在考虑各国经济的具体情况的差异(例如经济增长、不可贸易商品部门发展、货币流通速度等因素)后,能使各国可贸易商品的相对比价维持稳定,从而使依据购买力平价确定的名义汇率保持稳定。麦金农认为引起汇率不稳定因素的主要原因是货币替代以及各国间金融资产的替代活动。在发生这一类冲击时,各国应采取对称的、非冲销的外汇市场干预措施以稳定汇率,由此带来的各国货币供给的调整实际上是根据各国货币需求的变动而自发调节分配。例如,当一国因国内的货币供给过多而出现较严重的通货膨胀时,该国货币购买力的下降将引起居民将该国货币转换成外国货币,外汇市场上出现该国货币贬值的压力,而本国对外汇市场的干预可以使该国货币供给下降,通货膨胀得到遏制。正是通过货币供给的国际协调,全球实现了物价与汇率稳定,各国更是如此。

麦金农方案提出后,被作为最典型的以恢复固定汇率制为主要特征的协调方案而受到广泛重视。这一方案提出了应从全球角度而不能局限于某一国来讨论物价稳定问题,对于各国实现内外均衡目标的努力来说,这是非常富有启迪意义的。但是,麦金农方案也因其具有较多的货币主义特征而受到了诸多批评,这些批评可归结为以下几个方面。

第一,这一方案在实现汇率稳定性的同时,牺牲了汇率的灵活性。许多研究者指出,麦金农对汇率与经常账户之间的关系的认识是不全面的。在相当多的情况下,利用汇率的调整来实现外部均衡是非常必要的,并且这种调整方式成本较低。实际上,国际间政策协调的一个重要方面就是确定何种程度与形式的汇率灵活性,而麦金农方案在这一问题上的处理无疑太过极端,不利于各国内外均衡目标的实现。

第二,这一方案简单地以购买力平价作为均衡汇率的确定标准也是值得斟酌的。购买力平价作为一种汇率决定理论存在种种缺陷,如理论成立的严格假设、计量上的困难、各种因素引起的结构性偏离等,都制约着购买力平价在经济宏观调控中的运用。

第三,这一方案以协调各国货币供给来维持固定汇率制的设想是难以在现实经济中实现的。麦金农设计的这种固定汇率制的维持方法源于他认为货币替代及各国金融资产之间的替代是引起汇率变动的重要原因。实际上,经济运行所面临的冲击既有货币性冲击,也有实物性冲击。而在后一种情况下,仅仅通过货币供给的调整也是不够的,尤其在国际资金流动问题非常突出的情况下,投机性冲击完全可能带来固定汇率制的危机。

(三) 汇率目标区方案

汇率目标区方案是1987年威廉姆森和米勒(M. H. Miller)将汇率目标区制度从政策协调角度进行扩展而形成的,它又被称为"扩展的汇率目标区方案"或"蓝图方案"。

1. 汇率目标区方案的主要特点

汇率目标区方案与麦金农方案存在着明显的区别。麦金农方案主张实行固定汇率制度,而目标区方案则主张实行更具有弹性的汇率制度,汇率变动范围为中心汇率上下10%。除此之外,汇率目标区方案的主要特点还包括:

(1) 中心汇率的确定不应当依据购买力平价,而应依据威廉姆森提出的"基本均衡汇率"来确定。威廉姆森认为购买力平价作为政府制定汇率政策的指导是非常不合理的,因为它最大的问题在于没有考虑到实际的宏观经济运行状况。从宏观调控的角度出发,威廉姆森认为政府应追求的汇率水平是在中期内(一般指5年)实现经济内外均衡的汇率,即基本均衡汇率。基本均衡汇率的理论渊源可以追溯到国际货币基金组织在20世纪70年代对汇率合理水平的分析,经威廉姆森发展后,在国际货币基金组织的汇率政策确定中发挥了主导性作用。

基本均衡汇率可用图20-1进一步说明。在图20-1中,横轴表示国民收入,纵轴表示实际汇率(直接标价法)。Y_F代表在经济处于自然失业率状态时的产出水平。IB曲线代表经济的内部均衡状态,它是一条经过Y_F点而垂直于横轴的直线。因为在产出状况处于自然失业率所确定的水平时,经济体既不会出现通货膨胀现象也不会出现失业问题,显然这与实际汇率无关。如果将外部均衡定义为某种经常账户均衡,那么使经常账户收支保持

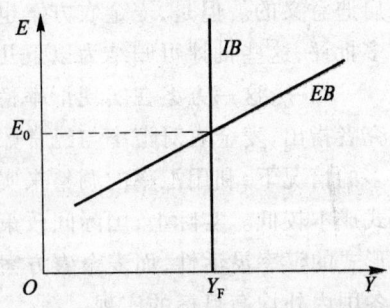

图20-1 基本均衡汇率的含义

在这一水平上的实际汇率与国民收入的组合构成的 EB 曲线就代表了经济的外部均衡。由于随着国民收入的增长,本币相应贬值才能使经常账户维持原状,所以这一曲线斜率为正。IB 曲线与 EB 曲线交于一点时,经济同时实现内外均衡,此时确定的汇率水平即为基本均衡汇率。由于基本均衡汇率是一种实际汇率,因此汇率目标区中要求名义汇率根据各国通货膨胀率及时进行调整,以保持实际汇率不变。

(2) 在对汇率目标区的维持上,汇率目标区方案提出了各国都以货币政策实现外部均衡、以财政政策实现内部均衡这一政策组合思路进行宏观调控上的政策协调。

(3) 各国以利率政策来维持相互之间的汇率。对于 n 个国家来说,存在着 $(n-1)$ 种汇率,也就要求相应的 $(n-1)$ 种利率差价以使外汇市场维持平衡。

(4) 在 n 个国家相互之间的利率差价确定后,只要一国确定具体的利率水平,全球各国的利率水平也随之确定。该国利率水平确定的原则是:应使在此基础上推算出的全球平均利率水平刚好在足以控制全球通货膨胀的前提下达到最大的全球产出水平。

(5) 该国应独立运用财政政策控制国内产出,以便各国经济运行保持均衡状态。由于汇率可以在一定区域内波动,各国的货币政策就获得了一定的自主性,可以在汇率变动处于目标区内时根据国内需要进行调整,而当汇率变动超过目标区范围时再利用利率政策实现外部目标。

汇率目标区方案引起了学术界与政界的重视和争议,这是其他政策协调方案所难以企及的,因为这一方案几乎涉及了国际金融领域内的所有重大问题,对政策协调的具体实施方法又规定得极为详尽。一般认为,汇率目标区方案的基本精神在 20 世纪 80 年代中期的卢浮宫协议中得到了某种程度的体现,随后一段时期内美元与日元的汇率之间也的确存在着某一形式的目标区。

2. 汇率目标区方案存在的问题

总的说来,汇率目标区自身存在的一些问题使它很难真正得以实施。

(1) 汇率目标区这一制度的优劣判断非常复杂。目标区既具有稳定汇率波动的蜜月效应,也具有加剧汇率波动的离婚效应。在国际资金流动引起的投机冲击日益增多的条件下,它可能会带来汇率变动更大的不稳定。

(2) 汇率目标区方案借以确定中心汇率的基本均衡汇率本身存在很多问题。例如,它是一个价值判断色彩非常浓厚的概念。对于什么是内部均衡,什么是外部均衡依据的是分析者个人的观点,因此不同的人计算出的基本均衡汇率的数值差异很大。并且,这一汇率的计量分析非常复杂,不像购买力平价那样易于理解和确定,这直接造成了其应用价值的下降。

(3) 这一方案所描述的政策协调规则也是存在问题的。例如,有的分析者认为用财政政策维持经常账户目标更具有比较优势。以对经常账户进行改善为例,货币扩张在通过本币贬值改善经常账户收支的同时,本国收入的相应增长又导致进口上升从而一定程度上降低了贬值效果;而通过财政收缩改善经常账户收支时,不仅可以通过降低利率带来本币贬值和出口上升,而且还会引起本国收入下降,进口相应下降。再例如,有的学者认为财政政策的灵活性有限,难以根据各种情况灵活地调整政府收支,所以它不可能有效率而及时地维持内部均衡。

尽管存在这些问题,汇率目标区方案仍是非常重要的,而且还处于不断发展中。作为一种国际间政策协调方案,汇率目标区方案在理论上的贡献远远超过其在现实中的实践。

20.4 国际货币体系

随着国际金融市场全球化和国际贸易的发展,国际货币关系日益成为世界经济中一个非常重要和复杂的问题。它突出反映了各国间的种种矛盾,涉及各国的利害关系和经济发展。国际货币体系在国际货币政策和汇率政策协调中发挥着重要作用。

20.4.1 国际货币体系的概念与作用

(一) 国际货币体系的概念

所谓国际货币体系,是指国际货币制度、国际货币金融机构以及由习惯和历史沿革形成的约定俗成的国际货币秩序的总和。它既包括有法律约束力的关于货币国际关系的规章和制度,也包括具有传统约束力的各国已经在实践中共同遵守的某些规则和做法,还包括在国际货币关系中起协调、监督作用的国际金融机构——国际货币基金组织和其他一些全球或地区性的多边官方金融机构。

(二) 国际货币体系的作用

货币主权是国家主权的一个重要组成部分。具有法律约束力的国际货币制度往往同各国的货币主权有这样或那样的矛盾和冲突。如同一国国内的经济一样,世界经贸往来自以货币为媒介起,世界经济的发展与稳定就与货币问题紧紧地联系在一起。国际货币体系的作用主要有以下几个方面。

1. 确定国际清算和支付手段的来源、形式和数量比如,当确定黄金或特别提款权为世界清算和支付手段的来源时,国际货币体系还必须就黄金或特别提款权与其他国际货币和各国货币的比价关系及兑换方式做出规定。此外,黄金或特别提款权本身的定价方式、运动范围和方式等等,也要做出具体的规定。

2. 形成国际收支的调节机制

调节机制涉及三个方面的内容:一是汇率机制,二是对逆差国的资金融通机制,三是对国际货币(储备货币)发行国的国际收支纪律约束机制。

3. 确立有关国际货币金融事务的协商机制或建立有关的协调和监督机构

在早期,有关国际货币金融的事务多半通过双边协商。随着战后各国间经济联系的加强,参与国际货币金融业务的国家日益增多,形式日益复杂,程度日益加深,范围日益广阔,双边磋商已不可能解决所有的问题。因此,有必要建立多边的带有一定权威性的国际货币金融机构,以监督各国的行为、提供磋商的场所,制定各国必须共同遵守的基本行为准则,并在必要时提供帮助。

20.4.2 国际货币体系的演变

第二次世界大战即将结束时,一些国家认识到,国际经济的动荡乃至战争的爆发与国际经济秩序的混乱之间存在着某种直接或间接的联系。因此,重建国际经济秩序成为促进战后经济恢复和发展的重要因素。而在国际金融领域中重建经济秩序就是建立能够保证国际经济正常运行的国际货币制度。

(一) 国际金本位制和国际金汇兑本位制

历史上第一个国际货币体系是国际金本位。国际金本位是在英国、拉丁货币联盟(含法国、比利时、意大利、瑞士)、荷兰、若干北欧国家及德国和美国实行国内金本位的基础上于19世纪80年代形成的。它盛行了约30年,于第一次世界大战爆发时崩溃。

国际金本位的特点是:黄金是国际货币体系的基础;黄金可以自由输出和输入;一国的金铸币同另一国的金铸币或代表金币流通的其他金属(比如银)铸币或银行券可以自由兑换;在金币流通的国家内,金币还可以自由铸造。金币的自由输出入,保证了各国货币之间的比价相对稳定;金币的自由兑换,保证了黄金与其他代表黄金流通的金属铸币和银行券之间比价的相对稳定;金币的自由铸造或熔化具有调节市面上货币流通量的作用,保证了各国物价水平的相对稳定。因此,国际金本位制是一种比较稳定的货币制度。在当时的条件下,它对汇率的稳定、国际贸易和资本流动的发展,以及各国经济的发展起到了积极的作用。

但是,国际金本位制也有缺点。从根本上讲,它过于"刚性",这表现在:国际的清算和支付完全依赖于黄金的输出入;货币数量的增长主要依赖黄金产量的增长,由于各资本主义国家发展的不平衡和经济实力的悬殊,较发达的国家通过贸易顺差的持续积累和其他特权,不断地积累黄金。

到1913年,一方面,英国、美国、法国、德国和俄国5个国家的黄金存量达到了世界黄金存量的2/3,其他国家的金本位制难以继续维持。另一方面,世界经济的发展要求世界货币的数量也相应增长,然而世界黄金产量跟不上世界经济的增长,世界金本位制的物质基础不断减弱。

在第一次世界大战爆发前的几年里,国际金本位制出现了崩溃的苗头:银行券的发行日益增多,黄金的兑换趋于困难,黄金的输出入也受到越来越多的限制。战争爆发前夕,各国为筹集战争资源,又增加了银行券的发行。战争爆发时,各国中止了银行券与黄金的兑换,禁止黄金的出口,国际金本位宣告瓦解。

第一次世界大战结束后,世界货币体系的重建问题重新得到各国重视。1922年,在意大利热那亚世界货币金融会议召开,讨论重建国际货币体系。热那亚会议吸取了战前国际金本位制的教训,确定了一种节约黄金的国际货币制度——国际金汇兑本位制。这个货币制度的特点是:黄金依然是国际货币体系的基础,各国纸币仍规定含金量,代替黄金执行流通清算和支付手段的职能;本国货币与黄金挂钩或通过另一种同黄金挂钩的货币与黄金间接挂钩,即与黄金保持直接或间接的固定比价;在间接挂钩的情况下,本国货币只能通过购买挂钩货币(即外汇)来获取黄金,且必须在直接挂钩的国家存入一定数量的外汇和黄金作为维持汇率的平准基金;黄金只有在最后关头才充当支付手段,以维持汇率的稳定。

热那亚会议之后,除英国、法国、美国等国实行与黄金直接挂钩的货币制度外,其他欧洲国家的货币均通过间接挂钩的形式实行了金汇兑本位,国际金汇兑本位于1925年最终建立。

国际金汇兑本位是一种既以黄金为基础、又节约黄金的货币制度。当国际收支发生逆差时,一般先动用外汇储备。如果仍然不能平衡,就要使用黄金作为国际清算的最后手段。从节约黄金的角度讲,这个货币制度在一段时期内是成功的。但从根本上讲,在国际金汇兑本位制下,黄金数量依然满足不了世界经济增长和维持稳定汇率的需要。世界经济增长使黄金显得相对不足,运用黄金干预外汇市场以保持固定汇率,又使得黄金显得相对不足,尤其是当汇率发生频繁波动时更是如此。黄金的不足发展到一定程度时,国际金汇兑本位制就会变得十分脆弱,经不起任何冲击。于是,当1929—1933年资本主义经济大危机到来时,国际金汇兑本位制便瓦解了。

国际金汇兑本位制崩溃后,资本主义世界的货币金融便一直处于混乱状态。各国纷纷加强外汇管制,实行竞争性贬值和外汇倾销,这就是当时所谓的"以邻为壑"的货币战。大危机过后,英、美、法三国为了恢复国际货币秩序,于1936年9月达成了"三国货币协议"(tripartite agreement),力图减少汇率的波动,维持货币关系的稳定。但是,这个协议因第二次世界大战的爆发很快瓦解。因此,自1929—1939年的10年间,国际货币金融领域基本处于无秩序状态。当时的混乱及其对世界经济的冲击,为以后建立布雷顿森林体系提供了经验和教训。

(二) 布雷顿森林体系

第二次世界大战以后,资本主义世界建立了一个以美元为中心的国际货币体系,即布雷顿森林体系,这个货币体系是英美两国在国际金融领域争夺主导权的产物。

1944年7月,在美国新罕布什尔州的布雷顿森林城召开了44国参加的"联合和联盟国家国际货币金融会议",通过了以"怀特计划"为基础的《国际货币基金协定》和《国际复兴开发银行协定》,总称《布雷顿森林协定》,布雷顿森林体系得以建立。该协定的宗旨是:建立一个永久性的国际货币机构以促进国际货币合作;促进汇率稳定,防止竞争性的货币贬值,建立多边支付制度,促进国际贸易的发展和各国生产资源的开发;向成员国融通资金,减轻和调节国际收支的不平衡。根据上述宗旨,协定还就战后国际货币制度的具体内容作了规定。

布雷顿森林体系的主要内容可概括为两个方面:第一是有关国际货币制度的,涉及国际货币制度的基础、储备货币的来源及汇率制度;第二是有关国际金融机构的,涉及国际金融机构的性质、宗旨以及在国际收支调节、资金融通和汇率监督等国际货币金融事务中的作用。

根据《布雷顿森林协定》的规定,布雷顿森林体系下的国际货币制度是黄金-美元本位制。在这个制度下,美元按35美元等于1盎司[①]黄金,与黄金保持固定比价,各国政府可随时按这一比价用美元向美国政府兑换黄金。各国货币则与美元保持可调整的固定比价,称为可调整的钉住汇率(adjustable peg)。各国货币对美元的波动幅度为上下各1%,各国当局有义务在外汇市场上进行干预以保持汇率的稳定。只有当一国发生"根本性国际收支不平衡"时,才允许升值或贬值。平价的变动要得到基金的同意。但在实践中,平

[①] 1盎司约等于31.1克。

价变动若小于 10%，一般可自行决定。只有当平价变动大于 10% 时，才需基金的批准。由于各国货币均与美元保持可调整的固定比价，因此各国货币相互之间实际上也保持着可调整的固定比价，从而使整个货币体系成为一个基于固定汇率的货币体系。

布雷顿森林体系的上述内容又被称为"双挂钩"，即美元与黄金挂钩，各国货币与美元挂钩。在这个货币制度下，储备货币和国际清偿力的主要来源依赖于美元，美元成了关键货币。它既是美国本国的货币，又是世界各国的货币，即国际货币。

布雷顿森林体系曾对当时世界经济的发展起到了积极作用，但是这个体系存在着一些根本的缺陷。由于规定了双挂钩制度，一旦黄金的产量和美国黄金储备的增长跟不上世界经济和国际贸易的发展，美元便处于进退两难的状况：为满足世界经济增长和国际贸易的发展，美元的供应必须不断地增长。美元供应的不断增长，使美元同黄金的兑换性逐渐难以维持。美元的这种两难困境，是美国经济学家罗伯特·特里芬于 20 世纪 50 年代首先预见到的，故又被称为特里芬两难(Triffin dilemma)，也称"特里芬难题"。特里芬两难导致的体系危机是美元的可兑换性危机，或称为人们对美元可兑换性的信心危机。1971 年，尼克松政府不得不宣布，停止美元与黄金的兑换。1973 年，布雷顿森林体系彻底崩溃后，国际货币金融领域一度陷于混乱和无秩序的状态。

(三) 牙买加体系

1. 牙买加体系的主要内容

1976 年，国际货币基金组织在牙买加首都金斯敦签署了一个协议，称为"牙买加协议"。牙买加协议对布雷顿森林体系进行了扬弃。一方面，它继承了布雷顿森林体系下的国际货币基金组织，使基金组织的作用得到了加强；另一方面，它放弃了布雷顿森林体系下的双挂钩制度。牙买加协议的主要内容有以下几个方面。

(1) 汇率安排多样化。成员国可根据自己的情况选择汇率制度，但必须事先取得基金组织的同意。国际货币基金组织有权对成员国的汇率进行监督，以确保有秩序的汇率安排和避免操纵汇率来谋取不公平的竞争利益。

(2) 黄金非货币化。黄金与货币彻底脱钩，它不再是平价的基础，也不能用它来履行对国际货币基金组织的义务，成员国货币不能与黄金挂钩；基金组织将其持有的黄金总额的 1/6（约 2 500 万盎司）按市场价格出售，超过官价的部分成立信托基金，用于对发展中国家的援助，另外还有 1/6 按官价归还各成员国。

(3) 扩大特别提款权的作用。未来的国际货币体系应以特别提款权为主要储备资产,成员国可用特别提款权来履行对国际货币基金组织的义务和接受国际货币基金组织的贷款,各成员国之间也可用特别提款权来进行借贷。

(4) 扩大基金组织的份额,从原有的290多亿特别提款权扩大到390亿特别提款权,增加34.48%。另外,在增加总份额的同时,各成员国的份额比例也有所变化,前联邦德国、日本及某些发展中国家的份额比例有所扩大,美国的份额比例略有减少。

(5) 增加对发展中国家的资金融通数量和限额,除用出售黄金所得收益建立信托基金(trust fund)外,牙买加协议还扩大了信用贷款的限额,由占成员国份额的100%增加到145%,"出口波动补偿贷款"(compensatory financing facility)份额从50%扩大到75%。

牙买加协议对布雷顿森林体系的改革集中在黄金、汇率、特别提款权三个方面。事实上,牙买加协议在很大程度上(尤其是在黄金和汇率问题上)是对事实的一种法律追认。许多问题在这一协议中并没有得到反映和解决,并且,协议签订后的国际货币体系也没有完全按协议勾勒的方向发展。

2. 现行牙买加体系的特点

(1) 黄金非货币化。黄金不再是各国货币平价的基础,也不能用于官方之间的国际清算。

(2) 储备货币多样化。虽然牙买加协议中曾规定未来的国际货币体系应以特别提款权为主要储备资产,但事实上,特别提款权在世界各国国际储备中的比重不但没有增加,反而有下降的趋势。

(3) 汇率制度多样化。据国际货币基金组织统计,截至1997年3月31日,国际货币基金组织181个成员国实行了9种汇率安排。

3. 牙买加体系的运行情况

牙买加体系在内外均衡实现问题上的制度安排是比较灵活的,因而它的适应性较强,在一定程度上符合世界经济动荡、多变和发展不平衡的特点。因此,从整体上说,牙买加体系的运行情况还是比较令人满意的。在牙买加体系下,国际的经济交往得到迅速发展,各国的政策自主性得到加强。当然,牙买加体系本身也有一些不完善的地方。例如,牙买加体系下汇率变动剧烈。与布雷顿森林体系下汇率变动被限制在相对狭小的范围内相比,牙买加体系下的汇率调整有时会"过度波动"。近年来,随着国际资金流动的飞速发展,汇率剧烈变动现象更加严重,有时甚至演变成货币危机。

20.4.3 欧洲货币体系

欧洲货币一体化的演进被公认为是自布雷顿森林体系崩溃以来在国际货

币安排方面最有意义的发展,是国际政策协调方面最为重要的典范。

(一) 魏尔纳报告

在布雷顿森林体系瓦解之际,欧洲共同体1969年提出建立欧洲货币联盟(European Monetary Union,EMU)的建议。1970年10月,欧洲共同体负责此项工作的专门委员会向理事会提交了一份《关于在共同体内分阶段实现经济和货币联盟的报告》。由于此专门委员会由当时的卢森堡首相兼财政大臣魏尔纳(Werner)负责,所以又被称为魏尔纳报告或魏尔纳计划。经过部分修改后,该报告于1971年2月9日经欧共体部长会议通过。根据此报告,欧共体建立了欧洲货币合作基金和欧洲货币计算单位,并于1972年开始实行成员国货币汇率的联合浮动。所谓联合浮动,又称可调整的中心汇率制,对内,参与该机制的成员国货币相互之间保持可调整的钉住汇率,并规定汇率的波动幅度;对外,则实行集体浮动汇率。

(二) 欧洲货币体系的主要内容

1978年12月5日,在布鲁塞尔首脑会议上,欧共体各国就法国总统德斯坦的新建议达成一致,决定于1979年1月1日建立欧洲货币体系(European monetary system,EMS)。后因前联邦德国与法国在农产品贸易补偿额问题上发生争执,该体系延至1979年3月正式建立。欧洲货币体系主要有三个组成部分:欧洲货币单位(European currency unit,ECU)、欧洲货币合作基金(European monetary cooperation fund,EMCF)以及稳定汇率机制(exchange rate mechanism,ERM)。其中,以稳定汇率机制最为重要。汇率机制的每一个参加国都确定本国货币同欧洲货币单位的(可调整的)固定比价,即确定一个中心汇率,并依据中心汇率套算出与其他参加国货币之间的比价。

(三) 德洛尔报告

1985年12月,欧洲理事会卢森堡会议拟就《单一欧洲法案》(a Single Europe Act)。该法案规定,1992年实现的欧共体内部统一大市场是一个没有内部边界的地区,区域内实行商品、人员、劳务和资本的自由流通。1988年6月,欧共体汉诺威首脑会议决定,成立由当时的欧共体委员会主席雅克·德洛尔主持的"经济和货币联盟委员会"。1989年6月,该委员会向欧洲理事会马德里会议提交了《欧洲共同体经济和货币联盟的报告》(德洛尔报告),并获批准。

该报告认为,货币联盟应是一个货币区,区域内各国的政策要受到统一管理,以实现共同的宏观经济目标。报告指出,货币联盟的建立必须具备三个条件:保证货币完全和不可取消的自由兑换;在银行和其他金融市场充分一体化的基础上,实现资本的完全自由流动;取消汇率的波动幅度,实行不可改变的固定汇率平价。

该报告虽然没有明确提出在货币联盟内部必须有单一的货币,但把单一货币看做是"货币联盟的一个自然和理想的进一步发展",并提出建立欧洲中央银行体系(European system of central banks,ESCB)的设想。

(四) 欧元

1991年12月9日至10日,欧洲共同体12国首脑在荷兰马斯特里赫特举行会议,正式修改《罗马条约》,并就欧洲共同体建立内部统一大市场后,进一步建立了政治联盟,并就经济和货币联盟问题达成协议。会议签署了《欧洲联盟条约》,包括《经济和货币联盟条约》和《政治联盟条约》,统称《马斯特里赫特条约》(简称《马约》)。该条约的签订标志着欧洲货币一体化的加速发展,是欧洲货币经济一体化的新里程碑。

根据《马约》欧洲经济和货币联盟(EMU)将分三个阶段逐步实现。第一阶段,从1990年7月1日到1993年12月31日,所有成员国货币加入欧洲货币体系的汇率机制,形成欧洲统一大市场,实现商品、人员和资本的自由流动,并建立相应的监督机制。第二阶段,从1994年1月1日到1997年,进一步实现各国宏观经济政策的协调,建立独立的不受政治干预的欧洲货币管理体系或欧洲中央银行体系(作为欧洲中央银行的前身),负责统一制定货币政策,进一步缩小成员国之间的汇率波动幅度。第三阶段,从1997年至1999年1月1日,在这段时间内最终建立统一的欧洲货币的独立的中央银行。

1995年12月中旬,欧盟各国首脑在马德里会议上达成欧洲货币联盟建设进入第三阶段的协议,确定从1999年1月1日开始逐步实施单一货币,同时确定了欧盟单一货币的名称为"欧元"(Euro)。

1998年5月2日,欧盟15国首脑在布鲁塞尔举行的特别会议上,决定接受欧盟委员会和欧洲货币当局(EMI)的推荐,确认奥地利、比利时、芬兰、法国、德国、爱尔兰、意大利、卢森堡、西班牙、荷兰和葡萄牙等11个国家1999年1月1日率先组成欧元区,成为欧元创始国。而欧盟另外4个国家,英国和丹麦根据《马约》选择暂时不加入欧洲经济与货币联盟第三阶段;瑞典和希腊因为没有达到《马约》规定的一致性标准,暂时不能进入欧洲经济与货币联盟第三阶段。

2000年6月,欧盟在葡萄牙举行首脑会议上,批准希腊加入欧元区。截至2009年,已有16个国家加入欧元区。

2002年1月1日至2002年6月20日,欧元纸币和硬币作为法定货币,进入流通领域,同尚存的各国货币一并流通。从2002年7月1日起,欧元区各国货币全部退出流通领域,市场只流通单一货币欧元,欧洲统一货币正式形成。欧元的出现可以使外汇储备货币多样化,并有利于国际货币体系的改革。

本章小结

在开放经济条件下,一国的宏观经济政策难以独自发挥充分的作用。当一国实施某种宏观经济政策时,政策的效果常常被其他国家相反的政策所抵消,因此各国需要在货币政策、财政政策和汇率政策等方面进行协调。支持国际经济政策协调的主要理由包括稳定汇率、避免"以邻为壑"的政策对抗等。在实践中,国际货币基金组织和西方一些主要国家在国际政策协调中发挥了比较重要的作用,欧盟各成员国经济政策的协调已达到比较高的程度。近年来,发展中国家在国际经济政策协调中也开始发挥越来越重要的作用。

关键词

国际经济政策协调	货币政策协调	财政政策协调	汇率政策协调
相机性协调	规则性协调	托宾税方案	麦金农方案
国际货币体系	布雷顿森林体系	牙买加体系	欧洲货币体系

复习思考题

1. 如何理解一国的宏观经济政策的溢出效应?
2. 谈谈你对"以邻为壑"政策的理解。
3. 解释一国宏观经济政策对他国的回波效应。
4. 既然国际政策协调会带来许多好处,为什么全球范围内的国际政策协调不够成功呢?
5. 从经济的相互依存性角度论述进行国际政策协调的必要性。
6. 分析托宾税方案的局限性。
7. 简述国际金本位制自动调节国际收支的过程。
8. 为什么说多元化的国际储备体系在一定程度上解决了"特里芬难题"?
9. 为什么说布雷顿森林体系为美国输出通货膨胀开了方便之门?
10. 请你谈谈对发达国家和发展中国家在国际货币体系改革问题上的看法。

案例讨论题

1. G7高官聚首东京,探讨各国政策协调,缓解金融危机

2008年2月9日,来自七国集团(G7)的财政部长和中央银行行长们在日本东京共聚一堂探讨各国政策协调缓解金融危机。分析人士指出,随着危机持续扩散以及相关损失无限扩大,仅凭单一国家的单一"救市"措施已经很难奏效。在大幅降息、财政注资以及政府干预之外,G7高官们急需找到更多行之有效的药方,才有可能治愈衰退和市场巨震的

顽疾。2007年10月，G7财政金融方面高官在华盛顿举行会议后曾联合声明，表示要"采取各种可能措施减轻次贷危机对世界经济造成的损害"。但事与愿违。自那以来，世界经济持续滑坡，美国经济更濒临衰退；与此同时，金融市场的剧烈波动更加"变本加厉"，特别是进入2008年以来全球一度有超过半数的主要股市跌入"技术熊市"。在美国的带头下，英国和加拿大也加入了降息的行列。而欧洲中央银行和瑞士中央银行等尽管没有马上降息，但也联合美国采取了注资行动。不过，有分析认为，从本质上看，类似的降息和注资行为不会令金融机构的资产负债表马上改善，因此，这些机构还会继续惜贷，使得信贷市场的紧张状况长期持续。此外，未见改善的通货膨胀形势也束缚了中央银行的手脚。前日本中央银行理事平野英治指出，美国、欧洲及日本各自面临不同的经济及金融处境，日本的利率已"非常适当"，欧洲中央银行的首要之务则是对抗通货膨胀。

请谈谈加强国际经济政策协调的重要性。

2. G20（二十国集团）三次金融峰会就应对金融危机达成政策协调共识

2009年9月25日，二十国集团（G20）领导人在美国匹兹堡联合发表声明，宣布G20将取代G8（八国集团）成为国际经济合作和协调的首要平台。为应对全球金融危机，G20领导人分别于2008年11月、2009年4月和9月召开金融峰会，取得丰硕成果：华盛顿峰会为全球协调应对金融危机奠定基础；伦敦峰会成为金融危机发展的重要转折点；匹兹堡峰会则标志着危机后全球经济新秩序的诞生，以中国为代表的新兴经济体未来将在全球经济治理中发挥更大影响力。G20三次峰会的主要成果之一是对金融危机的治理达成共识。各成员充分认识到，本次金融危机是现代历史上最严重的一次经济和金融危机，各国都必须联合起来解决这一危机。在具体的应对方案上，要求各成员国制定协调、统一的财政和货币刺激方案，并确保国际货币基金组织（IMF）、世界银行等国际组织对陷入危机的新兴市场和发展中国家施以援助。同时，各成员共同承诺保持全球经济的开放性，抵制任何形式的贸易和金融保护主义，采取一切力所能及的行动来促进和推动贸易及投资。

试分析G20应对金融危机的做法。

参考文献

[1] 薛敬孝,佟家栋.国际经济学[M].北京:高等教育出版社,2000.
[2] 佟家栋.国际经济学[M].北京:中国财政经济出版社,2000.
[3] 李坤望.国际经济学[M].北京:高等教育出版社,2005.
[4] 崔孟修.现代西方汇率决定理论研究[M].北京:中国金融出版社,2002.
[5] 戴中.国际经济学[M].北京:首都经济贸易大学出版社,2002.
[6] 方齐云.国际经济学[M].武汉:华中科技大学出版社,2002.
[7] 冯德连.国际经济学[M].北京:中国人民大学出版社,2006.
[8] 冯德连,徐松.国际贸易教程[M].北京:高等教育出版社,2009.
[9] 冯德连.经济全球化下中小企业集群的创新机制研究[M].北京:经济科学出版社,2006.
[10] 冯德连.贸易保护经济学[M].北京:中国物资出版社,2004.
[11] 冯德连.规模经济与国际贸易研究[M].北京:中国统计出版社,2003.
[12] 国务院学位委员会办公室.经济学学科综合水平全国统一考试大纲及指南[M].北京:高等教育出版社,1999.
[13] 赫国胜,杨哲英.新编国际经济学[M].北京:清华大学出版社,2003.
[14] 华民.国际经济学[M].上海:复旦大学出版社,1998.
[15] 黄卫平,彭刚.国际经济学教程[M].北京:中国人民大学出版社,2004.
[16] 姜波克.国际金融新编[M].3版.上海:复旦大学出版社,2001.
[17] 蒋振中.国际经济学原理[M].上海:上海财经大学出版社,1997.
[18] 曲如晓,阎庆悦.新编国际经济学[M].北京:经济管理出版社,2004.
[19] 王志明,乔桂明.国际经济学[M].上海:复旦大学出版社,2002.
[20] 席小炎,王秋石.国际经济学[M].北京:经济管理出版社,2001.
[21] 夏杰长,马胜杰.国际经济学[M].北京:中国城市出版社,2001.
[22] 姚志勇.国际经济学[M].北京:中国金融出版社,2000.
[23] 殷德生,唐海燕.国际经济学[M].上海:立信会计出版社,2003.
[24] 张伯伟.国际经济学学习与习题指南[M].北京:高等教育出版社,2006.
[25] 张帆,胡曙光.国际经济学[M].大连:东北财经大学出版社,2003.
[26] 周文贵.国际经济学论纲[M].广州:中山大学出版社,2004.
[27] Dennis R Appleyard, Alfred J Field.国际经济学[M].3版.龚敏,等,译.北京:机械工业出版社,2001.
[28] Dominick Salvatore.国际经济学[M].5版.朱宝宪,等,译.北京:清华大学出版

社,1998.

[29] Paul R Krugman,Maurice Obstfeld. 国际经济学[M]. 4 版. 海闻,等,译. 北京:中国人民大学出版社,1998.

[30] Peter Lindert. 国际经济学[M]. 9 版. 范国鹰,等,译. 北京:经济科学出版社,1992.

[31] Thomas A Pugal,Peter Lindert. 国际经济学[M]. 11 版. 李克宁,等,译. 北京:经济科学出版社,2001.

[32] 保罗·R.克鲁格曼,茅瑞斯·奥伯斯法尔德. 国际经济学[M]. 海闻,潘圆圆,等,译. 北京:中国人民大学出版社,2000:35-49.

[33] Giancarlo Gandolfo. 国际经济学[M]. 王小明,等,译. 北京:中国经济出版社,1999.

郑 重 声 明

高等教育出版社依法对本书享有专有出版权。任何未经许可的复制、销售行为均违反《中华人民共和国著作权法》，其行为人将承担相应的民事责任和行政责任，构成犯罪的，将被依法追究刑事责任。为了维护市场秩序，保护读者的合法权益，避免读者误用盗版书造成不良后果，我社将配合行政执法部门和司法机关对违法犯罪的单位和个人给予严厉打击。社会各界人士如发现上述侵权行为，希望及时举报，本社将奖励举报有功人员。

反盗版举报电话：（010）58581897/58581896/58581879
反盗版举报传真：（010）82086060
E - mail：dd@hep.com.cn
通信地址：北京市西城区德外大街4号
　　　　　高等教育出版社打击盗版办公室
邮　　编：100120

购书请拨打电话：（010）58581118